연극, 영화를 만나다

연극, 영화를 만나다

이선형

인간은 밥만으로는 살 수 없다. 노래를 부르거나 춤을 추거나 그림을 그
리는 행위는 비록 배를 채워주지 않지만 인간의 삶에서 향기가 배어나도록
한다. 인류의 탄생과 더불어 존재해 온 예술은 인간 본연의 행위이므로, 현
대 문명의 무게에 짓눌린 인간을 치유해주는 강력한 수단이 되기도 한다.
한편 예술은 개인과 개인을 단순한 만남이 아닌 진정한 의미의 라포를 형성
시키는 고리 역할도 한다. 인간 사회는 예술을 통해 진정한 소통을 이뤄냄
으로써 더욱 따뜻해지고 풍요로워질 수 있다. 더구나 영화나 연극과 같은
집단적인 예술 형태는 자체적으로 인간을 연결시키면서 변방과 중심, 왕따
나 소외의 문제를 심각하게 재고하도록 권유한다. 현대 예술은 장르의 경계
를 명확히 하려기보다는 탈경계화의 움직임이 더욱 뚜렷하다. 소위 통합예
술 혹은 크로스오버 현상이 두드러지는 것은 포스트모더니즘 시대를 맞이
하여 인간관계가 위축되고 개인화가 심화되는 현상에 대한 반동일 것이다.
예술은 편의상 장르로 구분되고 있지만 엄밀하게 따져보면 피차 피가 섞여
있는 혈족관계가 되는 것이다.

현대연극은 전통과 실험, 답습과 새로움이 공존하는 장이 되고 있다. 엄
격한 틀 속에서 시대의 전반적인 흐름을 거역할 수 없었던 과거에 비해 현
대 연출가들은 자신의 철학에 따라 당당하게 자기의 고유한 연극을 창작할
수 있게 되었고, 영화, 무용, 음악 등 인접 예술장르와의 통합이 적극적으로

실천되면서 다양한 색깔을 지닌 연극을 접할 수 있게 되었다. 특히 연극제가 수시로 개최되고 외국의 유명 극단을 만날 수 있게 됨에 따라 한국 관객은 독특하고 다양한 연극을 마음껏 즐길 수 있게 되었다. 2010년만 하더라도 서울에서 연극올림픽이 개최되어 명성이 자자한 세계적인 연출가의 다양한 장르의 연극을 관람할 수 있었다. 현대연극의 흐름을 한마디로 정의내리는 것은 어렵겠지만 2010년 '서울연극올림픽'과 '서울국제공연예술제'에서 나타난 연극의 전반적인 특징은 무대 디자인의 대담성, 무대 언어의 활성화 및 이미지 언어에 대한 관심, 수용미학의 확산 등으로 요약될 수 있을 것이다.

필자는 이러한 흐름 속에서 연극과 이미지의 문제에 대해 오랫동안 관심을 가져왔고 특히 영화와의 관계에서 연극을 조망하려는 노력을 지속해 왔다. 본 저서는 이러한 관심이 맺은 작은 열매라고 하겠다. 그동안 연극 관련 잡지에 발표한 평론과 학회에 발표한 논문 가운데 영화와 관련이 있거나 이미지에 집중한 연극 혹은 언어에 대해 성찰을 하고 있는 연극에 관련된 글들을 한 권의 단행본으로 모았다. 제1부 '무대와 스크린의 만남' 가운데 '연극, 영화를 만나다'에서는 일 년 동안 《한국연극》에 발표한 영화에 대한 글이다. 연극전문잡지에서 영화를 주제로 글을 썼다는 사실은 그만큼 연극과 영화가 가까운 친구가 되었다는 증거일 터이다. 당시 영화를 선택할 때 중점을 두었던 것은 인생을 성찰할 수 있는 영화, 현대인의 모습을 잘 표현하고 있는 영화였으며 이로부터 연극은 어떤 점을 배울 수 있을까 하는 점이었다. 정리를 하면서 다시 읽다 보니 우연하게도 소외의 문제, 현대인의 물신주의에 대한 비판, 다문화 시대를 살고 있는 우리의 모습에 대해 집중적인 논의가 이루어졌다. '영화, 연극을 만나다'는 영화를 각색한 연극 혹은 연극을 각색한 영화 등을 거론하면서 본격적으로 연극과 영화가 어떻게 어떤 모습으로 조우하고 있는지 살펴보았다. 연극과 영화의 상호 교류는 소재 발굴의 측면에서 뿐 아니라 각기 새롭고 독창적인 무대 또는 스크린을 창출하는데 매우 유용하다는 것을 확인할 수 있을 것이다.

　제2부 '새 시대 새 연극' 가운데 '비언어 연극, 매체 연극의 실제'는 현대 연극의 커다란 흐름 가운데 하나인 비언어 연극, 이미지 연극, 매체 연극에 집중한 글이다. 특히 2000년에 들어와 외국의 연극들이 봇물 터지듯 국내에 소개되었는바 그들 가운데 《객석》, 《연극평론》, 《공연과 이론》에 발표했던 글을 정리하였다. 마지막으로 '이미지 그리고 언어와의 투쟁'은 발표된 논문을 모은 것이다. 20세기에 들어와 아방가르드 연극이나 실험연극의 흐름 중 하나는 언어에 대한 태도이다. 그것은 다다이즘이나 초현실주의에서 촉발된 문법과 체계에 대한 비판과 궤를 같이 한다. 부조리 극작가들은 언어(대사)를 해체시켜 연극적인 문법을 왜곡시키려고 했으며, 아르토를 위시한 일련의 연극인들은 텍스트에 지배당하는 연극으로부터 텍스트에서 해방된 연극을 지향하고자 노력하였다. 그러나 이들의 관심은 언어에 대한 파기가 아니라 다각적인 언어의 쓰임새에 대한 검토라고 하는 것이 옳다. 과거의 언어가 지니고 있던 음악성과 회화성이 박탈된 무미건조한 언어의 지배에서 벗어나 상형문자나 원시문자의 시대로 시계바늘을 되돌리려는 시도였던 것이다. 이오네스코의 〈대머리 여가수〉에서 일반 언어에 대한 지독한 연극적 실험을 확인할 수 있다. 이 실험은 일상어로 사용된 비일상적 쓰임새로써 이를 통해 과연 우리가 늘 사용하고 있는 언어가 얼마나 제한되고 경직되어 있는지 목격할 수 있다. 사실 아르토의 잔혹연극론은 언어에 대한 잔혹으로 표현할 수 있다. 언어의 영토를 완전히 밀어버리고 전혀 새로운 씨앗을 뿌리려는 시도가 바로 잔혹극의 개념인 것이다. 아르토의 연극적 신념은 장 타르디유의 극작품에서 어렵지 않게 만날 수 있다. 본서에서 소개

하는 타르디유에 대한 두 편의 논문은 바로 자연어의 해체와 이에 대한 대안으로써 언어의 콜라주, 음악성 및 회화성에 초점을 맞춤으로써 새로운 극적 언어의 가치발굴을 기대하고 있다. 한편 세 편의 로베르 르빠주 연극에 대한 논문은 이미지 연극의 대가로 인정받고 있는 르빠주의 연극 세계를 조명하고 있다.

　오랫동안 공연장을 열심히 쫓아다니며 한국연극과 동서양 연극 등 전 세계의 연극들을 만났다. 연극적 경향과 현실에 대해 나름대로 중간 결산을 하자면 대략 이렇다. 첫째, 쏟아지는 공연들 가운데 수준 높은 공연은 많지 않다는 것이다. 그러나 재미있는 사실은 양적 풍부함이 질적 풍부함으로 이어지지는 않음에도 여전히 양적 풍부함이 질적인 가치 발굴에 긍정적인 영향을 미친다는 사실이다. 둘째, 눈에 띄는 연출가와 극작가가 예전에 비해 많아졌다는 것이다. 앞으로 관객들은 언론의 평이나 호객행위에 흔들리지 않고 연출가나 극작가의 이름을 보고 극장을 찾을 것이다. 셋째, 피부가 다르고 말이 다르고 움직임이 달라도 기본적인 연극성은 언제 어디서든 동일하다는 것이다. 어찌 보면 당연한 이 사실에서 연극 분야에서 동서양 간의 지리적 크로스 오버나 과거와 현대의 시간적 교차가 행해지는 진정한 상호문화주의가 가능하다는 사실을 깨달았다. 정치성과 권력의 문제가 배제되고 원시적인 몸의 움직임이 생생하게 투사되어 숨 쉬게 될 때, 그 속에서 배우와 관객은 두터운 문화의 틀을 벗어버리고 진정한 자유와 해방감을 만끽할 수 있을 것이다. 연극의 미래에 대해 걱정할 필요는 없다. 다만 더욱 진지하고 창조적인 극작가, 연출가, 배우의 발굴이 필요하며 나아가 한번 공연으로 사라지는 연극에 대한 깊고 넓은 성찰로 묶어둘 수 있는 메커니즘의 발굴이 필요한 시점이다. 지배자들의 위선을 비웃고 권력의 허상을 들춰내고 소외된 자를 보듬으며 아름다운 몸과 숭고한 영혼의 가치를 외치는 연극은 자유로운 예술이다. 이러한 연극의 본질이 살아있는 한 연극은 관객의 사랑을 받으며 인간과 인간의 관계를 더욱 아름답게 승화시킬 것이라고 믿는다.

책 만들기에 성심을 다하는 '푸른사상'과 더불어 작업을 한다는 사실은 언제나 즐겁다. 기꺼이 출판에 동의한 한봉숙 사장님과 예쁜 책을 만들기 위해 헌신적인 노력을 해 준 직원 여러분께 이 자리를 빌려 감사의 마음을 전한다.

2011년 5월
이선형

■ 머리말

제1부 무대와 스크린의 만남

I. 연극, 영화를 만나다 ················· 15

1. 〈스틸라이프〉와 〈무용〉 : 변화와 새로움 ················· 16
2. 〈더 리더〉 : 소리언어와 문자언어 ················· 20
3. 〈도그빌〉의 연극성 ················· 24
4. 〈도쿄〉의 〈다락방〉 ················· 28
5. 〈눈먼 자들의 도시〉 : 잃어버린 것을 되찾기 ················· 32
6. 〈로나의 침묵〉 : 말 없음의 메아리 ················· 36
7. 〈디스트릭트 9〉 : 중심과 변방의 의미 ················· 41
8. 〈비밀과 거짓말〉, 종족이 다른데 가족이라고? ················· 46
9. 3D 〈아바타〉 & 4D 연극 ················· 50
10. 아버지의 이름으로 : 〈아빠의 화장실〉과 〈디스 이즈 잉글랜드〉 ····· 55
11. 〈헨젤과 그레텔〉 : 고통스런 기억이 머무는 숲 ················· 59
12. 〈다우트〉 : 의심하는 자여, 그대 이름은 인간이니 ················· 63
13. 〈워낭소리〉와 〈자본론 제1권〉 ················· 67

II. 영화, 연극을 만나다 ················· 71

1. 연극과 영화 ················· 72
2. 연극 속 영화, 영화 속 연극 : 〈셰익스피어 인 러브〉 ················· 86

3. 영화는 영화다 : 〈여자는 여자다〉에 나타난 현대적 연극성 ············ 101

4. 연극 〈날 보러 와요〉 & 영화 〈살인의 추억〉

　　　　　　　 : '살인의 추억을 보러와요?' ····················· 117

5. 연극 〈시련〉 & 영화 〈크루서블〉 ······························· 122

6. 영화 〈올드 보이〉, 무대에 서다 ······························· 127

7. 공간을 통해 본 영화 그리고 연극 ···························· 131

제2부 새 시대 새 연극

I. 비언어 연극, 매체 연극의 실제 ······························ 137

1. 로베르 르빠주의 〈달의 저편〉 ································ 138

2. 마르셀 마르소의 마임, 그 환상의 세계 ······················ 141

3. 침묵의 언어, 시의 언어, '무멘산츠 넥스트' ··················· 146

4. 슬라바 폴루닌의 〈스노우쇼〉 ································ 150

5. 새로운 〈로미오와 줄리엣〉 ································· 154

6. 기억의 창고, 〈광대들의 학교〉 ······························ 159

7. 무대에서 만난 단테의 『신곡(神曲)』 ························· 166

8. 〈아니마(Anima)〉와 뉴밀레니엄 시대의 연극 ················ 170

9. 무엇을 위한 〈창세기〉인가? ································ 178

10. 소리와 리듬, 세상의 중심에 서다 : 〈오셀로〉와 〈엘렉트라〉 ········ 190

11. 되돌릴 수 없는 비극의 수레바퀴, 〈오셀로〉 ·················· 195

12. 새로운 무대 공간을 위하여 : 〈라 까뇨뜨〉와 〈리체르카레〉 ········ 207

Ⅱ. 연극 : 이미지 그리고 언어와의 투쟁 ····················· 219

1. 연극과 이미지 ·· 220
2. 르빠주의 연극 세계-무대적 메타언어 ··················· 234
3. 〈안데르센 프로젝트〉에서 변방과 중심 개념 ··············· 252
4. 〈오타강의 일곱 지류〉에 나타난 이미지의 진실성 ············ 273
5. 무대 위의 시각 마술사-로베르 르빠주 ··················· 293
6. 〈대머리 여가수〉, 언어의 힘 ···························· 300
7. 타르디유의 연극언어 1-콜라주 ························· 315
9. 타르디유의 연극언어 2-음악극과 회화극 ··············· 334

■ 참고문헌 ··· 353
■ 찾아보기 ··· 359

제1부

무대와 스크린의 만남

I. 연극, 영화를 만나다

1. 〈스틸라이프〉와 〈무용〉 : 변화와 새로움

　　중국의 영화감독 지아 장커(賈樟柯)의 영화에는 극적인 갈등이 없다. 악다구니나 수다도 없다. 허름한 군상들이 넋두리를 늘어놓듯 나른하게 전개될 따름이다. 말수가 적은 그들은 움직임도 느리다. 열악한 환경에서 삶의 무게에 짓눌려 있는 그들이지만 자신의 처지를 비관하거나 크게 저항하지도 않는다. 인물들은 어려운 환경으로부터 줄기차게 탈출을 시도해 봄직도 하지만 영 그럴 기미가 없으니 보는 사람이 오히려 답답하다. 영화 속 인물은 마치 달관한 사람의 모습이다. 다큐 색체의 카메라가 서민의 일상을 손대지 않고 그대로 찍는다는 그의 영화에서 드라마틱한 줄거리가 결여된 쇼트는 평온하게 흘러가는 물길 같다.

　　베니스 영화제에서 최고 작품상의 영예를 안은 지아 장커의 〈스틸라이프〉(2006, 원제 : 산샤호인(三峽好人))는 각기 아내와 남편을 찾아 수몰 지역인 산샤를 방문하는 두 개의 에피소드로 구성되어 있다. 하나는 떠나버린 아내와 딸을 찾아 16년 만에 이곳에 다다른 한 남자, 샴밍의 이야기고 다른 하나는 댐 건설을 위해 일터로 떠난 남편을 찾아 같은 곳으로 온 한 여자, 셴훙의 이야기다. 두 이야기는 서로 아무런 관계가 없는 것처럼 곁눈도 주지 않은 채 인류역사상 최대의 수몰지구가 된 산샤에서 펼쳐진다. 그런데 이들이 지니고 있는 상황이나 아내와 남편을 찾아온다는 스토리는 정작 배경으로 작용하고, 오히려 삭막한 산샤의 공간이 부감으로 강조된다. 사람이 주인공이 아니라 대대적인 변화에 의해 자기 의지와는 상관없이 변해버린 삶의 형태와 공간처럼 보이는 것이다. 관객은 일단 이렇게 질문할 수 있을 것이다. "그들은 왜 지금 아내 혹은 남편을 찾는 것일까?" 그러나 영화를 따라가다 보면 이 질문은 쓸모없는 것임을 금방 깨닫는다. "아내나 남편을 찾아서 어쩌자는 것인가?"라는 물음이 더 궁금하게 다가오기 때문이다. 두 이야기는 상반된 결말을 가지고 있다. 남자는 아내와 딸과 재회하여 가족이 다시 합치기로 결정하는 반면, 여자는 남편을 만나 이혼을 통보하기 때문이다. 문제는 〈스틸라이프〉가, 대부분의 영화의 결론에서 제시되듯 가족이 합치는 것이 해피엔딩이고 이혼하면 비극이라는 지극히 일반적인 구도에서 벗어나 있다는 점이다. 거대한 댐 건설과 그로 인해 수몰된 지역에서 생겨난 실향민의 아픔을 말하려는 것도 아니고 가족의 의미를 밝히려는 것도 아니며 만남과 헤어짐의 의미 찾기도 아니다. 그럼, 이 영화가 진정으로 보내고 싶어 하는 메시지는 무엇일까?

아마도 지아 장커의 또 다른 영화 〈무용〉(Inutile, 2007)에서 이 질문에 대해 좀 더 분명한 답변을 제시할 수 있을 것 같다. 〈무용〉은 물질에 함몰되어버린 현실을 조망하려는 듯 보인다. 세 개의 에피소드로 구성된 영화의 첫 번째 이야기는 습한 광동의 대형 의류공장에서 직공들이 집단으로 옷을 가공하고 있는 장면들로 가득하다. 덥고 칙칙한 드넓은 공간에서 직공들은 가위로 자르고 재봉틀로 박으면서 옷을 대량 생산한다. 이 에피소드는 전체가 거의 롱 쇼트로 구성되어 극영화가 아닌 뉴스의 자료화면 같다. 두 번째 이야기에서는 젊은 여성 디자이너 마케가 클로즈업 된다. 그녀는 파리에서 벌어질 2007F/W 컬렉션에 자신의 새로운 브랜드인 '무용(無用)'을 선보이기 위한 준비로 바쁘다. 무용이라…… 쓸모없는 옷이란 뜻일까? 사실 영혼을 새기려는 마케의 예술적 의상은 실용성이 거의 없기는 하다. 그런데 파리 컬렉션을 성공리에 마친 그녀가 새로운 아이디어를 찾아 떠나는 곳이 바로 유행과는 무관한 시골이라는 점이 특이하다. 세 번째 이야기에는 먼지로 뒤덮인 산샤의 시골 마을이 황량하게 펼쳐진다. 작은 양장점을 배경으로 시골 사람들이 옷을 수선하고, 과거 양장점을 했던 광부의 이야기가 별다른 의미 없이 전개된다. 이 세 에피소드의 공통분모인 의상, 인간의 겉모습을 장식하는 의상은 물질에 대한 코드로 작용한다. 우리는 비싼 옷을 입은 자는 대접을 받고 저렴한 옷을 입은 자는 대접을 받지 못하는 물질만능의 시대에 살고 있다. 그런데 〈무용〉은 세 이야기를 통해 물질은 생각만큼 쓸모 있는 것이 아니라는 사실을 깨닫게 해 준다. 역사와 예술을 담으려는 마케의 의상은 서구인의 눈에는 최첨단 유행을 선도하는 최고급 의상이지만 실상 너무 크고 무거워서 입기조차 힘들다. 물론 컬렉션에서 영감 받은 멋진 의상이 재탄생하고 상류층 인사들이 자신의 몸을 멋지게 장식하겠지만, 영혼이 없는 대량생산된 옷, 시골 양장점에서 수선된 옷이라고 해서 무시할 수 없다. 또 비싼 옷을 입었든 웃통을 벗었든 싸구려 셔츠를 걸치든 그들은 모두 인간이며 나름대로의 삶이 존재한다는 사실도 부정할 수 없다. 댐을 막아 상전벽해의 새로운 세상을 만들려는 사람이나 값비싼 의상을 입는 사람의 인생만 가치가 있는 것은 아니다. 수몰된 지역을 떠나는 사람, 다시 이곳으로 찾아든 사람, 허름한 옷을 입은 사람 역시 나름의 인생이 있다. 인생이란 물질로 판단될 수 없는 그 무엇인 것이다. 가족을 만나 함께 살기로 했으면 그것은 그들이 선택한 것이고, 남편을 만나 이혼을 선언했다면 또한 그들이 선택한 것이다.

중국의 단면을 건조하게 그리고 있는 감독은 변화의 흐름에 편승하든 편승하지 않든 인간은 누구나 하나의 인생을 살고 있다는 점을 은밀하게 강조한다. 흐르던 물이 막혔다고 해 보자. 물은 일단 흐름을 멈추고 웅덩이를 만들 것이다. 그러나 시간이 흐르고 웅덩이의 물이 넘쳐나면 물은 당연히 제 길을 찾아 흘러갈 것이다. 인간이 개발이라는 명목 하에 제아무리 둑을 쌓고 자연을 훼손해도 자연은 제 갈 길로 접어드는 것이다. 인간은 결코 자연과 대적할 수 없다. 인간에 의한 인위적 변화는 언젠가는 자연적 변화에 덮어쓰기를 당하게 될 것이다. 물질에 가치를 두는 세상, 자연적인 물길을 인위적인 둑으로 막아버리는 세상을 살아가는 군상을 바라보는 감독의 시선은 도가(道家)의 무위자연(無爲自然)과 맞닿아 있다. 무위는 '그대로 되어간다' 또는 '인간적 행위란 자연의 본질적 순수성을 훼손하는 것이므로 인위적 행위를 해서는 안 된다'는 의미를 함축하고 있다. 따라서 현재의 변화와 새로운 흐름을 알지 못하는 것처럼 묵묵히 자신에게 몰두하는 영화의 인물들은 무위 혹은 무용을 실천하는 사람들이라고 할 수 있다.

도가의 철학이 듬뿍 담긴 지아 장커의 영화를 보면서 이 시대의 새로운 연극의 흐름을 생각해 본다. 서양에서 주도하고 있는 '세계 현대 연극의 변화와 흐름'(《한국연극》, 2009년 9월호 특집)을 보면 현재 자극을 위한 파괴와 폭력이 무대에서 난무함을 알 수 있다. 과거의 것을 해체하고 파기해야 살아남고 더욱 자극적인 것이 되기 위해 관객에게 충격마저 안겨주려는 극단적인 행위들이 펼쳐진다. 하기야 서양의 변증법적 사유는 철저하게 전통의 계승을 거부하는 사유다. 과거와의 단절이 새로움이라는 인식, 저항하고 도발적이고 실험적이고 과감해지지 않으면 주목받지 못한다는 절박감은 난해하고 역겹고 새롭고 또 새로운 것들을 양산하는 결과를 가져왔다. 충격 없는 충격은 없는 것일까? 변화를 두려워하자는 말은 아니다. 강물이 도도하게 흐르듯 변하지 않는 것 같지만 끊임없이 변하는 세상과 그 의미를 무대에 담을 가능성을 따져보자는 것이다. 현대 연극의 흐름이, 아무리 막아도 제 갈 길을 묵묵히 찾아가는 물길과 닮을 수는 없을까!

2. 〈더 리더〉: 소리언어와 문자언어

　　세상과 최초로 대면하는 순간 신생아는 울음을 터트린다. 핏덩이에 불과한 그 작은 몸은 비올라가 진동하듯 벌거벗은 전체를 작동시켜 강한 파열음으로 공간 속에 거대한 자장을 형성하며 산모의 심금을 울린다. 작은 몸이 엄청난 에너지를 발산하는 순간이다. 울음소리는 고통과 두려움의 소리이자, 자아를 알리는 소리이자, 태초를 염원하는 소리다. 인간의 입에서 나오는 소리지만 자연의 성격을 지닌 이 최초의 소리는 진정한 의미의 소리언어다. 진정한 의미의 소리언어란 문화적 인위성이 전적으로 배제된 언어다. 말하자면 배고플 때, 사랑할 때, 잠잘 때 인간의 인지나 의지와 상관없이 나오는 무의식적 소리다. 그러나 아이가 인간적 환경 속에서 조금씩 문자언어를 깨우치면 깨우칠수록 상대적으로 진정한 의미의 소리언어는 상실된다. 동물과 교감하고 신과 교감하고 태초를 향하던 소리는 문자언어에 포획되어 정체성을 잃는다. 인간의 오만을 보여주는 문자언어는 인간이 신을 흉내낸 결과이다. "태초에 말씀이 있었다"의 창조적 능력을 지닌 신의 말씀을 흉내 낸 것이다. 이런 성질의 문자언어가 점차 소리언어의 상위에 존재하게 되면서 소리언어를 구속하게 되었다. 문자 없이는 음성도 없다는 뿌리 깊은 인식이 생겨난 것이다. 그러나 단언하건대 인간의 문자언어는 결코 신의 언어가 되지 못한다. 비록 그것이 아름다운 운율로 포장된 시어라 할지라도, 비록 시인들이 자신의 시를 손수 낭송하는 것은 신생아의 소리언어를 꿈꾸는 행위이긴 하지만, 창조를 가장한 인간의 언어일 뿐이다. 따라서 우리가 탯줄이 잘리지 않은 시원을 염원한다면 추구해야 하는 것은 문자언어에서 해방된 순수한 소리언어다. 문자언어에 비해 소리언어는 무한한 가능성을 지닌 언어 영역이다. 문자언어는 고정되어 있지만 소리언어는 순간적으로 사라진다. 소리언어는 튀어나온 순간 연기처럼 허공으로 사라진다. 소리언어는 덧없고 단명하다. 그러므로 말실수는 누구에게나 일어날 수 있다. 한번 입 밖으로 튀어나온 소리언어는 이미지만을 남기고 사라진다. 음성이 남긴 이미지 속에는 화자의 무의식이 화석처럼 남아 있다. 반면 언제든지 수정이 가능한 문자언어는 주체자의 속마음을 읽기가 어렵다. 퇴고가 가능한 문자언어는 원시성과는 거리가 먼 문화적 산물인 것이다.

누군가에게 글을 읽어 준다는 것은 확고하고 분명한 자아 존중감을 바탕으로 한 이타심의 발로이다. 엄마가 사랑이 가득 담긴 달콤한 목소리로 아이에게 속삭이는 글 읽어 주기는 사랑과 봉사의 행위이다. 글 읽기는 일차적으로 상대방에게 기쁨을 주지만 이차적으로 글 읽는 자신에게 커다란 행복감을 준다는 점에서 주체와 객체의 행복한 소통의 장이 된다. 그들을 둘러싼 행복의 공간 속에서 낭랑하게 울리는 목소리와 그를 경청하는 귀는 한 쌍의 무용수처럼 조화로운 짝을 이룬다. 그들 관계가 무엇이든 각자 처한 상황이 무엇이든 그 동기가 무엇이든 글을 읽고 그 소리를 듣는 모습은, 영화 〈더 리더〉(2009)에서 교차 편집으로 읽는 사람과 듣는 사람을 번갈아 보여주는 장처럼 아름다운 한 폭의 풍경화가 된다. 〈빌리 엘리어트〉(2000)로 국내에 많은 팬을 확보하고 있는 영국태생의 영화감독 스티븐 달드리 (Stephen Daldry)의 〈더 리더〉의 여주인공, 감성적이고 감수성이 예민한 한나는 문맹이다. 한나의 금기사항 1호인 글을 알지 못한다는 사실은 그녀에게는 최대의 수치이다. 영화에서 그녀의 모든 행동은 바로 자신의 아킬레스건을 숨기고 싶어 하는 것에서 출발한다. 예컨대 모성적 본능을 보여준 사춘기 소년과의 육체적 사랑이 가능했던 것은, 문맹이라는 사실이 발각될 염려 없이 자신의 감각기관 중에 가장 발달한 소리 감각, 즉 청각의 욕망을 만족시켜 주는 소년의 글 읽는 소리를 들을 수 있기 때문이다. 둘째 그녀가 직장을 옮기는 이유는 문맹이라는 것이 들통 나지 않기 위해서다. 마이클과의 결정적인 헤어짐도 승진 대상이 되어 외근에서 사무실로 들어가게 된 것이 계기다. 셋째 재판 과정에서 한나는 글을 읽을 줄 모른다는 사실을 천하에 드러내기보다는 기꺼이 모든 죄목을 다 뒤집어쓴다. 한나에게 있어 구원의 손길은 오직 하나 소리(말)다. 소년의 목소리를 통해 그토록 바라던 고전들, 레싱, 호머, 톨스토이, 체홉을 만나고 감동과 기쁨의 눈물을 흘린다. 한나가 글을 깨우치게 된 것은 어쩌면 비극의 씨앗일 수 있다. 세상과 격리된 그녀는 어른이 되어버린 소년의 목소리가 녹음된 테이프로 글을 깨우친다. 소리의 세계에서 말의 세계로 영역을 이동하게 된 것이다. 영화 후반에 이르러 한나는 실로 오랜만에 감옥에서 벗어나게 된 상황을 맞이한다. 이 때 만일 한나가 여전히 문맹이었다면 혹시 마이클이 마련해준 거처에서 말년을 조용히 보냈을지도 모른다. 하지만 불행히도 글을 깨우친 이상 그녀는 과거의 그녀가 아니다. 아이에서 어른으로, 원시인에서 문명인으로 변신한 것이다. 문자언어의 문턱을 넘어오는 순간 그녀는 세상을 알게 되고 원초적인 능력을 상실하는 대신 스스로의 생명을 결정할 수 있는 세속적인 능력이 생겨났다. 그녀 내부에서 치열하게 다투던 삶의 본능 리비도가 죽음의 본능 타나토스에게 패배한 것이다.

문자언어와 소리언어의 비교를 통해 연극의 세계를 들여다보는 것은 가능한 일이다. 제의성이 깃든 연극 무대는 문자언어보다 소리언어가 중요시되는 곳이다. 문자언어에서 소리언어로 전환될 때 연극은 성립한다. 연극은 청각의 능력을 되살려내는 것을 목표로 한다. 개인적이거나 주관적인 상태에서 벗어나 집단적이고 통합적인 관객을 위한 공연예술은 홀로 책상에 앉아 눈으로 읽는 행위가 아니라 소리를 내는 행위이다. 소리는 본질적이고 원형적인 까닭에 소리의 예술인 연극은 소통의 예술이며 소외된 인간을 치유하기도 한다. 소설가나 미술가는 작업에 몰두할 때 자기 세계에 빠져들지만 연기자는 관객을 마주 보며 오히려 자기 속에서 빠져나온다. 문학과 미술이 주관적인 세계를 구축한 결과라면 연극은 다중의 교감이 형성된 세계다. 시인은 자기를 채우고 자신 속에 갇히지만 배우는 자기를 비워내고 가슴을 활짝 연다. 미술가는 독탕을 필요로 하지만 배우는 대중탕을 필요로 한다. 예술가의 소통은 일방적이지만 배우의 소통은 상대적이고 주고받음이기 때문이다. 그렇다면 〈더 리더〉에서 목소리 하나로 한나를 웃고 울게 만든 소년 마이클이야말로 최고의 연극배우가 아닐까 생각해 본다.

3. 〈도그빌〉의 연극성

그 끝이 어딘지 모르지만 끝까지 가기를 작심한 사람, 극단적인 고통과 잔인함에도 절대 눈 하나 깜짝하지 않는 덴마크 출신의 영화감독 라스 폰 트리에(Lars von Trier)의 〈도그빌〉(2003)을 좋아하는 연극인들이 의외로 많다는 것을 말하지 않더라도, 누구든 이 영화를 보면 왠지 연극적이라는 생각에 사로잡히게 된다. 무슨 이유에서일까? 그 이유를 나열해 보면 첫째, 이야기 구성이 프롤로그와 9개의 장으로 나뉘어 있다는 것, 둘째, 극작품이 서두의 무대지시를 통해 인물과 상황을 설명하듯 영화 역시 인물과 상황을 사전에 제시한다는 것, 셋째, 내레이터가 존재한다는 것, 넷째, 장면 전환이 암전을 통한 무대적 전환과 유사하다는 것 등의 연극적인 요소를 담고 있기 때문일 것이다. 나아가 카메라 기법 또한 영화의 특징인 속임수를 가능한 줄이고 있다. 샷을 길게 촬영한 롱 테이크나 핸드헬드 촬영으로 생겨난 흔들리는 화면은 마치 다큐처럼 현실을 있는 그대로 담아내려는 의지를 표방함으로써, 전체가 관객의 시선에 거리낌 없이 노출된 연극 무대와 흡사하다. 이 영화에서 더욱 결정적으로 연극적 색채를 발견할 수 있는 것은 공간의 운용이다.

〈도그빌〉의 공간은 자체적으로 무대와 흡사하다. 영화의 첫 장면은 이례적으로 극단적인 하이앵글로 잡은 조감도의 형태로 전개된다. 등장인물들은 상자 속에서 양육되는 모르모트처럼 정해진 구역에서 몸을 움직이고 있어 관객은 한눈에 그들 공간의 구석구석이며 일거수일투족을 관찰할 수 있다. 영화와 연극의 차이점으로 자주 거론되는 것이 시각적 관점의 동시성의 여부이다. 그런데 이 영화는 텔레비전 세트처럼 지붕이나 천장은 물론 벽도 세우지 않은 채 흰 페인트 선으로 공간을 나누고 각 공간의 특징적인 주요 도구들을 간단하게 설치하여 전체 등장인물들의 움직임을 한눈에 제시함으로 연극 무대와 동일한 효과를 주고 있다. 무대야말로 관객의 시선에 한꺼번에 드러나는 동시성의 특징을 지니고 있기 때문이다. 나아가 보이지 않는 문을 여닫는 소리와 노크 소리를 통해 외부와 내부의 통행을 구현하고 있으니 영화는 흡사 관례에 의거하여 작동하는 연극 무대와 닮았다고 하지 않을 수 없다.

영화가 제시하고 있는 주제도 매우 흥미롭다. 인간은 근본적으로 악한가 선한가? 〈도그빌〉을 보고 나면 우리는 이제 이런 질문을 할 필요가 없어진다. 영화가 인간을 악한 존재로 규정하고 있어서가 아니라 인간성과 본능의 관계에 대해 질문하도록 유도하고 있기 때문이다. 인간의 몸이 불편을 느끼기 시작하면 거의 예외 없이 몸에 소속되어 있는 정신은 윤리와 제도권에서 이탈한다. 아마도 본능은 자연스러운 것이고 윤리는 인위적인 것이기 때문일 것이다. 갑자기 해고를 당해 한 푼도 없는 상태가 되었는데 젖먹이가 아무것도 먹지 못해 울고 있다면 가장이 선택할 수 있는 길은 무엇인가? 설령 그가 강도짓을 했다면 그를 악인이라고, 죽어도 싼 인간이라고 단죄할 수 있을까. 문학사 혹은 연극사를 장식하는 위대한 고전에서 인간의 본성을 탐구하는 비극적인 작품을 우리는 자주 만난다. 주인공의 선악을 판결하기보다는 인간인 까닭에 그럴 수밖에 없는 상황을 처절하게 그리고 있기에 걸작들은 더욱 빛을 발한다. 예술장르가 영화든 연극이든 소설이든 그것이 주제를 관객에게 전달하는 하나의 수단이라고 한다면, 예술 매체는 자체가 목적이 아니므로, 〈도그빌〉에서 그려진 인간성의 주제는 고전의 비극과 상통하고 있다.

자연에 의해 외부와 격리되어 있는 마을 도그빌은 하나의 독립된 세상이다. 에덴동산이나 노아의 방주나 이오네스코 〈의자들〉의 배경이 되는 섬 혹은 로빈슨 크루소의 섬 같은 곳이다. 나름의 정확한 규칙이 존재하는 우주이기도 한 이 공간은 그곳에 거주하는 집단에게 고유한 문화적 특징을 부여한다. 그런데 개(dog)와 마을(ville)의 합성어인 '도그빌'이라는 이름은 '개 마을'이 된다는 점을 주목할 필요가 있다. '개'자가 붙으면 뭐든지 조롱거리가 되는 것이 이 단어의 특징인데 영화에서는 오히려 인간은 싹쓸이 되고 오로지 개(모세)만 살아남아, 인간은 개만도 못한 것으로 그려진다. 통상 인간의 죽음 앞에서 통쾌감을 느끼는 것은 죽임을 당하는 인간이 지독한 악당일 때이다. 그가 죽지 않으면 우리 편이 죽을 수밖에 없는 생존게임에서 나쁜 나라의 죽음은 더할 나위 없는 통쾌감을 준다. 그렇다면 소돔과 고모라의 멸망 때에도 당사자인 신 말고 인간은 통쾌감을 느꼈어야 했을까. 〈도그빌〉의 마지막 장면에서, 인정사정없이(아이나 부녀자 가릴 것 없이) 속 시원하게 뿜어대는 기관총 세례와 분수처럼 튀겨대는 붉은 피에서 통쾌감을 느꼈다면, 폭력에 의한 악의 응징을 정당한 것으로 판단한 것인지도 모른다. 아마 이렇게 중얼거릴 것이다. "그럴 만도 하지. 애나 어른이나 청순하고 가련한 그레이스에게 얼마나 못된 짓을 했는데……." 영화에서 폭력을 수단으로 한 악의 응징은 감독이 관객에게 던지는 물음이다. 여러분은 이것이 정당하다고 보는가 묻는 것이다. 인류의 역사는 폭력 혹은 전쟁의 역사이다. 앞으로도 인간에 의한, 인간에 대한 비극적 만행은 계속될 것이다. 그렇다면 다음의 질문들이 꼬리에 꼬리를 문다. 인간은 악한 존재인가. 고립된 마을은 애초에 선한 인간들로 가득 찬 곳이었지만 한 사람의 등장으로 숨겨져 있던 악한 모습을 드러내고 만 것인가. 만일 그들에게 에덴동산의 선악과와 같은 시험이 없었다면, 아름다운 젊은 여인이 등장하지 않았다면 그들은 여전히 선한 사람으로 살아갔을 것인가. 그들 앞에 불쑥 나타난 그녀의 이름이 그레이스(Grace)인 것은 참으로 아이러니다. 신의 은총이 그들을 멸망의 나락으로 빠트렸으니 말이다. 그렇다고 독이 묻은 줄 모르고 그들 앞에 던져진 천사표의 뼈다귀를 보고 욕망을 자제하지 못하고 침을 흘리며 개처럼 덥석 물어버렸다고 그들을 탓하기는 힘들다. 사실 누군들 젖먹이가 허기에 지쳐 울고 있는 상황에서 유혹을 당해낼 재간이 있을까? 과욕이라는 덫에 걸린 도그빌 주민들의 슬픈 이야기는 인간에 대해 심사숙고할 기회를 제공하는 웅장한 비극을 보는 것 같다.

4. 〈도쿄〉의 〈다락방〉

한번은 인터넷 뉴스에 영화배우 브래드 피트가 캡슐 호텔을 구입했다는 소식이 있었다. "아무데나 설치, 나만의 미니 캡슐 호텔, 브래드 피트도 구입"이라는 제목으로 지구촌 화제의 소식을 전한 것이다. 마치 감옥의 독방처럼 생겼지만 꽤나 비싼 이 호텔식 컨테이너를 할리우드의 유명 배우가 소유하게 되었다는 것 자체가 뉴스거리가 되었다. 인간은 작은 공간에 존재할 경우 폐쇄 공포증을 느끼면서도 굳이 그곳에서 빠져나오려고 하지 않는 경향이 있다. 스스로 목숨을 끊는 사람이 이따금 자가용을 택하는 것도 이런 이유가 아닐까? 왜 인간은 나만의 작은 공간을 갈망하는 걸까?

작은 공간에 대한 생각이 히키코모리(引き籠もり)와 연결되는 것은 지극히 자연스럽다. 히키코모리의 뜻은 대략 "다양한 요인에 의해 사회 참여의 폭이 좁아져 취직이나 취학 등 집 바깥의 생활환경이 장기에 걸쳐 없어지는 상태"(일본 정신보건연구소 정의) 또는 "방콕. (……) 방에 콕 틀어박혀 사람이나 사회 등을 피하는 일종의 대인기피증을 뜻합니다"(연극 〈다락방〉의

대사)로 정의된다. 일본 특유의 문화 현상 중 하나인 히키코모리는 사회성 결핍이 그 특징으로 현대 문명이 낳은 기이한 자폐적 현상이다. 이 히키코모리를 거대도시 도쿄를 배경으로 삼인 삼색의 시선으로 바라본 영화 〈도쿄〉에서 만날 수 있다. 〈도쿄〉는 미셸 공드리(Michel Gondry), 레오 까락스(Léos Carax), 봉준호 감독에 의해 세 단편으로 구성된 옴니버스 형식의 영화다. 첫 번째 에피소드는 공드리의 〈아키라와 히로코〉다. 여기에서 특히 눈에 띄는 것은 공간과 그 속에 거주하는 인간들의 상호관계다. 인구 밀도가 높아 협소 공간의 대명사가 된 도쿄에서 파생하는 갈등, 배척 및 소외가 선명하게 그려진다. '동물의 왕국'에서 동물 간의 영역 싸움이 생명의 유지와 직결되듯 인간에게도 영토 점유는 삶의 핵심 사항이다. 힘없는 동물이 무리에서 밀려나 외톨이가 되는 것처럼, 공간의 협소함에 의해 자꾸 아웃사이더가 되는 영화 속의 여자 주인공 히로코는 점차 자존감과 삶의 의의를 상실해 간다. 결국엔 "난 어디에도 쓸모없는 인간이다"라는 생각에서 좀 더 나아가 "무엇엔가 쓸모가 있는 인간이 되고 싶다"로 전이된다. 그러나 공허감을 안고 있는 가슴으로 인해 그녀가 변한 의자는 뻥 뚫린 모습을 하고 있다. 남자 친구 아키라의 의자가 된 히로코는 이렇게 말한다. "난 요즘 하고 싶은 걸 전부 하고 있어. 내가 이렇게 누군가에게 쓸모 있는 존재인 줄은 처음 알았어." 불행하게도 도시에는 이처럼 뚫린 의자라도 되려는 사람들로 넘쳐난다. 의자가 된 그녀는 새장 속의 새처럼 살아갈 것이다. 비가 오든 바람이 불든 말없이 그 자리에 존재하는 나무 인간 히로코는 다름 아닌 히키코모리인 것이다.

도시의 겉과 속은 다르다. 도쿄 같은 현대도시는 찬란하고 번지르르한 겉에 비해 속은 추한 쓰레기와 역한 냄새로 가득 차 있다. 멋쟁이들이 거리를 활보하는 시내 중심부의 마천루는 질서정연하고 황홀하지만 바로 그 아래 하수도에는 똥 냄새를 풍기는 광인 같은 괴물이 산다. 이지러진 흉측한

몰골의 광인의 거침없는 행동은 한강에 나타났던 괴물마냥 시민들을 엄청난 공포 속에 몰아넣는다. 레오 카락스와 단짝인 드니 라방이 분한 하수도의 광인은 신의 아들 행세를 하며 지하에서 가져온 수류탄으로 시민들을 무차별 살해한다. 벌거벗은 광인이 거주하는 어두운 지하세계는 군국주의의 잔해가 남아 있는 일본의 과거이자 숨어 있는 무의식이다. 이방인인 광인으로 인해 당국은 공항의 검색을 강화하고 외부와의 통로를 더욱 단절시킨다. 도쿄는 스스로 갇힌 공간 속에 빠져드는 것이다. 알 듯 모를 듯 횡설수설하는 광인의 헛소리는 밖과의 소통을 거부하며 굳건한 벽 안에서 나만의 세계를 건설하는 현대인, 히키코모리에 대한 자성을 촉구하는 외침일 것이다. 죽여도 죽지 않는 그가 다음으로 찾을 도시가 뉴욕이라고 하니 히키코모리는 도쿄에만 있는 것은 아닌가 보다.

세 번째 에피소드 〈흔들리는 도쿄〉에는 진짜 히키코모리가 등장한다. 주인공은 10년 동안 단 한 번도 밖에 나가지 않은 남자 히키코모리다. 그의 방안에는 편집증을 증언하듯 모든 것이 완벽하게 정돈되어 있다. 그런데 이 히키코모리가 결정적인 감정의 변화를 겪게 되는 것은 젊은 여자 피자 배달원과 눈이 정면으로 마주치면서부터다. 눈과 눈의 마주침, 바로 그 순간 도쿄가 흔들린다. 이 흔들림은 실상 남자의 흔들리는 마음이다. 이 흔들림에 여자는 맥없이 쓰러진다. 당황한 남자는 우연히 여자의 몸에 그려진 버튼을 발견하고 조심스레 눌러본다. 꾹……. 버튼은 소통의 상징이다. 인간과 인간, 인간과 세상의 소통을 의미한다. 음식점의 버튼이나 엘리베이터의 버튼이 그렇고, 휴대폰이나 컴퓨터의 버튼도 그렇다. 따라서 영화 속의 남자가 히키코모리라고 하여도 버튼을 누른 이상 더 이상 세상과 담을 쌓은 히키코모리가 아니다. 이런 까닭에 〈흔들리는 도쿄〉는 앞선 두 에피소드보다 훨씬 희망적이다. 지진을 피해 밖으로 뛰쳐나온 모든 히키코모리를 볼 때, 아파트에 살면서 옆집에 누가 사는지도 모르는 현대인은 모두 히키코모리가 분명하지만, 영화는 마지막 장면에서 아직은 그들에게 사랑을 나눌 수 있는 인간애가 남아 있음을 전하고 있다.

세상에서 가장 작은 연극 공간을 표방한 일본 연출가 겸 극작가 사카테 요지(坂手洋二)의 〈다락방〉(2009)도 히키코모리 이야기다. 그렇게 작은 공간에 여러 명의 인물들이 빼곡히 들어차 있는 것을 보면 연출가는 공간 활용의 천재다. 그 속에서 다양한 에피소드들이 시공을 넘나들며 펼쳐진다. 한 히키코모리가 이렇게 말한다. "태아는 엄마 몸속에서 방콕이잖아. 인간이란, 애초부터 방콕이야." 이렇게 본다면 히키코모리는 일본의 문화현상이라지만 궁극적으로 인간의 내면에 잠재해 있는 원형적인 현상이다. 아이들이 상자 속에 들어가 놀이를 즐기는 것이나 텐트에서 잠자기를 열망하거나 조그만 다락방의 비밀스런 공간을 좋아하는 것도 그렇다. 현대인 모두는 어느 정도 히키코모리다. 애초부터 인간은 고독한 존재다. 제대로 움직일 수 없을 만큼 많은 사람들에게 둘러싸여 있어도 외로움을 느끼는 존재, 남에게 큰소리 쳐도 돌아서면 하염없이 우울해지는 존재다. 문제는 현대인들이 왜 고독한가가 아니라 그들의 고독의 근원이 무엇인지 이해하는 것이며, 고독을 극복해야 한다가 아니라 고독을 인정하고 고독과 친구가 되어야 한다는 것이다. 연극 관객은 비록 집단으로 존재하지만 각자는 공연 내내 홀로의 세계 속에 빠져 있다. 현재 이곳의 객석은 고독한 히키코모리의 집단적 둥지인 셈이다. 무대가 관객을 진정한 히키코모리로 만들 수 있다면 어느 정도 성공한 연극이라는 아이러니가 성립한다. 그러나 관객의 고독은 절망의 고독이 아니다. 객석이란 예전에 '논두렁 밭두렁'이 불렀던 노래 '다락방'의 가사처럼 "나의 보금자리"이자 "친구는 갔어도 우정은 남아 있는" 그런 장소이며 나를 되돌아보게 하는 시간이기 때문이다.

5. 〈눈먼 자들의 도시〉: 잃어버린 것을 되찾기

본다는 것은 과연 무슨 의미일까? 그저 눈을 뜨고 있으면 볼 수 있는 것일까? 멀쩡하던 눈이 어느 날 갑자기 멀어 집단적으로 볼 수 없게 된다면 사회에는 과연 어떤 현상이 나타날까? 포르투갈 출신으로 노벨문학상을 수상한 주제 드 소자 사라마구(José de Sousa Saramago)의 소설이 브라질 태생의 영화감독 페르난도 메이렐레스(Fernando Meirelles)에 의해 영화화된 〈눈먼 자들의 도시〉(2008)는 이러한 간단한 질문을 통해 인간의 본성에 대해, 사회와 문명에 대해, 깊이 있는 사유를 이끌어 내고 있다.

영화는 크게 네 단계로 나눌 수 있다. 첫 단계는 대낮에 대로에서 운전을 하던 한 남자가 갑자기 앞이 환해지면서 아무것도 볼 수 없게 되는 것으로 시작된다. 이 증상은 전염성이 무척 강하여 그와 접촉한 사람들은 여지없이 감염된다. 손 쓸 틈 없이 많은 도시민들이 후천적 맹인이 되어버리는 것이다. 눈먼 증상이 확산되자 당황한 당국이 환자들을 격리시키기 시작하는 것이 두 번째 단계이다. 눈먼 자들은 무장한 군인들이 감시하는 폐쇄된 공간에 집단 수용된다. 신종플루에서 보듯 격리는 당국이 할 수 있는 최선의 조치이다. 수용소에 격리된 눈먼 자들은 갇힌 공간에서 그들만의 세계를 만들어 간다. 맹인의 세계랄까. 그러나 특수한 상황에 처한 그곳에서 인간적 문제들이 어김없이 발생한다. 베르나르-마리 콜테스(Bernard-Marie Koltès)가 〈검둥이와 개들의 싸움〉에서 말한 것처럼, 권력의 쟁취와 지배 구조의 형성, 갈등과 화해, 독점과 나눔, 사랑과 배신, 삶과 죽음, 전쟁과 폐허가 목격된다. 인간들이 존재하는 곳이라면 예외 없이 생겨나는 이러한 현상은 인간의 본성에 속하는 것일까. 그러나 이 현상은 야생적이고 저질스럽고 냄새가 심해 구토마저 일으킨다. 재밌는 것은 수용소에는 선천성 맹인과 맹인인 척하는 비맹인이 존재한다는 점이다. 선천성 맹인은 준비된 장애인으로 현실 인지에 있어 전염병에 감염된 맹인에 비해 월등한 능력을 지닌다. 그는 일반 사회에서는 장애인이겠지만 이곳에서는 오히려 비장애인이 되는 아이러니가 연출된다. 또 한 사람은 맹인인 척하는 여자 주인공이다. 어찌된 연유인지 그녀는 전염병에 감염되지 않고 온전한 시각을 유지하지만 남편을 돌보기 위해 거짓말을 하고 그곳에 합류한 케이스다. 맹인의 세상에서 유일하게 볼 수 있는 그녀는 플라톤의 관점에서 본다면 본질을 꿰뚫는 철학자일 것이고, 종교적 측면에서 선지자일 터이다. 수용소에서 싸움이 일어나고 화재가 발생하면서 그들만의 세상은 순식간에 무너진다. 화재의 아비규환 속에서 영화는 세 번째 단계로 넘어가는데 그것은 바깥세상으로의 엑소더스다. 수용소의 삶에 익숙해진 그들이 외부로 나왔을 때 도시 전체는 이미 폐허가 되어 있다. 질서는 사라지고 문명은 파괴되었다. 슈퍼마켓은 쓰레기장이 되었고 아이들이 어른을 공격한다. 오로지 먹을 것을 찾아 헤매는 인간은 존엄성이 상실되고 개와 다를 바 없는 존재로 전락한다. 거룩한 성소에서 기도를 하던 자들도 하나 둘씩 떠나간다. 예수도 성인도 다 눈을 가렸다. 거리를 헤매던 일행은 눈뜬 자의 도움으로 배고픔을 해결하고 안전한 가옥에서 오랜만에 육체의 안락함에 빠져든다. 그리고 어느 순간 우연하게도 맨 처음 눈이 멀었던 남자가 갑자기 눈이 보인다고 말한다. 마지막 네 번째 단계에 이르는 순간이다. 영화에서는 말하지 않지만 차후 도시는 언제 그랬냐는 듯 기능을 회복하고 일상으로 돌아갈 것이다. 그들이 눈멂 속에서 읽었던 교훈만이 가슴속에 화석으로 남을 것이다.

영화에서 눈과 도시의 관계는 중요하다. 〈눈먼 자들의 도시〉에서 주목해야 할 것은 제목에서 언급하고 있듯, 배경이 되는 거대한 현대적 도시다. 일사분란하게 체계화되어 있는 도시는 그에 익숙한 사람에게는 안락할지 몰라도 만일 하나라도 헝클어지면 전체가 혼란에 빠질 위험이 상존한다. 거미줄처럼 얽혀 있는 각종 선이며 하수구, 도로 중 하나라도 막힌다면 도시는 혼란에 빠지고 말 것이다. 도시는 허약하며 위험한 곳이다. 도시의 첨단기계문명은 시각을 중시하는 경향이 있다. 눈 뜬 자에게 도시는 편리한 곳이지만 눈먼 자에게는 지옥이다. 전염병에 취약한 도시는 눈이 머는 전염병이 돌자 순식간에 아수라장이 된다. 자동차가 전복되고 비행기가 추락하는 대형 사고가 곳곳에서 발생한다. 인적이 드문 산골에서 눈이 머는 전염병이 돌았다고 가정해보면 전염의 정도도 크지 않을 뿐더러 대재앙이 일어나지도 않을 것이다. 따라서 멕시코에서 시작한 신종플루가 짧은 시간에 지구 곳곳에 퍼진 것은 세계가 그만큼 도시 구조를 갖추었다는 뜻이다. 빠름과 편리함의 대명사, 인터넷과 교통수단의 발달로 하나의 지구촌이 되어버린 지금 인류는 닭장에서 집단으로 사육된 닭처럼 전염병에 속절없이 노출되어 희생된다.

잃은 것이 있으면 얻는 것이 있다? 도시의 눈먼 자들은 처음에는 모든 것이 불편하다. 그러나 주어진 현실을 받아들이고 어느 정도 익숙해지자 나름대로 장점이 있음을 알아차린다. 우선 그들은 타인의 시선에서 자유로움을 느낀다. 자신도 상대방을 보지 못할뿐더러 타인도 자신을 볼 수 없다는 사실에서 남을 의식하지 않게 된다. 사실 눈 뜬 자는 타인의 시선이 자기 주관보다 더 중요한 경우가 많다. 영화에서 눈먼 자들은 타인의 시선에 의해 지배되어 왔던 자신을 새삼 깨닫는다. 그리하여 이제는 나체가 되어도 아무런 거리낌이 없다. 비만인 자든 마른 자든 상관없다. 시각을 잃음으로써 시각에 의해 지배당했던 것들을 되찾게 된 것이다. 청각이나 촉각은 물론 잃었던 본성마저 되살아난다. 한 인물이 이렇게 말한다. "눈이 먼다는 것이 얼마나 좋은 것인지 알았어요. 예쁘든 못생기든 상관없으니까." 또 다른 인물은 이렇게 말한다. "보이지 않게 돼서 더 나은 생각을 할 수 있게 됐습니다." 이들의 말을 들으면서, 다양하고 화려한 엄청난 이미지 속에 휩쓸려 사는 우리는 시각에 함몰되어 깊이 있게 사고하는 능력을 잃어버린 것은 아닐까 생각해 본다. 눈먼 자들이 야만적인 경험을 통해 우리에게 전하는 교훈이 이것이다. "우리는 눈이 먼 것이 아니라 보지 않은 것이다"라는 메시지……. 우리가 눈을 뜨고 있다고 하지만 제대로 본다고 자신 있게 말할 수 없는 것도 이와 동일한 맥락일 것이다.

현대의 연극예술 역시 시각 영역으로 확대되어가는 경향이 있다. 눈뜬 자들을 위한 예술로 나가는 추세다. 종합예술의 대명사인 연극이 진정으로 추구해야 할 방향은 눈먼 자들도 함께 향유할 수 있는 예술이어야 하지 않을까. 귀로 듣고 코로 맡고 혀와 피부로 느낄 수 있는 통합적인 예술이 되어야 하지 않을까. 시각과 현대인의 관계를 비극적으로 보여 주면서 잃어버린 것에 대해 반성의 여지를 남겨 준 〈눈먼 자들의 도시〉는 시각에 맹신하는 현대 문명, 나아가 현대 연극을 되돌아보게 하는 계기를 마련해 주고 있다.

6. ⟨로나의 침묵⟩ : 말 없음의 메아리

코엔(Cohen), 워쇼스키(Wachowski), 스콧(Scott)의 공통점은? 바로 미국 출신의 형제 영화감독이라는 점이다. 서양에는 이들 이외에도 동화로 유명한 그림(Grimm) 형제, 비행기를 발명한 라이트(Wright) 형제 등 형제애를 과시한 형제들이 많다. 형제는 용감한 것인가? 비슷한 유전자와 환경을 지닌 형제가 공동으로 예술 작업을 한다면 무엇인가 차별성이 있을 것처럼 보인다. 형제 예술가들의 대열에 한 쌍을 더 집어넣는다면 영화감독 다르덴(Dareuden) 형제가 있을 것이다. 현대인의 윤리나 생존 문제에 관심이 많은 다르덴 형제는 1999년 ⟨로제타⟩, 2005년 ⟨더 차일드⟩로 칸국제영화제 황금종려상을 두 번이나 거머쥐면서 벨기에의 대표적인 작가주의 감독의 반열에 올라섰다. 또 2008년 ⟨로나의 침묵⟩으로 칸국제영화제의 각본상을 수상하면서 이들 형제는 다시금 세계 영화인들의 주목의 대상이 되었다.

제목과는 달리 ⟨로나의 침묵⟩에서 주인공 로나는 침묵하지 않는다. 로나는 매우 생활력이 강한 여자로 좀 더 나은 삶을 위해 국경을 넘기도 하고 억척스럽게 돈을 모으기도 한다. 이런 성격의 로나에게 침묵은 거리가 멀다. 다만 딱 한 번 결정적인 순간 그녀는 자신의 속마음을 적극적으로 밝히지 못하고 침묵하고 마는데, 그 침묵으로 인해 서류상 남편인 클로디가 죽음을 당한다. 클로디가 자신의 침묵으로 인해 죽은 것이라고 로나는 생각한다. 이렇게 해서 로나의 무의식 속에 죄의식이 자리 잡게 되며 죄의식에 대한 방어기제로 일종의 보상심리가 발동하게 된다. 영화 후반부에 클로디의 아이를 상상임신한 것, 돌멩이로 남자를 치고 산 속으로 달아나는 것, 뱃속의 아이를 보호하고자 하는 행위는 이러한 보상심리로 야기된 행동이다. 원죄의식과 결부된 죄의식은 로나를 끈질기게 따라붙는다. 다큐 냄새를 풍기는 정제되지 않은 카메라 워크, 오로지 로나의 관점에서 전개되는 줄거리 그리고 그녀를 집요하게 좇는 카메라 앵글은 그녀의 내면의식을 집요하게 따라다닌다. 영화의 전체 프레임에는 언제나 로나가 있다. 항상의 존재가 된 그녀로 인해 영화는 마치 로나의 일기장을 넘기듯 일인칭 서술로 전개된다. 로나 자신이 세상의 관찰자이자 동시에 관찰 대상자로 표출되며, 로나가 알지 못하는 것은 관객도 알지 못한다.

알바니아 태생의 로나는 벨기에서 새로운 삶을 추구한다. 낯선 이곳에 정착하기 위해서는 국적이 필요하므로 그녀는 브로커를 통해 상습 마약복용자인 클로디와 위장결혼한다. 본국인과의 위장결혼을 통해 그 나라의 국적을 취득하려는 행위는 과거에도 현재에도 세계 도처에서 벌어지고 있다. 한국인이 미국에서 그랬고 동남아인이 한국에서 그렇게 하고 있다. 브로커가 로나의 남편으로 클로디를 선택한 것은 다 이유가 있다. 목적을 이룬 다음 마약에 찌든 클로디를 살해하더라도 손쉽게 경찰의 눈을 속일 수 있다고 판단했기 때문이다. 벨기에 국적을 취득한 다음 과부가 된 로나에게는 다시금 러시아 남자와 위장결혼을 하여 큰돈을 번다는 치밀한 계획도 짜여 있다. 그런데 일이 꼬이기 시작한다. 가족에게 버림받고 사회로부터 소외되었던 마약쟁이 클로디가 로나와 한 지붕에 거주하게 되면서 삶에 대한 희망을 되찾게 된 것이다. 외롭고 소외된 사람일수록 누군가와 만남은 그 자체로 의의가 있다. 브로커의 예상과 달리 클로디는 마약에서 손을 떼려는 강한 의지를 보이며 로나에게 도움을 청한다. 처음에는 매정하게 대하던 로나는 클로디의 순수성에 조금씩 차가운 마음이 녹는다. 그의 목숨을 구할 방법은 없는 것일까? 합법적으로 이혼할 수 있다면 클로디는 생명을 건질 수 있을 것이다. 로나가 처한 상황은 참으로 아이러니하다. 남편의 목숨을 구하기 위해 그와 이혼해야 하는 상황……. 한편 클로디의 편에서는 만일 외국인 아내와 이혼해야 한다면 삶의 의미는 다시금 시들어버릴 것이다. 낙담한 클로디는 다시금 마약에 손대려 하고 로나는 이러지도 저러지도 못하는 묘한 상황에 빠진다. 누구에게도 하소연할 수 없는 이 진퇴양난의 딜레마를 어떻게 해결해야 할 것인가? 이 숨가쁜 갈등을 그녀는 말 대신 침묵으로 온몸으로 표현한다. 그러나 그녀의 고민은 오래가지 못한다. 클로디가 살해당하기 때문이다.

이제부터 로나의 고민은 죄의식으로 옮아간다. 로나가 살인 공모죄를 저지른 것은 분명하다. 그녀에게 따뜻한 인간성이 없지 않다는 것을 관객은 잘 안다. 죄의식, 책임감, 연민에 사로잡힌 로나의 몸은 상상임신으로 나타난다. 의사의 진단을 부정할 정도로 확신에 찬 로나를 보면 인간의 신념이 얼마나 대단한 것인지 알 수 있다. 임신으로 인해 돈벌이, 남자친구, 가게 등 모든 것이 어긋났지만 로나는 태아를 포기하지 않는다. 클로디의 살인에 동참한 자신이 다시 한 번 살인자가 될 수는 없다고 다짐한다. 그녀의 원죄의식인 가상의 태아는 인간성 자체를 의미하는 것이다. 이제부터 그녀의 행동은 자신을 지키기 위한 것이 아니라 죄를 짓지 않기 위한, 인간성을 지키기 위한 것이 된다. 남자를 따돌리고 숲 속으로 도망치면서 그녀는 누군가를 향해 말을 걸기 시작한다. "널 죽게 하지 않을게 절대로", "내가 네 아빠를 죽게 됐어", "널 살릴 거야", "이제 자자", "걱정 하지 마. 우릴 도와줄 사람이 있을 거야. 쉬어……." 이 대사는 태아를 향하는 언어이자 클로디를 염두에 둔 언어지만 결국은 자신으로 향하는 언어다. 로나는 침묵에서 다시금 말하는 자로 거듭난다. 다르덴 형제는 〈로나의 침묵〉에서 미디엄쇼트로 인물을 잡아낸다. 완전히 방관자도 아니면서 깊숙이 개입하지도 않으려는 태도로 감독의 시선은 관객의 감정이 일정한 거리를 두었으면 하고 바라는 것이 역력하다. 그럼에도 영화가 끝났을 때 두고두고 곱씹게 하는 묘한 매력을 발산하며 감정의 여운을 길게 남긴다. 인간의 진솔한 모습이 침묵 속에서 새록새록 돋아나기 때문이 아닐까?

세계화는 이민자를 양산하고 있다. 사람들은 새 삶을 위해 국경을 넘지만 여전히 이방인으로 떠돈다. 이민자들이 새 사회에 정착하기란 쉽지 않고 진정한 시민도 되지 못한다. 이민자의 괴리감은 국경을 건넜어도 여전히 국경 저편에 머물고 있다는 데 있다. 그들은 오랫동안 변경인 혹은 회색인으로 남아 있는 것이다. 이민자도 원주민도 똑같은 인간이다. 『태백산맥』의 작가 조정래가 말하듯 이데올로기로 무장된 지독한 빨치산도 인간이다. 그들도 사랑을 나누고 고통 받고 놀기를 즐거워하는 인간이다. 변경에 있든 중심에 있든, 서로 다른 사상을 지니고 있든 그들이 인간 대 인간으로 만난다면 차별할 필요도 없고 상처를 줄 이유도 없다. 영화의 주된 주제는 목적을 위해 수단을 가리지 않았던 로나가 마약복용자인 한 남자와의 만남을 통해 인간성을 회복하는 것으로 요약할 수 있다. 변방인에 대한 관심, 인간성 회복에 카메라의 초점을 맞추는 것을 보면 다르덴 형제의 시선에는 분명 휴머니즘이 깃들어 있다.

영화와는 달리 연극판에서 형제 연출가를 만나기는 힘들다. 아마도 한 사람의 연출에게 지나치게 권력이 집중되는 연극적인 현상 때문이 아닐까 생각해 본다. 공동 연출인 경우에 다른 장르에 비해 유독 잡음이 끊이지 않는 것도 아마 권력의 문제와 연관이 있을 것이다. 형제 연출가가 연출을 맡는다면 그 연극이 제대로 공연될 수 있을까 하는 걱정이 들기도 하지만 배우와 스태프 전원이 연출 영역에 참여하는 공동창작 방식이 활성화되고 있는 최근의 경향을 볼 때 그 가능성이 아주 없는 것도 아닐 것이다.

7. 〈디스트릭트 9〉 : 중심과 변방의 의미

왕따가 된다는 것은 누구에게나 두려운 일이다. 사회적 동물인 인간은 타인과의 교류 속에서 생을 영위하고 그 의미를 찾기 때문이다. 타인은 나의 실존을 위해 꼭 필요한 존재다. 따라서 한 개인이 집단으로부터 왕따를 당할 경우 심한 좌절감과 우울증에 시달릴 수밖에 없다. 방이나 집 같은 특정 공간에 틀어박혀 밖에 나가지 않는 사람 또는 이러한 현상을 일컫는 일본어 '히키코모리'도 타인과의 라포 형성에 문제를 드러낸 일종의 왕따 현상이다. 인간 생존의 역사는 왕따 당하지 않기 위한 역사라 해도 과언이 아니다. 집단 속에서 한 개인을 왕따 시키는 것은 집단의 나머지 구성원이 유대관계를 더욱 돈독히 하기 위한 수단이기도 하다. 전쟁의 역사를 보면 전쟁은 한 개인의 욕망이나 자존심에 의해 촉발된 집단 싸움이기도 하지만 적대적 집단을 만들어 냄으로써 자기 집단의 결속력을 강화시킬 목적도 매우 컸다. 대항마가 있을 때 집단은 결속력이 강해진다. 이를테면 한국대표와 일본대표 간의 축구 시합이라도 있는 날이면 전 국토는 한마음 한뜻이 된다. 이 순간만큼은 언제 그랬냐는 듯 정쟁도 사라지고 영호남의 갈등도 눈 녹듯 사라진다. 오로지 한마음이 되어 목이 쉬도록 응원하는 것이다. 정권 차원에서도 국민의 단합을 위해 적대국과의 긴장 관계를 조성하는 것은 잘 알려진 수법이다. 결국 인간은 왕따라는 대항마를 만들어냄으로써 자신은 집단의 소속원으로 굳건하다는 안도감을 느낀다. 왕따는 다른 말로 변방인 혹은 회색인이라고 할 수 있다. 어디에도 소속되지 못하는 부유하는 자, 집 단에 의해 따돌림 당하는 자, 중심인이 아닌 자인 것이다. 일찍이 푸코는 이 점을 간파하고 광인의 정신병원 수감을 사회적 집단주의 현상으로 풀이했 다. 중세시대 천재로 인정받던 광인을 정신병자로 간주하고 그들을 집단 수 용시킴으로써 부르주아 그룹은 정상적 집단으로서의 안도감을 느끼는 동 시에 결속력을 강화시켰다는 것이다.

이런 사회적 현상을 영화에서 얼마든지 만날 수 있다. 〈괴물〉이나 〈눈먼 자들의 도시〉에서 보았듯이 바이러스에 감염되었다고 추정되는 사람들은 집단의 힘에 의해 격리 수용된다. 문제의 사람을 집단에서 분리하여 폐쇄된 공간에 가두는 것이 가장 손쉽고도 유효한 해결 전략이라고 생각하기 때문 이다. 실제로 신종플루에 감염되었다는 확진을 받았을 경우 사람들의 기피 대상이 되거나 격리된 병실에 수용되는 것과 다를 바가 없다. 인류는 앞으 로 이런 현상을 더욱 자주 겪게 될 것이다. 초고속 인터넷 시대에 언제 어디 서든 발병하기만 하면 지구 전체는 국경 없는 무방비 상태에 놓이게 될 것 이기 때문이다. 전염성이 강한 변종 바이러스는 더욱 기승을 부릴 것이고 감염 환자는 비환자 집단에 의해 왕따가 될 것이다. 장래에 국가는 전염병 환자 수용소를 상설 운영해야 할지도 모른다. 그렇다면 정말로 격리를 위한 수용시설이 최선의 방법일까.

왕따 현상은 개인은 물론이고 인종 간, 국가 간에도 비일비재하다. 만델 라 정권이 들어서기 전 남아공은 '아파르트헤이트'로 인해 흑인은 공식적으로 왕따의 대상이 되었다. 그들은 피부색이 검다는 이유로 경제적·문화적·인격적으로 철저하게 소외되었다. 그런 슬픈 경험을 간직한 땅, 남아공 출신의 영화감독 닐 블롬캠프(Neil beulromkaempeu)가 만든 SF 영화 〈디스트릭트 9〉(2009)은 왕따의 문제, 격리와 수용의 문제, 인간성의 문제를 외계인을 등장시켜 기상천외한 방식으로 재현하고 있다. 어느 날 갑자기 남아공의 수도 요하네스버그 상공에 거대한 UFO가 출현한다. 한동안이나 그 곳에 떠 있던 미확인 비행물체는 〈인디펜던스데이〉처럼 지구를 공격하지도 않고 그렇다고 〈E.T.〉처럼 지구인과 친구가 되지도 않는다. 그들은 단지 지구에 불시착한 외계인일 뿐이다. 지구인들은 UFO를 강제로 착륙시킨 다음 요하네스버그 근처에 외계인 수용구역 '디스트릭트 9'을 건설하고 그곳에 외계인들을 격리 수용시킨다. 무려 28년 동안 엄중한 철책으로 외부와 단절된 그들의 생활환경은 너무나 비참하다. 그들은 마치 백인에 의해 통제된 삶을 살았던 흑인의 모습이 재현된 것처럼 보인다. 쓰레기를 뒤지고 고양이 통조림을 먹으며 열악한 환경에서 살아가는 외계인의 모습은 흔히 상상하듯 고도로 진화된 큰 머리의 외계인과는 거리가 멀다. 그들만의 구역이 슬럼화되고 통제 불능의 상태에 빠지게 되면서 사회 문제로 대두되자 정부의 외계인 관리국 MNU는 이곳을 강제 철거하기로 결정한다. 그들은 프로젝트의 책임자로 비커스를 지목한다. 비커스는 주어진 임무를 성실하게 수행하던 중 불행히도 외계 물질에 노출되는 사고를 당하게 된다. 뜻하지 않은 사고로 비커스는 유전자 변이를 일으켜 점차 외계인으로 변해 간다. 변해 가는 비커스의 모습을 대하는 사람들의 시선은 영화에서 중요한 포인트다. 당국은 비커스의 몸을 변형된 유전자를 연구할 수 있는 귀중한 자원으로 보고 막대한 재화를 안겨 줄 가능성이 있다고 판단한다. 또 광기에 사로잡힌 한 흑인 우두머리는 비커스의 몸을 통해 엄청난 힘을 얻을 수 있다는 마술적 신념에 사로잡히기도 한다. 사람들은 저마다 욕심을 채우기에 급급할 뿐 비커스를 진정으로 걱정하고 위로해 주는 사람은 없다. 한때 중심인이었던 비커스는 이제 왕따가 되어 쫓기는 신세가 된다. 영화의 중반부에 이르면 치료를 위해, 자기 별로 되돌아가려는 외계인과 손을 잡게 된 비커스가 오히려 인간과 대결을 벌이는 예상 못할 상황으로 치닫는다. 왕따가 된 인간과 외계인이 한 패거리가 된 것이다. 그들이 한 패거리가 된 것은 각자의 이익 계산이 깔려 있긴 하지만 그럼에도 그들은 비커스를 뒤쫓는 인간들과는 질적으로 다르다. 권력과 탐욕의 재물을 추구하는 인간에 비해 그들의 목적은 치료나 귀향이라는 순수함을 지니고 있기 때문이다.

CCTV 혹은 핸드헬드의 촬영기법이 동원되어 '페이크 다큐멘터리'로 구성된 〈디스트릭트 9〉은 영화적 사건을 지구촌에서 일어나는 실제 사건처럼 취급하고 있다는 인상을 강하게 전한다. 픽션이 아니라 현실에서 발생한 사건처럼 관객에게 강렬한 충격으로 다가가고자 하는 것이다. 관객은 어둠 속 의자에 몸을 묻고 뉴스처럼 생생하게 전달되는 신나는 총격 장면과 바퀴벌레처럼 더럽고 혐오스런 외계인을 보면서 낯섦, 안타까운 연민, 추잡함, 통쾌함 등 다양한 감정이 교차됨을 느낄 것이다.

일반적으로 영화나 연극을 문화적·오락적 수단으로 대하는 관객은 타인과의 관계 및 소통을 위해 극장이나 무대를 찾는 경향이 있다. '절대로 소외당해서는 안 됨' 혹은 '소외에서 벗어나기'와 같은 무의식이 그들로 하여금 영화관이나 공연장으로 발걸음을 옮기게 한다는 뜻이다. 왕따 혹은 소외를 화두로 삼을 때, 지구인에 의한 외계인들의 격리 수용이나 중심에서 주변이 되어버린 비커스의 처절한 모습을 생생하게 보여준 〈디스트릭트 9〉은 상당한 사유거리를 제공한다. 관객은 이 영화를 보면서 영화의 주제가 공상과학에서나 볼 수 있는 어떤 현상이 아니라 실은 과거부터 있어 왔던 소외의 역사, 인류가 기를 쓰고 행해 왔던 변방 만들기와 중심 되기라는 원초적인 메시지를 전달하려 한다는 사실을 알아야 한다. 기존의 SF영화 기법이 다층으로 혼용된 〈디스트릭트 9〉이 과거 남아공에서 백인만의 구역이었던 '디스트릭트 6'의 패러디라는 사실을 감안한다면, 이 영화는 흑인을 왕따 시킨 백인들에 대한 엄중한 경고일 수 있다. 흑인들을 통제했다고 생각한 백인들이 사실은 제한 구역에 갇힌 형국일 수 있으며, 비커스의 경우처럼 언제든지 중심인에서 변방인으로 전락할 수 있기 때문이다.

8. 〈비밀과 거짓말〉, 종족이 다른데 가족이라고?

    요즘 같은 추세라면, 우리 사회가 아무리 단일민족을 강조하고 외국인에 대해 폐쇄적이라 하더라도 언젠가는 오바마 같은 인물이 나올 것을 기대할 수 있을 것이다. 한국사를 살펴보면 한국사회가 그토록 단일성을 추구하는 자기중심적인 아집에 빠진 것이 그리 오래된 일은 아니다. 『한국 속의 세계』의 저자(정수일)는 우리의 275개의 성씨 중 귀화 성씨가 136개나 된다고 언급한다. 또 경주 괘릉의 무인석이나 흥덕왕릉의 무인석도 아랍인이나 서역인일 가능성에 무게를 두고 있으며, 처용 역시 외국인으로 보고 있다. 또한 불국사에서 출토된 신라 성모마리아소상과 십자무늬장식이 고대 동방 기독교 유물이라고 주장한다. 이처럼 과거에 활발했던 외국 문화와의 교류는 일제강점기를 거치면서 철저하게 단절되었고, 식민지라는 집단적 트라우마로 인해 해방 후 이민족에 대한 경멸감과 공포감이 무의식적으로 제2의 쇄국정책을 단행하도록 했을 것이다. 그러나 지금 우리는 다문화를 수용할 수밖에 없는 어쩔 수 없는 상황에 처해 있다. 공단이나 농촌에서 외국인 노동자나 신부들이 흔하게 목격된다. 현재 외국인은 우리 경제를 떠받치는 기둥이자 친구이며, 가족의 일원으로 다가오고 있는 것이다.

마이크 리(Mike Leigh)의 영화 〈비밀과 거짓말〉(1996)은 가족영화다. 이 단언은 방학을 맞이하여 어른과 아이들이 함께 즐길 수 있는 5세 이상가의 가족오락영화를 의미하는 것이 아니라 가족의 문제를 다시금 되새김질하게 하는 영화라는 의미다. 개인의 삶에 있어 가족이란 떼어낼 수 없는 이름표다. 따뜻한 보금자리이든 어깨를 짓누르는 책임의 원천이든 자신의 실존과 가족은 필수불가결한 관계를 맺고 있다. 일상을 살아가는 우리는 한시도 가족의 울타리를 벗어날 수 없는데, 이 영화는 이러한 가족에 대한 개념과 사고의 단초를 제공한다. 가족 내에서 비밀을 간직한 채 소통의 부재 속에서 외롭게 살아가던 구성원들이 속 시원히 비밀을 밝히고 거짓을 청산할 때 진정한 가족애가 가능하다는 것을 보여주고 있기 때문이다.

〈비밀과 거짓말〉에서 재미있는 것은 제목에서 암시하듯 시작 부분에서 영화 속 인물들이 알고 있는 가계도와 전지적 시각을 지닌 관객이 알고 있는 가계도에 차이가 있다는 점이다. 영화 속 인물들은 신시아(그녀 역시 처음에는 진정한 가계도를 알지 못한다)를 제외하고는 영화가 마지막에 이를 때까지 올바른 가계도를 그릴 수 없다. 이것은 등장인물들이 서로 간에 비밀을 숨기고 있다는 사실을 의미한다. 두 가계도의 비교는 영화에서 과거에 무슨 일이 있었는지, 앞으로 어떻게 전개될 것인지 또한 주제를 파악하는 데 용이하다. 그러나 영화의 결말에 이르면 관객과 인물들이 알고 있는 가계도가 하나로 합해진다. 말하자면 가족 사이에서 말할 수 없는 비밀을 간직했던 그들이, 한 젊은 흑인 여성의 등장으로 갈등과 응어리가 풀어지면서 화해의 가족으로 거듭나고 있는 것이다.

가족의 탄생은 보통은 남자와 여자의 만남으로 시작된다. 이들의 만남은 출산으로 이어져 새로운 구성원이 생겨나면서 가족은 변모하고 확산된다.

이 점에서 영화에서 갈등을 빚고 있는 시누이 신시아와 올케인 모니카라는 두 여성의 비교는 매우 흥미롭다. 여성의 임신은 가족 확산에 있어 가장 중요한 요인이기 때문인데, 결혼도 하지 않은 채 두 번의 임신과 출산을 경험한 신시아는 생식력이 뛰어나 가족을 구성하고 확산시킬 생산성이 매우 높은 반면 임신이 불가능한 모니카는 가족의 정체 그리고 이로 인한 남편과의 불화로 자칫 위험에 노출될 가능성이 크기 때문이다. 그러나 생물학적 의미와는 달리 영화 속 현실은 전혀 다른 모습을 하고 있다. 요컨대 신시아는 아이를 둘이나 낳았지만 가족이라는 틀거리를 제대로 형성하지 못하고 있는 반면, 모리스와 결혼한 모니카는 남편에게 사랑받는 아내로서 가족 내의 역할을 충실하게 수행하고 있는 것이다. 신시아와 모니카의 이러한 비교는 임신과 출산이 가족을 형성하는 중요한 요소이긴 하지만 필연적인 것은 아니라는 사실을 보여준다. 문제는 〈비밀과 거짓말〉에서처럼 사회적 전통이나 윤리에 반하는 출산이 이루어졌을 때다. 이 경우 그 가족은 사회에서 제대로 수용이 될 것인가 하는 문제가 제기된다. 여기에는 사회를 지배하는 문화나 윤리나 가족의 개념이 중요한 인자로 작용한다. 영화의 배경인 영국사회는 한국사회와는 다른 성의식 및 가족의 개념을 지니고 있다. 특히 두 사회의 커다란 차이점은 다인종에 대한 시선이다. 영국에서도 이민족에 대한 차별이 엄연히 존재하긴 하지만 일찍부터 식민지를 건설했던 그들은 우리와는 달리 이민족과 조화를 이루어 사는 방법에 대해 고민을 거듭해 왔다.

〈비밀과 거짓말〉은 젊은 흑인 여성 호텐스의 이야기로부터 시작된다. 이지적인 호텐스는 양모의 유품을 정리하던 중 친모를 찾아야겠다는 근원적인 생각에 다다른다. 호텐스의 관점에서 생모를 찾는 과정은 자신의 과거를 찾는 것이며, 잃어버린 시간을 찾는 것이며, 자기 정체성을 찾는 것이다. 그런데 전혀 예상하지 못했던 충격적인 사실이 밝혀진다. 그녀의 생모가 백인이라는 것이다. 생모인 신시아는 미성년 시절 흑인 남성에게 성폭행을 당하는 불운을 겪게 되고 출산을 할 수밖에 없었던 떠올리고 싶지 않은 과거를 지니고 있다. 고통스런 출산의 순간 불행감에 사로잡힌 신시아는 신생아에게 눈길도 주지 않은 채 곧장 영아원으로 보내 버렸던 것이다. 그 아이가 검은 피부를 가지고 있을 것이라고는 상상도 하지 못했던 신시아는 맨 처음 자기를 생모라고 밝히는 호텐스의 말을 믿지 못한다. 그러므로 백인 어머니와 흑인 딸 사이에 오가는 점진적인 관계 형성은 영화의 중요한 플롯을 이루고 있다. 이처럼 호텐스가 흑인으로 설정된 것은 우리에게 여러 가지 사실을 심사숙고할 것을 요구한다. 이를테면 영국사회에 뿌리박혀 있는 다인종문화에 대한 숙고가 그것이며, 인종이 달라도 한 가족이 될 수 있다는 사실을 말하는 것일 수도 있다. 영화는 타 종족에 대한 영국인의 양면성을 적나라하게 노출시키고 있다. 영화의 결말에 이르면 가족 사이의 틈을 형성했던 모든 비밀이 밝혀지고, 호텐스와 이복동생인 백인 처녀 록산느가 주고받는 따스한 시선과 대화를 통해 인종을 넘어선 가족애의 모습이 그려지고 있다. 아마도 영화는 사람이라면 누구나 인종의 장벽을 넘어설 수 있음을 말하고 싶은 것처럼 보인다.

오늘날 가족은 복잡한 양상을 띠고 있다. 현재 우리도 국적 혹은 인종의 혼합으로 인한 다문화 가족의 생성은 더 이상 커다란 이슈가 되지 않을 정도이다. 한국은 앞으로 10년 내 외국인이 250만 명으로 총인구의 5%까지 늘어 다민족국가가 될 것이 확실하다. 타인종, 타문화에 대한 배타적이고 폐쇄적인 사고에서 벗어나 진정한 소통의 장을 마련할 수 있다면 〈비밀과 거짓말〉의 결말에서 제시하고 있듯이 우리 역시 인종이 달라도 진정한 가족으로 거듭나는 것이 불가능한 것은 아니다. 지나치게 혈연이 중심이 되는 사회는 탄력성을 잃기 쉽다. 〈가족의 탄생〉에서 훌륭하게 그려내고 있듯이, 혈연이 아니더라도 얼마든지 서로간의 상처를 보듬고 어루만질 수 있는 가족다운 가족이 가능하다. 중요한 것은 피가 아니라 사랑인 것이다.

9. 3D 〈아바타〉 & 4D 연극

　할리우드를 중심으로 스크린에서 튀어나올 것 같은 입체감을 전하는 3D 영화 시대가 날갯짓을 하고 있다. 불법 다운로드가 극성을 부리면서 다운 받은 영화로는 흉내 낼 수 없는 3D 영화로 승부를 걸겠다는 것이다. 3D 영화관은 일반영화관에 비해 관람료도 비싸지만 관객 호응도가 높아 영상 시장의 새로운 가능성을 보여주고 있으며, 영화 흥행사를 새로 쓰고 있는 제임스 카메론(James Cameron)의 〈아바타〉(2009)에서 그 절정을 이루고 있다. 관객들은 〈아바타〉에 열광하고 있지만 막상 따지고 보면 〈아바타〉에 특별히 새로운 것은 없다고 해도 과언이 아니다. 외계인(여기서는 지구인)의 침공에 맞서 싸우는 원주민 그리고 원주민과 침입자와의 사랑, 외계인의 원주민화는 〈늑대와 함께 춤을〉, 〈포카혼타스〉에서 볼 수 있고, 환상적인 정글은 애니메이션 〈타잔〉에서, 떠다니는 섬은 〈천공의 성 라퓨타〉에서, 두 개의 몸이 두 세계를 왕래하는 것은 〈매트릭스〉에서 익히 보아 온 장면들이기 때문이다. 나아가 지구인들이 강력한 살상무기로 자연의 영성을 믿는 종족을 찬탈하는 장면은 서부영화에서 흔히 목격할 수 있는 백인들의 인디언 침략을 연상시킨다. 그러나 이야기가 그만그만하고 짜집기한 인상을 준다고 해서 영화의 가치를 폄훼한다면 콜럼버스의 달걀의 경우가 되고 말 것이다. 〈아바타〉가 흥행에 성공한 이유는 무엇일까?

문명이란 단어는 인간이 정복의 주체라는 계몽주의 이념 이래로 서양 사고의 주류를 형성해왔다. 문명은 서양인의 시각이므로 아프리카 문화라고 하지 아프리카 문명이라고 하지 않는다. 문명인은 미개인과 대척점이 되며 정복을 전제로 한다. 더욱 발달한 문명은 발달하지 못한 문명을 정복한다. 정복의 성향 때문에 문명은 갈등과 충돌을 일으키는데, 이 충돌은 힘의 논리로 귀결된다. 승리한 문명이 패배한 문명을 지배하는 것이다. 패배한 문명은 과거의 역사 속으로 속절없이 사라진다. 이처럼 문명의 충돌은 비극적이지만, 이질적인 것들의 급작스런 만남에서 예기치 못한 이국적 향기가 발산되기도 한다. 〈아바타〉는 전혀 다른 두 문명의 충돌로 생겨난 낯섦과 충격을 때로는 서정적으로 때로는 격함으로 표현하고 있다. 아바타란 단어는 우리에게 친숙하다. 산스크리트어로 "지상에 내려온 신(神)의 화신"을 뜻하는 아바타는 가상의 공간인 인터넷에서 자신을 대변하는 캐릭터 인형이다. 원래의 뜻에서 하늘과 땅이라는 두 개의 세계, 신과 인간이라는 두 몸을 지니고 있는 아바타는 익명으로 가상공간을 자유롭게 드나들며 자기표현 욕구를 충족시켜 주는 아이템인 것이다. 주인공 제이크가 전직 해병대였다는 점, 부상으로 하반신이 마비되었다는 점은 그가 우연하게 참여한 아바타 프로그램에서 어떤 방식으로 활약할지 예견하게 하는 부분이다. 손상된 육체와 강인한 육체 사이의 왕래, 해병대라는 전사의 기질이 결국 주인공으로 하여금 나비족의 전설인 '토르쿠막토'가 되게 하기 때문이다. 판도라 행성에서 제이크는 아바타를 통해 신체의 자유를 얻고 사랑과 모험의 행로를 마음껏 펼친다.

스크린에서 22세기를 경험하는 우리는 아프리카처럼 온난 다습하여 아름다운 활엽수가 가득 찬 꿈같이 황홀한 밀림을 만난다. 3D의 효과가 두드러진 곳은 바로 이 곳, 신비로움으로 가득 싸인 판도라 행성의 숲이다. 극한 상상을 넘나드는 공간은 미지의 원시림을 보금자리로, 온갖 동식물과 종족들의 삶이 장엄하게 펼쳐진다. 잠깐! 이곳 행성이 이름이 왜 하필 판도라일까? 그리스 신화에 등장하는 인류 최초의 여성이 판도라임을 떠올린다면 판도라는 또 다른 이브일 터이고 그렇다면 인간의 어머니들이 사는 그곳은 에덴동산 같은 낙원일 것이다. 우리가 곤한 몸을 이끌고 잠자리에 들 때마다 꿈꾸는 영원한 안식처, 언젠가는 돌아가야 할 그곳, 무의식과 몸속에 저장되어 있는 잊힌 땅, 바로 그곳이 판도라 행성이 아닐까? 부드러운 속삭임을 들으며 영원히 잠들고 싶은 그곳에서 나비족은 고유한 질서를 이루며 살아간다. 움직이는 것들과 고정되어 있는 것들이 소통하고 원형성이 살아있으며 신체와 물질 사이에 진정한 소통이 이루어진다. 동막골처럼 문명과는 거리가 멀지만 제식의 신성한 축제가 펼쳐지며 삶의 원형이 구체적으로 존재한다. 판도라와 대립되는 거대 기업의 침략자들은 물질적 욕망에 가득 찬 인간들로 그들은 원주민들의 소통방식에 코웃음 치며 쌓기와 채우기에 급급하다.

붕괴는 항상 내부로부터 시작된다. 역사 속의 웅장했던 문명들은 예외없이 내부의 적에 의해 붕괴되었다. 영화에서도 나비족을 염탐하기 위해 앞잡이로 내보낸 '제이크-아바타'가 동족을 배신하고 해병대라는 영웅적인 제스처로 '외계인-침략자'들과 대적한다. 이야기가 급작스럽게 상승하고 '제이크-아바타'가 원주민으로 동화되어갈수록 문명과 원시 사이의 숨 막히는 대결이 라스트 신으로 치닫는다. 첨단 기계로 무장한 문명은 그러나 영적 소통으로 일체화된 원시에 패배를 당한다. 이런 결과는 자연이 지닌 불가사의한 힘을 증명하는 것으로 절대적 자연숭배로까지 나아간다. 치유를 위한 나비족의 집단적 주문은 자연과 하나가 되는 초월적 울림으로 관객의 청각을 자극한다. 〈아바타〉는 타이타닉호처럼 최첨단 테크놀로지의 합성으로 생겨난 자식이지만 인간의 과학과 문명은 자연을 결코 뛰어넘을 수 없다는 메시지를 담고 있다. 입체적으로 다가오는 찬란한 원시림이야말로 어떤 문명도 흉내낼 수 없는 것이며 우리 마음에 잠재되어 있는 쉼터이다. 이처럼 익히 알고 있음직한 줄거리지만 인간의 시원을 건드린 〈아바타〉의 전략은 전세계 관객에게 어필하고 있다.

현대 영화는 3D를 넘어 4D를 꿈꾸고 있다. 모방에 모방을 더하여 없던 것을 창조하려는 이야기는 바닥이 났다. 더 이상 기존의 장르를 벗어나는 이야기, 정말 처음 듣는 이야기는 없다. 독창적인 이야기는 이미 고갈됐기 때문에 스토리로 승부하려는 영화는 구식 영화가 될 것이다. 일상을 텔레비전 드라마에 내주고 판타스틱을 추구하는 영화예술이 가장 예민하게 구사하려는 전략은 공간과 디자인에 있다. 바로 이것이 영화가 4D에 관심을 갖는 이유다. 4D는 아직 정확한 개념 설정이 되어 있지는 않지만, 일단은 관객의 자리가 바이킹을 탄 것처럼 줄거리에 따라 심하게 출렁거린다. 영화 속 주인공이 보트를 타고 가다 예기치 않게 폭포를 만나 동공이 엄청나게 확대되면서 공포의 표정으로 낙하하는 찰나 객석도 현기증을 일으킬 정도로 의자가 심하게 다운된다. 또 영화 속 누군가가 오징어를 씹는다면 관객은 군침을 돌게 하는 오징어 냄새를 견뎌야 한다. 물과 안개와 바람이 실제로 피부에 와 닿는 4D 영화관을 떠올리다 보면 그곳은 차라리 공연장에 가깝지 않을까 하는 생각이 든다. 오감을 겨냥한 장치가 4D 영화가 추구하는 공간이라지만 공연예술은 진즉부터 4D의 공간이었다. 그런데 4D 영화가 최첨단이라고 외칠 때 역사에 기록된 오래된 공연장에서 4D에 대한 아무런 언급이 없는 까닭은 무엇인가? 요즘 들어 오히려 연극 무대가 평평한 스크린에 이미지를 도입하는 것이 첨단이라고 언급하고 있는데 영상예술의 전략적 방향과는 반대로 달려가는 형국이다. 좋게 생각하면 두 예술이 서로의 접점을 향해 마주보고 달린다고 할 수 있겠지만, 연극 쪽에서 〈아바타〉와 같은 폭발적인 센세이션을 일으키는 일은 희귀할 것이므로 왠지 연극이 손해를 보고 있다는 느낌이다. 원시림이 애초의 지구 모습이었듯이 애초의 연극으로 돌아가는 것, 말하자면 충실하게 4D를 실천하는 것이 새 시대 새로운 연극을 위한 한 가지 방안이 되지 않을까!

10. 아버지의 이름으로 :
〈아빠의 화장실〉과 〈디스 이즈 잉글랜드〉

수컷 사마귀는 자손 증식을 위해 기꺼이 자신의 몸을 희생한다. 교미가 끝난 후 암컷의 먹이가 되는 것이다. 남극에 서식하는 수컷 황제펭귄은 혹한을 견디며 혼자서 알을 품고, 소설 『가시고기』로 잘 알려진 가시고기뿐만 아니라 문어도 암컷 대신 수컷이 알을 돌본다. 동물 세계에서 수컷의 희생은 흔히 볼 수 있다. 그렇다면 이런 현상이 인간에게는 어떤 식으로 나타날까? 아버지라는 이름은 가족 안에서 어떻게 작용하고 있을까? 문화에 따른 차이는 있겠으나 일반적으로 아버지는 집안의 가장으로 권위와 힘을 상징해 왔다. 그러나 현대에 들어와 아버지의 위상이 과거와 크게 달라졌다. 이사할 때 식구들이 놓고 떠날까봐 조수석을 지킨다거나 장롱 속에 들어간다는 '아버지 시리즈'를 떠올리지 않더라도 주눅 든 아버지의 모습을 상상하는 것은 어렵지 않다. 이런 종류의 시리즈는 혹시 유교문화의 전통적인 가부장제도에 향수를 느끼는 남성이 영광스러운 과거를 회상하면서 지어낸 것인지도 모른다. 한편 심리학자들은 인간이 탄생하는 순간 최초로 접하는 것이 어머니이고, 젖을 물리는 양육적 사실에서 인간의 성격을 형성하는 가장 중요한 요소가 어머니라고 이구동성으로 주장한다. 그러면 현대의 가족에서 아버지는 소외된 존재란 말인가.

우루과이 출신의 세자르 샬론(César Charlone)과 엔리케 페르난데스(Enrique Fernández) 감독이 공동 연출한 〈아빠의 화장실〉(2009)은 아버지의 특징적인 모습을 경쾌한 블랙코미디로 그려내고 있다. 남미 편 〈자전거 도둑〉이라고 할 수 있는 이 영화는 지독히 가난한 가족을 중심으로 아버지의 의미를 되새김질하게 하고 있다. 브라질과의 국경에 위치한 작은 마을 '멜로'가 배경인 이 영화에서 아버지는 자전거로 국경을 넘나들며 식료품을 밀수한다. 이 밀수는 가족의 유일한 생계수단이다. 한번은 교황이 이곳을 방문한다는 소식이 전해지자 마을은 온통 흥분에 휩싸인다. 그 흥분은 종교적 은총에 대한 것이 아니라, 이 마을에 수많은 군중이 몰릴 것이고 그렇다면 노점상을 벌여 일확천금을 벌 수 있다고 판단했기 때문이다. 마을 사람들은 전 재산을 털어 각종 음식을 장만하고 그날이 오기만을 학수고대한다. 우리의 주인공 비루 역시 일시에 가난을 물리칠 기막힌 계획을 세운다. 유료 화장실을 만드는 것이다. 그는 아내를 닦달하여 딸 교육비로 꼬깃꼬깃 숨겨둔 쌈짓돈을 밑천으로 화장실을 만들고야 만다. 화장실을 완성해나가는 과정은 이 영화에서 웃음과 눈물을 동시에 선사한다. 달리기 선수가 결승선을 통과하듯 막바지 순간에 겨우 완성된 화장실은 그러나 언론의 예상과는 달리 훨씬 적게 모여든 군중으로 인해 그야말로 파리만 날리는 신세가 된다. 빚을 갚고 풍족한 삶을 꿈꾸었던 아버지 비루는 절망적인 몸짓으로 호객행위를 하게 되고, 그런 아버지를 지켜보던 딸의 두 눈에서 뜨거운 눈물이 흘러내린다. 영화는 대체로 우울하지만 가난 속에서도 항상 무엇인가를 궁리하는 비루로 인해 유쾌하다. 교황의 방문이 행복을 가져올 줄 알았으나 그렇지 못하다는 사실에서 또 가난한 사람들 위에 군림하는 군인이나 공무원의 가증스런 모습을 통해 영화는 암암리에 정치적·사회적 면면을 풍자한다. 아내와 자식을 먹여살리기 위해 죽어라고 자전거 페달을 밟아대는 아버지의 모습은 새벽에 출근하여 밤늦게 퇴근하는, 돈 버는 기계로 전락한 현대판 아버지의 전형처럼 느껴진다.

또 다른 관점에서 아버지에 대한 의미는 영국 영화 셰인 메도우스(Shane Meadows)의 〈디스 이즈 잉글랜드〉(2009)에서 만날 수 있다. 성장기의 한 남자 아이가 주인공인 이 영국 영화는 부재하는 아버지의 빈자리를 남다른 애정으로 표현하고 있다. 엄마와 단둘이 살고 있는 열두 살짜리 숀은 누구라도 자신의 아버지를 비난하면 참을 수 없는 분노를 느낀다. 존경과 사랑의 대상인 군인 아버지가 포클랜드 전쟁에서 전사했기 때문이다. 없음으로 인해 생겨난 갈망이 증폭되면서 아버지에 대한 그리움을 채울 길이 없던 숀은 우연한 기회에 동네의 스킨헤드 집단에 끼어들게 된다. 집단의 우두머리인 우디가 어린 숀을 자상하게 돌봐주고 기꺼이 자신들의 멤버로 인정하자 숀은 우디에게서 아버지상을 발견한다. 그러던 중 우디의 친구 콤보가 출옥을 하게 되면서 이들 집단의 분위기는 백팔십도 달라진다. 온순한 우디에 비해 폭력적이고 정치적이며 인종차별 성향이 강한 콤보는 과거 해가 지지 않았던 대영제국의 재건을 추구한다. 콤보는 강력한 철권정치를 구가하여 철의 여인으로 불린 대처의 대처리즘과 일맥상통 한다. 우디와 콤보의 상반된 모습은 아버지의 양면성 혹은 영국의 두 얼굴을 대변한다. 카메라는 폭력적인 콤보에게 훨씬 많은 포커스를 맞추는데 그것은 권력과 힘에 대한 일종의 고발이다. 아버지의 이중의 상에 직면한 어린 숀은 심각한 딜레마에 빠진다. 영화의 막바지에 이르러 숀은 콤보의 치명적인 폭력을 직접 목격하고 참담한 심정으로 집에 돌아온다. 그 어느 누구도 결코 아버지의 대안이 되지 못했던 것이다. 숀은 아버지의 사진을 어루만지며 다시금 아버지를 그리워한다.

다양한 얼굴을 지닌 한국형 아버지의 모습은 박근형 연극에서 만날 수 있다. 우리는 일찍이 그의 연극에서 아버지의 테마를 주목해 왔던 터다. 무능한 아버지(〈가족〉, 〈청춘예찬〉, 〈경숙이, 경숙이 아버지〉), 식구들의 피를 빨아먹는 흡혈귀 같은 아버지(〈삼총사〉, 〈쥐〉)는 한국의 전통적인 아버지상과는 다른 모습이다. 우루과이 영화에서 보듯 온 힘을 다해 식구를 먹여살리려는 아버지, 영국 영화에서 보듯 자식에게 사랑과 존경을 받는 아버지가 아닌 것이다. 하지만 돌이켜 생각해 보자. 아버지는 어떤 정형화된 모습을 지녀야 한다는 틀거리 자체가 아버지에 대한 일종의 형벌이자 멍에가 아닐까? 울어서는 남자답지 못하다는 강박관념, 남자는 강해야 한다는 일방의 문화를 기반으로 형성된 아버지는 본의 아니게 스스로를 억누를 수밖에 없는 비극적 상황에 빠져 있는 것은 아닐까. 울면 산타 할아버지로부터 선물을 받을 수 없다는 틀에 박힌 교육을 통해 자기감정 억누르기와 가슴 속 깊이 묻어두기에 익숙해진 아버지는 오히려 피해자가 아닐까. 수다는 여자의 몫이라고 믿는 사회문화적 풍토도 그렇거니와 아버지는 항상 보호자나 인도자가 되어야 한다는 신념 속에서 낯선 존재가 되어버렸고 그 결과 일종의 희생양이 된 것은 아닐까. 가족의 지주가 돼야 한다는 역기능적 신념은 오히려 건강한 가족을 형성하는 데 걸림돌이 될 수도 있다. 〈아빠의 화장실〉, 〈디스 이즈 잉글랜드〉 그리고 박근형 연극에서 만난 아버지를 보면서 화려한 겉치장으로 왜곡된 아버지의 모습들이 떠오른다. 아버지라는 이름을 숨기지 않은 채, 삶의 무게에 짓눌린 어깨를 감추지 않고 약한 모습도 보이고 울어도 보고 실컷 수다를 떨어도 아무런 흉이 되지 않을 그날이 올 수 있다면 그 사회는 더욱 행복해질 것이라는 믿음은 착각일까.

11. 〈헨젤과 그레텔〉 : 고통스런 기억이 머무는 숲

아이는 천진난만하고 순진무구하다고들 한다. 세상에 찌든 어른에 비해 아이는 꾸밈이 없고 진실하다고들 한다. 그러므로 성경에서 누구든 아이와 같이 되지 않고서는 천국에 갈 수가 없다고 말한다. 어른의 모범이 되는 아이는 어른의 아버지라는 것이다. 그럼에도 아이와 어른을 이원적인 대립으로 구조화시킬 때 아이의 일반적 통념은 무너진다. 『파리대왕』을 보면 순전히 아이들로 이루어진 사회는 어른 사회 못지않은 권력과 욕망이 지배한다. 아이들만이 존재했던 섬은 애초에 천국이었으나 그들 사이의 갈등과 살육으로 말미암아 지옥으로 변하고 만다. 프로이트(Freud)에 의하면 인간은 일곱 살 이전에 모든 성격이 형성된다. 그 시기에 인격이 결정되고 어른이 되었을 때 그대로 반영된다는 것이다. 그렇다면 앞서 말한 아이는 순수하고 어른은 불순하다는 단순한 나눔은 불가능해진다. 어른의 연장선상에 있는 아이는 혹시 순진한 가면을 쓰고 어른과의 은밀한 대립구조를 통해 자생력을 갖추고 생명을 유지하는 것은 아닐까?

동화 『헨젤과 그레텔』에는 아이와 어른의 갈등이 잘 드러난다. 가난한 부모는 힘든 인생길에 있어 아이들과의 동행을 포기하고 그들을 숲 속에 유기하기로 마음먹는다. 어른이 아이를 버리는 것은 동화 속 이야기만은 아니다. 우리 주변에 얼마나 비일비재한가! 동화를 각색한 영화 〈헨젤과 그레텔〉(임필성 감독, 2007)의 내용은 대체로 원작과 비슷하게 설정되어 있지만 아이와 어른의 입장과 상황을 역전시켜 흥미를 끈다. 동화든 영화든 갈등의 주된 공간은 빽빽하고 어둡고 미로 같은 숲으로 둘러싸인 아름다운 주택이다. 숲은 마법을 부리는 것 같아서 누구든 이곳에 발을 디뎠다 하면 도저히 빠져나갈 수 없다. 그런데 원작에서 숲은 아이들에게 벗어날 수 없는 감옥이자 죽음을 부르는 사형대지만 영화 속의 숲은 아이가 아닌 어른을 옭아맨다. 동화에서 부모로부터 버림받아 깜깜한 숲 속에 갇혀 버린 아이들은 살아남기 위해 빵가루를 던지지만 영화에서는 어른이 빵가루를 던진다. 동화에서 배고프고 궁지에 몰린 아이들 앞에 나타난 것은 화려하고 달콤한 유혹으로 치장된 마녀의 집인데 영화에서 방황하는 어른의 눈앞에 나타나는 것은 아이들이 인위적으로 만들어 놓은 아름다운 집이다. 동화에서 과연 아이들은 무시무시한 힘을 지닌 마녀의 손아귀에서 무사히 빠져 나올 수 있을 것인가가 관건이라면 영화에서는 초능력을 지닌 아이들로부터 어른이 탈출할 수 있을 것인가가 관심의 대상이 된다. 동화와 영화의 비교는 아이와 어른의 대립이 〈헨젤과 그레텔〉의 줄거리를 이끌어 간다는 사실을 더욱 분명하게 보여준다.

아이들을 위한 동화라고 언제나 즐겁고 유쾌하고 행복한 것은 아니다. 어른에게 학대당하고 생존을 위해 투쟁하는 아이에게 초점을 맞출 때 동화는 잔인하고 슬픈 이야기가 된다. 이런 종류의 동화 속 시간은 대개 정지된 느낌이며 고통스런 기억이 머무는 공간은 마치 악몽을 꾸는 것처럼 빠져나갈 수 없는 폐쇄된 곳이다. 그곳은 꿈속일 수 있고 자아가 분열되어 생겨난 환상일 수 있으며 먼 과거의 이야기일 수 있다. 꿈이나 환상이나 과거는 어린 시절과 곧잘 연결되어 미화되기 쉽지만 그 시절이 항상 아름다운 것은 아니다. 누구나 마음 깊숙한 곳에 잊고 싶은 어린 시절의 쓰라린 기억이 있지 아니한가. 어른의 보살핌이 필요한 아이의 가장 큰 두려움은 길을 잃거나 부모로부터 버림받는 일이다. 어린 시절 스스로 두려운 기억을 지니고 있는 어른은 떼를 쓰는 아이에게 이렇게 소리친다. "너 울면 떼놓고 간다." 말을 듣지 않으면 버리겠다는 이 엄포는 참으로 소름끼치는 위협이다. 이런 위협은 어린 헨젤과 그레텔을 숲 속에 방치했던 부모의 잔인한 행동과 하등 다를 게 없다. 그런 까닭에 결말이야 행복하더라도 동화나 소설이나 영화에서 특히 친자가 아닌 아이들, 어른에 의해 학대받는 아이들은 비극적인 인물이 된다. 신데렐라, 백설공주, 콩쥐, 심청이, 장화와 홍련을 보라. 예컨대 고전 소설 『장화홍련전』을 각색한 영화 〈장화, 홍련〉도 한적한 호숫가에 자리한 우아한 주택에서 벌어지는 새엄마와 아이들의 갈등이 주된 극적 요소다. 한 아이는 장롱에 갇혀 죽임을 당하고 다른 한 아이는 죄의식에 사로잡혀 고통스런 정신 분열증을 겪는다. 불륜을 저지름으로써 가정 파탄의 원인 제공자가 된 아버지는 아이들에게 버팀목이 되기는커녕 무기력한 방관자일 뿐이다.

일전에 텔레비전에서 인기를 누렸던 박근형 원작의 드라마 〈경숙이 경숙이 아버지〉도 경숙이와 경숙이 아버지의 대결 구도로 그려볼 수 있다. 오로지 자신만을 위하는 경숙이 아버지도 심봉사나 콩쥐의 아버지나 장화 홍련의 아버지와 유사한 면면을 갖고 있기 때문이다. 〈청춘예찬〉을 비롯한 그의 연극에는 근본적으로 자식과 아버지의 갈등이 커다란 축으로 작용한다. 가족이라는 성 안에서 제왕으로 군림하는 아버지의 옷자락은 찬바람을 막아주는 병풍이 아니라 오히려 헨젤과 그레텔을 사지로 몰아넣은 숲이 된다. 재밌는 것은 무소불위의 권력 앞에 숨죽이는 경숙이는 약해 보이지만 실은 마녀를 물리친 동화 속 아이들처럼 강한 존재라는 점이다. 그녀의 삶의 본능은 어른의 횡포를 참고 견디라고 스스로에게 무언의 깃발을 흔들어댔을지도 모른다. 영화든 연극이든 학대받는 아이들이 대략 여자 아이라는 점도 이채롭다. 남자에 비해 여자가 피권력자라는 사회적 인식이 크게 작용하고, 악독한 계모와 전처의 딸 사이의 갈등이 더욱 극적이기 때문일 것이다. 또 우리가 동화나 영화나 연극을 보면서 이러한 아이들이 자라서 어른이 된다는 것을 종종 망각한다는 것도 재미있다. 어른도 한때는 아이였다는 사실은 만고의 진리이다. 그렇다면 아이와 어른의 갈등을 현재의 자기와 과거의 자기, 자기의 내면과 외면의 전쟁으로 그려볼 수 있을 것이다.

12. 〈다우트〉
: 의심하는 자여, 그대 이름은 인간이니

인간은 의심의 동물이다. 옛날에 한 랍비가 있었다. 그는 신께 제물을 바치기 위해 어리고 깨끗한 양 한 마리를 어깨에 메고 길을 걷고 있었다. 심술궂은 세 사람이 랍비로부터 양을 빼앗기로 작당을 하였다. 첫 번째 사람이 랍비에게 다가가서 말했다. "랍비여, 신에게 어리고 깨끗한 양을 바쳐야지 더러운 개를 바쳐서야 되겠습니까?" 랍비는 어이가 없어 대꾸했다. "미쳤군, 이게 어디 더러운 개란 말이요?" 랍비가 아무 일도 없다는 듯이 길을 재촉하자 두 번째 사람이 다가가서 말했다. "랍비여, 신에게 어리고 깨끗한 양을 바쳐야지 더러운 개를 바쳐서야 되겠습니까?" 그러자 랍비가 대답했다. "뭐요? 이게 개로 보인단 말이요?" "그럼 개지 뭡니까?" 랍비는 고개를 갸우뚱거리며 살짝 의심을 품기 시작했다. 잠시 후 세 번째 사람이 다가와서 말했다. "랍비여, 신에게 어리고 깨끗한 양을 바쳐야지 더러운 개를 바쳐서야 되겠습니까?" 그러자 랍비는 어깨에 멨던 양을 내려놓고 자세히 살펴보았다. 그러자 지금까지 어깨에 메고 있던 짐승이 틀림없이 더러운 개로 보였다. 랍비는 더러운 개를 길바닥에 버렸고 세 사람은 어리고 깨끗한 양을 들고 줄행랑을 쳤다.

인간은 일단 의심을 품기 시작하면 그 끝을 종잡을 수 없다. 〈오셀로〉의 비극이 한 인간의 의심에서 비롯된 것인 것을 보면 셰익스피어도 이 점을 잘 알고 있었던 것 같다. 이아고의 꼬임에 빠진 오셀로가 사랑하는 아내 데스데모나의 순결을 의심하기 시작하면서 극은 끔찍한 종말로 치닫기 때문이다. 자신의 희곡을 영화로 각색하여 만든 존 패트릭 셰인리(John Patrick Shanley)의 영화 〈다우트〉(2009)에서 인간의 의심과 정면으로 대면할 수 있다. 연극 〈다우트〉는 2004년 브로드웨이 최고의 히트작으로 찬사를 받았고, 2005년 퓰리처상, 토니상, 뉴욕비평가협회상을 휩쓸어 그 해 최고의 연극으로 평가를 받았던 작품이다. 또한 이 작품은 2006년과 2007년에 연이어 '극단실험극장'의 최용훈 연출로 서울의 대학로에서 공연되었다. 원전이 연극인 까닭이어선지 영화에는 연극의 흔적이 듬뿍 들어 있다. 소수의 인물들이 정해진 공간에서 심리적인 갈등을 표면화시키는 장면이 주를 이루고, 텔레비전 드라마처럼 인물의 얼굴이 화면을 가득 메우면서 그들의 섬세한 표정과 대사가 작품의 질을 결정하기 때문이다. 나아가 흑과 백, 보수와 진보, 선과 악, 의심과 믿음, 자유와 규율, 신부와 수녀의 이중적 대립이 뚜렷한 미장센은 매우 드라마틱하다. 관객과 직접적인 교감이 일어나는 무대처럼 연기력으로 승부를 걸어야하는 까닭에 연기파 배우들이 캐스팅되었고 그 결과 2009년 아카데미 시상식에 네 명의 배우가 각각 노미네이트된 것은 그리 놀랄 일이 아니다.

60년대 뉴욕 브롱크스에 위치한 성 니콜라스 가톨릭학교는 새로운 변화의 물결에 따라 더 이상 전통적인 엄숙주의에 머물 수 없게 된다. 흑인 학생 도널드 밀러를 처음으로 받아들인 것도 이러한 흐름의 일환이다. 변화를 달가워하지 않는 엄격한 교장 수녀 알로이시우스(메릴 스트립 분)는 규율에 위반되는 학생에게 가차 없는 태도를 취함으로써 공포의 대상이 된다. 한편 그녀는 자유로운 언행을 일삼는 폴린 신부(필립 세이무어 호프만 분)를 본질적으로 싫어한다. 신부의 행동 하나하나, 이를테면 글쓰기에 편리한 볼펜을 사용한다든가 차에 설탕을 듬뿍 넣는다든가 손톱이 단정치 않은 것도 왠지 못마땅하다. 또 강론을 통해 "의심을 한다는 것은 확신만큼이나 사람들을 강하게 결속시킬 수 있다"면서 의심의 가치를 설파하는 신부의 자유로운 사상을 용인할 수 없다. 두 인물의 대조적인 성향은 정신분석학이 지향하는 '그 때 그곳의' 수녀와 게슈탈트 심리학이 지향하는 '현재 이곳의' 신부로 나눌 수 있다. 수녀가 관념 혹은 사유, 분석과 도덕의 세계를 대변한다면 신부는 감각 혹은 행동, 실존의 세계를 대변한다.

　한편 신부는 밀러에게 특별한 관심을 보인다. 밀러는 이전 학교에서 왕따를 당한 경험이 있으며 아버지의 폭력에 시달리고 알코올에 중독되어 있어 누군가의 보살핌이 필요한 아이다. 그러던 중 젊은 교사 제임스 수녀(에이미 애덤스)의 증언으로 교장은 밀러에게 유독 친절한 신부가 아이에게 의심스런 행동을 한다는 확신을 갖게 된다. 의심이 확신으로 접어드는 순간이다. 인간이 의심이란 강에 빠져들어 일단 그곳에 몸을 적시게 되면 의심은 목숨과도 바꿀 수 없는 절대적 신념이 된다. 의심에 대한 의심은 추호도 없다. 의심의 강에 발을 디딘 수녀는 거짓말을 해서라도 자신의 확신을 정당화시키려 한다. 여기서 우리는 오셀로가 보여준 인간의 불완전성을 다시 만난다. 재밌는 것은 의심을 받게 된 사람도 어느 순간부터는 스스로를 의심하게 된다는 것이다. 의심하는 주체와 의심받는 대상 사이에서 형성된 아이러니한 협력관계, 이것이 바로 인간의 속성인가 보다. 신부가 끝까지 수녀에게 저항하지 않고 학교를 떠난 것은, 인간 행위와 사유에 있어 과연 진리가 존재하는가 하는 물음을 던지게 한다. 신부 역시 특정 학생에 대한 관심이 어쩌면 그에게 부정적인 요인으로 작용했을 수도 있다는 인간적인 의심을 품은 것처럼 보인다. 폴린 신부가 알로이시우스 수녀에게 "우리는 모두 같은 인간이다"고 말하는 것은 이런 의미를 담고 있다.

영화에서 의심은 종교적인 차원으로 넘어간다. 신부나 수녀나 신의 존재에 대한 의심은 자신의 삶을 송두리째 뒤흔드는 일이다. 마지막 장면, 크리스마스 캐럴이 울리고 눈 덮인 교정 벤치에 교장이 홀로 앉아 있다. 이 때 동생을 만나기 위해 오랫동안 출타했던 제임스 수녀가 그녀를 발견한다. 두 사람이 주고받는 대화, 그리고 이어지는 교장이 격정어린 음성으로 내뱉는 말, "회의"라는 단어는 이 영화의 압권이다. 강철 같은 믿음을 지닌 것처럼 보였던 그녀가 눈물을 보이며 회의한다고 고백하다니. 설마 그녀가 의심을 할 줄이야. 더구나 이 의심은 목숨과도 같은 종교적 회의가 아닌가. "과연 신은 존재하는가?"와 같은 절대적 신앙에 대한 원칙주의자의 회의는, 정녕 인간이야말로 의심의 동물이라는 사실을 다시금 확인시켜 준다. 의심하는 자여, 그대 이름은 인간이니.

13. 〈워낭소리〉와 〈자본론 제1권〉

늙는다는 것은 폐물이 된다는 것을 의미하는가? 늙음은 식물이나 동물이나 소나 인간이나 생명체라면 비켜 갈 수 없는 필수 코스라는 것을 부정할 사람은 아무도 없는데도? 젊은 사람들의 경우 자신에게는 절대로 늙음이 다가오지 않을 것으로 착각한다. 하긴 자기가 풍긴 냄새는 감내할 수 있어도 남이 풍긴 냄새는 참기가 힘든 것을 보면 자기중심적 사고방식으로 인해 젊은 사람이 자신의 늙은 미래를 상상하기 힘든 것은 당연하다.

늙은 소와 중첩 혹은 교차 편집되어 한 시골 노인의 평범한 삶을 다룬 이충렬 감독의 다큐멘터리 〈워낭소리〉는 우리에게 늙음에 대해 그리고 죽음에 대해 곱씹어 보도록 한다. 오늘날 평균 수명이 늘어나면서 젊은 노인들이 기하급수적으로 증가하고 있다. 보통 50대 후반이나 60대 초반이면 은퇴를 해야만 하는 노인 아닌 노인들은 사실 육체적·지적인 기능 면에서 얼마든지 더 많은 일을 할 수 있다. 그럼에도 사회 시스템은 그들에게 더 이상의 일자리 제공을 거부하고 일터를 떠나 죽을 준비를 하라고 등을 떠민다. 그러다 보니 파고다 공원에는 하릴없이 죽을 날만 기다리는 건강한 노인들이 넘쳐난다. 이런 시스템은 인구가 줄어드는 판국에 활용 가능한 인력을 폐기 처분 하는 것이니 국가적으로 커다란 손실이 아닐 수 없다. 사실 이 은퇴자들은 귀도 잘 들리지 않고 걷기도 힘든 〈워낭소리〉의 노인에 비하면 청년에 가깝다. 공원에서 서성이는 노인과는 달리, 〈워낭소리〉의 노인은 은퇴를 하고 싶으면 언제든지 할 수 있고 하기 싫으면 안 해도 전혀 상관이 없다. 자신의 논밭에서 농사를 짓기 때문이다. 농사꾼에게 은퇴 연령은 정해져 있지 않다. 일을 할 수 없을 때가 은퇴 시기인 것이다. 노인에게 있어 노동은 생명이다. 그것은 죽을 때까지 일을 하는 늙은 소를 보면 금방 알 수 있다. 늙은 소나 노인에게 있어 휴식의 개념은 아무 일도 하지 않는 것이 아니라 일의 대가로 얻어지는 것이다. 땀 흘리며 쟁기질을 하고 난 후의 달콤한 휴식……. 거기다 막걸리 한잔 마시면 노인이나 늙은 소는 더할 나위 없는 행복감에 사로잡힌다. 이 행복감을 체득했기에 노인은 젊은 소 대신 애써 늙은 소에게 멍에를 씌우고 달구지를 끌게 한다. 소에게 일거리를 주는 것은 그만큼 소를 존중하고 사랑한다는 증거이다. 더 이상 노동을 할 수 없다는 것은 노인이나 소에게는 죽음을 뜻한다. 그러므로 자식이나 의사가 무리하게 일하지 말고 쉬라고 권했을 때 노인은 그만 죽으라는 소리로 들렸을 것이다. 사실 일을 하지 않으면 무엇을 할 것인가?

어린 시절에 포인트를 맞춘 프로이트와는 달리 융(Jung)이나 에릭슨(Erikson)은 노년기에 상당한 가치를 부여한다. 에릭슨에 의하면 노년은 지혜와 불안이 공존하는 통합의 시기이다. 공자는 사람이 일흔이 되어서는 무엇이든 하고 싶은 대로 하여도 법도에 어긋나지 않는다고 말한다. 신체적 전성기는 10대 후반이나 20대 초반이 되고 사회적 전성기는 40대와 50대이지만 인생의 경험과 지혜는 나이가 들수록 많아진다. 우리가 앞 문장에서 노인을 폐물 운운한 것과는 달리 노인은 쓸데없는 존재가 아닌

것이다. 그럼에도 생산력이 허약하다는 이유로 노인은 사회에서 소외되어
있다.

세미-다큐멘터리 양식을 개척해 온 독일 극단 '리미니 프로토콜(Rimini
Protokoll)'이 선보인 〈칼 마르크스: 자본론 제1권〉은 비연극인인 자본론 전
공자가 직접 무대에서 강의를 하는 새롭고 흥미로운 무대이다. 마르크스주
의자로서 어쩌다가 무대에 서게 된 강신준 교수는 관객에게 책을 펼치도록
권유하면서 친절하게 마르크스의 〈자본론〉을 설명해 준다. 그에 따르면 자
본론의 핵심은 교환이다. 그런데 교환이 성사되기 위해서는 두 사람 이상이
있어야 하고 상호 신뢰관계가 형성되어야 한다. 이러한 마르크스의 교환의
의미는 바로 〈워낭소리〉의 두 주인공 노인과 늙은 소 사이에서 형성되어 있
는 것 같다. 소는 노동을 제공하고 노인은 먹거리를 제공하니 말이다. 노인
은 농약이나 기계 사용을 한사코 거부한다. 그가 고집스럽게 물질문명을 거
부하는 것은 생태 보전이나 인간성 회복 같은 근원성이나 원시성에 대한 신
념에서 비롯된 것은 아니지만 왠지 그 고집이 아름답게 보인다. 아마도 노
인의 노동이 타인의 시선으로부터 절대적으로 자유롭기 때문일 것이다. 넥
타이 차림의 말끔한 도시의 직장인들은 잘리지 않기 위해 타인을 의식하지
않을 수 없는 존재들이다. 행동주의 이론에 따르면 그들은 주어진 환경에
따라 능률이 변하는 기계적 존재이므로 그들에게 최적의 환경을 만들어 최
고의 능률을 올릴 수 있도록 해야 한다. 〈자본론〉의 관점에 따르면 그들은
오로지 질료일 뿐이다. 자본가의 입장에서 직원이란 가슴에 뜨거운 피가 순
환하는 인간이 아닌 것이다. 〈워낭소리〉에서 늙은 소와 노인이 우리를 훈훈
하게 하는 것은 바로 이러한 비인간적 시선에서 비켜서서 원시적 생산 라인
에 존재하기 때문일 것이다.

다큐 양식의 연극을 보면서 다큐 영화 〈워낭소리〉를 생각한 것은, 진정
자유를 느끼려면 농사를 지어야겠다는 생각이 들어서가 아니다. 매달 월급

날을 손꼽아 기다리며 목을 매는 도시인들에게 〈워낭소리〉가 아득한 고향 소리로 들리는 것은 우리의 무의식 속에 자유롭고 인간적인 노동에 대한 열망이 자리 잡고 있기 때문일 것이다. 늙은 소와 노인이 함께 한 노동의 대가로 수확된 쌀은 도시의 자식에게로 보내진다. 노인의 자급자족의 이념이 묻어 있는 무공해의 쌀에는 얼마나 많은 사랑이 담겨 있을까. 생각만 해도 가슴이 뭉클하다.

Ⅱ. 영화, 연극을 만나다

1. 연극과 영화

연극과 영화는 가깝고도 먼 예술이다. 실제와 상(像, 이미지)이라는 매체로 뚜렷이 구분되는 두 예술은 본질적으로 커다란 거리가 있지만 텍스트를 근간으로 무대 혹은 영상이 구성된다는 점에서 유사하다. 두 예술의 역사를 보면 연극과 영화는 갈등과 화해의 부침을 거듭해 왔다. 영화 초창기 밀월 관계를 형성했던 두 연인은 영화가 상업적 성공을 거두자 소원해졌다. 연극이 관객을 영화에 빼앗겼다고 불만을 터트리는 동안 영화는 매체의 특징을 시대적 흐름에 잘 적응시키면서 폭발적 인기를 누렸다. 그러나 포스트모던 시대를 맞이하여 대중의 입지가 더욱 강화되고, 대중문화예술에 대한 관심이 고조되며, 예술의 크로스오버 현상이 생겨나면서 연극과 영화는 다시 손을 잡았다. 연출가와 영화감독을 겸임하는 예술가가 생겨났고, 희곡과 시나리오를 넘나드는 작가도 눈에 띈다. 연극과 영화 간 각색도 흔하게 목격되었다. 탄탄한 플롯을 소유한 연극치고 영화화되지 않은 것이 거의 없을 정도이다. 영화는 힘들이지 않고 이야깃거리를 발굴한 셈이고 영화의 막강한 홍보 덕택에 연극은 쉽게 관객을 끌어 모을 수 있게 되었다. 물론 아무 연극이나 영화로 제작되는 것은 아니며, 연극을 각색한 영화라고 해서 무조건 성공하는 것도 아니다.

흥행에 성공한 연극과 영화를 곰곰이 따져 보면 플롯이 탄탄하다는 공통점이 있다. 이야기 구조가 그만큼 중요하다는 뜻인데 사실 서사 예술에서 이야기보다 더 가치 있는 것은 없을 것이다. 만화, 소설, 텔레비전, 드라마, 연극, 영화 심지어 게임에 이르기까지 이야기는 핵심 사항이다. 『천일야화』에서 이야기가 끝나면 세헤라자데는 죽임을 당한다. 그러나 이야기의 결말이 궁금한 술탄은 그녀를 살려둘 수밖에 없었고 이야기는 천일 밤이나 지속되었다. 이야기는 생명이었던 것이다.[1]

1) 유사점과 차이점

관객의 입장에서 연극은 영화에 비해 접근하기가 어렵다. 대학생을 대상으로 설문조사를 해 보면 연극을 한 번도 접하지 않은 학생도 상당하다.[2] 대학 시절은 물론이고 학교를 졸업한 뒤로도 연극을 관람하지 않는 사람은 영화에 비해 훨씬 많다. 무엇 때문일까? 첫째, 입장료의 차이를 들 수 있다. 영화 제작비와 연극 제작비는 비교할 수 없을 정도다. 톱 영화배우 한 명의 개런티면 몇 편의 연극을 제작할 수 있다. 그럼에도 영화 입장료는 연극 입

---

1 이야기와 죽음의 관계에서 저자의 죽음과 독자의 탄생을 외친 롤랑 바르트를 생각할 수 있다. 절대 권력을 행사하던 저자는 독자의 해석에 의해 죽음을 맞이했다는 것이다. 저자가 죽어야 다양한 해석이 가능하다. 다양을 추구하는 현대는 해석의 시대이다. 다양성의 시대는 주관적인 시선으로 객관적 해석을 요구한다.

2 연극 공연장에서 만날 수 있는 관객의 주류는 20대 여성이다. 이들은 나이가 더 들고 상황이 바뀌면 더 이상 관객의 역할을 하지 않은 일시적인 관객이다. 이 점은 연극계에서 깊이 인식하고 필히 해결해야 할 문제이다.

장료에 비해 저렴한데 그 이유는 간단하다. 영화는 특히 블록버스터의 경우 천문학적인 제작비용이 소요되지만 일단 필름으로 완성하고 나면 만사 오케이다. 원판을 수천 개의 필름으로 복제가 가능하기 때문에 전 세계 어느 곳이든 스크린, 필름, 영사기만 있으면 상영이 가능하다. 한 차례의 연극 공연에 드는 비용과 한 번 필름을 돌리는 데 드는 비용을 계산해 보면 당연히 연극 쪽이 세다. 무제한 복제가 가능한 필름 한 개의 단가는 공연을 마친 뒤 공들여 만든 무대를 부숴야 하는 공연의 단가보다 저렴하기 때문이다. 따라서 연극은 영화에 비해 관람료가 비쌀 수밖에 없다. 둘째, 연극 관객이 영화 관객보다 적은 까닭은 정보에서 차이가 있다. 언제 어디서 어떤 종류의 연극이 공연되고 있는지 관객이 특별히 관심을 기울이지 않는 한 파악하기가 무척이나 어렵다. 반면 영화에 대한 정보는 언론이나 인터넷 매체에 넘쳐나기 때문에 마음만 먹으면 쉽게 접할 수 있다. 이런 상황에서 비싼 입장료를 지불하고 내용도 잘 알지 못하는 공연장에 선뜻 발을 들여놓기란 쉽지 않다. 연극의 정보 부재는 언론이나 매스컴에서 영화만큼 이를 기사화하지 않는 것도 하나의 원인이다.[3]

소설을 각각 연극과 영화로 만들어 낸다면 어떤 현상이 나타날까? 각색의 문제와 얽혀 있는 이 물음은 매우 흥미롭다. 만일 동일한 소설을 다른 연출가가 각자의 무대로 만든다고 했을 때, 연출가의 해석에 따라 무대가 크게 달라지므로 관점에 따라서는 연극과 영화라는 매체의 특징에 따른 차이

---

3 이 현상에 있어 언론매체만을 탓할 수도 없다. 시청자나 독자가 많은 관심을 보이는 쪽에 더 많은 시간과 지면을 할애하는 것이 그들의 속성이기 때문이다. 만일 대중이 연극에 대해 깊은 관심을 피력한다면 언론에서 앞다투어 보도하겠지만 현실이 어디 그러한가! 연극의 제한된 관객층만큼만 매스컴도 관심을 보이는 것이다. 관객들이 먼저 연극 공연장을 찾아야 하느냐, 매스컴에서 먼저 홍보를 해줘야 하느냐 하는 문제는 계란이 먼저냐 닭이 먼저냐는 식의 물음과 같아서 풀기 어려운 난제라 할 수 있다.

는 중요하지 않을 수도 있다. 그러나 공통점과 차이점이 엄연히 존재하는 연극과 영화가 어떤 소재를 취하고 이를 전개하는 방식은 분명히 다르기 때문에 연극과 영화의 매체의 특징 비교는 각색의 문제를 탐구하기 위한 선행 조건이 된다.

대학의 연극영화학과는 연극과 영화를 한 학과에서 다루면서 이들을 유사한 것으로 취급하려는 경향이 있어왔다. 물론 영화의 초기에 활동했던 사람은 거의 대부분 연극인이었고 연기를 통해 인생을 표현한다는 점에서는 두 예술은 공통점을 지니고 있다. 19세기 말 영화가 막 생겨난 초창기에 영화계를 지배했던 사람들은 사샤 기트리(Sacha Guitry), 마르셀 파뇰(Marcel Pagnol), 세르게이 에이젠슈타인(Sergei M. Eisenstein), 오손 웰스(Orson Welles) 등으로 이들의 공통점은 무엇보다도 연극인이었다는 사실이다. 이러한 현상은 연극과 영화에는 공히 연기자가 있고 연기자의 연기를 바탕으로 스토리가 전개된다는 공통점을 인식으로 생겨난 것이다. 그러나 속을 들여다보면 연극과 영화는 상당히 거리감이 있다. 먼저 연극과 영화의 유사점을 살펴보면 다음과 같다. 첫째, 연극과 영화는 픽션이다. 둘째, 이들은 배우나 관객에게 자신의 삶과는 전혀 다른 삶을 체험하거나 엿보게 함으로써 스스로를 일깨우도록 한다. 셋째, 연극과 영화에는 대본이 있다. 제작자들은 문자로 된 희곡과 시나리오를 깊이 있게 연구하고 이를 바탕으로 작품을 완성시킨다. 이런 점에서 연극과 영화는 문학과 관계를 갖는다. 넷째, 연극과 영화의 완성은 집단적 관객 앞에서 이루어진다. 이러한 공통점이 있음에도 연극과 영화는 전혀 별개 예술이다. 첫째, 두 예술의 필수조건인 관객은 그러나 연극과 영화에서 본질적으로 다른 시각과 태도를 지닌다. 집단 관객이란 점은 공통적이지만 관객은 영화보다 연극에서 훨씬 능동적이다. 연극 관객은 자신이 원하는 곳에 시선을 자유롭게 둘 수 있지만 영화 관객의 시선은 프레임의 틀로 제한되어 있다. 영화의 경우 포커스는 전적으로 감독에 의해 정해진다. 감독은 강조하고 싶은 부분은 클로즈업해 화면을 가득 채우고, 필요 없는 부분은 화면 밖으로 내몰기도 한다. 따라서 영화 관객은 스스로 선택할 수 있는 기회를 박탈당하고 주어진 메뉴판을 참고로 안내를 받을 수밖에 없다. 이에 반해 연극 관객은 시선의 선택이 자유롭다. 설령 연출자가 강조하기 위해서 스포트라이트를 사용한다고 해도 심술궂은 관객은 어두운 부분이나 연기자들이 가리고 싶어 하는 부분을 세밀하게 응시할 수 있다. 관객은 자신의 취향과 관점에 따라 연극 무대를 능동적으로 폭넓게 관찰할 수 있다는 뜻이다. 연극 관객이 작가의 죽음 선언을 통한 독자의 능동적인 참여를 요구하는 포스트모던 스타일의 글 읽기와 유사한 맥락을 지녔다면, 영화 관객은 작가가 절대적 권력을 지닌 일반 소설의 수동적 독자와 유사하다. 이처럼 능동적인 참여가 요구되는 연극의 관객은 생생한 현장감을 바탕으로 연기자에게 영향을 미친다. 무대의 인물들은 예상치 못한 관객의 반응에 따라 자신도 모르게 연기에 집중력을 발휘할 수 있고 그 반대가 될 수도 있다. 연기자의 집중력을 방해하는 관객들의 상식에 어긋나는 행동은 자신뿐만 아니라 주위 관객에게 손해를 입히는 행위이며 경우에 따라서는 연극 전체를 망칠 수도 있다. 하지만 영화의 관객은 주위 환경에 신경을 쓰지 않고 편안한 상태에서 수동적으로 감상을 한다고 해서 크게 문제될 것이 없다. 연극에서 관객과 연기자는 작용과 반작용을 통해 함께 무대를 만들어 간다고 해도 과언이 아니다. 스크린 앞의 어두운 안락의자에 묻혀 자기 세계에 빠져 있는 영화 관객과는 달리 연극 관객은 자아에서 빠져 나와 집단적으로 화합하지 못하면 제대로 관극한 것이 아닌 것이 된다. 이런 현상은 현장성이라는 공연예술의 특징을 반영하는 것인데, 적극적으로 무대에 참여하고 간섭하는 관객이 좋은 연극 관객(좋은 관객이란 일회성 관객이 아니라 지속적인 관객이 될 가능성이 크다)이라는 점은 시사하는 바가 크다. 그림이나 사진의 액자틀, 스크린의 테두리, 프로시니엄 무대의 아틀르

캔 망토를 동일한 테두리로 간주하는 경우가 있기는 하다. 그러나 이는 전통적인 프로시니엄 무대에나 해당하는 것이며 마당극이나 실험극, 잔혹극이나 서사극 등에서 제한된 틀은 존재하지 않는다.

둘째, 연극의 본질은 시간적으로 현재에 그리고 공간적으로 이곳에 존재하는 것으로, 말하자면 일회성이라는 점이다. 동일한 배우들이 동일한 작품을 공연한다 하더라도 어제 공연과 오늘 공연은 같은 공연이 아니다. 배우들의 컨디션에 따라 또는 관객의 차이에 의해 발생하는 여러 요인들에 의해 공연은 매번 달라진다. 이에 비해 편집된 필름으로 저장되는 영화는 무제한 복제가 가능하다는 점에서 일회성의 연극과는 커다란 차이점을 보여준다. 따라서 카메라로 녹화된 연극, 즉 화면으로 존재하는 연극은 연극의 본질에서 벗어난 것이며 연극이 아니라 일종의 '영화화된 연극'이 될 것이다. 편집은 영화의 본질이다. 편집 기능을 등에 업은 영화는 카메라의 기계적 작동을 통해 무수한 효과를 이끌어 낸다. 편집 기능이 있으므로 영화는 몇 번이고 반복해서 최상의 장면을 이끌어 낼 수 있으며, 편집의 성공여부에 따라 영화는 예술적 가치가 평가되고 흥행의 성공여부가 결정된다고 해도 과언이 아니다. 일회성과 복제성은 연극과 영화의 근본적 차이점이다. 편집이 없는 연극에는 NG가 없으며, 일사부재리란 점에서 인생과 닮았다. '옥의 티'를 찾는 것은 실수를 용납할 수 없는 영화 또는 텔레비전 드라마에서나 가능하다. 인생과 마찬가지로 실수투성이의 연극은 약속(이를 관례 또는 컨벤션이라 일컫는다)을 전제로 하는 예술이다. 약속이 이행되지 않으면, 연극은 예술로서의 기능을 상실하고 만다. 방백의 예를 들어보자. 무대에 '가', '나', '다' 세 사람이 있다. '가'는 무대의 왼편에 있고 '나'와 '다'는 오른편에 있다고 가정하자. 그런데 현재 '나'와 '다'가 '가'의 흉을 보고 있다. 물론 이들의 대사는 방백으로 처리가 되어 있을 것이고 이들의 대사는 '가'가 듣지 못한다고 가정하고 있다. 관객에게 들리는 '나'와 '다'의 속삭임이 '가'에게 들리지 않을 리가 없지만, 들리지 않는다고 인정을 해주는 것이다. 또한 두 사람이 한 사람을 골려 주려고 할 때, 그들의 움직임과 대사는 속속들이 관객들에게 전달되지만, 유독 그 인물만 알아차리지 못하고 속고 있는 것은, 그렇게 되어야만 극이 진행된다는 것을 알고 있는 관객이 이에 동의하기 때문이다. 이를 일컬어 체스너는 관객의 "불신의 자발적 중지"(Jennings, Sue 외, 186)라고 언급하기도 한다. 무대에서 안타까울 정도로 사기를 당하고 있는 주인공이 있다고 했을 때, 이를 참다못한 관객 중 한 명이 큰 소리로 "그놈은 사기꾼이오!"라고 외친다면 어떻게 될까? 더 나아가 무대 위로 뛰어 올라가 살인자를 제지하는 관객이 있다면 더 이상 연극은 성립되지 못할 것이다. 무대에서 일어나고 있는 사건들은 가정적 약속이 무언중에 관객과 배우 사이에 이루어져 있는 것이다.

일회성과 다회성의 차이를 지닌 연극과 영화는 동일한 소재라도 운용 방식이 다르다. 뒤에서 다시 언급하게 될 연극 〈날 보러 와요〉의 경우 세 용의자를 한 사람의 배우가 연기하는데 이는 연극이기 때문에 가능하다. 아무리 분장을 잘 하고 목소리와 연기를 제각기 다르게 표현한다고 해도 관객은 세 용의자가 한 사람의 배우라는 것을 모를 리 없으며, 연출가 또한 이 사실을 관객에게 기꺼이 알리고자 한다. 오히려 이를 눈치채지 못한 관객이 있다면 다층의 의미망을 지닌 연극을 제대로 이해하지 못한 것이 된다. 형사들은 알아차리지 못한 척 하지만 관객은 알고 있는 진실, 이것은 약속을 전제로 한 연극에서 가능한 수법이다. 그러나 〈날 보러 와요〉를 각색한 영화 〈살인의 추억〉에서 이러한 수법은 절대 불가이다. 영화에서는 철저하게 사실적이면서 살인 용의자와 그를 쫓는 형사의 광기가 영상언어로 표현되어 있다. 어두운 밤에 쏟아지는 폭우를 맞으며 피의 절규를 토해내는 세 사람의 사실적인 모습은 매우 극적이며, 어둠, 빗물, 분노에 찬 시선 교환 같은 이미지의 연속체들은 분절언어로 표현할 수 없는 영상언어의 고유한 의미를 발산한다. 구체적으로 연극과 영화의 차이점을 도표로 비교해 보면 다음과 같다.

차이점	연극	영화
관객	능동적	수동적
시선	자유로움	고정되어 있음
시간	현재	과거
공간	현 공간	자유로운 공간
생산방식	수동적 소량	생산기계적 대량생산
계급	부르주아 예술	프롤레타리아 예술
역사	인류의 역사	1898년 12월 28일
본질	일회성	복제성
매체	실제	이미지

2) 희곡과 시나리오

연극과 영화예술은 무대에서 혹은 스크린에서 완성되기 전에 문학적 텍스트를 갖는다는 공통점이 있음을 언급한 바 있다. 그런데 일반적으로 연극의 텍스트인 희곡은 전통적으로 문학의 중요한 영역으로 간주되어 연구되어 온 반면, 역사가 일천한 영화 텍스트인 시나리오는 그렇지 못한 것이 사실이다. 다른 문학 장르와는 달리 희곡과 시나리오의 가장 큰 특징 중 하나는 첫째, 연극기호학자 위베르스펠트(Ubersfeld)가 언급한 "구멍 뚫린 텍스트"라는 사실이다. 희곡과 시나리오는 연출가나 감독이나 배우나 스텝을 거쳐 관객에게 전달된다는 커다란 특징이 있다. 따라서 일반적으로 관객은 연출가나 영화감독의 해석을 바탕으로 텍스트를 이해한다. 이 말은 연출가나 영화감독이 다양하게 해석할 수 있도록 원텍스트가 역동적으로 열려있다는 의미다. 〈로미오와 줄리엣〉의 한 장면을 보면 연극이나 영화의 열린 텍스트를 쉽게 이해할 수 있다.

> 로미오 : (줄리엣의 손을 잡고) 천하고 천한 내 이 손이 거룩한 성전을 더럽힌 죄. 부끄러운 순례자 나의 두 입술이 부드러운 키스로 속죄하리라.
>
> 줄리엣 : 착한 순례자여 그대 손을 너무 경멸치 마오. 이렇게 점잖은 정성을 보여주오니. 순례자의 손은 성자의 손에 부딪혀 손바닥이 서로 맞닿으면 키스가 되나이다.
>
> 로미오 : 성자도 입술이 있고 순례자도 입술이 있죠.
>
> 줄리엣 : 네 순례자의 입술은 기도할 때 쓰는 거죠.
>
> 로미오 : 아아 그러면 성녀여 손이 하는 짓을 키스를 입술이 하도록 해주세요. 입술이 기원을 하니 믿음을 실망시키지 마소서.
>
> 줄리엣 : 성자의 입술은 움직이지 않아요. 기도할 때는 허락하지만.
>
> 로미오 : 그러면 움직이지 마시오. 기도의 효력이 날 때 까진 이처럼 그대 입술로 내 입술의 죄가 씻어지리다. (키스한다)
>
> 줄리엣 : 그럼 제 입술이 그 죄를 간직하게요.
>
> 로미오 : 내 입술의 죄를? 아아 달콤한 꾸지람이여 내 죄를 돌려주세요.
>
> 줄리엣 : 키스에도 이론을 붙이시네요.

이 부분은 무도회에서 처음 파트너가 된 젊은 두 남녀가 수작을 걸고 키스를 하는 장면이다. 두 인물의 움직임에 대한 지문은 "줄리엣의 손을 잡고"와 "키스한다"로만 명시되어 있다. 그러나 이 장면에서 두 인물을 재현하는 배우는 각자의 개성과 해석에 따라 수만 가지 방식으로 행동할 수 있다. 극작가의 무대지시를 존중한다면 손을 잡는 것과 키스를 하는 장면은 틀림없이 무대에서 재현될 것이지만, 그 방식은 연출가나 배우에 따라 달라질 것이다. 지문에 지시가 되어 있지 않더라도 대화를 통해 알 수 있는 것은 키스를 두 번 한다는 것이다. 두 번째 키스는 첫 번째 키스와는 동일한 방식이 아니지만 또한 연속성을 지녀야 한다는 점에서 연출가나 배우의 예술적 감수성과 해석 능력이 요구되는 부분이다. 결국 키스 같은 배우의 동작, 손이나 발놀림, 표정, 시선 등 거의 모든 지시가 열려 있다고 하겠다. 이 점은 희곡이나 시나리오에서 공히 같다.

두 번째로 언급할 수 있는 것은 희곡과 시나리오는 상황 혹은 콘텍스트의 언어라는 것이다. 일상의 대사라 하더라도 특수한 상황에 처하게 되면 극적인 맛을 낸다. "응!"이라는 말 한마디의 경우에도 이 소리를 낸 인물이 처한 상황에 따라 다양한 해석이 가능하다. 〈햄릿〉에서 3막 1장에 나오는 햄릿의 명대사 "죽느냐 사느냐 그것이 문제로다"는 사실 일상에서 쉽게 사용되는 말이기도 하다. "아이고! 죽고 사는 게 문제지……" 같은 일상적 표현은 부부 싸움을 할 때라든가 노인들의 입에서 종종 튀어나오는 언어지만, 햄릿이 극적인 상황을 배경으로 고뇌에 찬 이 대사를 읊을 때 인구에 회자되는 명대사가 되는 것이다. 이처럼 희곡과 시나리오는 인물들이 처한 상황이 지극히 중요하며 상황에 따라 일상어는 가장 극적인 언어가 될 수 있다. 그러므로 희곡과 시나리오의 언어를 정확하게 이해하고 이를 적절하게 표현하기 위해서는 그 언어가 처해있는 상황에 대한 분명한 해석이 있어야 한다. 일반적으로 공연을 준비하는 연기자들이 장시간동안 텍스트를 읽고 분석하는 것은 성격뿐 아니라 주어진 극적 상황과 맥락을 이해하기 위해서이다.

이러한 특징을 지닌 연극과 영화는 어떤 관계일까? 영화가 연극의 관객을 잡아먹는 적대적 관계일까? 아니면 연극 〈이(爾)〉와 영화 〈왕의 남자〉에서 보듯 상생 관계일까? 퓨전과 크로스오버가 주류를 이루는 현대에 연극과 영화는 다양한 형태와 복잡한 관계로 얽혀 있다. 그런데 연극의 역사를 들여다보면 영상언어가 영화의 전유물만은 아니라는 것을 알 수 있다. 예컨대 기원전부터 활성화되었고 어린 시절 손가락으로 경험했던 그림자 연극은 3차원의 무대가 아닌 2차원의 스크린을 통해 전사된 영상 무대와 다를 바 없는 것이다. 더구나 현대에 이르러 이미지 연극을 추구하는 연출가들은 무대와 이미지의 합성뿐 아니라 무대의 이미지화에 주력하여 무대 위에 빼어난 영상언어를 구축함으로써 무대 효과를 배가 시키고자 시도한다. 무대에 영상언어의 도입은 하이테크의 놀랄만한 발전과 포스트모던 시대의 흐름에 발맞추는 하나의 현상이다. 조명의 도입이 연극에 혁명적인 변화를 야기 시켰듯이 영상언어의 도입으로 연극은 갑자기 표현의 폭이 엄청나게 넓어졌고 이제부터 또 어떤 방향으로 튈지 가늠하기가 쉽지 않다.

연극과 이미지 혹은 이미지 연극에 대해서는 뒤에서 자세히 다룰 것이다. 이미지 연극의 기본적인 개념을 간단히 정의해 보자면, 이미지 연극이란 텍스트보다는 조명, 오브제, 배우의 몸이 강조되고 시청각적 요소를 강화시킴으로써 보고 듣는 연극, 즉 감각에 호소하는 연극이라고 할 수 있다. 이 점은 텍스트의 서사성보다는 수행적 서사성이 강조되는 포스트드라마 연극의 개념과 유사하다. 수행적 서사성을 이해하기 위해서는 다음의 서사의 세분화된 분류를 참조할 필요가 있다. 서사는 "첫째 스토리(what to tell) : 처음, 중간, 끝으로 정리될 수 있는 이야기의 내용, 둘째 플롯(how to tell) : 이야기의 구조, 배치, 형식, 셋째 스토리텔링(storytelling) : 말하기 행위, 공연/배우의 수행성, 현상학적 몸, 넷째 의미(meaning) : 위 스토리, 플롯, 텔링(공연)의 결과물, 즉 참여자의 기억에 정리되고 구성되는 의미"(최성희, 192)로 나눌 수 있다. 요약하면 첫째는 일반적으로 텍스트에 해당하는 것이며, 둘째는 텍스트의 플롯에 관련된 것이며, 셋째는 텍스트에서 벗어나 행위적인 차원에서 메시지를 전달하는 것이며, 넷째는 메시지를 참여자와 공유하는 단계가 된다. 그런데 포스트드라마 연극은 서사의 첫 번째 특징이 약화된 대신 둘째, 셋째, 넷째의 특징이 더욱 강조된 연극으로 배우의 신체

정밀한 빛의 조화 속에서 행해지는 윌슨의 몸짓은
마치 로봇과 같다.(사진제공 : 2010 서울연극올림픽)

와 더불어 첨단적인 조명과 음향, 무대장치를 통해 재현보다는 몸의 체현,
이미지 및 테크놀로지에 더욱 관심을 갖는 연극, 말하자면 수행적 서사성에
관심을 갖는 연극인 것이다. 텍스트에서 벗어난다는 기본 이념은 아르토의
잔혹연극의 개념과 매우 유사한 새로운 개념의 연극으로 논리적 서사성이
나 정형화된 인물들은 해체되고 콜라주 구성이나 몽타주 형식이 부각되는
특징이 있다. 대사가 존재하긴 하지만 의미론적 차원보다는 음성론적 차원
이 강조되고, 고함과 침묵, 반복, 웅얼거림, 독백, 리듬, 운율의 사용이 두
드러진다. 연기 또한 시각적이다. 동작은 철저하게 계산되고 기계처럼 제
어되며 일상적 리듬에서 벗어나 느림과 빠름이 교차된다. 2010년 베케트의
〈크라프의 마지막 테이프〉를 스스로 연출하고 연기했던 로버트 윌슨(Robert
Wilson)의 몸짓을 바로 여기에 적용시킬 수 있다.

　사물을 이미지화하는 이미지 연극은 수용적 측면에서 영상 세대의 관객
과 교감을 이끌 수 있다는 점 이외에도 관객에게 다량의 상상 공간을 허락
한다는 점에서 의의가 크다. 로버트 윌슨이나 로베르 르빠주(Robert Lepage)

는 이미지 연극의 대가로서 스토리 연극, 사실주의 연극에서 탈피하여 새로운 무대언어를 창출하려는 연출가들이다. 이들 연극에서 스크린이 직접 활용되기도 한다. 그러나 무대에 스크린이 존재한다고 해서 무대 예술이 영상 예술을 흉내 낸 것은 결코 아니다. 스크린에 이미지를 투사하는 방식이 일차원적이라면 무대 위에 스크린을 절묘하게 조합하여 무대적 존재로는 표현이 불가능한 상상의 장면을 연출하거나 허상과 실상의 형이상학적 메타포를 구현하기도 한다.

3) 콘텐츠의 다양화

영화 관객은 "영화를 본다"고 한다. 당연하다. 그런데 연극 관객도 "연극을 본다"고 한다. 당연한가? 연극은 오감으로 커뮤니케이션이 가능한 종합예술인데? 그런데도 유독 시각이 강조되어 "본다"고 하는 것은 오늘날 시각예술이 막강한 영향력을 행사하고 있기 때문은 아닐까? 물론 'theatre(theathenon)'의 어원이 '보다(to see)'의 의미를 지니고 있는 것을 보면 "연극을 본다"는 표현이 우연은 아니다. 시각이 강조된 영상언어를 무대로 이끈 르빠주의 다매체 연극은 현재 새로운 연극의 흐름 가운데 하나다. 모니터, 핸드폰, 내비게이션, DMB, MP3, TV 등 액정 화면이 다양한 시각적 형태로 우리의 사고와 생활 속에 파고드는 이때 어쩌면 그의 연출적 선택은 탁월했을지도 모른다. 이미지 연극은 이미 국내 연극에서도 제법 활발하다. 2008년 전주국제영화제에서 최우수작품상을 수상한 영화 〈사람을 찾습니다〉(최무성 연출)가 2009년 연극으로 무대에 올려졌다. 연출가는 영화의 장면 분할을 참고로 무대를 구성하였다고 언급하고 있다. 텔레비전 드라마로 인기를 얻었고, 소설로 출판되기 전인 2002년에 극단 여행자에서 초연한 〈미실〉(양정웅 연출) 역시 조명과 음향을 통한 환상적인 이미지를 만들어 낸 이미지 연극으로 잘 알려져 있다. 연출가이자 작가인 박근형의 〈경숙이, 경숙이 아버지〉는 대학로에서 성공리에 공연된 후 역시 텔레비전 드라마로 방영되어 갈채를 받았다. 이처럼 연극과 영화 혹은 영화와 연극의 크로스오버는 새삼스러운 것이 아니다. 두 예술의 만남이 협력의 차원에서 더욱 역동적이고 적극적이 된다면 새롭고 더욱 다양한 콘텐츠 발굴이 가능할 것이다.

2. 연극 속 영화, 영화 속 연극
: 〈셰익스피어 인 러브〉

1) 들어가며

영화를 보는 즐거움은 자신을 주인공에 투영시켜 자기가 접할 수 없는 세상을 넘볼 수 있다는 것과 이들의 삶의 방식을 통해 자아를 돌아볼 수 있다는 것이다. 전문가의 입장에서 영화를 보는 즐거움은 이에 덧붙여 장시간동안 단절 없이 이어지는 수백 수천 개의 쇼트 속에 숨어있는, 영화작가가 꽃잎을 띄우듯 발송한 코드를 해석해내는 일이다. 순간의 예술이라고 명명되는 영화는 그러나 비디오의 탄생으로 원하는 만큼 장면들을 몇 번이고 되풀이해서 볼 수 있게 되었고 또 필요에 따라서는 마치 사진첩을 넘기며 사진을 감상하듯 정지된 구도를 얼마든지 감상하거나 연구할 수 있게 되었다. 반복해서 영화를 감상하면 할수록 매번 많은 것들이 새롭게 눈에 띄는 것은 커다란 즐거움이 아닐 수 없다.

문학과 영화는 긴밀한 관계를 맺고 있다. 60년대 프랑스 '누벨바그(Nouvelle

Vague)'는 결국 영화의 문학으로부터의 해방이라는 명제였다는 점은 문학과 영화의 관계를 잘 보여준다고 하겠다. 현재 영화는 풍부한 인적 자원과 기계의 발달로 정체된 문학과 확실한 변별성을 가지고 국가의 지원을 등에 업어 훨씬 앞서 나간 듯이 보인다. 하지만 서사적 구조의 수준이 떨어지는 영화가 크게 히트한 경우가 드물고 대다수의 좋은 영화가 매우 치밀한 스토리와 플롯의 구조를 바탕으로 하는 시나리오를 전제로 한다는 점에서 문학과 영화는 필시 불가분의 관계를 맺고 있다. 문학 작품을 영화화하는 것이나 영화로 성공한 시나리오를 소설로 개작하여 다시 한 번 붐을 일으키는 직접적인 관계 이외에도 문학과 영화는 상생의 관계를 형성하고 있다. 즉 많은 시간을 할애해서 문학 작품을 읽어야 하는 경우 이를 극적으로 재구성하여 1시간 반이나 2시간 정도에 소화를 시킬 수 있다면, 장시간의 독서에는 진절머리를 치지만 영화에는 집중하는 요즘의 젊은 세대를 생각해 볼 때, 문학에게도 매우 유리한 경우가 될 수 있는 것이다. 문학 작품의 영상화는 문학이 영상 세대의 시대 그리고 변화가 빠른 다양한 시대를 적응해 가는 하나의 방편이 될 수 있다. 물론 깊이 들어가면 문학을 구성하는 다양하고 고유한 작가의 문체나 감칠맛 나는 어휘, 문학의 구성요소 자체가 영화에서 제대로 드러나기가 어렵고 문학의 세세한 부분 묘사가 불가능하다는 이유로 이를 기피하는 경우도 있기는 하다. 이런 측면에서 문학과 영화의 결합에는 두 예술 세계를 섭렵한 각색 전문가가 필요하다. 문학을 영화화할 경우 우려되는 또 한 가지는 인물의 구체성으로 독자의 상상력의 영역을 제한할 수 있다는 측면이다. 기독교 영화에서 예수의 얼굴을 가능하면 구체적으로 제시하려 하지 않는 이유처럼, 만일 어떤 고유한 성격의 주인공이 개성이 강한 배우의 성격과 모습과 어우러져 우리의 눈앞에 똑똑히 드러난다면 독자는 문학의 주인공이 판에 박힌 이미 알고 있는 인물로밖에 그릴 수 없게 될 것이다. 마치 라디오 드라마의 주인공이 천의 얼굴을 가질 수 있음에 반해 텔레비전 드라마의 주인공은 그 사람이 그 사람이라는 인식을 갖게 되는 것과 유사한 관계이다.

존 매든(John Madden) 감독이 매가폰을 잡은 영화 〈셰익스피어 인 러브〉(1998)는 셰익스피어의 한 극작품을 각색한 영화가 아니다. 셰익스피어 개인의 전기와 그의 극작품 전반 특히 〈로미오와 줄리엣〉에 집중하여 전혀 새로운 이야기의 영화를 만들어 내고 있다. 그럼에도 이 영화는 셰익스피어와 그의 작품 세계를 이해하는데 매우 중요한 자료가 되고 있어 영화와 연극 사이의 어떤 관계 모델을 제공하고 있다.

2) 〈셰익스피어 인 러브〉와 〈로미오와 줄리엣〉

〈셰익스피어 인 러브〉는 당시 연극에 대한 영국사회의 다양한 사고, 셰익스피어의 전기에 대한 철저한 고증 그리고 셰익스피어 극작품에 대한 해박한 지식을 근간으로 작가의 상상력이 잘 어우러져 만들어진 영화이다. 이 영화는 무엇보다도 셰익스피어의 극작품 〈로미오와 줄리엣〉을 쓸 당시 사랑의 열병을 앓고 있었다는 가정에서 출발한다. 〈로미오와 줄리엣〉에서 사랑에 대한 명장면들이 과연 사랑을 체험하지 않은 상태에서 가능하겠냐는 것이 많은 사람들의 의견이고 보면 이러한 가정은 매우 타당한 것으로 보인다. 따라서 영화 곳곳에서 드러나는 〈로미오와 줄리엣〉의 대사는 작가의 체험이라는 현실이 극으로 전이되는 것을 전제로 현실의 세계와 연극의 세계를 하나로 묶는 단단한 끈 역할을 하고 있다. 영화의 플롯에서 셰익스피어 전기 역시 중요한 역할을 담당한다.

3) 셰익스피어의 전기와 영화

윌리엄 셰익스피어(William Shakespeare)는 1564년 스트래포트 어본 에이번에서 태어났다. 그는 18세가 되던 해 8살이나 연상인 여인과 결혼을 하여 세 아이를 두었는데 둘째는 쌍둥이였다. 그리고 1585년부터 1592년까지 8년간 그에 대한 기록은 없다. 영화는 시작부분에서 장소가 런던이라는 것과 때가 1593년이라는 자막을 보여주고 있는데 1592년부터 셰익스피어가 배우 겸 극작가로 언급되고 있음을 감안할 때 1593년은 셰익스피어가 런던의 연극계에서 막 이름을 드러내는 시기가 될 것이다. 또한 영화의 스토리의 전개 과정에서 셰익스피어가 이미 결혼한 몸이라는 것과 흑사병의 창궐로 극장이 폐쇄된 것은 실제로 1592년 여름부터 1594년 봄까지 런던 극장이 흑사병으로 문을 닫은 역사적 근거를 바탕으로 하고 있다. 한편 영화의 시작부분의 자막에서 설명하고 있는, 여러 면에서 대조적인 두 개의 극단, 황폐한 로즈 극단과 잘 나가는 버비지 극단은 실제로 챔벌린 극단과 애드미럴 극단의 모습이다. 영화의 마지막에 여왕이 셰익스피어를 그리니치로 부르는 것은 그가 여왕의 총애를 받게 되리라는 것과 그의 극단이 제임스 1세 치하에서 국왕극단으로 자리매김 하리라는 셰익스피어의 미래를 암시하고 있다.

영화의 전반부에서 작가는 창작의 샘이 말라 고심을 한다. '영혼의 목자 해몽가'에 의하면 그것은 사랑과 관련이 있다. 그는 셰익스피어에게 사랑을 찾으라고 충고한다. 해몽가가 준 뱀 팔찌 속에 자신의 이름이 쓰인 종이를 구겨 넣고 찾아간 사람은 로즈 극단과 경쟁관계에 있는 버비지 극단의 재봉사이자 버비지의 정부인 한 여인이다. 그녀는 기꺼이 셰익스피어의 정신적 노예가 되겠노라고 헌신의 맹세를 한다. 그는 사랑의 감정에 휩싸여 집필을 시작하지만, 그녀가 연극이 도덕을 타락시키며 성을 문란케 한다며 이를 부정적으로 바라보는 틸니와 추잡한 관계라는 사실을 알아차리면서 다시 창작 의욕이 꺾기고 만다. 이 때 등장하는 것은 토마스 캔트 즉 남장을 한 바이올라이다. 셰익스피어는 그녀와 운명적 사랑을 예감하며 자신들의 사랑을 바탕으로 불후한 사랑의 비극인 〈로미오와 줄리엣〉의 집필하기 시작한다. 영화는 이제 셰익스피어와 바이올라의 사랑 그리고 〈로미오와 줄리엣〉의 대사가 함께 어우러져 극작가 셰익스피어와 극 주인공 로미오가 하나로 통합되는, 작가의 작품 속의 절대적 이입이 완성된다. 한편 극작품과는 달리 영화에서 사랑은 결실을 맺지 못하지만 다음의 작품 〈십이야〉로 엄숙하게 승화되며, 갖가지 영화적 테크닉과 잔줄거리를 통해 날카로운 사회의 풍자와 오해의 미학을 통해 시종여일 웃음을 선사한다.

4) 시대적 배경

영화의 배경은 셰익스피어가 한창 활동하던 16세기 엘리자베스 1세 치하의 영국이다. 셰익스피어의 전기를 바탕으로 하고 있는 만큼 영화에서 나타나는 당시대의 재현은 당시를 이해하는 하나의 훌륭한 자료가 될 수 있다. 첫째, 런던 사회의 모습이다. 영화에서 로즈극단과 켄트극단은 템스강을 사이에 두고 위치해 있는데 셰익스피어의 로즈극단 쪽은 술집, 도박장, 유흥장, 시장 등이 어지럽게 널려 있어 지저분하고 혼잡한 구역이다. 훗날 셰익스피어의 차세대 비극작가로 알려진 거지소년 존 웹스터가 쥐를 가지고 다니는 것은 화려한 궁궐의 뒤안길에 더럽고 오염된 런던의 어두운 모습을 볼 수 있고 소년의 쥐는 결국 페스트의 발병을 예견하게 해 준다. 강의 양편을 연결하는 것은 당시 런던 다리가 유일한 다리여서 로즈극장과 레셉스의 대저택을 연결해 주는 주된 교통수단은 배로 작품에서 두 남녀의 사랑의 가교 역할을 한다. 둘째, 르네상스식의 화려한 의상이다. 셋째, 결혼풍습과 여성의 지위에 관해서이다. 튜더 왕조의 마지막 군주로서 영국을 다스리는 것은 여자[1]였음에도 불구하고 당시의 영국은 철저한 가부장적 사

---

1 여왕은 법을 어기고 무대에 선 바이올라를 용서하면서 자신과 바이올라가 남자의 역할을 하고 있는 것으로 말하고 있다. 실상 엘리자베스 여왕은 남성의 대리인이었던 것이다.

회였다. 아버지는 가족들에게 절대적인 권위를 행사하며 결혼의 결정에도 막강한 힘을 행사하였다. 바이올라가 사랑도 없는 정략결혼에 적극적으로 항거하지 못하는 것은 이러한 시대상을 반영하는 것이다. 바이올라는 최소한 딸과 여자로서의 의무와 책임은 하겠노라고 언급한다. 레셉스는 웨섹스에게 딸과의 혼사를 부추기면서 여자를 새끼를 낳는 노새로 비유하는데 이는 이때의 여성관을 보여준다. 결혼한 여성이 아이를 낳지 못하면 소박을 맞는다든가, 결혼당시 여성의 부모는 지참금을 지불해야 한다던가 하는 식의 대화는 당시의 사회는 가부장적 남성위주의 사회였음을 잘 보여주며, 여자가 성당의 합창대도 될 수 없고 무대에도 설 수 없음은 여성이 사회적으로 지극히 제약을 받고 있음을 여실히 드러내고 있다. 즉 여자는 집에서 아이를 낳고 기르며 가사 일을 돌보는 것이 주된 임무였던 것이다. 이런 의미에서 변장을 하고 무대로 뛰어 올라간 바이올라는 비록 사회의 관습에 강하게 저항할 수 없는 힘없는 여성이지만 금지된 몸짓을 통해 억압받는 여성에서 탈피하려는 인물로 보여진다. 그녀가 부모의 권유를 뿌리치고 셰익스피어와 사랑에 빠진 것 자체가 반사회적이며 저항적인 몸짓인 것이다.

다시 한번 정리해 보면, 셰익스피어 시대의 여성은 결혼한 사람의 경우 이혼하지 아니한 상태에서 다시 결혼할 수 없다는 것, 아버지와 딸의 관계, 노새와 비교되는 신부, 딸로서의 의무와 책임, 결혼 당시 신부 측의 지참금 같은 것에서 결코 남성과 동등하지 못한 관계였음을 알 수 있는 것이다. 하지만 이러한 상황 속에서 이들의 사랑이 이도령과 춘향이의 관계처럼 뛰어 넘기 어려운 신분의 차이를 뛰어 넘어 이루어진다는 점에서 이 작품은 반사회적인 성향을 지니고 있다는 해석이 가능하다.

5) 영화 속 연극

영화인들이 희곡에 관심을 갖는 것[2]은 영화처럼 연극에서 등장인물의 성격과 대사가 중요하고 그 구조가 유사하기 때문에 각색에 유리하며, 또 연극의 오래된 역사 덕택에 그만큼 작품도 풍부하기 때문일 것이다.[3] 아예 영화 자체의 줄거리나 소재를 연극으로 설정한 영화, 즉 영화 속의 연극을 만날 수 있는데 그 하나의 예로 〈셰익스피어 인 러브〉를 들 수 있다. 극작가 셰익스피어의 삶과 그의 작품 〈로미오와 줄리엣〉과 〈십이야〉를 적절히 각색하여 만든 이 영화에서 관객은 셰익스피어뿐 아니라 당시 영국사회에서 연극의 제작과정, 위상, 극장, 작가와 배우의 관계 등 많은 지식을 습득할 수 있다. 무엇보다도 영화는 연극을 아름다운 것으로 묘사한다. 부유한 상인 레셉스의 딸 바이올라 레셉스가 셰익스피어와 첫사랑을 나눈 뒤 "연극보다 아름다운 것이 있다는 것을 알게 되었다"고 말하는데 이는 연극이 아름답다는 반증이다. 또한 영화의 배경이 공연장이라는 점, 세트가 약간은 엉성한 듯하여 마치 무대 세트처럼 보인다는 점, 대다수의 영화 속 인물들이 연극인이라는 점 그리고 인물들 대부분이 처음 화면에 나타날 때 연극의 관객으로 등장한다는 점[4]들은 근본적으로 이 영화가 연극적 속성을 십분 살리려는 의도가 있음을 알 수 있다.

---

2 〈욕망이라는 이름의 전차〉(1951), 〈뜨거운 양철 지붕 위의 고양이〉(1958), 〈에쿠우스〉(1977), 〈아마데우스〉(1984), 〈신의 아그네스〉(1985), 〈세일즈맨의 죽음〉(1985), 〈클로저〉(2004) 그리고 국내 영화 〈오구〉(2003), 〈살인의 추억〉(2003), 〈웰컴 투 동막골〉(2005), 〈왕의 남자〉 등 셀 수 없을 정도의 희곡이 영화로 제작되었다.

3 연극과 영화의 흐름은 일방이 아니라 양방이다. 예컨대 만화를 원작으로 한 〈올드 보이〉는 영화에서 흥행을 한 후 연극으로 공연되었다. 또 서울 대학로의 소극장에는 영화배우들이 무대에 서기도 하며 스크린에 등장하는 연극배우도 적지 않다. 문성근, 최민식, 조재현, 방은진, 송강호, 설경구, 유오성 등은 연극배우 출신의 영화스타들이다.

4 엘리자베스 여왕, 바이올라, 유모, 웨섹스의 경우가 그러하다.

바이올라는 시를 찬미하는 부잣집 규수로 연극을 사랑한다. 그러나 연극의 사랑이 허구인 까닭에 그녀는 애초에 무대에서는 볼 수 없는 삶을 뛰어넘는 진실한 사랑을 갈망한다. 그러나 시인 셰익스피어와 사랑에 빠지면서 결국 연극 속의 사랑이 실은 진실한 사랑임을 깨닫고 이를 스스로 입증해 보인다. 이 때문에 셰익스피어는 덤으로 50파운드도 번다. 그녀는 애초에 배우로서는 셰익스피어를 사랑하지만 바이올라로서는 못 건널 강이 있다고 생각한다. 즉 사랑도 없는 정략적인 결혼을 추진하는 부모의 명을 거역할 수 없는 현실주의자인 바이올라와 연극과 시를 사랑하며 무대에서 낭만적 사랑을 꿈꾸는 바이올라로 양분되며, 셰익스피어와의 사랑은 연극 속의 사랑이라고 생각한다. 그러나 극으로 사랑을 표현할 수 있음을 보여주면서 영화는 결국 바이올라와 셰익스피어의 사랑이 진짜 사랑임을 보여준다.

둘째는 연극의 여러 양상과 지위에 대해서이다. 연극 극장의 형태, 관객 층위의 다양성, 천민도 귀족도 여왕도 모두 한 공간에서 즐길 수 있는 장소, 영국시청의 연극에 대한 거부감, 틸니의 이중적 태도 (이에 대한 복수, 속으로 썩어있는 관리의 모습, 여왕에 의해 해결됨, 시청과 여왕의 연극에 대한 견해 차이), 명문 규수가 갈 데가 못 된다는 말, 그리고 청교도 혁명 이후 연극을 공식적으로 금하게 되는 미래를 예시(검은 옷을 입고 연극을 악으로 규정하고 있는 남자는 바로 청교도이다)하고 있다. 셋째, 영화를 통해 16세기 연극이 어떻게 제작되었는가를 알 수 있다. 제작 여건, 자본, 관객, 배우, 연출 등이 그것으로 특히 정식 직업으로서 연출가는 20세기의 개념임을 생각해볼 때 당시 연극에서 연출가 역할을 보는 것은 매우 흥미롭다. 한마디로 작가이거나, 극단주이거나 혹은 선임 배우였던 것이다. 또한 당시에 순회연극이 있었음을 네드 연기단이 보여준다.

6) 오해의 미학

이 작품이 오해를 통한 유쾌한 코미디가 될 것은 애초에 핸슬로우가 구상했던 신분오해에 의해 야기되는 포복절도의 코미디 〈로미오와 해적의 딸 에델〉을 통해 제시된다. 이 작품은 사랑에 빠지고 그 사랑이 신분의 차이에 의해 이루지 못할 비극적인 사랑이 될 것을 아는 시인의 절망적인 감정에 의해 제목은 〈로미오와 에델〉에서 〈로미오와 로잘린〉으로 그리고 마지막으로 〈로미오와 줄리엣〉으로 바뀌어 간다.

영화에서 오해는 남장 여자와 여장 남자의 복잡한 얽힘 속에서 추운 겨울날 유리에 낀 성에처럼 두껍게 층위 지어져 있다. 원래 인간의 양성 속에는 제각기 자신의 성과는 다른 성에 대한 무의식적 갈망이 내포되어 있다. 원래의 인간을 암수한몸으로 기록하고 있는 신화에서 뿐만 아니라, 연금술의 최후 지향점인 황금의 상징이 자웅동체로 드러나는 것을 보면 남성과 여성으로 확실히 구분되어있는 일반 인간의 복잡한 언행은 궁극적으로 다른 성에 대한 내적 표현이라고 할만하다. 따라서 동서고금을 막론하고 많은 문학작품에서 남장 여자와 여장 남자가 수없이 등장하는 것은 이러한 인식을 바탕으로 하고 있는 것이다. 한편 남장여자와 여장남자는 사회적 규범에 반하는 행동이다. 영화 〈투시〉에서 혹은 〈가슴달린 남자〉, 〈찜〉 등에서 나타난 사회적 제제와 반사회적 규범의 성격은 이를 잘 설명해주고 있다. 또한 성의 전이는 동성애에 대한 하나의 단초를 제공해 주며, 정신분석학적 차원에서 인간이면 누구나 경험한다고 보는 동성에 대한 사랑인 나르시스와 이성에 대한 사랑인 콤플렉스도 잘 설명해 준다고 하겠다. 융은 남성의 무의식 속에 존재하는 여성성을 아니마로 여성의 무의식 속에 존재하는 남성성을 아니무스라고 일컫고, 나이가 들면서 아니마와 아니무스가 증가하면서 남성은 여성화되고 여성은 남성화가 되는 경향이 있다고 언급하고 있다.

이러한 복잡한 정신적 · 문화적 · 무의식적 배경이 깔려있는 남장 여자와 여장 남자는 〈셰익스피어 인 러브〉에서 커다란 오해를 불러일으키고 이 오해는 작품을 코믹하게 그리는데 중요한 일조를 한다. 영화에서 바이올라가 셰익스피어와 영원히 헤어져 미지의 대륙으로 떠나면서 써볼 것을 권하는 작품은 다름 아닌 〈십이야(十二夜)〉이다. 바다를 항해하게 된 잊지 못할 연인 바이올라를 추억하며 쓴다는 가정으로 영화의 대미를 〈십이야〉로 장식한 것 역시 훌륭한 발상인데, 바로 이 작품에서 셰익스피어는 남장을 한 여자 바이올라를 등장시키고 있는 것이다. 셰익스피어의 희극 작품인 〈십이야〉에서 바이올라는 쌍둥이 오빠 세바스찬과 함께 항해하던 중 폭풍을 만나 배가 난파하는 바람에 간신히 혼자서 가상의 나라인 일리리어 해안에 상륙한다. 이 나라에는 올리비에를 짝사랑하는 젊고 부유한 올시노 공작이 있다. 바이올라는 공작을 보는 순간 사랑에 빠지게 되고 그의 곁에 있기를 갈망한다. 그래서 남장을 하여 공작의 시동이 된다. 바이올라는 세자리오라는 이름으로 새로운 삶을 시작한다. 그런데 세자리오는 불행하게도 올리비에에게 공작의 사랑을 전하는 역을 맡게 된다. 공작에게 전혀 관심이 없는 올리비에는 오히려 공작의 시동인 세자리오에게 사랑을 느끼게 된다. 이처럼 남장 여자를 등장시켜 엇물리는 사랑의 구조를 〈십이야〉는 바로 〈셰익스피어 인 러브〉에서 남장 여자의 바이올라, 여장 남자의 쎔 혹은 셰익스피어 자신을 등장시켜 그대로 재현시키고 있는 것이다.

영화에서 부유한 상인 레셉스의 딸 바이올라 레셉스는 무대에 서 보기를 너무나 갈망하지만 여자는 결코 16세기의 영국의 무대에 오를 수 없다. 그러므로 그녀는 가슴에 복대를 하고 머리에 가발을 쓰고 부드러운 얼굴에 수염을 단 채 유모의 남자 조카 토마스 캔트로 변장을 한다. 토마스 캔트와 셰익스피어가 처음으로 만나는 것은 극장에서다. 남장을 한 바이올라는 무대에서 로미오 역에 대한 오디션으로 연기를 해 보이고 적당한 배우를 찾는 셰익스피어는 높은 객석 위에 있다. 따라서 이들의 첫 대면은 비록 남장을 한 바이올라이지만 셰익스피어의 시선의 하이앵글과 캔트의 시선인 로우앵글이 교차하면서 미래에 있을 그들의 운명을 복선으로 제시한다. 이 장면은 다시 한 번 역전된 위치에서 〈로미오와 줄리엣〉의 명장면을 재현한 발코니에서의 두 연인의 사랑의 장면으로 반복된다. 원작에서 발코니 장면은 로미오와 줄리엣 사이에 사선으로 이루어진 시선의 교차를 통해 강력한 사랑의 동적인 움직임을 보여주는데, 이는 바이올라와 셰익스피어의 발코니 장면 역시 마찬가지이다. 다만 영화에서 두 연인의 높낮이의 차이는 가난한 시인과 부유한 상인의 딸이라는 신분의 차이를 보여주는 것이기도 하다. 셰익스피어는 남장 여자인 켄트를 뒤쫓다가 레셉스 경의 집에 들어서게 되고 로미오와 줄리엣이 처음으로 만나 순식간에 사랑에 빠지는 무도회장과 똑같은 무도회에 끼어들게 된다. 그리고 로미오가 그랬던 것처럼 셰익스피어는 처음으로 바이올라를 바라보게 되고 그녀의 매혹적인 눈의 영원한 포로가 된다. 이 무도회장의 춤곡은 영화 속에서 완성되어 가는 〈로미오와 줄리엣〉의 무도회 장면에서 연주되는 음악으로 로미오와 줄리엣의 사랑과 셰익스피어와 바이올라의 사랑이 결코 허구와 사실의 관계가 아니라 궁극적으로 동등한 하나의 사랑이라는 점을 시사한다. 조용하면서도 원을 그리는 춤에서 바이올라와 웨섹스경 그리고 바이올라와 셰익스피어로 파트너가 오고가는 장면은 삼각관계에 대한 복선이다. 이 장면은 바이올라가 켄트로 변장했었던 까닭에 이미 극작가 셰익스피어를 알고 있지만 셰익스피어는 바이올라를 처음으로 보게 된 까닭에 오해를 불러일으키는 해프닝의 장면이자, 웨섹스 경과 셰익스피어가 처음으로 대면하는 장면이기도 하다.

웨섹스가 날카로운 단도를 셰익스피어의 목에 들이대고 남의 물건을 탐하지 말라고 경고하면서 이름을 물어오자, 평소 작가로서의 강한 라이벌 의식을 갖고 있던 말로라고 거짓 대답을 하면서 또 다른 오해가 시작된다. 그 뒤 말로가 선술집에서 사소한 시비 끝에 칼로 살해를 당하게 되는데, 셰익스피어는 자신을 말로로 오해한 웨섹스의 소행이라고 단정하기에 이른다. 한편 바이올라는 웨섹스로부터 무도회에서 본 적이 있는 작가가 죽었다는 이야기를 전해들은 바이올라는 셰익스피어가 죽었다고 오해한다. 이 장면은 〈로미오와 줄리엣〉에서 줄리엣이 로미오가 죽은 것으로 오해한 장면과 같다. 이런 상황에서 웨섹스가 교회에서 셰익스피어를 만나게 되었을 때 그의 유령이 나타난 줄 알고 혼비백산하여 도망치게 되는데 이 장면은 오해가 가져다주는 코믹한 장면이라 하겠다. 사실 〈로미오와 줄리엣〉의 비극이 줄리엣이 진짜로 죽은 것으로 오해한 로미오가 극약을 마심으로써 이루어졌다는 점을 감안한다면 이러한 오해의 산물이 풍부한 영화는 원작을 충실히 따른 것이라고 간주할 수 있다.

토마스 켄트를 통해 서신을 주고받는 셰익스피어와 바이올라는 오해를 통해 상대방의 고백을 직접 진솔하게 들을 수 있는 즐거움을 만끽한다. 넘실대는 템즈 강을 가로지르는 배전에 앉아 두 남자는 바이올라에 대해 이야기를 한다. 켄트로 분한 바이올라는 자신의 편지를 심부름하면서 셰익스피어의 사랑의 고백을 체험하고는 불붙는 열정에 사로잡혀 감격의 키스 장면을 연출한다. 동성의 키스가 되고 만 어색함과 낯설음은 뱃사공의 한 마디에 오해가 풀리면서 셰익스피어는 바이올라의 사랑을 확인한다. 이제 켄트와 바이올라, 셰익스피어 세 사람은 두 사람으로 구체화되고 바이올라의 가슴에 댄 복대를 훌훌 벗어버림으로써 남자와 여자로서의 사랑을 확인한다.

켄트에 대한 셰익스피어의 오해는 이렇게 끝을 맺지만 오해는 또 다른 줄기에서 계속된다. 예를 들어 웨섹스는 여장을 한 셰익스피어를 바이올라의 사촌으로 오해한다던가, 헨슬로우가 셰익스피어 극작품을 끝까지 개와 해

영화 속 무대 장면으로 당시 공연의 특징과 관객에 대한 정보를 제공한다. 예컨대 무대 앞에 서 있는 관객은 서민들이며 2층 이상의 발코니는 부유한 상인이나 귀족 계층이다. 무대에는 연기하지 않는 배우들과 음향을 담당한 스태프들이 그대로 노출되어 있다.

적왕이 등장하는 작품으로 오해한다던가, 네드가 주인공을 맡게 될 것을 기대하지만 그렇지 못하고 칼에 찔려 죽게 되는 로미오의 친구 역을 맡게 되는 오해, 틸니가 여자를 추적할 때 쎔의 치마를 걷어 올린다던가 하는 오해들이 무수하게 삽입되어 있다.

마지막에 이르러 바이올라가 셰익스피어와 영원히 헤어져 미지의 대륙으로 떠나면서 권하는 작품은 다름 아닌 〈십이야〉[5]이다. 극작가가 잊지 못

---

5 〈십이야〉에서 여자 주인공 바이올라는 쌍둥이 오빠 세바스찬과 함께 항해하던 중 폭풍을 만나 배가 난파하는 바람에 간신히 혼자서 가상의 나라인 일리리어 해안에 상륙한다. 이 나라에는 부유한 올리비에를 짝사랑하는 젊은 올시노 공작이 있다. 바이올라는 공작을 보는 순간 사랑에 빠지게 되고 그의 곁에 있고자 남장을 하여 공작의 시동 세자리오가 된다. 그런데 시동 세자리오는 불행히도 공작의 사랑을 올리비에에게 전하는 역을 맡게 된다.

〈셰익스피어 인 러브〉의 클라이맥스에 해당하는 이 장면은 두 사람의 사랑이 완성되는 영화 속 연극 〈로미오와 줄리엣〉의 한 장면이다. 이 장면만 봐서는 공연 중인 무대를 찍은 것인지 영화의 한 프레임인지 알 수 없다. 다만 카메라 앵글이 무대 쪽에서 객석을 향하고 있다는 점에서 연출된 사진임을 짐작할 수 있다.

할 여인 바이올라를 추억하며 쓴다는 가정으로 영화의 대미를 장식하고 있는 셰익스피어의 〈십이야〉에는 실제로 바이올라와 동일한 이름의 남장 여자 바이올라가 등장한다. 바이올라가 남자 옷을 벗어던지고 사랑하는 남자 품에 안기는 것도 영화나 연극에서 똑같다.

7) 나오며

〈셰익스피어 인 러브〉에는 무대의 장면이 많다. 영화 속 무대의 구성은 연극사적으로 고증을 거쳤기 때문에 오늘날 당시의 연극에 대한 많은 정보

공작에게 전혀 관심이 없는 올리비에는 오히려 공작의 사동인 남장 여자 세자리오에게 사랑을 느끼는 된다. 이처럼 남장 여자를 등장시켜 엇물리는 사랑의 구조를 〈십이야〉는 바로 〈셰익스피어 인 러브〉에서 남장여자의 바이올라, 여장 남자의 샘과 셰익스피어 자신을 등장시켜 그대로 재현하고 있는 것이다.

를 제공한다. 상당한 관객들은 아마도 영화를 통해 셰익스피어와 그의 연극에 대해 더욱 커다란 관심을 갖게 되었을 것이다. 만일 관객이 영화를 본 뒤 연극 〈로미오와 줄리엣〉이나 〈십이야〉를 읽고 대사와 장면들이 영화 속의 부분과 중첩되어 있다는 것을 알았다면, 그는 또 다시 영화를 보며 이를 확인할 수 있을 것이다. 연극과 영화라는 전혀 다른 매체 사이를 오가며 그들 사이에 교묘하게 형성되어 있는 등장인물과 이야기의 경계와 통로를 넘나드는 즐거움은 한 장르에서는 찾을 수 없는 또 다른 매력을 선사한다.

3. 영화는 영화다
: 〈여자는 여자다〉에 나타난 현대적 연극성

1) 연극적인 영화

장-뤽 고다르(Jean-Luc Godard)의 영화 〈여자는 여자다〉(2002)는 매우 연극적인 영화라고 할 수 있다. 연극과 영화는 가깝고도 먼 예술로 삼차원의 무대 공간과 이차원의 스크린 공간이라는 커다란 차이점이 있다. 따라서 각기 독특한 성격을 지닌 두 예술을 하나로 아우르려는 시도는 무모하면서도 실험적인 것으로 보인다. 고다르는 〈여자는 여자다〉에서 연극성을 꽤나 강조하고 있는데 그 흔적들은 다음과 같다.

첫째, 경쾌한 음악과 더불어 영화가 시작되면 대문자의 거대한 단어들의 무리들이 타이틀 자막의 스크린을 가득 채운다. "COMÉDIE, FRANÇAISE, MUSICAL, THÉÂTRAL, SENTIMENTAL, OPÉRA, CINÉMA"라는 단어들이 그것이다. 대문자로 크기가 강조된 이 단어들은, 〈여자는 여자다〉가 감상적인 프랑스 코미디로서 뮤지컬이고 연극적이며 오페라 양식의 영화, 말하자면 공연적 혹은 연극적 양식의 영화라는 사실을 강조한다.

둘째, 영화의 중반에서 여자 주인공 안젤라가 자신의 심정을 내레이터 방식으로 표현하는 독백이 있다.

> 비극처럼 코미디의 3막 후반에 여주인공은 머뭇거린다. 그녀의 운명은 오리무 중이다. 늙은 코르네이유와 젊은 몰리에르로 평가하는……. 손에 땀을 쥐게 하는…….

17세기 프랑스 고전주의의 대표적인 희비극작가 코르네이유(Corneille)와 희극작가 몰리에르(Molière)를 언급하고 있는 이 독백은 여주인공의 운명이 전반적으로 희극적이자 동시에 비극적인 색채로 제시되고 있음을 강조한다. 말하자면 안젤라가 자신의 운명에 결정을 내려야 하는 순간을 연극의 여주인공처럼 웅장하게 표현하고 있는 것이다.

셋째, 영화의 막바지에 이르러 아이 낳기를 원하는 애인 안젤라의 요구에 최후의 결정을 내려야 하는 순간 에밀은 이렇게 말한다. "이게 코미디인지 비극인지 모르겠지만 명작이야." 이 같은 상황과 대사들을 통해 볼 때 영화는 많은 부분에서 연극성에 기대고 있으며 연극적 요소가 풍부하게 깃들어 있음을 미루어 짐작할 수 있다. 이뿐만이 아니다. 영화는 다양한 기법을 동원하여 연극적인 요소를 부각시키고 있다. '연극적'의 사전적 의미는 텍스트에서 벗어나 공연 예술과 관련된 행위이자 과장되고 인위적인 행위이다. 이 정의에서 우리의 초점은 "과장되고 인위적인 행동"에 있다. 이는 현실에서 부정적인 의미 즉 "연극하고 있네!"와 어느 정도 상통하는 것이긴 하지만 우리의 지속적인 관심은 영화 속 연극에 있기 때문에 연극성의 현실적 의미는 크게 개의치 않아도 무방하다. 따라서 "과장되고 인위적인 행동"을 연극적인 것으로 간주하고 영화 속에서 어떻게 작용하고 어떤 역할을 하는지 파악해보는 것은 매우 재미있는 주제로 여겨진다. '옥의 티'가 발견되지 않는 영화일수록 완벽하다는 인식과는 달리 이 영화에서 자연스러움을 배제하기 위한 수많은 장치들, 꾸민 태도와 인위적인 미장센을 지속적으로 발견할 수 있는 것이다.

현대적 의미에서 연극성의 특징은 1960년대 이래 "퍼포먼스의 실제공간과 실제시간을 부각시키고, 연기자의 배역연기에 맞서 퍼포머의 실제-현존과 그의 행동의 진정성을 내세움으로써 수행적인 것, '수행성(performativity)'의 미학"(김형기, 41)이 부각되고 있다. 말하자면 텍스트를 원형으로 강조하고 이에 천착하는 대신 무대 위의 현존재가 관객을 염두에 두면서 변해가는 상황과 환경에 따라 임의적이고 자율적인 행동으로 공연의 진정성을 획득하고자 하는 것이다. 수행성의 또 다른 특징은 관객과의 관계이다. "수행성이란 언어가 행위 실천의 가능성을 지님으로써 기존의 의미를 변환 혹은 전복시키는 것처럼, 공연 예술에서는 대상을 양식화하고, 문제를 제기하여 관객의 의식을 전환시키는 표현전략에 해당한다."(최영주, 249) 다시 말하면 무대언어를 통해 관객의 지각에 변화를 주어 관객의 인식 변화를 꾀한다는 것이다. 포스트모더니즘의 흐름에 편승한 이 새로운 연극적 개념은 구체적으로 원작의 해체를 통한 탈정전화와 비언어적 시청각기호에 의존하는 연출가 연출, 몸 중심의 연극으로서 춤연극, 디지털 매체기술의 영향에 의한 매체연극(김형기, 41 참조)으로 나타난다. 이처럼 수행성과 관련된 연극성의 개념에 초점을 맞춘다면, 고다르 영화와 관련하여 매우 흥미로운 유사점을 발견할 수 있다. 물론 이러한 연극의 현대적 흐름을 이 영화에 고스란히 적용시키는 것은 무리다. 그러나 〈여자는 여자다〉에서 읽어낼 수 있는 원전으로의 텍스트 약화, 음악과 색의 리듬을 통한 시청각 기호의 강조, 즉 흥성을 통해 이루어진 다이내믹한 생동감, 거리두기 효과를 통해 관객으로 하여금 스스로를 지각하도록 하는 능동적 수용 등은 현대의 연극적 개념과 일맥상통하고 있다.

2) 연극적 언어

연극적 언어는 넓게는 음향, 조명, 의상, 몸짓 등을 포함한 무대언어가 되며, 좁게는 배우들이 사용하는 자연어가 될 것이다. 등장인물들의 언어에서 가장 두드러진 것은 무엇보다도 대사이다. 어조의 측면에서 〈여자는 여자다〉의 인물들이 사용하는 대사는 자연스러운 현실의 재현적 모방이라는 영화의 일반성에서 벗어난다. 에밀과 안젤라가 식탁에 앉아 과장되게 발성하는 'R'은 그 좋은 예다. 또 의미의 측면에서 대사는 결코 논리적 콘텍스트를 따르지 않는다. 인물이 주고받는 대사는 일상적 관례를 벗어난 단절과 비약으로 인해 비논리적이고 자연스럽지 못한 대사가 되는 것이다. 이를테면 영화 첫 부분에서 중심인물 에밀과 안젤라가 서점에서 만나는 장면을 보자.

> 에밀 : 안녕!
> 안젤라 : 아직 화났어?
> 에밀 : 아니, 내 가장 사랑하는 이여.
> 안젤라 : 그럼, 날 사랑해?
> 에밀 : 그럼……. 내 가장 사랑하는 이여!
> 안젤라 : 봐. 정말 예쁜 엽서야, 에밀.
> 에밀 : 왜 울어?
> 안젤라 : 왜냐하면, 난…… 동시에 두 노란 동물이 되고 싶어서야.
> 에밀 : 언제나 불가능한 것만 원하는군.
> 안젤라 : 난 북치러 갈게.

두 사람의 대사에 있어 특징적인 것은 무엇보다도 그들의 어조가 인위적이라는 사실이다. 코믹하고 과장된 커다란 몸짓과 발성은 무대 위의 배우를 연상시킨다. 이들 대사는 자연스러움을 통해 진실다움을 전하는 전통적 · 영화적 언어와는 커다란 차이가 있는 것이다. 또한 화용론적인 측면에서 마

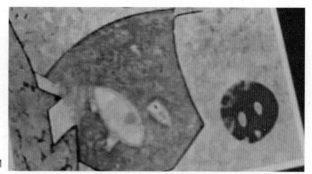

사진 1

치 선문답을 하듯 비논리적으로 구성되어 있는 대사는 영화 전체의 내용을 알지 못한다면 전혀 이해할 수 없는 수수께끼로 다가온다. "엽서"며 "노란 동물" 같은 어휘는 일종의 은유로서 꿈속의 어휘나 초현실주의 화가들의 오브제처럼 전혀 논리적이지 않다. 그럼에도 이들의 대사에서 몇 가지 주요 정보를 얻을 수 있다.

관객은 일단 두 사람 사이에 다툼이 있었다는 것을 알 수 있다. 그 다툼의 원인은 언제나 불가능한 것을 원한다는 에밀의 말에 의거하면, 에밀이 원하지 않는 것을 안젤라가 원하기 때문이다. 안젤라가 원하는 것이 무엇인지는 "동시에 두 노란 동물이 되고 싶다"는 그녀의 소망을 통해 유추가 가능하다. 관객에게 분명하게 제시하기 위해 클로즈업된 엽서(사진 1)에는 붉은 태양과 파란 어항 속에 들어 있는 두 마리의 노란 금붕어 그림이 그려 있다. 관객이 영화를 끝까지 보고 어느 정도 줄거리를 이해한다면, 어항은 자궁을, 두 마리의 금붕어는 어미와 새끼로 임신하고 싶은 안젤라 자신을 각각 은유하고 있음을 알 수 있다.

그러나 안젤라가 울지 않고 있음에도 왜 우느냐고 묻는 에밀의 말이나 스트리퍼인 안젤라가 서둘러 클럽 조디악을 향하면서 '북치러 간다'고 하는 말은 논리적으로 납득하기 어려운 즉흥적인 표현이다. 이 장면에서 우리는 그들의 언어와 동작 자체가 연극적이며, 논리적 연결고리가 해체된 말 주고 받기, 파편화된 언어들의 풍경이 장면 전체를 구성하고 있다는 사실과 이로 부터 인위성과 부자연스러움이라는 연극적 특징이 강하게 부각되고 있음을 알 수 있다. 앞서 인용된 대사는 영화 전반을 놓고 볼 때 연극적 대사의 한 예에 불과하다. 인물들의 대사는 전체적으로 이러한 맥락 속에서 이루어 지고 있고 특히 괴변을 늘어놓는 것 같은 알프레드의 대사들, 예컨대 바에서 질문을 통해 외상을 지는 수법 등은 모순적·비논리적·즉흥적 대사의 대표적인 경우이다.

> **알프레드 :** 질문하나 할게요. '네' 아니면 '아니오' 라고만 대답해요, 알겠죠?
> (…) '네' 라고 대답하면 난 당신한테 100프랑 빚지고 '아니' 라고 대답하면 당신이 나한테 100프랑 빚지는 거예요, 알았죠?
> **보이 :** 알았어요.
> **알프레드 :** 자, 질문 나갑니다. 나한테 100프랑만 빌려줄래요?
> **보이 :** (…)
> **알프레도 :** 그럼, 당신 나한테 빚졌어요. 다음 주에 갚을게요.

3) 극적 몸짓

영화 속 등장인물들의 연극적인 동작은 매우 유희적이며 코믹한 모습으로 나타난다. 가벼운 몸짓은 뮤지컬을 연상시키며, 한 인물이 다른 인물의 동작을 모방하는 것은 직접적으로 연극성과 연결된다. 아리스토텔레스의 예술 모방설, 비극에서의 모방설을 떠올리지 않더라도 상대방의 말과 행동을 따라하는 모방은 매우 희극적이라는 인상을 주기 때문이다. 예를 들어 가장 뚜렷한 모방 장면은 안젤라와 에밀이 다투는 장면과 안젤라와 그녀의 동작을 흉내내는 알프레드의 정지된 장면을 들 수 있다. 24시간 이내에 임신을 원하는 안젤라와 정식으로 결혼을 한 이후에야 아이를 가질 수 있다는

에밀은 말다툼을 하던 중 안젤라의 말과
행동을 모방한다.

사진 2

 안젤라 : 난…….

 에밀 : 난…….

 안젤라 : 넌 내가 미쳤다고 생각하지. 난
   아냐

 에밀 : 넌 내가 미쳤다고 생각하지. 난 아냐

 안젤라 : 난 코펜하겐의 집에 간다.

 에밀 : 난 코펜하겐의 집에 간다.

 안젤라 : 좋아, 네가 원하는 데로 할게.

 에밀 : 좋아, 네가 원하는 데로 할게.

 안젤라 : 난 아기를 원해.

 에밀 : 난…….

사진 3

 아이의 말을 따라하면서 아이를 놀리는
것 같은 두 사람의 대화에서 안젤라는 에
밀이 따라 할 수 없는 말 "난 아기를 원해"
를 말함으로써 에밀은 더 이상 그녀를 모
방할 수 없게 된다. 말과 행동의 모방을

사진 4

통해 코믹한 유희성을 물씬 풍기는 장면이라 하겠다.

 한편 장엄한 음악과 함께 안젤라와 그녀를 모방하는 알프레드의 연속적
인 세 쇼트(사진 2, 사진 3, 사진 4), 그리고 안젤라가 그의 엉덩이를 걷어차
는 장면은 참으로 희극적이다.

 또 알프레드를 그들 집안으로 불러들이기 직전 안젤라와 에밀이 나란히
서서 마치 사진을 찍는 포즈를 취하다가 머리를 떨어뜨리는 장면, 말을 하
지 않기로 한 상태에서 책의 제목을 보여줌으로써 상대방을 자극하는 장면,

멋진 남자와 함께 하겠다는 안젤라의 말에 각자 자신 있는 동작을 보여주는 두 남자의 연기 장면도 매우 인위적이며 연극적이다. 두 남자가 나간 후 기분이 상한 안젤라는 현재 자기가 느끼고 있는 감정을 이입하여 희곡을 낭독하면서 동작을 취한다. 그런데 어조와 몸짓 그리고 문장의 마지막을 장식하는 "퇴장"이란 단어는 연극적인 분위기를 한껏 돋운다.

> 안녕, 카미유. 네 수녀원으로 돌아와. 모든 남자들은 거짓말하고, 변덕스럽고, 거짓되고, 수다스럽고, 위선적이고, 거만해. 사랑에 우린 종종 배신당하고, 종종 상처입고, 종종 불행해. 하지만 우린 사랑해. 그리고 무덤의 가장자리에서 우린 뒤돌아보며 말하지. 난 종종 고통 받았어. 난 언젠가 실수를 했었지만 난 사랑했어. 난 내 삶을 나의 자존심과 염세에서 나온 어떤 걸로도 대체하지 않고 살았다. 그녀, 퇴장.

이외에도 안젤라의 아파트 입구에서 언제나 열렬하게 포옹하고 있는 두 남녀, 옆집 매춘부에게 전화를 빌릴 때면 어김없이 등장하는 남자 손님들, 망치로 두들기면 물이 나오거나 멈추는 샤워기, 거울 앞에서 춤추는 안젤라, 계란을 던진 뒤 한참만에 떨어지는 계란 뒤집기, 초조한 알프레드에게 연속적으로 담뱃불을 빌리는 남자들, 길거리에서 지나가는 남자들에게 안젤라를 임신시켜 주라고 부탁하는 에밀 등은 과장이 심하고 인위적이고 즉흥적인 것들로서 연극적인 장면이라고 할 수 있다.

4) 텍스트 혹은 서사성 약화

〈여자는 여자다〉에서 텍스트 혹은 줄거리는 매우 약화되어 있다. 영화의 내용은 단순하고 보잘 것 없다. 등장인물들 간의 얽히고설킨 관계 속에서 복잡한 플롯으로 구성되어 종국에 대반전을 꾀하는 할리우드 스타일의 영화와는 전혀 다른 양상을 보이고 있는 것이다. 동거를 하고 있는 안젤라와 에밀은 서로 사랑하는 사이다. 에밀과 알프레드는 친구인데, 알프레드는 친구의 여자친구인 안젤라를 좋아한다. 안젤라와 에밀 사이에는 갈등을 유발하는 단 하나의 문제가 있다. 그것은 안젤라가 아이를 갖고 싶어 한다는 것이다. 하지만 에밀은 당장 그럴 수 없는 입장이다. 영화의 줄거리를 이루는 갈등은 바로 여기에서 생겨나며 이들 틈으로 알프레드가 끼어든다. 이 줄거리는 삼각관계 혹은 삼류의 애정영화와 별로 다르지 않다. 그러나 이 영화의 미덕은 줄거리가 아니다. 이 영화가 단순한 줄거리를 갖고 있는 까닭은 아마도 감독이 자신의 영화 미학이 자칫 줄거리에 함몰될 것을 우려한 결과가 아닐까. 이 단순성을 바탕으로 고다르는 특유의 실험 정신을 가미하여 진부함의 경계선을 넘고자 한 것처럼 보인다. 이런 까닭에 영화에서 인물들의 캐릭터는 중요한 요인으로 작용하지 않는다. 임신을 원한다와 원하지 않는다는 현재의 상황이 중요할 뿐 각자 인물들이 갖고 있는 개성이 어떤 것인지 커다란 의미를 부여할 필요성을 느끼지 못하는 것이다. 이와 같은 텍스트가 약화된 현상은 현대 연극성의 특징과 어깨를 나란히 한다.

> 19세기 말에 유럽에서 연극개혁운동이 일어나기 전까지 연극은 본질적으로 무대 위에서 드라마 텍스트의 충실한 재현으로 이해되어 왔다. 그러나 20세기에 들어서면서 주체의 위기, 그리고 드라마를 구성하는 기본적인 범주들에 대한 의문, 게다가 기술화되고 기계화된, 매체 상으로 조작된 대중사회에 의한 인지구조와 경험구조의 변화와 더불어 연극과 연극성에 대한 관념들도 변화하기 시작하였다. (김형기, 270)

말하자면 전통적 연극이 텍스트를 충실하게 반영하여 무대에 올리는 것을 신념으로 삼았던 반면 현대 연극에 이르면 텍스트가 약화되고 연출의 해석과 무대에서의 수행성 자체가 더욱 강조되고 있는 실정이다.

또한 촬영 당시 〈여자는 여자다〉의 시나리오가 전체 8쪽에 불과했다는 사실에서 감독은 즉흥성을 강조하고 텍스트를 약화시키려고 했다는 것을 알 수 있다. 텍스트의 약화는 예술가의 상상력과 창조력을 강화시킨다. 시나리오에 고정된 배우들이 주어진 대사와 움직임에서 벗어나 매 순간 새로운 것들을 창조하는 것이 가능하다. 상상력이 가득 찬 즉흥적 연기는 이들을 바라보는 관객에게도 영향을 미친다. 한 공간에 존재하면서 감정의 교류가 실시간 일어나는 즉흥적 연극의 관객과 똑같을 수는 없지만, 그러나 스크린을 바라보는 관객 역시 예상을 거부하고 일정한 패턴에서 줄곧 벗어나는 영상을 바라보며 매 순간 새로운 체험을 할 수 있다. 영화의 사회적 역할을 강조한 고다르가 관객의 변화무쌍한 체험과 이를 통해 그들이 새롭게 태어나는 것에 관심을 가져왔기 때문에, 원전으로서 시나리오의 절대성을 거부한 것은 궁극적으로 관객과의 기존의 관계에서 벗어나 새로운 관계를 창출하고자 한 것으로 볼 수 있다.

5) 능동적 관객의 창출

영화는 시작을 알리면서 감독을 대신해 여배우가 "카메라, 액션"을 외친다. 이로 인해 영화를 제작하는 감독은 사라지고 배우가 영화를 제작하는 주체이자, 배우 자신이 카메라 앞뒤에 동시에 존재하는 유기체, 말하자면 엄격하게 카메라에 의해 통제되기를 거부하는 능동적인 유기체로 거듭난다. 감독의 절대성이 거부되고 배우에게 최대한 자유가 보장된 것이다. 감독의 영화가 아닌 배우의 영화는 관객과 새로운 관계를 형성하는 요소가 된다.

관객과의 새로운 관계는 영화의 환상주의 해체에서 잘 드러난다. 이 점은 거리두기를 통한 이화작용에서도 동일한 관점을 적용시킬 수 있는데 가장 두드러진 것은 아래의 사진에서 볼 수 있는 것처럼 배우의 카메라 바라

사진 5   사진 6   사진 7

보기이다.

  일반 극영화에서 배우가 카메라를 응시하는 것은 금기시되어 있다. 그러나 고다르의 영화에서 도발적인 배우의 카메라 바라보기가 수시로 이루어진다. 파격에 가까운 배우의 카메라 바라보기는 어떤 의미가 있는 것일까? 가령 〈네 멋대로 해라〉에서 파트리샤가 카메라를 정면으로 바라보는 마지막 장면을 보자. 베리만의 〈모니카의 여름〉(1952)에서 모니카의 카메라를 향한 시선을 오마주한 것으로 전해진 파트리샤의 카메라 바라보기는 경찰에 쫓기다 총을 맞고 쓰러진 미셸의 "정말 역겨워"라는 대사와 짝을 이룬다. 프랑스어가 서툰 미국 여자 파트리샤는 죽어가는 미셸의 "정말 역겨워"라는 대사를 들은 후 갑자기 카메라를 향해 "역겹다가 뭐죠?"라고 묻는다. 이 마지막 장면을 위해 파트리샤는 그간 미셸과의 대화에서 끊임없이 "그게 뭐죠?"라고 물어댔던 것이다. 총을 맞고 거리에 쓰러진 비극적인 상황에서 카메라를 향한 천진난만한 파트리샤의 물음과 표정은 스크린에 몰입해 있던 관객의 정서를 확실하게 해체시키는 역할을 한다. 말하자면 지금까지 극적 행위들이 실은 연극이었다고 공포를 하는 행위인 것이다. 카메라 바라보기가 줄거리의 특별한 상황이나 맥락에 따라 어떤 의미를 부여하는 것은 아니다. 관객과의 눈 맞춤 혹은 상호 간의 응시는 스크린의 세계가 영상으로 고정된 허구의 세계가 아니라 지금 이 자리에 존재하는 관객 앞에서 진행 중인 무대적 세계라는 점을 강조한다. 극적인 요소가 자제된 다큐멘터리이거나 인터뷰라는 느낌을 주는 것이다. 그러므로 카메라 바라보기는 영화가 진행됨에 따라 스크린에 함몰되어 자아를 망각해가는 관객의 환각을 깨는 전형적인 브레히트식의 거리두기 수법이다.

참여적 관객에게 끊임없이 사고하도록 강요하는 고다르 영화의 또 다른 특징은 매끄러운 줄거리를 유지하려는 대신 크게 관계가 없는 시퀀스가 파편적으로 삽입된다는 것이다. 이를테면 알프레드와 비키니 호텔에 빚진 520프랑을 갚으라는 중년 남자와의 욕지기의 시퀀스(그들이 지껄이는 욕지기는 "바보 녀석, 비굴한 놈, 개자식, 꼴통새끼, 머저리, 방랑하는 유태인 놈, 파시스트, 변태"이다)가 있는가 하면, 테러리스트가 근처에 있다고 뜬금없이 등장하는 두 형사의 시퀀스도 있다. 과연 이러한 에피소드들은 무엇을 뜻하는가? 물론 당시 프랑스의 정치적 상황이나 문화적 · 이념적 태도와 어떤 관계를 끼워 맞출 수는 있겠으나 그것이 감독의 이념을 강하게 드러내는 것 이외에 영화 자체의 이해를 위해서는 크게 기여하지 않는다. 대개 영상의 파편들은 결론 부분에서 하나로 모아져 강력한 메시지를 전달하려고 들지만 〈여자는 여자다〉의 파편적인 시퀀스는 흩날리는 맨드라미 홀씨처럼 사방으로 퍼져 나갈 뿐 결코 결론의 원천으로 회귀하지 않는다. 따라서 관객은 아무리 고민을 거듭해도 맞출 수 없는 조각들을 굳이 맞추려들 필요가 없다. 이 파편화는 감독−운전자가 유연하게 고속도로를 달리는 것에서 벗어나 다양한 장애물이 있는 일반도로를 달려야겠다고 결심을 한 결과이다. 대신 관객으로 하여금 신호등이나 웅덩이, 작업장 같은 장애물을 만나게 함으로써 일목요연한 직렬식의 줄거리가 아니라 병렬식의 줄거리에 노출되도록 한다. 병렬식 나열은 관객에게 선택의 기회를 제공한다는 점에서 관객의 능동적 참여를 요구한다. 장애물을 만난 감독−운전자가 장애물을 피할 궁리를 하듯이 관객-승객은 수동적인 수용의 태도에서 벗어난다. 이런 방식은 브레히트의 서사극이 소외 효과를 통해 관객을 교육시키고 사회에 참여시키고자 하는 방식과 맞닿아 있다. "수동적 관객을 이 능동적 관찰자-메이어홀드의 말을 빌면 제2의 창조자-로 변신시키기 위해서는 먼저 공연을 바라보는 태도가 근본적으로 바뀌지 않으면 안 된다."(김형기, 45)

거리두기와 소외 효과를 테크닉으로 하는 서사극의 주된 목적은 관객을 교육시키기 위한 것이다. 관객을 카타르시스의 상태로 이끌어 감정을 정화시키는 것이 아니라 관객이 스스로 판단할 수 있도록 냉정하고 이성적이어야 한다. 동화를 위해 부단히 노력하기 보다는 낯섦을 통해 능동적인 관객 육성이라는 목표를 지닌 브레히트의 이념은 고다르의 영화에서 분명하게 발견된다.

6) 시청각적 언어 : 음악과 색

미국 뮤지컬에 대한 오마주로 태어난 이 영화는 그러나 특이한 소리와 색의 리듬을 통해 풍요로운 코드를 창출하고 있다. 음악은 대사와 마찬가지로 리드미컬하지만 점프 커트나 편집된 것처럼 단절이 자주 일어난다. 영화가 시작되면 안젤라가 카페 안으로 들어오고 감미로운 샤를르 아즈나브르(Charles Aznavour)의 샹송이 흘러나온다. 샹송은 전면에 부각되어 영화의 리듬을 이끈다. 그녀가 시간이 없다며 밖으로 나오는 순간 스피커 오프가 된 것처럼 음악은 물론 거리의 소음도 사라져 먹통 상태가 된다. 거리를 거니는 그녀 그리고 커트 이후 새로운 쇼트가 이어질 때 신문을 파는 남자의 목소리를 신호탄으로 하여 길거리의 소음들이 봇물처럼 쏟아진다. 카메라가 다시 하이앵글로 인도를 걸어가는 안젤라를 잡는 순간 거리는 또 다시 침묵

사진 8 　　　　　　　　　　　　　사진 9

에 잠긴다. 망설이듯 그녀가 들어선 곳은 에밀이 존재하는 서점이다. 그 순
간 일상의 소리가 재생되고 음악이 다시 흐른다. 서점에 있던 손님들이 나
가고 두 사람만 남게 되었을 때 음악은 새롭게 장엄한 클래식으로 바뀐다.
그러자 두 남녀가 펼치는 신은 오페라가 된다. 두 인물의 대화와 리듬을 맞
추는 클래식은 대화의 유무에 따라 볼륨 업 혹은 다운이 되면서 대사와 동
행하고 대사의 내용에 비장감을 불어넣는다. 이처럼 다양한 장르의 음악과
소리들이 도입된 음향은 인위적인 느낌을 주는 거친 몽타주를 통해 단절의
효과와 뮤지컬의 효과를 동시에 노리고 있다. 음향을 통해 오페라나 뮤지컬
의 공연적 특징이 부여되기도 하고, 자연스러움을 해체시켜 연극적인 특성
을 부각시키고 있는 것이다.

　색의 경우 감독의 주의 깊은 미장센을 엿볼 수 있다. 빨강, 파랑, 흰색에
집착한 감독의 의도는 무엇일까? 프랑스 국기인 삼색기나 에밀이 가고 싶
어 하는 멕시코 국기에 동일한 삼색이 등장하는 것은 우연일까? 안젤라의
아파트의 바탕색은 흰색이다. 벽과 겉 이불 등 모든 것이 흰색으로 되어 있
고 흰색을 바탕으로 안젤라의 붉은 색 스웨터와 에밀의 파란 겉저고리가 부

감으로 강조된다. 집안의 모두 가구들, 빗자루와 집게와 스탠드, 화병의 꽃 등 사소한 것까지 삼색으로 주의 깊게 선택되어 있다. 안젤라의 오브제도 삼색으로 이루어져 있다. 모자에 삼색이 들어있고 그녀는 흰 바탕에 파란 줄이 새겨진 원피스, 붉은 스카프, 속옷, 붉은 우산, 붉은 스타킹, 붉은 셔츠를 착용한다. 이처럼 사진8, 9에서 확인할 수 있듯 감독은 삼색을 집요하게 노출시키고 있다.

지속적으로 들려오는 음향과 삼색에 대한 집착은 대사를 통해 이야기 전개를 꾀하는 대신 대사가 아닌 시청각적 언어 즉 소리와 색을 통해 메시지를 전달하거나 주제를 부각시키려는 의도이다. 이는 현대 연극의 수행적 특징 가운데 하나로서, 시각 매체를 주된 연극언어로 사용하는 세계적인 연극 연출가 로버트 윌슨이나 로메오 카스텔루치(Romeo Castellucci)나 로베르 르빠주와 유사한 연출 방식이다. 또한 지겨우리만큼 집요한 삼색은 궁극적으로 연극적 특징인 인위성을 매우 강하게 전달한다.

7) 영화는 영화일 뿐 현실이 아니다

전통적으로 영화는 스크린에서 일어나고 있는 모든 행위가 현실이라는 인상을 주기 위해 마치 환각주의를 강조한 리얼리즘 연극처럼 기술적·미학적 노력을 경주한다. 그러나 일반 영화 문법을 거부하는 고다르는 가장 경쾌한 영화로 꼽히는 〈여자는 여자다〉에서 영화의 환각주의를 배격하면서 '이것은 영화지 현실이 아니다' 라고 외친다.

지금까지 살펴본 〈여자는 여자다〉의 연극성은 단지 이 영화에만 국한되는 것이 아니라 대부분의 고다르 영화에서 발견할 수 있는 것이 사실이다. 그렇더라도 〈여자는 여자다〉에서 연극적 인위성이 두드러지고 감독이 특히 음향과 색을 중시했다는 점에서 이 영화가 독창적으로 수행적 개념의 현대적 연극성을 지니고 있다고 전망할 수 있다. 나아가 자연스럽고 매끄러워야 한다는 일반 영상 문법에서 벗어나 미장센을 숨기지 않고 드러냄으로써, 〈여자는 여자다〉는 미장센의 영화, 아이러니하게도 '영화는 영화다'임을 강조한 새로운 영화의 미학적 모델이 되고 있는 것이다.

4. 연극 〈날 보러 와요〉 & 영화 〈살인의 추억〉
: '살인의 추억을 보러와요?'

　연극과 영화를 찾는 관객은 주로 '보러' 간다고 말한다. 연극과 영화는 종합예술로서 오감으로 커뮤니케이션이 이루어져야 하지만 유독 시각이 강조되어 "본다"고 표현하는 것이다. 특히 연극의 경우 촉각과 후각도 무대와의 교감을 위해 중요한 감각임에도 그냥 영화처럼 본다고 말한다. 시각의 우위성이 한껏 강조된 탓이다. 그런데 백문이 불여일견이라는 말은 사실일까? 눈으로 똑똑히 보았다고 진실이라 할 수 있을까? 영화 〈살인의 추억〉(봉준호 감독, 2003)의 원작인 연극 〈날 보러와요〉(김광림 연출, 1996년 초연)의 제목과 그 주제를 보면 꼭 그렇지도 않은 것 같다. '날 보러와요'라는 가요와 동일한 이 제목에서 가볍고 빈정거리는 뉘앙스와 미스터리한 사건을 저질러 놓고 경찰을 비웃는 진짜 범인의 시선이 느껴지기 때문이다. 이 작품은 1986년부터 경기도 화성 일대에서 10여 차례에 걸쳐 연속적으로 강간 살인사건이 발생하지만 결국 범인을 잡지 못해 미해결사건으로 남아있는 화성연쇄살인사건을 다루고 있다. 작가는 이렇게 말한다. "극장 객석에 진짜 범인이 앉아서 연극을 본다는 가상에서 〈날 보러와요〉라는 제목이 나오게 되었다. (…) 수년 동안 수백 명의 용의자가 체포되었다가 풀려났다고 한다. 혹 그중에 진범이 있었을지도 모른다. 범인이 아닌 나머지 사람들은 얼마나 억울했을까? 극에 등장하는 세 명의 용의자들은 모두 한 배우가 같은 의상을 입고 연기하도록 하였다. 이것을 알아차리지 못하는 형사들―연극적 역설이다." 눈으로 본 것이 진실과 먼 가상의 세계일 수도 있고 꿈일 수도 있다. 세 명의 용의자는 하나같이 현실의 불확실성, 증거의 불확실성 나아가 진실의 불확실성을 제시한다.

첫 번째 용의자는 이영철이다. 여자 팬티를 입고 있는 그의 가장 커다란 특징은 정신병원에서 탈출했다는 사실, 그는 정신병자였던 것이다. 친구에게 자신이 살인자라고 주장하는가 하면 취조하는 형사들에게 범행을 자백했다가 바다에 갔다는 둥 진술에 신빙성이 없다. 또 그의 알리바이로 볼 때 그가 범인일 가능성은 적다. 증거는 불확실하며 그의 현실은 정신병적 현실인 것이다. 사건의 진실을 추적하는 형사들이, 그가 사건의 중요한 목격자라는 사실을 인식하기까지 상당한 시간이 소요되지만 우발적인 기차 사고로 목숨을 잃게 됨으로써 그가 본 것은 증거가 되지 못한다. 그가 저질렀을 수도, 바라보았을 수도 있는 진실, 변태적 관음증 환자의 바라봄은 이렇게 해서 미궁 속에 빠진다.

두 번째 용의자는 남현태이다. 이 용의자는 다방 레지 미스 김과 박 기자에 의해 소문이 진실로 둔갑한 경우이다. 그의 진술 가운데 특징적인 것은 모든 것을 실제인 양 말해 놓고 결국 꿈속에서 일어난 일이라고 주장하는 것이다. 억제된 리비도가 새로운 출구로 나타나는 하나의 현상, 엽기적인 강간살인이 꿈으로 나타난 것이다. 부인과 직장 동료의 말에 따르면 남현태는 살인을 저지를만한 인물이 되지 못한다. 꿈은 어디까지나 허상일 뿐 진실과는 거리가 멀다. 소문과 꿈은 진실이 되지 못한다. 기자에게 스스로 범인이라고 떠들어대던 용의자는 이렇게 꿈의 세계로 넘어가면서 진실에서 멀어진다.

세 번째 용의자는 정현규이다. 겉으로 보기에 그는 광기의 이영철과 허구의 남현태에 비해 온전한 모습이다. 그는 비오는 날이면 모차르트 레퀴엠 1번을 라디오 방송국에 신청하는 태안의 쓸쓸한 소년이다. 사건이 일어나는 날이면 모차르트 음악을 신청한다는 그럴듯한 이유로 용의 선상에 오르지만 막상 결정적 증거물인 터럭지의 DNA 검사 결과가 기대와는 다르다. 사건 현장의 흙을 뒤져 찾아낸 터럭지에 기대를 거는 것도 우습고, 보이지 않는 주파수를 타고 날아온 음성에서 진실을 추구하는 모양도 광기나 꿈의 허구 세계와 다를 바 없다. 이렇게 결정적인 세 명의 용의자는 증거 불충분으로 풀려나고 세간을 떠들썩하게 했던 화성연쇄살인사건은 극 속의 형사들이나 이를 바라보는 관객에게 모두 풀리지 않는 수수께끼로 남는다. 그럼 진실은 어디에 있다는 말인가.

범인이 누구인가라는 강렬한 물음으로 영화 〈살인의 추억〉은 진실 게임에 재도전한다. 제목에서 예견할 수 있듯 연극을 각색한 영화에서 카메라의 시선은 매우 냉정하다. 연극 무대는 소름끼치는 공포 틈새로 시인인 김 형사와 미스 김의 정감 있는 사랑 이야기가 삽입되고 관객이 웃음을 던지는 장면들이 간헐적으로 펼쳐지지만, 스크린의 이미지는 끔찍한 살인과 그 뒤를 쫓는 두 형사의 분노에 찬 광기가 압도한다.

영화의 인물은 연극의 인물을 온전히 옮겨 놓은 것이 아니다. 특징적인 성격을 분해하여 필요에 따라 이리저리로 짜 맞추어 놓은 꼴이다. 네 명의 형사 가운데 김 반장은 서울에서 자진해서 내려 온 베테랑 형사인데 영화에서는 복덕방 아저씨 모습의 구 반장이 새로운 신 반장으로 교체된다. 입심 좋은 토박이 박 형사는 영화에서 역시 토박이 박 형사로, 폭력을 휘두르는 조 형사는 그대로 조 형사지만, 클래식 음악 듣기를 좋아하고 시를 쓰며 감수성이 예민한 김 형사는 영화에서 서울에서 내려와 과학적 수사를 주장하는 서 형사로 변한다. 여자 인물들은 좀 복잡하다. 김 형사를 짝사랑하는 미스 김은 영화에서 박 형사의 애인인 간호사 출신의 설영과 매치되어 있고, 조 형사와 깊은 관계인 박 기자 대신 영화에서 여경인 미스 권이 등장한다. 박 기자는 조 형사, 김 형사와의 관계 뿐 아니라 사건의 변수에 전반적으로 중요한 역할을 하지만 미스 권의 경우는 크게 부각되지 않는다. 용의자들도 마찬가지다. 연극의 이영철은 영화에서 모자란 용의자 백광호와 또 다른 용의자 조병순의 합성이다. 영화에서 여자 팬티를 착용하고 꿈속을 헤매듯 횡설수설하는 조병순은 연극의 남현태와 닮았다. 조병순과 마찬가지로 남현태는 자신이 살인자라고 떠들어대지만 형사 앞에서는 모든 것이 꿈이었다고 말한다. 또 다른 용의자 정현규는 영화에서 박해일이다. 그곳을 면도해 버린 박해일은 연극에서 범인이 무모증일 수 있다는 박형사의 가정이 첨가된 인물이다. 이렇게 변모된 영화 속의 인물들은 성격이 더욱 분명해져 갈등 구조가 명확하다는 강점을 갖는다.

그렇다면 원작 캐릭터들이 이합 집산된 까닭은 무엇일까? 연극에는 시와 사랑과 낭만과 죽음이 존재하는데 영화에는 주로 박 형사와 김 형사 간의 갈등, 형사와 범인과의 갈등, 살인 사건이 지속되면서 증폭되는 광기에 초점이 맞춰져 있다. 이러한 콘텍스트는 두 예술의 플롯에서도 구체적으로 드러난다. 연극이나 영화에서 관객은 형사들과 마찬가지로 누가 범인인지 끝까지 모른다. 증거는 채택되지 못하고 애매한 암시가 제시되어 있을 뿐 범인은 오리무중이다. 진실은 없다. 그 결과 얼마의 시간이 지난 후 연극에서 김 반장은 풍을 맞아 몸을 가눌 수 없는 지경에 이르고, 박 형사는 옷을 벗었으며, 김 형사는 주체할 수 없는 예민함이 폭발하여 급기야 정신병원에 입원한다. 김 형사의 입원에 착안한 영화의 차가운 시선은 두 형사의 정신적 공황이 점점 걷잡을 수 없는 편집광적 단계에 이르는 것을 보여준다. 합리적이었던 서 형사마저 구면인 어린 여중생의 잔인한 주검 앞에 이성을 잃고 박해일의 머리에 분노의 총구를 겨눈다. 백광호가 죽었던 비 내리는 어두운 철길에서 손에 잡힐 것 같던 진실은 멀어져만 가는데 세 남자는 혼란의 진흙탕 속에 뒤섞여 피의 절규를 토해낸다.

　연극은 과연 범인이 누구일까라는 근본적인 물음 곁에, 범인이 존재하는 것일까, 존재하더라도 그가 진짜 범인일까라는 진실 게임에 무게를 둔다. 그것은 작가가 밝힌 바, 회의주의의 비조인 고르기아스의 문장으로 대변된다. "이 세상엔 아무것도 존재하지 않는다. 설령 존재한다 해도, 알 수 없다. 설령 안다 해도, 말할 수 없다." 화성 사건을 다룬 신문이 대문짝만하게 장식된 무대가 궁극적으로 관객에게 던지는 것은 매일 우리 곁에 있지만 도저히 손에 잡을 수 없는 삶의 진실이 무엇인가라는 보편적이자 철학적인 질문인 것이다. 이 점에서 김 형사의 연작시 '가을'은 의미 있다. "점차 빛은 사그러들다 / 꼴까닥 저 세상으로 넘어간다. / 무엇이 삶을 위로하는가? / 여자, 음악, 거짓말, 한 잔의 술, 한 개피의 담배 / 모두 잠시 지나가는 환각일 뿐 / 오늘 같이 추운 밤엔 / 별도 달도 뜨지 않는다." 계절의 종점 가을에 서서 삶의 허구와 환각을 노래한 이 시구는 진실 찾기란 양파 벗기기일 수 있다는 연극 〈날 보러와요〉의 주제와 상통하고 있다.

5. 연극 〈시련〉 & 영화 〈크루서블〉

미국의 역사가 시작된 보스턴 근교 세일럼이라는 작은 마을에 한 남자가 살고 있었다. 그는 정직할뿐더러 부지런한 농부로서 이웃의 신망을 얻고 있었다. 하지만 그는 한순간의 실수로 집에서 일하던 처녀와 부정을 저지르고 만다. 성경의 십계명이 곧 법인 엄격한 청교도 마을에서 씻을 수 없는 죄를 범한 것이다. 이 사실을 아는 사람은 아내밖에 없지만 남자는 양심의 가책을 받는다. 집착이 강한 처녀는 그 집에서 쫓겨났음에도 남자를 잊지 못하고 그의 아내 자리를 차지할 욕망에 불타있다. 이런 와중에 우연한 일이 불씨처럼 일어나더니 걷잡을 수 없는 산불처럼 뜨거운 불덩이와 검은 연기가 마을 전체를 뒤덮어 버린다. 그러자 광기에 찬 마을의 권력자들은 십자가를 흔들어대며 마녀사냥을 시작한다. 남자는 꼼짝없이 덫에 걸려 스스로 자신의 부정한 행위를 고백할 수밖에 없는 기막힌 처지에 빠진다. 질투와 욕망의 교묘한 심리적 갈등이 삽입되어 남자는 "간음하지 말라"의 계명을 어긴 죄로 그동안 쌓아 온 모든 명예가 한 순간 먼지처럼 흩날릴 판이다. 그런 일이 없었다고 부정하는 처녀와 사실이라고 맞서는 남자 사이에서 재판관은 아내를 불러 무엇이 진실인지 대답하라고 다그친다. 거짓말을 모르는 정직한 아내는 망설인다. 남편이 부정을 저지르지 않았다고 증언한다면 처녀의 거짓은 진실이 되고 자신과 남편은 위험에 빠질 것이다. 남편이 부정을 저질렀다고 인정하면 남편의 명예는 여지없이 실추될 것이다. 어느 것도 선택할 수 없는 양날의 칼이다. 흔들리는 아내의 눈동자, 결국 그녀는 남편의 명예를 선택한다. 진퇴양난의 상황에서 아내는 위증으로 명예를 지킨다. 참으로 묘한 상황이다. 프랑스 고전주의 극작가 코르네이유(Corneille)의 희비극 〈르 시드(Le Cid)〉에서 몹쓸 운명에 얽혀 사랑과 명예 중 양자택일을 할 수 밖에 없는 두 남녀 주인공의 상황과 매우 흡사하다.

운명의 함정에 떨어진 비극적 상황에서 마을 목사에게 밉보인 남자는 악마와 내통한 자가 되어 이를 자백하라고 강요당한다. 마녀사냥은 종교적 차원을 떠나 인간의 잠재적인 욕망들이 뒤얽혀 치졸한 모습으로 나타난다. 땅 빼앗기, 질투나 애증 같은 사적인 이익이 덧칠해지면서 인간의 어두운 모습들이 악마처럼 솟구친다. 아무튼 목숨을 살려준다면 자백이야 못할까. 영웅도 순교자도 아닌 남자는 자백하겠다고 한다. 살고 싶다고 한다. 그런데 이번에는 재판관이 악마와 내통한 자가 또 누가 있냐고 다그친다. 마을 주민 가운데 악마와 동행한 자의 이름을 대라는 것이다. 이것은 자백을 넘어 양심을 팔라는 외침이다. 인간성을 쓰레기에 던지라는 주문이다. 남자는 서명을 했던 자백 증명서를 찢어 버리고 절규한다. "하나님은 죽었다!" 도대체 있지도 않은 일을 꾸며대더니 이제 와서 또 누구의 이름을 대라고 협박하는 건가? 너의 동료를 팔아라. 그러면 넌 자유다? 이 상황은 1950년 초반 미국에 불어 닥쳤던 매카시즘과 하등 다를 바 없다. 매카시즘의 회오리 속에서 반미활동위원회는 할리우드를 주목했다. 그리하여 아서 밀러(Arthur Miller)의 출세작 〈세일즈맨의 죽음〉(1949)을 영화로 각색하여 초연할 정도로 절친했던 친구이자 영화감독인 엘리아 카잔(Elia Kazan)은 동료의 이름을 부르는 배신을 범했고 할리우드 블랙리스트가 생겨났다. 이에 맞서 밀러는 카잔의 청문회 이후 17세기 세일럼에 있었던 마녀사냥에 대한 기록을 근간으로 밀러는 1952년 〈시련(*Crucible*)〉이라는 극작품을 발표한다. 작품으로 자신을 말하는 작가다운 행동이었다. 그러니까 작품 속의 이 남자, 모든 것이 위선이고 정직함이 사라졌다고 부르짖는 이 남자는 집단 광기에 항거한 작가 자신에 대한 옹호이다. 영화의 주인공 프록터라는 남자는 밀러의 분신이자 대변인이었던 것이다. 밀러 역시 청문회에 불려가 동료의 이름을 대라고 협박당하지 않았는가!

마릴린 먼로의 남편으로도 유명했던 밀러의 극작품 〈시련〉은 많은 영화인들이 주목하고 있었다. 일찍이 사르트르(Sartre)는 이를 영화로 만들었지만 할리우드에서는 44년이나 지난 1997년에서야 영국인 감독 니콜라스 하이트너(Nicolas Hytner)에 의해 개봉될 수 있었다. 원작에 대한 커다란 훼손 없이 이루어진 하이트너의 영화는 미장센이 마치 연극 관객을 염두에 둔 듯하고, 영화가 가질 수 있는 화려한 영상언어 대신 인물 간의 갈등에 초점을 맞추어 연극적인 색채를 그대로 노출시키고 있다. 법정에서 판결하는 장면을 장시간 부각시킴으로써 인물들 간의 심리를 섬세하게 표현하고 있으며, 검은색 옷과 흰색 모자로 대조되는 컬러는 선 아니면 악, 백 아니면 흑, 찬성 아니면 반대가 되어야 하는 명백한 이분법적 논리를 잘 투사하고 있다. 사각형의 테두리로 제한되어 있으며 비연속적인 영화와는 달리, 동시성과 연속성을 통해 전체를 제공하는 연극은 닫힌 공간에서 숨 막힐 정도의 진한 밀도로 인간 욕망의 속성을 그려낼 수 있다는 이점이 있다. 이러한 무대 장점을 살리기 위해서는 순간적으로 이뤄지는 불꽃 튀는 격한 감정의 교류나 심리적 갈등이 분절언어가 아닌 신체언어로 표현되어야 하고 그렇게 되었을 때 극적 질감의 참맛이 살아나 관객을 흡입할 수 있다.

뮤지컬 〈명성왕후〉를 연출했던 연출가 윤호진이 연극판으로 되돌아오면서 들고 온 〈시련〉(2007)은 여러 가지 측면에서 의의를 지닌다. 우선 오래전 실험극장에서 〈아일랜드〉와 〈사람의 아들〉과 같은 문제작을 발표했던 그가 뮤지컬에 입문한지 실로 오랜만에 연극 무대와 다시 만난다는 점이다. 또한 1979년 〈시련〉을 무대에 올리려고 맹연습하던 중 10 · 26 사태가 일어나 강제로 중단되었던 아픈 과거도 있다. 당시 우리의 정치적 상황은 집단의 비합리적 힘에 의해 개인이 희생되는 작품 속 마을이나 미국의 50년대와 다를 바가 없었다. 따라서 이번 무대에서 주목해야 할 것은 연출가 역시 언급하고 있는 바, 인간의 아집과 편견이 빚어낸 마녀사냥의 분위기에서 개인 대 개인의 심리적 갈등 묘사가 얼마나 극적으로 표출될 수 있느냐 하는 점이다. 이런 무대에서 행할 수 있는 가장 근원적 방법은 테크닉을 가능한 자제하고 배우에게 모든 것을 맡기는 자세라고 생각한다. 배우의 연기가 중요 포인트가 될 때, 특히 집단적 광기의 거대한 힘, 힘에 짓눌려 희생되는 개인들, 죽음의 공포와 그림자 속에서 얄팍한 이익을 챙기는 사람들의 관계 즉 권력과 인간성, 집단과 개인의 관계를 그린 〈시련〉 같은 작품에서 커다란 힘을 발할 수 있다. 화려한 테크닉을 자랑하는 뮤지컬에서 빈 몸으로 귀환한 연출가의 콘셉트가 무대에서 어떤 모습으로 나타날지 참으로 관심이 가는 부분이다.

사전을 보면 "crucible"은 첫째로 용광로의 쇳물 괴는 곳 또는 야금에서 도가니를 뜻하며, 둘째는 가혹한 시련을 뜻한다. 국내에 개봉된 영화는 그냥 〈크루서블〉이라는 제목을 사용했고 이번 연극에서는 후자의 뜻인 〈시련〉을 제목으로 택하였다. 집단 최면이라는 주제를 크게 부각시키고, 편견과 아집으로 사물을 바라볼 때 얼마나 쉽게 자기 최면에 빠질 수 있는가 하는 무서움을 강조할 경우 펄펄 끓는 '도가니' 라는 의미는 매우 합당해 보인다. 그러나 연극의 제목을 〈시련〉이라고 선택한 배경에는 집단적인 광기보다는 신념과 용기를 지닌 개인이 겪어야 할 시련이라는 주제를 강조하겠다는 의미로 받아들이고 싶다. 연극의 미덕을 개인의 죄와 희생과 용서, 신념과 명예에 관한 문제에서 찾을 수 있기를 기대한다.

〈시련〉의 주제가 현재의 우리에게도 와 닿을 수 있는 것은 인간에게 있어 양심과 용기는 언제 어디서든 중요한 것이기 때문이며, 집단 히스테리 증상이 오늘날에도 여전히 만연하고 있기 때문이다. 9 · 11테러 이후 미국의 반테러를 위한 보복성 공격에 반대했던 밀러는 과거 자신이 경험했던 끔찍한 사건에 대한 악몽이 현재에도 뚜렷하게 살아있음을 보았기 때문일 것이다. 인터넷에서 자행되는 악성 댓글 같은, 자신을 감춘 채 집단으로 한 개인을 무차별적으로 공격하는 마녀사냥은 형태만 변했을 뿐 본질은 그대로인 인간의 어두운 속성이 적나라하게 드러난다. 집단 히스테리의 특징은 나도 모르는 사이에 가해자가 되거나 피해자가 된다는 점이다. 이런 점에서 밀러의 〈시련〉은 강 건너 불구경 이야기가 아니라 이곳 현재의 이야기가 된다.

6. 영화 〈올드 보이〉, 무대에 서다

만화에서 영화로 다시 연극으로……. 문화콘텐츠의 상호작용이 여실히 드러나는 릴레이식 관계 맺음이다. 연극을 영화로 만든 〈왕의 남자〉가 대 히트를 친 이후, 원작이었던 연극 〈이(爾)〉가 재공연되어 만원사례를 기록한 것은 널리 알려진 사실이다. 말하자면 영화의 대박이 연극의 흥행을 보증했던 것인데, 이번에는 역으로 칸국제영화제에서 깃발을 휘날려 국내외 영화팬들의 집중을 받았던 영화 〈올드 보이〉를 연극 무대에서 만날 수 있게 됐다.

저자가 죽어야 작품은 다양한 해석이 가능해진다. 21세기에 들어선 지금 은 저자는 물론 원작도 죽음의 대상이 되어야 할 시기이다. 영화의 영역으로 넘어와 움직이는 이미지로 변신하기 위해 만화가 죽어야 했듯, 연극 〈올드 보이〉가 성공을 거두기 위해서는 영화는 죽어야 한다. 영화가 죽어야 연극이 산다. 헌데 〈올드 보이〉 원작에서 이미 연극적 요소, 구체적으로 고대 그리스 비극인 소포클레스의 〈오이디푸스 왕〉과 흡사한 점이 발견된다고 한다면 지나친 비약일까.

〈올드 보이〉에서 긴장성은 문제의 제시와 이를 풀어가는 과정에서 야기된 충격적인 대결에서 생성된다. 영화에서 근친상간이라는 소재와 비밀에 쌓인 자신의 과거를 추적하는 이야기 구성은 오이디푸스 왕이 처한 상황, 그의 탐색과 유사하다. 이 점은 연극도 마찬가지인데 한 남자가 원인도 모르게 10년 6개월 동안 갇혀 있다 풀려나면서 그 원인을 밝혀내는 이야기 구조는 무척이나 흥미롭다. 잃어버린 과거를 찾아나서는 것만큼 스릴 넘치는 이야기가 또 있겠는가.

1) 영화와 관계가 없다?

연극 제작사인 'JT컬처'는 이미 영화 〈라이방〉과 〈나생문〉을 연극으로 제작하여 상당한 흥행성적을 기록한 경력이 있다. 영화를 각색하여 재미를 본 탓인지 세 번째 프로젝트에서 성공한 영화의 후광을 등에 업으려는 듯한 기획 의도가 의심스럽다. 그러나 제작사측은 강하게 손을 저으며 이번 공연이 영화하고는 전혀 다르다고 말한다. 영화와는 아무런 관계없이 원작 만화 판권을 구입하여 완전히 새롭게 각색을 한 것이기 때문에 새로운 창작물에 가깝고 따라서 영화를 떠올리면 안 된다는 것이다. 근친상간이라는 소재도 털어내고 오직 납치, 감금, 복수의 틀만 남아 있다는 것인데 감금된 이유와 복수의 방법도 영화와 다르다. 연극의 내용은 이렇다. 오대수에 해당하는 무태천은 스스로 탈출왕이라고 자부하는 인물이다. 그는 영화에서 철웅(오달수 역)이 대표인 감금 사설업체에 찾아가 6개월 후에 풀어주는 조건으로 감금계약을 체결한다. 누군가에게 열두 번이나 납치되었다가 탈출한 경력이 있는 무태천은 알 수 없는 누군가로부터 도망치기 위해 스스로 갇히는 것이다. 그러나 6개월은 커녕 10년이 더해진 기나긴 세월을 독방에 감금당한다. 무태천은 스스로 감금을 택했지만 실은 그 누군가 치밀하게 계획한 복수의 덫에 걸려든 것이었다. 오이디푸스가 스핑크스의 수수께끼를 풀듯 누가, 무슨 이유로 자신을 가두었는지 이를 파헤치는 여정과 복수의 집념이 무대를 가득 메운다. 그러나 영화를 도외시한 채 공연만을 염두에 둔 각색이라고 하더라도 과연 이번 공연이 영화로부터 자유로워질 수 있을까? 결론은 '절대 아니다'이다. 아무리 부정을 해도 관객은 무태천을 오대수로 생각할 것이며, 더블 캐스팅 된 김정균, 추상록을 최민식과 비교할 것이다. 더구나 주인공의 캐릭터는 크게 달라진 것이 없다. 좁은 공간에 갇혀 풀려날 날을 기약할 수 없는 한 남자가 절치부심하며 견딘 세월을 통해 형성된 그의 행동과 어투는, 영화나 연극에서 어쩔 수 없이 필름 느와르의 우울한 주인공을 연상시킨다. 또 납치된 후 남겨진 딸을 통해 처절하게 복수 당하는 오대수와 달리 무태천에게는 아들이 있다. 사슬에 묶여 개처럼 끌려 다니는 아들로 인해 주인공은 복수의 대상 앞에 오히려 무릎을 꿇는데 이는 영화와 유사한 상황이다. 그러므로 일단 연극이 영화에서 생겨난 거대한 그늘에서 벗어나기만 하더라도 일단 어느 정도 성공한 것이라고 할 수 있다. 무대의 인물들이 관객의 뇌리에 박혀버린 영화 속 인물, 헤어스타일, 말투를 깨끗이 털어내고 새로운 인물로 환골탈태할 수 있다면 그 자체로 절반의 성공을 거둔 셈이다.

이 시점에서 궁금한 것은 연극에서 수수께끼의 해답이다. 오대수는 혀를 잘못 놀린 대가로 엄청난 운명의 소용돌이에 휩싸이지만, 과연 무태천은 무슨 까닭으로 복수의 대상이 된 것일까? 이 물음에 대답하기 위해 연극은 무태천의 중학교 시절로 거슬러 올라간다. 그리하여 그가 "여학생의 도시락을 먹었다"와 "여학생을 먹었다"의 언어유희 속에서 무당의 딸이었던 한 여학생에게 상처를 입힌 과거가 드러난다. 그러나 그것이 전부가 아니다. 납치의 실행자인 그 여학생은 남의 도시락은 다 까먹으면서 오직 자기 도시락만 손대지 않았던 무태천의 행동으로 비참한 왕따의 기분이 들었다고 말한다. "그런 거지같은 새끼가 내 도시락 좀 안 먹었다고……. 우리 반 애들 꺼 다 먹었는데……. 미친년들! 더러운 고아새끼가 지들 도시락 까먹으면 지들이 상전이 된 기분인가 보지. (…) 내가 더러운 거야……. 우리 집이 무당집이라서……. 태천이도 안 먹는 년이라고. (…) 무태천, 니가 뭔데 이런 장난을 해……! 니가 뭔데……." 이 뼈아픈 대사에는 장난으로 던진 돌이 개구리에게 죽느냐 사느냐의 문제로 귀결되듯, 영화에서 "모래알이든 바위 덩어리든 물에 가라앉기는 마찬가지"라는 말과 연극에서 "바늘 끝만한 티끌이라도 눈에 들어가면 아프기 마련"이라는 말이 주는 교훈, 동창생들 간의 모래알 같은 사건이 집채만 한 바위 덩어리로 커져 인생을 통째로 뒤흔들 수 있다는 전언이 담겨 있다.

연극은 영화에 비해 훨씬 엽기적이고 자극적이며 비현실적이다. 오이디푸스 왕이 스스로 두 눈을 찔러 장님이 되었던 것처럼 혀 잘림으로 자신의 죄를 치르려 했던 오대수의 잔인한 신체 훼손과 유사한 장면이 무대에서 더욱 빈번히 등장하고, 성욕과 배설 코드가 난무하여 마치 아라발(Arrabal)의 '공포연극'과 대면하고 있는 듯하다. 치밀한 미장센을 통한 은유와 상징이 축소된 대신, 시니컬한 대사, 무대장치의 순간적 변신, 공연적 볼거리를 제공하고 있는 연극 〈올드 보이〉가 진정 영화로부터 독립을 할 것인지, 연극을 통해 영화가 또 다시 변증법적 탄력을 받게 될지 궁금하다.

7. 공간을 통해 본 영화 그리고 연극

심리학의 생태학적 지각이론을 주장한 깁슨(Gibson)에 따르면, 공간은 의사소통의 매체가 되며 공간에 존재하는 오브제에 대한 인간의 반응양식은 삶에 대한 지속적인 정보의 원천이 된다. 세계는 스스로를 드러내기 위해 인간이 지각하기를 바라고 있는 것이다. 또 지각에 있어 인간의 움직임은 본질적인 것으로, 인간이 세계 속에서 움직임으로써 지각이 가능하다고 말한다. 공간은 물적 대상이 아니라 그 속에 존재하는 인간과의 상호 작용의 기회인 것이다. 이를테면 공간 지각의 과정은 인간 내면에 존재하는 것이며 공간과의 상호작용을 통해 지각의 가능성이 생성되는 것이고, 공간은 인간의 감각적 체험 특히 시각적 체험의 현실이라는 것이다. 그의 이론에 따르면 공간의 변형이 순식간에 일어나 짧은 시간에 수많은 공간을 경험하게 하는 영화야말로 인간의 감각을 강력하게 자극하는 예술이라 할 수 있다. 다양한 공간과 움직임을 지닌 영화는 고정된 무대라는 연극에서는 감히 흉내낼 수 없는 감각적이고 다이내믹한 장소가 되는 것이다. 텔레비전 앞에서 갓난아기가 유독 쇼트가 짧고 리듬이 풍부한 광고 화면에 눈을 고정시키는 것도 이 현상과 관련이 있는 것처럼 보이며, 결국 영화가 대중에게 각광을 받는 것도 이러한 까닭일 것이다. 따라서 우리가 연극적인 영화라고 할 때 그것은 연극 무대를 찍은 영화가 아니라, 잉마르 베리만(Ingmar Bergman)의 영화 〈페르소나〉(1966)처럼 대체로 쇼트가 길고 카메라가 클로즈업을 통해 인물에 집중하면서 디테일한 심리 묘사를 강조하고 공간의 변화가 상대적으로 적은 영화라고 하겠다.

일반적으로 사람들은 영화에 비해 연극이 문제를 안고 있는 부분이 공간의 운용이라고 생각한다. 영화는 공간을 자유자재로 표현할 수 있지만, 무대라는 실제적인 공간을 활용해야 하는 연극은 그렇지 못할 것이라고 지레짐작하는 것이다. 이러한 공간에 대한 영화와 연극의 단편적인 비교는 연극에 대한 무지에서 비롯된 것이다. 물론 리얼리즘 연극에서 공간이 제한적인 것이 사실이다. 막에 따라 기껏 두세 번 바뀌는 무대 공간은 움직임 속에서 공간을 지각함으로써 감정이 생기고 그 환경에 적응해 나가는 인간의 생태적 특성에 비추어 볼 때 매우 지루한 현실이 될 가능성이 크다. 그렇지만 포스트모던적 이념틀 속에 자리한 현대 연극에서 공간은 결코 제한적이지 않다. 리얼리즘 연극이 무대를 정밀하게 채움으로써 세계와 유사하다는 환각주의를 이끌어내려고 했다면 오늘날의 연극은 변형과 왜곡과 축소 나아가 비움을 통해 공간의 확산을 꾀하고 있기 때문이다. 예컨대 1960년대 폴란드 연출가 예지 그로토프스키(Jerzy Grotowski)가 제창한 '가난한 연극'은 오로지 배우만을 중시하겠다는 연극적 태도이다. 무대장치의 생략은 물론 배우 자신도 분장이나 의상의 힘을 빌리지 않고 몸과 목소리만으로 전체를 표현해내려는 시도였던 것이다. 이러한 연극은 가능한 무대를 가난하고 헐벗게 만들어 배우의 몸과 공간을 활용하려는 것으로, 이를 통해 연출가는 무한한 공간 확대의 결과를 얻고자 했다. 공간이 허(虛)하면 허할수록 공간의 활용도는 확산된다. 흙을 빚어 옹기그릇을 만드나 그 안이 비어 있어 쓸모가 있고 문과 창으로 방을 만드나 그 안이 비어 있어 방으로 쓸모가 있다. 모양이 있는 것이 쓸모가 있는 것은 모양이 없는 것이 뒷받침을 하기 때문이라고 빈 공간의 유용성을 말한 노자의 사상이 가난한 연극과 현대 연극에 그대로 적용된다.

다시 영화의 경우를 살펴보면, 관객은 제한된 크기의 스크린에서 우주를 만날 수 있고, 바다 속의 심연으로 내려갈 수도 있다. 엄청난 지진이나 태풍 같은 자연 재해를 숨죽이며 바라볼 수도 있다. 영화는 편집과 합성 기술이 발전하면서 환상적인 세계를 더욱 실감나게 표현할 수 있게 된 것이다. 이에 비해 연극 무대는 어떤가? 결론부터 말하자면 비어 있는 연극 무대는 모든 것이 가능한 공간이며, 오히려 영화보다 공간 확대가 더욱 용이할 수 있다. 연극 관객은 무대에서 진행되는 모든 일들이 비록 연극적("연극하고 있네"라는 표현은 부정적인 표현이다. 무대가 연극적이라는 말은 무대에서 진행되고 있는 것이 진실이 아니고 허위라는 것을 관객은 인정한 상태이다. 만일 가장 기본적인 이 인정이 거부된다면 연극 행위는 성립하지 않는다)이라 하더라도 관객은 무대적 현실을 진실로 인정하고 있다는 무대와 관객 사이의 관례에 주목하자. 그러니까 연극에 흡입된 관객에게 있어, 만일 배우가 빈 무대에 서서 두 팔을 휘저으며 물속을 유영한다고 한다면 그는 물속에 있는 것이 된다. 또 "정상에 서니 참으로 감개무량하군"이라고 말한다면 그곳은 산꼭대기가 되는 것이다. 인물의 대사와 행동에 의해 순간적으로 사막이 되고, 땅 속이 되고, 무중력 상태가 되는 곳……. 그곳이 바로 무대 공간인 것이다. 리얼리즘에서 벗어난 연극 공간은 이처럼 무한한 공간이 된다. 다만 여기에 조건이 붙는데 그것은 관객이 무대에 흡입된 상태가 되어야 한다는 것이다. 흡입이란 관객과 무대 관계에 있어 모순적인 것처럼 보이는 동화와 이화를 포괄한다. 흡입의 관건은 연기자와 무대의 차원 높은 예술성인데 이것이 제대로 작동된다면 무대 공간은 말 그대로 무엇이든 표현할 수 있는 전지적 장소가 된다. 연극 공간은 연출가나 무대예술가 혹은 연기자의 능력에 따라 그 확산 가능성이 무한한 만큼 그곳은 도전과 욕망과 창조의 대상이다. 영화의 공간은 눈으로 감지되는 공간이다. 그것이 눈속임이든 실사이든 스크린이라고 하는 이차원의 세계에 투영되어 나타나는 공간이다. 눈에 보이는 공간 이외의 다른 공간을 창조할 수 없는 영화에 비해, 눈에 보이지 않지만 배우의 사소한 동작으로, 단어 한 마디로 창조되는 공간이야말로 비가시적 공간, 상상적인 공간이 되는 것이다. 상상적 공간이 관객의 머릿속으로 들어와 구체적 공간이 될 때 연극의 예술성은 더욱 가치를 가지게 된다.

예술적 수준을 높이기 위해 영화가 최종적으로 촬영된 필름의 편집과 싸워야 한다면, 연극은 주어진 좁은 무대에서 경계 없는 공간 창출을 위해 끊임없이 투쟁해야 하는 것이다.

제2부

새 시대 새 연극

I. 비언어 연극, 매체 연극의 실제

1. 로베르 르빠주의 〈달의 저편〉

지상에서는 아름답게 보이는 달, 그러나 육안으로 관찰이 불가능한 달의 저편은 파편에 맞아 심하게 훼손되어 있다. 이 연극은 달의 이쪽과 저쪽, 아름다움과 추함, 보이는 것과 보이지 않는 것의 공존을 뜻하는 것일까? 르빠주의 〈달의 저편〉은 마치 이러한 물음에 답하려는 듯이 보인다.

〈달의 저편〉의 공간은 차분하다. 아담하면서 짜임새가 돋보이는 무대에서 특징적인 것은, 한 면이 유리로 되어 무대의 중앙 허공에 구축된 축을 중심으로 풍차처럼 돌아가는 널빤지와 미닫이 식의 안쪽 벽이다. 널빤지가 회전하면서 상황에 따라 거울은 숨기도 하고 나타나기도 한다. 무대에 대형 거울의 존재는 이미지에 대한 숭배이다. 실체와 허상의 조합은 공연의 키워드이다. 미닫이 벽에는 조그만 구멍 하나가 달려 있다. 구멍은 요지경이다. 구멍은 세탁기 문이 되었다가, 지구가 되었다가, 어항이 된다. 구멍은 나아가 우주로 향하는 입구이자 영원한 안식처인 자궁(우주선과 끈으로 연결되어 우주를 떠다니는 우주인은 탯줄과 연결된 태아가 아니던가)이다. 구멍은 한계를 지닌 무대 공간을 무한히 확장시키는 블랙홀이다. 지구는 어머니의 품이자 요람이지만, 인간은 언제까지고 그곳에 안주할 수는 없다. 그런 의미에서 구멍은 요람을 박차고 나가는 입구가 되기도 한다. 구멍은 우주로의 갈망이며 카오스에서 코스모스로 나아가려는 본원적인 욕구를 상징한다. 가장 기억될 만한 무중력 상태로 유영하는 마지막 장면은 구멍을 통한 공간 확장의 극치이자 원형적이고 인간적인 갈망이 완성된 모습이다.

현대 사회에서 인간적 갈망은 진정한 의사소통을 통한 소외감의 해소이다. 우주에 집착하는 형과 텔레비전 방송국의 기상 캐스터인 동생은 전혀 신뢰감이 없다. 마흔이 넘은 나이에 공부를 하느라 혼자서 궁색한 삶을 살아가는 형과 경제적인 풍요로움 속에서 남자 친구와 동거하는 동생은 화해를 모색하지만 실패하고 만다. 이들의 대립은 은유적으로 무수히 중첩된다. 우주 경쟁을 통한 소련과 미국의 대립, 새로움과 전통, 하이 테크놀로지와 클래식, 영상예술과 무대예술, 달의 이편과 저편, 버벌과 넌버벌, 과학과 인간성 등이 그것이다. 그러나 이들의 대립은 벽면에 영화처럼 타이틀이 제시되는 첫 장면에서 화합을 예고한다. 무대와 영상의 조화로움, 이것이야말로 이번 연극에서 가장 눈 여겨봐야 할 것이다.

영상과 마임이 어울린 무대는 편중된 애정으로 두 아들을 갈등의 장으로 몰아넣었던 어머니의 죽음, 그 잔상인 금붕어의 죽음으로 각기 소외되었던 이들이 화합할 수 있음을 보여준다. 그들의 화해는 전화와 편지로 이루어진다. 그 때 마침 형이 응모한 외계 지적 생명체와의 접촉 프로젝트 비디오가 당선된다. 전화, 편지, 접촉은 소외감을 치유하는 도구들이다. 이처럼 대립적인 것들 사이에서 형성된 커뮤니케이션은 〈달의 저편〉을 관통하는 주제다.

〈달의 저편〉은 일인극이다. 일인극이 어쩔 수 없이 남기는 빈 자리는 인형과 영상이 채운다. 일인극은 연기력을 요구한다. 연기자 이브 자끄는 카메라 앞에 선 것처럼(실제로 많은 장면은 카메라에 의해 투영되었으며 그는 다수의 영화에 출연한 바 있다) 편안하고 자연스런 연기를 보여 주었다. 동일한 연기자가 여러 역할을 맡는 일인극은 한 배에서 나온 형제가 삶의 와중에 갈등을 겪다가 궁극적으로 합일을 이룬다는 주제를 더욱 강하게 어필하는 효과가 있다. 요란하지 않은 작은 무대, 한 오브제의 다양한 쓰임새, 제한된 시간 속에서 한없는 공간과 깊이 있는 의미를 보여준 것은 이번 공연의 미덕이다.

2. 마르셀 마르소의 마임, 그 환상의 세계

2003년 봄, 마임의 대가 마르셀 마르소(Marcel Marceau)가 다시 한국에 왔다. '다시'라는 어휘는 이미 그가 한국에 왔었다는 뜻인데 이번이 네 번째 공연이다. 78세의 나이지만 하얗게 칠한 분장 뒤편에 마르소는 얼굴은 몇 개의 주름만 더 늘었을 뿐, 우아하고 깊이 있는 몸동작과 손놀림은 여전하다. "팬터마임의 제왕", "세계 최고의 마임이스트"는 그의 이름 앞에 붙는 수식어이다. 마임(mime)에는 분절언어의 대사가 없으므로 '무언극' 혹은 '묵극(默劇)'으로 번역할 수 있다. 한마디로 대사가 없이 몸짓이나 표정으로 어떤 행위나 감정을 표현하는 연극술을 일컫는다. 따라서 마르소에 대한 찬사는 "그는 침묵으로 말하고 우리는 가슴으로 듣는다"라고 표현되는 것이다. 그는 약 40여 년 동안 백 개가 넘는 나라에게 만 회 이상을 공연한 화려한 경력을 자랑하고 있으며, 살아있는 마임계의 전설로 불린다. 마임과 팬터마임(pantomime)은 거의 구분 없이 쓰이고 있으나 마임이 시적 구조를 지니고 있다면 서사적 구조를 지닌 것이 팬터마임이라고 할 수 있겠다. 무대의 연기자가 대사 대신 오브제와 몸동작 그리고 움직임을 통해 이야기를 엮어나간다면 팬터마임의 범주에 드는 것이다.

마르소의 팬터마임은 2막으로 구성되어 있다. '스타일 팬터마임'으로 명명된 1막은 마르소의 연기 세계와 철학을 보여주는 장이다. 대략적인 제목을 보면 〈손〉, 〈가면 제작자〉, 〈젊음, 성숙, 노년과 죽음〉, 〈세계의 창조〉, 〈사계절〉, 〈꿈〉 등으로 형이상학적인 주제가 주류를 이루고 있어 삶의 문제와 사색의 깊이를 느끼게 한다. 프로그램에는 사십여 개의 스타일 팬터마임이 소개되고 있는데 바로 이 스타일 팬터마임으로부터 마르소는 "마임이 연극의 부속물이 아닌 독자적 예술장르임을 공인시키고 현대 마임의 대중적인 지평을 연" 연기자로 평가를 받았다. 소위 빕(Bip) 팬터마임으로 명명된 2막 역시 비슷한 사십여 개의 제목이 표기되어 있다. 재미있는 것은 이렇게 풍성한 프로그램 전체를 다 공연하는 것은 아니며 그날그날 마르소의 느낌이나 기분에 따라 선택된 것을 공연한다는 사실이다. 마임의 즉흥성이 프로그램의 선택에까지 영향을 미친다는 것은 흥미로운 일이다.

막이 열리기 전 객석에 불이 살아 있는 상태에서 마치 지팡이로 바닥을 치는 듯한 소리가 울린다. 관객의 의식을 집중시키려는 시도로 보인다. 이어 막이 열리고 스포트라이트가 들어오면 깃발을 든 바로크풍의 현란한 의상을 입은 배우가 예술적 포즈를 취한 채 정지 상태를 취한다. 깃발에는 마르소가 연기할 제목이 적혀 있다. 조명이 사라졌다 빛을 동반하고 다시 나타나면 얼굴과 몸 전체가 흰색으로 치장된 조그맣고 깡마른 체구의 남자가 홀로 스포트라이트를 받으며 서 있다. 서막을 알리는 〈세계의 창조〉가 시작된 것이다. 넓은 공간에 외롭게 서 있는 남자를 바라보며 관객은 숨을 죽이고 그의 동작에 집중한다. "현대의 보편적인 우화를 창조"하는 듯한 자세는 때로는 이해가 불가능해 보이는 것도 있다. 그러나 아무래도 좋다. 이제부터 그의 눈 깜박거림과 같은 작은 동작 하나 하나에 관객들은 탄성을 자아낼 것이다. 조명은 경우에 따라 연기자의 주변을 에워싸며 안정감을 주기도 하고 전체로 확대시켜 공간을 확장시키기도 한다. 몇몇 음향효과와 간단한 조명의 변주를 배경으로 조그만 남자의 동작에 집중하다 보면 어느새 연기자는 무대를 꽉 채우고 있음을 느낀다. 연기자가 넓은 공간에 지배당하기보다는 오히려 압도하고 있다는 인상을 받는 것이다. 참으로 신기한 일이아닐 수 없다. 넓은 공간에 외로이 서 있던 보잘 것 없던 사람이 어느새 비어 있던 공간을 유유히 오브제로 채우는 장면을 직접 목격하게 되는 것이다. 허무(虛無)가 충만(充滿)으로 소리 없이 변한다.

2막에서 관객은 빕이라는 사나이와 만난다. 2막은 1막에 비해 좀 더 가볍고 이해하기가 쉬운지 객석에서 웃음소리가 새어 나온다. 음악(특히 마르소는 모차르트를 좋아한다)과 효과도 좀 더 자주 사용된다. 경우에 따라 객석은 숨소리 하나 들리지 않는 깊은 침묵으로 일관하다가 한 주제가 끝나면우레와 같은 박수가 쏟아진다.

1947년 9월 파리의 올랭피아 극장에서 마르소의 빕 시리즈가 처음 공연되면서 빕의 인물이 형상화되었다. 삐에로의 후예인 빕은 예의 깡마른 체구에 몸에 꼭 끼는 저고리를 입고 챙이 높은 모자를 썼는데 모자 위로 연약하게 생긴 붉은 꽃 한 송이가 달려있다. 거리에서 흔히 만날 수 있는 평범한빕은 오히려 좀 모자라는 듯한 인상을 준다. 찰리 채플린을 떠올리면 쉽게이해가 되는 인물이다. "빕이라는 이름은 찰스 디킨스의 〈위대한 유산〉에나오는 핍(Pip)이라는 인물로부터 온 것이다. 빕은 '조련사'가 되기도 하고'나비 사냥꾼'이 되기도 한다. 그러다가 점점 빕은 〈거리의 음악가 빕〉 등에서 험난한 세상과 충돌하는 인물로 그려진다." "빕은 고독한 인물이다.그는 현대인의 삶을 표현하면서도 모든 시대를 아우른다." 그는 하는 일도제대로 되지 않고 무엇인가 어정쩡하고 바보 같은 모습으로 관객에게 인간을, 자신을 되돌아보게 하는 기회를 제공한다. 빕이 보여주려는 것은 바로 우리이다. 우리는 빕의 모습에서 거울을 들여다보는 것처럼 군더더기 없는 이미지를 보게 된다. 마르소의 마임이 녹록지 않은 것은 그의 발자국을 따라가다 보면 어느새 관객은 감수성을 자극받고 우리의 인식을 스스로 깨우치게 되는 까닭이다. 때로는 환상적인 솜씨로, 때로는 인상주의적으로, 때로는 은유로, 때로는 초현실적으로……. 이해할 수 없는 부분이 분명 존재하지만 실을 꿰듯 전체적인 맥락에서 파악이 가능한 그의 동작이 안내하는 곳으로 여행을 하다보면 빕은 바로 우리 곁에 혹은 우리 내부에 존재하는 인물이 된다.

　마르소의 마임에서 중요한 것은 침묵과 보이지 않는 것이다. 무대에서 눈에 보이는 것은 오직 빕뿐이다. 그는 보이지 않는 것들 즉 다른 인물들, 오브제들, 존재하지 않지만 자신을 둘러싸고 있는 공간과 투쟁한다. 그런데 관객들은 보이지 않았던 이런 것들이 빕에 의해 창조된 환상 덕택에 이것들이 존재한다는 것을 느낀다. 그리하여 아무것도 없었던 빈 무대는 어느 순간 그가 만들어 낸 오브제들로 꽉 차 있음을 발견한다. 실제로 무대에 무엇인가가 존재한다면 그것은 그것일 뿐이다. 하나의 의자가 놓여 있다면 의자 하나가 존재할 뿐이다. 그러나 마임을 통한 보이지 않는 다양한 오브제의 창조는 오브제와 공간의 갈등 및 화해를 통해 이들의 극도의 신축성과 확장력을 과시한다. 비존재의 존재성, 존재의 비존재성 이들의 기묘한 결합은 바로 마임의 매력이다. 여기에서 뒷받침되어야 하는 것이 깊이 있는 연기력임은 말할 것도 없다. 관객의 환상이 깨어지지 않기 위해서는, 존재하지 않는 오브제가 존재하는 것으로 인식되기 위해서 연기의 정확성과 심오함은 필수불가결하다. 그의 움직임 마디마다 의미가 있고 이야기가 있다.

　〈파랑새〉의 저자 마테를링크(Maeterlinck)가 한 말, "침묵은 위대한 것을 형성시키는 요인이다"를 마르소는 예술의 공간에서 완벽하게 형상화시키고 있다. 말로 표현할 수 없는 것이 말로 표현할 수 있는 것보다 훨씬 많다. 말은 오해의 원천이 되기도 하다. 진실되고 중요한 것은 말속에 있지 않다. 만약 삶의 중요한 무엇인가를 말로 설명하려 든다면 실패할 가능성이 크다. 그런데 마르소는 말이 아닌 신체언어와 보이지 않는 사물을 이용한다. 마르소가 인용하는 〈어린 왕자〉의 다음 구절은 의미심장하다. "정말 중요한 것은 눈에 보이지 않아. 우리는 그것을 마음으로만 볼 수 있어." 이를 실천하는 마르소는 무언(無言)으로 말하고 우리는 가슴으로 듣는다.

마르소의 마임은 보편적 예술, 진리의 예술을 만들어 낸다. 각각의 팬터마임은 삶의 이야기이며 각각의 움직임은 하나의 행동을 특징지으며, 각각의 행동은 인물을 특징짓고 각각의 인물은 약간의 몸짓, 순수한 몸짓으로 삶 전체를 이야기하며 각각의 인물은 인간성과 보편성과 초시간성을 말한다. 초시간성은 늙지 않는 그의 외모에서도 벌써 느낄 수 있다. 마르소는 지금까지 한 번도 스케줄을 바꾼 적이 없으며 앞으로도 세계 어디서든 불러만 준다면 달려가겠다고 말한다. 무대가, 공연이 그의 몸을 지탱하게 해 주는 원동력이기 때문이다.

공연 프로그램에 나와 있는 우스운 이야기 하나. 그가 무대에 나왔을 때 관객들은 "저 사람은 마르소가 아냐. 난 저렇게 젊은 마르소를 보러 온 것이 아니야"라고 말하면서 극장을 떠나자 마르소가 이렇게 말했다고 전해진다. "무대에 서 있는 순간은 정지된 시간이다……" 그는 이렇게 보이지 않는 것과 대적하고 말로 표현할 수 없는 것을 나타내면서 육체적이고 정신적인 젊음을 간직하였던 것이다.

3. 침묵의 언어, 시의 언어, '무멘산츠 넥스트'*

무멘산츠(Mummenschanz)는 중세 스위스 용병들이 카드 게임을 할 때 얼굴을 가렸던 마스크이다. 'Mummen'은 마스크를 쓰고 하는 게임을 뜻하며 'Schanz'는 행운을 의미한다. 마스크로 얼굴을 가리면 상대방에게 감정을 드러내지 않을 수 있어서 게임에서 이길 수 있다는 것이다. 마스크는 얼굴을 가려 적절치 못한 표정으로 인한 느낌이나 감정의 왜곡을 막아준다. 얼굴이 드러나지 않기 때문에 표정이 고착화되고 갑갑한 것이 아니라, 진실한 표정을 왜곡 없이 발산하기 때문에 마스크는 오히려 인간을 해방시키고 자유롭게 한다. 얼굴을 가림으로써 진실한 자유를 찾고자 하는 '무멘산츠'는 이처럼 오랫동안 잊혔던 카니발적인 특징의 연극 형태를 지니고 있는 것이다.

---

* 이 글은 2003년 공연에 대한 글이다. 2005년 '무멘산츠 넥스트'는 다시 한국에 초청되어 LG아트센터에서 공연하였다.

1972년 안드레아 보사르(Andreas Bossard), 베르니 슐츠(Bernie Schurch), 플로리아나 프라세토(Floriana Frassetto)가 주축이 되어 창단한 '무멘산츠'는 유럽과 미국에서 숱한 신화를 뿌리며 스위스의 대표적인 넌버벌 퍼포먼스로 성장했다. 그러다가 1993년 창단 맴버인 보사르의 갑작스런 사망으로 위기를 맞기도 하였지만 이를 극복하고 마임가인 존 찰스 머피(John Charles Murphy)와 안무가인 라파엘라 마티올리(Raffaella Matioli)를 새롭게 영입하여 제2의 창단을 하게 된다. 마임과 안무의 세계가 결합되면서 좀 더 적극적이고 진보적인 '무멘산츠 넥스트'(차세대 무멘산츠란 의미)가 생겨났다. 이제 이들은 여러 개의 팀으로 나뉘어 세계 전역을 순회할 정도로 유명한 대형 극단으로 성장했다. 물론 국내에 선보인 것은 정맴버들이다.

객석의 조명이 잦아지면 관객은 침묵의 세계로 빠져든다. 어둠이 밀려온 뒤 눈을 감고 귀를 기울인다. 좀체 아무 소리도 들리지 않는다. 분명히 막이 올랐는데 아무 일이 없는 것처럼 조용하기만 하다. 순간 객석에서 작은 탄성이 터진다. 눈을 뜬다. 관객들이 큰 소리로 웃는다. 조명의 틀로 축조된 무대는 오브제의 현란한 움직임으로 어느새 관객을 매료시킨다. 언어는 통상 인간의 제일 중요한 의사소통의 도구이자 동시에 의사소통을 방해하는 이중적 성격을 지닌다. 예컨대 공연예술이 국경을 넘어서는 순간 언어는 오히려 장애물이 되고 만다. 언어의 부재는 장벽을 극복하는 하나의 방법으로, 만국어라 할 수 있는 신체언어나 물체언어의 넌버벌 퍼포먼스는 이 점에서 관객과의 교감에 유리하다. 언어의 부재는 유아적, 본능적, 원시적 세계와 맞닿는다. 그 세계는 시의 세계이고, 침묵의 세계이며 어둠의 세계이다. 태초에 말씀과 더불어 빛과 질서가 생겨나지 않았던가? 태아의 세계는 어둠과 침묵의 세계가 아니던가?

2003년 서울공연예술제 자유참가작인 '무멘산츠 넥스트'는 물체와 신체의 조화로움이 얼마나 아름답게 시적으로 승화될 수 있는지를 보여주고 있다. 어둠과 밝음으로 구조화된 무대에서 오로지 선과 색과 질감과 형태, 그리고 움직임만으로 엄청난 메시지를 전자파처럼 발산하고 있으니 말이다.

무대에는 특수하게 규격화된 조명 벽을 의지하여 마치 담벼락에 붙어 있는 듯 직사각형의 하얀 천이 서 있다. 마법 양탄자 마냥 사각형은 약간의 흠집으로 아니면 단순한 변형으로 갖가지 형상을 만들어 낸다. 그런데 가만…… . 여러 종류의 형상은 무수한 표정을 담고 있는 인간의 얼굴 자체이다. 하얀 백지에 순간적으로 희·노·애·락의 감정들이 마술처럼 펼쳐진다. 신기한 것은 아주 단순한 변형임에도 블랙홀에 빨려들 듯 관객들이 소리하나 없는 흑백의 무대에 집중한다는 점이다. 가족 단위로 초청된 까닭인지 아이들이 눈에 띄게 많았고, 오늘의 주요 관객인 아이들의 즉각적인 탄성이 곳곳에서 울려온다. 탄력적인 생명력을 지니게 된 오브제는 적극적으로 관객과의 교감을 시도한다. 커다란 애벌레가 무대를 굴러 점점 객석을 향해 다가온다. 아이들 눈에 클로즈업되는 낯선 물체는 손에 땀을 쥐게 한다. 안타까움과 공포와 환희와 슬픔의 괴성을 지르는 그들. 물체가 넘어 설 수 없는 선을 넘어 객석으로 떨어지려는 찰나 귀청을 째는 소음은 정점에 서고 순간 물체는 중심을 잡는다. 아슬아슬한 아쉬움과 스릴을 미끼로 어린 관객과 교묘한 교감이 이루어진다. 고전적인 방법이긴 하지만 풍선을 객석으로 퉁기자 아이들은 정말로 신나게 화답한다. 무대는 각양각색의 형태와 물체들이 나타났다 사라진다. 35개의 마스크, 특이한 소품들, 벌레, 외계인, 가면, 튜브, 종이 인간, 머리채, 풍선 등등. 무대의 물체들은 신기한 형체를 마음대로 만들어 내고 질감은 무척이나 친밀하면서도 섬세하다. 조종하는 사람은 물체 뒤에 혹은 물체 속에 존재할 것이 분명하지만 조명의 장막 덕택에 쉽사리 노출되지 않는다. 이들이 시종여일 강조하는 것 가운데 하나는 시선이다. 마음의 창인 눈의 형태는 감정을 표현하는데 안성맞춤이다. 무대의 형태는 눈 모양을 강조하면서 청각을 약화시키는 작업을 암암리에 실행한다. '무멘산츠 넥스트'의 무대에서 소리는 철저하게 배제되어 있다. 서사성 삽입과 음향 효과의 유혹을 떨쳐버리기가 쉽지 않았을 터이지만 감각을 한쪽으로 집중시키면서 관객의 집중력을 이끌어 낸다. 무대는 소리 없는 아우성으로 가득하고 객석은 웃음소리로 메아리친다.

이들 무대에서 전체를 아우르는 특별한 이야기는 없다. 드라마의 서사성에 익숙한 우리는 왠지 허전하다. 전체를 관통하는 주제의 맥점을 굳이 찾는다면 그 대상이 인간이라는 점, 대체로 선과 면에서 출발하여 형체로 나아간다는 점, 즉 차원의 전이가 눈에 띈다. 이차원의 모양에 뼈와 살이 붙어 어느덧 삼차원의 존재로 화하는 것이다. 이들은 홀로 무대를 장악하거나, 둘 혹은 셋이 함께 존재하며 사랑과 연민과 슬픔, 갈등과 화해를 파노라마처럼 펼쳐 보인다. 아이가 그린 초보적 그림들의 표정과 움직임 덕택에 심각한 장면에도 관객은 웃음을 참지 못한다. 간단하게 추상화된 형체와 친밀한 질감 덕택에 의인화된 이들의 사랑은 더욱 뜨겁고 슬픔은 더욱 처량하다. 네 명의 연기자들은 점점 자신을 드러낸다. 그림자로 존재하던 형체가 점진적으로 우리의 눈앞에 실체화된다. 검은 천으로 얼굴을 가리고 검은 옷을 입은 그들의 몸동작은 잘 훈련되어 있고 새털처럼 가볍다. 마지막에 이르러 그들이 관객 앞에 서고 얼굴을 드러내는 순간 모두는 다시 한 번 경악을 한다. 그들은 한결같이 이순(耳順)을 바라보는 연기자였던 것이다.

4. 슬라바 폴루닌의 〈스노우쇼〉

언제부턴가 슬라바 폴루닌(Slava Polunin) 앞에는 '세기의 광대' 라는 말이 붙는다. 그의 광대놀이가 가히 세기적이라는 말인데 그렇다면 대단한 칭찬이 아닐 수 없다. 그가 광대인 것은 우선 겉모습에서 확연히 드러난다. 상하가 구분이 없는 불균형의 노란색 의상은 대단히 헐렁하여 그 속에서 몸이 자유분방하게 움직인다. 빨간 코와 흰 입술, 안경 원숭이 같은 눈 화장도 영락없이 어리석은 광대의 얼굴이다. 양옆으로 세운 붉은 머리와 붉은 색의 신발은 그의 몸동작과 어울려 그냥 걷기만 하여도 우스꽝스럽다. 기하학의 도형들과 원색의 칼라로 단장한 채 슬라바는 2001년에 이어 다시 국내 팬들 앞에 섰다. LG아트센터(2.12~2.23)에서 〈스노우쇼〉라는 이름으로 관객들의 마음을 한껏 사로잡았던 것이다.

슬라바는 마임으로 출발한 연기자이다. 그는 성 페테르스부르크 마임 스튜디오에서 마임을 배우며 광대의 꿈을 키워 나갔다. 그는 마임을 통해 언어로는 도저히 표현 불가능한 "숭고함, 슬픔, 감동"을 전달할 수 있다는 신념으로 광대예술의 세계를 개척하기 시작하였다. 긴 시간 동안 자신만의 고유한 예술 세계를 갈고 닦아 이를 축적한 후 슬라바는 1988년 처음으로 런던에서 공연을 함으로써 서방세계에 자신의 존재를 알린다. 그리고 1993년 대표작의 주요 장면들을 구성하여 만든 〈옐로우〉가 Time Out 상을 수상하는 쾌거를 이룬다. 〈옐로우〉는 지금 소개하려는 〈스노우쇼〉로 명칭이 바뀌는데 〈옐로우〉라는 제목은 그의 광대 의상이 원색의 옐로우라는 사실과 관련이 있는 듯 하다. 이후 그의 명성은 세계적으로 확산되었고 바로셀로나 골든 노우즈 상(1995), 에든버러 페스티벌 비평가상, 글래스고우 헤롤드 엔젤상, 리버풀 에코 최고 작품상(1996), 러시아 골든 마스크 상, 런던의 로렌스 올리비에상(1998) 등 수많은 상을 휩쓸면서 세기의 광대라는 닉네임을 얻는다.

그의 무대는 일종의 쇼다. 그도 애초 이름을 바꾸어 〈스노우쇼〉라고 명명하면서 쇼라는 사실을 숨기지 않는다. 쇼는 보통 노래와 춤 따위로 화려하고 재미있게 꾸민 무대의 구경거리를 일컫는다. 그렇다. 슬라바의 무대는 화려하고 재미있다. 관객들은 재미에 이끌려 흥분하고 어느 덧 자기도 모르는 사이에 어깨를 들썩인다. 이때쯤이면 연기자들은 무대에서 객석으로 내려온다. 그리하여 하늘에서 내리는 눈(실은 종이)을 맞으며 하늘(무대와 객석)을 떠다니는 풍선들을 튕기며 무대와 객석은 하나가 된다. 물세례를 당한 관객은 거북한 표정으로 비싼 양복을 툭툭 털어보지만 그것도 잠시, 얼굴에 미소가 번진다. 무대와 객석만 혼연일체가 되는 것은 아니다. 어른과 아이의 경계가 없어지고, 문명과 자기의 두꺼운 벽에 둘러싸여 남몰라 하던 옆 사람과 포옹을 하게 된다. 슬라바의 쇼가 단순한 재미와 구경거리를 넘어 진한 감동을 주는 것은 그의 광대놀이에 철학이 담겨 있기 때문이다. 그는 이렇게 고백한다. "나의 예술관은 스타니슬라브스키, 메이어 홀드, 아르토, 베케트, 바우쉬, 윌슨과 같은 이 시대의 최고의 예술가들의 생각과 같은 선상에 있으며, 광대예술은 결함투성이인 20세기의 정신 세계관을 피하여 시와 철학을 바탕으로 희비극과 순수연극에 좀 더 다가설 수 있었다." 여기서 알 수 있는 것은 일단 현대 문명에 대한 슬라바의 거부 반응과 그의 광대예술이 가장 염두에 두는 것이 시와 철학이라는 사실이다. 그는 "시와 철학을 기반으로 한 연극을 통해 (…) 모순투성이인 현대의 정신세계를 극복할 수 있다고 믿는다." 그렇다면 이러한 이념이 실제로 무대에서 어떻게 나타날까?

그의 무대에는 분절언어가 존재하지 않는다. 로고스인 언어는 논리이자 문명의 대리인으로 치부되어 슬라바의 무대에서 추방된다. 그의 언어는 육체언어 더하기 무대언어이다. 한시도 멈추지 않는, 때로는 장엄하고 때로는 구슬픈 음악들, 무대의 적시적소에 배치되어 시기적절하게 리듬감을 살려주고 분위기를 북돋는 환상적인 조명들, 그리고 이전 공연의 화려한 잔해로 무대와 객석에 수북이 쌓여 있는 흰 종이 무덤들, 거미줄 형상으로 관객의 손을 거쳐 앞에서 뒤로 객석을 뒤덮은 그물, 다양한 크기의 풍선들, 여기에 연기자들은 무대언어와 별개의 것이 아닌 일종의 오브제가 되어 기막힌 상상력을 펼치며 그들과 조화롭게 존재한다. 특히 무대 공간에서 슬라바의 존재는 편하고 자연스럽다. 그는 연기를 위해 혼신의 힘을 쏟기는커녕 다만 무대에 존재할 뿐이다. 맨 앞줄에서 관람할 수 있었던 기회였기에 포착할 수 있었던 그의 세세한 표정과 눈빛은 연기가 아니라 그의 존재 자체이다. 무대 에너지라고는 없는 무의 상태, 허허벌판에 서 있는 외로운 모습, 바로 이것이 슬라바의 진정한 매력으로 다가왔다.

한 에피소드를 소개해 보자. 이 에피소드에 만일 제목을 붙이라면 '이별' 정도가 될 것이다. 슬라바가 떠나는 차림으로 무거운 가방을 들고 등장한다. 음향은 그곳이 기차역이라는 사실을 알려준다. 슬라바는 가방을 열고 여자용 외투와 모자를 꺼내 무대 한쪽에 준비되어 있던 옷걸이에 건다. 옷을 털면 자욱한 먼지가 조명에 비추어 연기처럼 나타났다가 사라진다. 무대 쪽으로 분 냄새가 진동한다. 그러다가 어느 순간 팔 하나가 외투 속으로 들어간다. 이제는 무엇을 하려는지 짐작이 갈 것이다. 외투의 여자와 떠나려는 남자의 이별이 애절하게, 자연스럽게 펼쳐진다. 슬라바의 슬픈 표정이 객석에 진하게 전해진다. 침묵……. 남자는 가방을 닫고 떨어지지 않는 발걸음으로 밖을 향하면서 아쉬운 이별의 손을 흔든다. 그러자 옷걸이에 걸쳐 있는 외투의 팔 하나가 가볍게 움직인다. 탄성하는 관객들. 잠깐 사라졌던 남자는 기차화통의 요란한 소음과 연기를 내는 가방을 들고 다시 무대에 나타난다. 가방은 기차가 되어 무대를 휘젓고 다닌다. 침묵과 소리의 리듬이 이별의 슬픔을 극대화시키는 가운데 양념처럼 뿌려지는 잔잔한 재미……. 이런 식이다. 광대의 몸짓과 상상력이 만들어 낸 시적 무대, 그 속에는 만나는 순간부터 이별을 준비하는 인간의 속성과 운명이 진하게 담겨 있다.

광대예술은 공연예술의 변방일 수 있지만 그 역사는 매우 깊다. 한때는 저잣거리에서 서민들과 더불어 끈질기게 명맥을 유지하였던 광대놀이가 현대인들의 감성을 자극하게 된 것은 잃어버린 인간성과 진정한 웃음에 대한 현대인들의 향수에 기인하는 것은 아닐까? 〈스노우쇼〉의 마지막을 장식하는, 찬바람이 매섭게 부는 시베리아 벌판의 무대는 그래서 춥지 않고 오히려 동화 속에 들어온 착각을 불러일으킨다.

5. 새로운 〈로미오와 줄리엣〉

또 〈로미오와 줄리엣〉인가? 셰익스피어 극작품이 지구촌 어디를 가리지 않고 언제든지 공연되다보니 가끔 이런 질문을 할 법도 하다. 그러나 유럽에서 혜성처럼 떠오르는 리투아니아의 연출가 오스카라스 코르슈노바스(Oskaras Koršunovas)의 〈로미오와 줄리엣〉을 2002년 서울국제공연예술제의 〈불의 가면〉에 이어 2005년 다시 한 번 직접 만날 수 있다는 생각에 이 질문을 잠시 접어두기로 하자. 1969년생의 젊은 연출가는 자신의 이름을 딴 '오스카라스 코르슈노바스 시어터'를 창단하고 자신만의 독창적인 레퍼토리와 연출을 선보인다. 이를테면 "고전을 현대적인 연출법으로 재창조하고, 현대 작가의 작품들을 마치 고전처럼 무대에 올리는" 식이다. 2000년 이후 여러 유명한 상을 거머쥔 연출가는 특히 〈로미오와 줄리엣〉으로 2002년 베오그라드국제연극제에서 대상을 수상한다. 코르슈노바스에게 국제적으로 명성을 얻게 한 바로 이 작품은 어떤 작품일까 더욱 궁금해진다. 그렇지만 유명한 원전을 지닌 공연일수록 연출가나 연기자나 관객에게 부담으로 다가오는 것이 사실이다. 다 아는 이야기이지만 새로운 장면들을 기대하기 때문이다. 이런 작품을 감상하는 방법으로 애써 원전을 잊으려고 노력하는 것은 하나의 방법이 될 것이다. 원작의 무게에서 탈출하여 깃털 같은 심정으로 무대를 바라보려 애써 보자는 것이다. 그러나 우리는 알고 있다. 코르슈노바스의 〈로미와와 줄리엣〉의 지극히 많은 요소들이 원전과 다름에도 불구하고 등장인물의 이름이나 스토리, 플롯은 전혀 변하지 않았으므로 원전의 사슬에서 헤어날 길이 없다는 것을. 아무튼 세상에 떠도는 무수한 사랑 이야기 가운데 이보다 더 슬프고 낭만적이고 비극적인 것이 또 있을까!

무대장치는 처음부터 관객에게 고스란히 노출되어 있다. 커다란 쟁반에 놓여 있는 여러 형태의 빵이 관객을 향해 디스플레이 되어 있어 이곳이 피자집 혹은 빵집이라는 점을 분명히 강조하고 있다. 무대는 양편에 각각 금속성의 회색 주방으로 균형감 있게 꾸며져 있으며 이 둘을 가로지르는 중앙에 커다란 솥단지가 앞뒤로 자유롭게 움직일 수 있도록 레일이 깔려 있다. 끝없는 평행선인 레일은 두 피자집을 갈라놓는 경계이자 동시에 화합할 수 없는 집안의 해묵은 감정을 드러내는 환유이다. 화해 없는 팽팽한 대결 구도를 마주 보는 선로라고 표현하지 않던가. 배경이 되는 찬장에는 주방용품뿐 아니라 만물상처럼 잡다한 오브제들이 가득 차 있다. 시계, 장총, 창과칼, 십자가 상, 관, 인체의 뼈 심지어 악기도 보이고 맨 위층에는 로미오와줄리엣의 그 유명한 발코니 장면을 재현하기 위한 만반의 준비도 되어 있다. 사실적이지만 또 한편으로 상징과 은유로 가득 찬 무대세트에서 벌써 독특한 독창성을 예고하는 이 공연은 두 가지 측면에서 커다란 특징이 있다. 하나는 관객의 감각 자극에 중점을 두고 있다는 것이며, 다른 하나는 비극적 결말에도 불구하고 유머가 넘쳐난다는 것이다.

1) 시각과 청각의 강조

새로운 시대의 새로운 매체는 더욱 자극받기를 원하는 신세대의 경향과 일치한다. 그 자극은 특히 시각과 청각에 모아지고, 때문에 이를 강조하는 공연은 짜릿한 흥분을 불러일으킨다. 종합예술인 연극이 시·청각에 의존하는 것은 당연하지만 특히 이번 공연은 그에 대한 강조가 두드러진다. 시각의 경우 그 중심에 밀가루가 있다. 백색의 밀가루는 연출가의 상상력의 진수이다. 허공에 흩뿌려진 밀가루는 조명과 어울려 연기처럼, 안개처럼, 수증기처럼 작용한다. 빵집의 근원인 밀가루는 독약이 되기도 하고 얼굴에 바르면 흰 얼굴의 망자가 되기도 한다. 갈등과 긴장감의 포연이 가득한 전장처럼 밀가루로 장식된 양철 주방은 무대를 환상으로 이끈다.

한편 대사의 시각화는 시각에 대한 오마주로 한 편의 영화를 보는 듯하다. 흔히 영화에서 나레이션의 형태로 존재하는 언어의 시각화가 무대에서 재치 있게 꾸며지고 있다. 예를 들어 젊은 남녀가 이별의 쓰라린 고통을 연출하는 장면을 보자. 침대로 변한 조리대 위에 각각 누워있는 두 사람은 뜨거운 눈물을 흘리고 있다. 유모가 상대방이 현재 어떤 상태에 빠져 있는지 설명하는 과정에서 상대방은 유모의 설명 그대로 동작을 취함으로써 관객은 언어의 지루함에서 벗어나 고통 속에 처해있는 그들의 처지에도 불구하고 웃지 않을 수 없는 상황에 직면한다. 대사의 시각화는 동일한 순간에 서로 다른 장소에 존재하는 두 인물을 한꺼번에 제시함으로써 공간을 이분화시키지 않은 상태에서 극적효과를 생생하게 전달할 수 있는 연극만의 미덕이기도 하다. 영화라면 스크린을 둘로 쪼개거나 아니면 이중편집으로 시간차를 두고 두 장면을 번갈아 제시할 수밖에 없다.

청각의 진원지는 철제의 주방 기구다. 〈난타〉에서 들을 수 있는 주방 기구들의 부딪힘, 문 여닫는 소리 등 냉랭한 금속성이 지속적으로 귀를 자극하면서 인물의 감정을 확실하게 표현한다. 아울러 무대의 정황과 맥락에 따른 음향효과는 쉼 없이 분위기를 띄워 마치 돌비 시스템의 영화관에 앉아 있는 것 같은 착각을 불러일으킨다. 여기에 첨부할 것은 리듬감과 볼륨감이 돋보인 리투아니아 언어이다. 인도 유럽어 계통에 속하는 그들의 언어는 정감어린 선율과 묘한 리듬으로 우수에 찬 감성적인 민족성과 어울려 드넓은 공간에 전혀 구애받지 않고 쉽게 감정을 전해준다. 참으로 신기하다. 그들의 언어를 전혀 알지 못하는 관객이지만 언어의 청각적 메시지를 모르는 체하지 않고 꼬박꼬박 수용하니 말이다.

2) 우울한 유머

이 공연에 참석한 관객은 큰 소리로 실컷 웃었을 것이다. 전반적인 것들이 기존의 비극 틀에서 크게 벗어나지 않기 때문에 결코 웃을 상황이 아닌 것은 알지만, 오브제를 이용하거나 개인의 연기력에 의존하는 유머가 풍성하게 넘실거리기 때문에 웃지 않을 수 없다. 예컨대 밀가루로 만든 남성의 성기 같은 오브제 유머는 성적 측면을 강하게 부각시킨다. 또한 연기를 통한 유머에는 유모가 당당히 한 자리를 차지한다. 젊은 연인의 비밀스런 사랑의 메신저인 그녀는 약방의 감초 같은 역할을 통해 자칫 무거워질 수 있는 무대를 가볍게 희화한다. 하지만 유머는 대체로 우울하다. 그것은 아마도 주인공의 비극적인 종말이 어김없이 준비된 까닭이며, 무대의 색채가 흑백의 단색 계통으로 이루어졌기 때문이며, 유쾌한 중에도 동유럽의 특유의 우수한 분위기가 젖어들기 때문일 것이다. 관객이 입을 벌리고 웃다가 어느새 감정 이입이 되어 카타르시스를 느끼는 것은 우울한 유머 덕분이 아닐까 한다.

유머러스한 언어와 동작으로 매 장면 상상력이 발휘된 이번 공연은 '논다'라는 인상을 강하게 전한다. 배우의 연기는 말할 것도 없고 보이지 않는 연출가의 그림자가 무대에서 스스럼없이 놀고 있다는 느낌이다. 죽은 자들이 숨을 멈추고 무대에서 사라지는 대신 얼굴에 밀가루를 바르고 조명 아래를 활보하며, 규칙의 해방을 원하는 듯 연기자들은 객석에 뛰어들어 관객과 직접적인 교감을 꾀하기도 한다. 노는 것이 좀 지나친 감이 있어 시간이 하염없이 흐르긴 하였지만, 연기자들의 거리낌 없는 동작과 움직임으로 인해, 아낌없이 청춘을 불사르고 자유를 위해 죽음을 택한 젊은 주인공의 정념처럼 몇 평 남짓한 무대가 광활하고 자유롭게 확장된다. 그 확장의 한가운데 존재하는 커다란 가마솥은 자전하는 지구처럼 스스로 회전하므로 회귀성과 영원성을 동시에 상징한다. 그 그릇 속에는 인간의 온갖 야욕과 갈등의 불순물이 담겨 있다. 그러나 이 불순물은 두 연인의 목숨을 담보로 한 뜨거운 사랑으로 인해 순수 결정체로 변모한다. 궁극적으로 가마솥은 연금술사의 용광로였던 것이다. 이렇게 하여 황금을 상징하는 절대 사랑은 자웅동체의 형상으로 나타나 그들이 등을 기댄 채 가마솥에 융해되는 마지막 장면으로 이어진다. 공연이 숨 돌릴 틈 없이 요란한데 두 주인공의 사랑이 더욱 감동적이고 애절한 것은 그 아수라장 속에서 들릴 듯 말듯 속삭이는 그들만의 애절한 심정이 우리의 가슴 속에 분명하게 전달되었기 때문이다.

6. 기억의 창고, 〈광대들의 학교〉

누구에게나 가슴 아픈 기억, 숨기고 싶은 기억이 있을 것이다. 아름다운 추억도 지나고 나면 왠지 허전하고 애절하고 후회스럽기까지 하다. "그 때 이랬었다면…… 그 때 그렇게 하지 않았더라면…… 그 때…… 어쨌다면……" 더구나 판단력도 흐리고 바보스럽기까지 했던 어린 시절의 기억은 더욱 그러하다. 선생님에 대한 첫사랑, 호랑이 선생님에 대한 두려움, 마음을 우울하게 하는 아버지와 어머니의 다툼 등……. 기억들은 시간의 줄기에서 벗어나 뒤죽박죽되어 판화로 각인된다. 러시아의 '포르말리니이 극단'에서 촉망받는 젊은 연출가 안드레이 모구치이(Andrey Moguchy) 연출로 선보인 〈광대들의 학교〉는 이러한 어린 시절의 기억을 시적인 언어와 옴니버스 형식으로 엮어 무대화시키고 있다. 그 가슴 시린 선율과 한폭의 그림 같은 무대를 보고 있노라면 추억의 물결이 파노라마가 되어 가슴에 묻어 두었던 빛바랜 사진들이 낙엽처럼 쏟아진다.

1) 약화된 대사, 강화된 이미지

이미지언어는 신체언어와 마찬가지로 만국 공통어이다. 국내에 들어 온 많은 외국공연들이 분절언어보다는 신체언어 또는 이미지언어를 즐겨 사용하는 것은 모국어가 다른 배우와 관객의 의사소통의 거리를 좁혀보려는 시도일 것이다. 특히 2005년 서울국제공연예술제에서 이러한 현상은 두드러진다. 그러나 대사를 앞세우지 않는 공연 양식이 전 세계적인 추세는 아니며 단지 이번 예술제의 콘셉트로 보는 것이 옳다.

〈광대들의 학교〉는 사샤 소콜로프(Sasha Sokolov)의 소설 〈바보들의 학교〉(1975년)를 각색한 연극이다. 연출가 모구치이는 다양한 연극적 장치와 매체를 통해 원작에서 드러나는 시정(詩情)과 서정성을 더욱 확대시키는 데 주력한다. 그 결과 이 공연은 아득하면서도 추억에 가득 찬 환상적인 무대, "시적 황홀경의 세계"를 만들어 낸다. 직접적인 이미지가 본격적으로 사용된 것은 아니지만 〈광대들의 학교〉는 이미지와 합성된 공연이라고 해도 무방하다. 그것은 이 연극의 첫 번째 특징이기도 한데 영상과 그림자의 효과가 주를 이룬 공연이기 때문이다. 영상은 모나리자의 투영으로 시작되며, 그림자는 세 겹으로 된 흰 장막 위에 그려진다. 이미지의 사용은 허상과 실제의 경계를 애매하게 만든다. 이 애매성은 어린 시절의 기억 혹은 꿈이라고 해도 무방한데 이런 것들이 당시에는 현실이었다고 하더라도 지나고 나면 기억 속의 이미지에 불과하기 때문이다. 이미지의 사용은 비실제적이며 환상적인 기능을 강화시킨다. 아름다운 미소를 지닌 모나리자는 소년 시절 짝사랑했던 여선생님의 이미지이다. 그렇다면 모나리자의 이미지 위에 분필로 그려 넣은 안경이니 수염과 같은 낙서는 무엇일까? 모나리자와 중첩된 또 다른 선생님, 안경과 수염이 특징인 강압적인 교장 선생님일 가능성이 크다. 기억은 희미하며 불확실하다. 개별적으로 뚜렷하게 기억하기 보다는 한데 뭉뚱그려 전체적인 이미지로 자리매김하기 때문이다. 결국 이번 무대가 이미지화 되고 비구체적(매달린 창문, 그네, 낙엽 등)이었던 것은 바로 이러한 기억을 펼쳐 보였기 때문이다.

이 연극의 두 번째 특징으로 내러티브 기능의 약화를 들 수 있다. 언어의 과도한 지배는 연극성을 크게 손상시킨다는 아르토의 주장을 익히 알고 있는 바, 언어가 배제된 커뮤니케이션은 인간(배우와 관객)의 전체 감각기관을 두루 아우르는 장점이 있다. 외국 극단이 언어가 통하지 않은 관객을 앞에 놓고 공연을 할 경우 내러티브는 중대한 결함으로 작용할 수 있다. 자막을 보기 위해 지나치게 주의를 할 경우 무대에 대한 집중력이 흐트러질 염려가 있는 것이다. '포르말리니이 극단'이 가능한 자막의 사용을 자제하려고 했던 것은 이 점에 있어 매우 시사적이다. 자막을 경시한 대신 〈광대들의 학교〉는 동시통역을 사용하였고, 한국어를 모국어로 하는 어린이의 목소리를 녹음하여 들려주었다. 사실 자막에 나오는 글자들 역시 구태여 관객에게 읽힐 의도가 없었던 것으로 보인다. 자막에 새겨진 글씨는 공연 기능으로는 매우 사소한 것이 되고 말았기 때문이다. 자막은 한 프레임 속에 빽빽하게 들어간 글씨로 인해 재빨리 읽지 않으면 안 되었고 그나마 쇼트가 빠르게 넘어가는 바람에 자막을 끝까지 읽어내려고 집중했던 관객들이 짜증을 낼 정도였으니 말이다. 어쨌거나 대사는 신체언어, 무대장치, 조명과 효과의 사용 나아가 이미지의 사용으로 대체되었다. 웅웅거리는 배우의 뜻모를 대사들 역시 이러한 맥락의 소산이다. 설령 러시아어를 알아듣는 관객이라 하더라도 배우들의 소리는 거의 전달되지 않았을 것이다.

'포르말리니이 극단'처럼 외국공연의 경우 언어가 오히려 의사소통의 방해물로 작용하는 현상은 많은 점을 시사한다. 한 걸음 나아가 언어가 의사소통을 방해한다는 사실에서 언어의 아이러니 내지는 언어의 불구성도 엿볼 수 있다. 그렇다면 외국 공연의 경우 관객을 위해 외국어를 국어로 번역하여 자막에 쏘는 방법 이외에 무엇이 있을까? 영화나 텔레비전처럼 더빙을 하면 어떨까? 그것은 기술적으로 문제점이 있고 설령 문제가 없더라도 현재 이곳이라는 공연의 특성상 실현성은 희박하다. 따라서 공연의 특징을 손상시키지 않는 최선의 방법은 가능한 자막의 사용을 줄이는 것이다. 자막의 사용을 줄이려는 시도는 바로 〈광대들의 학교〉에서 보여준 다양한 방식들인 것이다.

2) 바보는 누구인가?

제목 '광대들의 학교'는 '바보들의 학교'가 바뀐 것이다. 제목에는 매우 중요한 의미가 들어 있다. 우선 '바보들의 학교'를 보면 이 학교는 일반학교가 아닌 특수학교인 까닭에 제법 설득력을 얻을 수 있다. 정상적이지 않은 아이들의 학교라는 의미이다. 둘째, 학교라는 제도가 학생을 바보로 만든다는 의미로 해석이 가능하다. 인간을 획일화시키는 학교, 특히 소련의 체제를 대변하는 학교는 인간을 바보로 만든다는 의미가 숨어 있다. 셋째, 아이들은 누구나 바보이다. 바보는 순진성을 간직한 아이들, 천국의 문을 열고 입장할 수 있는 아이들인 것이다. 기억 속의 아이들은 사소한 일에 즐거워하고 슬퍼하며, 공상적이고 허구적이다. 어른의 눈에 하찮은 일이라도 아이들에게는 얼마나 소중한 것이 될 수 있는가! 아이의 시간은 얼마나 비논리적인가! 운동회 날이나 소풍가는 날을 손꼽아 기다리던 적이 없었다면 그것은 거짓말일 것이다. 아이에게 달력은 고무줄과 같다. "그러나 날짜란 누군가에게 문득 떠오를 때에야 비로소 생기는 것이다. 그럴 때면 며칠이 한꺼번에 지나간다. 또 어떤 날은 아무리 기다려도 오지 않기도 한다."

그러나 바보의 아이는 겉으로 드러나는 지식과 후천적 자아의식에 오염되지 않은 순수 직관을 가진 아이이기도 하다. 검은 옷의 교장 선생님의 권위보다 만병초 꽃에 대해 설명하는 지리 선생님을 사랑하는 아이는 어른들의 이기심과 어리석음 중 진짜 중요한 것이 무엇인지 단번에 알아낸다. "사람은 자기가 유일하게 죽지도 않고 완전한 존재라고 생각하지요." 어른의 어리석음을 꿰뚫어 보는 아이의 시선은 나무가 지니는 영원성을 알아본다. "만약 저 어딘가 숲에서 나무가 늙어서 죽는다고 하면, 나무는 죽기 전에 바람에게 얼마간의 씨앗을 준답니다. 그러면 얼마간의 새로운 나무들이 땅 위에 자라는 것이지요. 가까이에도 멀리에도, 그래서 늙은 나무는 죽는 것이 아무렇지도 않지요. 나무는 무관심해요. 저기 은빛 언덕 위에서 자라는 것에도, 또는 자신의 씨앗에서 새로운 나무가 자라는 것에도." 그렇다면 진짜 바보는 어른이 아니던가!

3) 순백의 꿈의 공간을 만나다

〈광대들의 학교〉에서 가장 커다란 미덕은 아무래도 공간이다. 무대는 꿈, 과거, 시적 공간을 활짝 열어 놓고 있기 때문이다. 극이 시작되면 무대 맨 앞 한가운데 한 개의 문이 놓여 있고 문을 제외한 전체는 흰 장막으로 가려 있다. 이 최초의 문은 현실에서 연극으로, 관객에서 인물로, 현재에서 과거로 통하는 기억의 문이다. 어린 시절로 통하는 마법의 문이다. 만화 영화에서 자주 등장하는 가상 세계의 입구인 것이다. 그 문을 스크린 삼아 비추는 모나리자의 영상은, 그가 성인이 된 현재에도 과거의 모습을 자신의 가슴 속에 그대로 간직하고 있다는 증거일 것이다. 문을 통과하기 직전의 두 인물, 소년의 분리된 자아는 아직까지는 어른인 현재의 인물이다. 어린 시절을 두 인물로 설정한 것은 매우 재미있는 착상이다. 정신분열증에 시달리는 소년이라는 것 이외에도 인간은 갈등의 동물이라는 사실을 보여주기 때문이다. 두 자아는 거울 앞에 서서 고통스러워하는 하나의 존재이다. 사진첩을 넘기듯 파편화된 기억은 특히 갈등이 심했던 순간에 더욱 뚜렷하기 때문에 두 인물로의 구현은 커다란 설득력을 얻는다.

이제 분리된 자아를 제외한 모든 배우들이 기억의 문을 통해 무대 안으로 빨려 들어간다. 삼중의 하얀 커튼과 무대 안쪽의 하얀 벽은 첫째, 이미지를 위한 스크린이 된다. 둘째, 그림자극을 가능하게 한다. 셋째, 점점 무대 안쪽으로 들어가는 단계적 흰색 커튼은 기억의 두께이자 기억의 단계이다. 기억은, 추억은 아름다운 것이지만 고통스러운 것이기도 하다. 과거는 후회의 시간이다. 여선생님에 대한 사랑의 감정. 말 못하는 소녀, 지리 선생님의 죽음……. 기차소리, 걸인 여자, 교장선생님, 아버지와 어머니……. 모든 것이 안타까움으로 어린 소년의 가슴 속에 남아있다. 아울러 부드럽지만 단조의 서정적 음악과 흰색의 소품들, 배우들의 음성 및 효과들은 회상의 시적 공간을 더욱 강화시켜 준다.

4) 드러난 문제점들

〈광대들의 학교〉의 무대를 뒤로 하면서 사라지지 않는 의문점이 있다. 그 하나는 왜 동시통역을 사용하였는가 하는 점이다. 극이 시작하는 첫 번째 경우는 수긍을 한다고 하더라도 극이 2/3 정도 진행된 이후에 다시 한 번 시도된 것은 납득하기 어렵다. 상황은 이렇다. 구태여 장면 전환을 위해 많은 시간을 필요로 하지 않았음에도 불구하고 객석의 불을 밝히고 배우가 무대 앞에 나와 시를 낭독한다. 물론 여기서 낭독한 시는 즉흥적이다. 왜 그랬을까? 구태여 따져서 의미를 부여하고자 한다면 아마도 장면 전환을 위한 것 또는 관객을 무대와 분리시키는 이화효과 정도로 언급할 수 있다. 과거 속에 빠져 있던 관객을 다시 현실로 끄집어내어 약간의 휴식을 준 것이라고 해도 좋다. 그러나 이러한 스타일을 지닌 무대는 구태여 관객과 거리두기를 할 필요는 없다. 반대로 모든 연극적 수단을 동원하여 관객의 이탈을 막았어야 했다. 서사극이 아닌 바에야 관객의 몰입을 방해할 이유는 없었다. 따라서 일단 관객을 무대로 끌어 들인 후에 다시 거리를 둔 것은 일종의 배반행위로 보인다. 이 문제의 장면은 배우와 통역자 간의 즉흥성에 의해 이루어져 지루함마저 주었으며 이로 인해 무대에서 멀어진 관객을 다시금 무대로 불러들이는데 상당한 걸림돌이 되었다. 연출가의 착상이 무엇이든 간에 전체적인 흐름에 역주행한 것이 분명하다.

〈광대들의 학교〉는 한국 관객을 위한 공연이라는 점을 많이 염두에 두고 있다. 기억의 문을 통해 과거로 회귀하는 선생님의 등 뒤에 쓴 한국말, 한국 어린이의 음성 등……. 이 가운데 한국 어린이의 음성은 논의해 봐야 할 부분이다. 음성 녹음 덕택에 자막을 읽을 필요는 없어졌지만 10살 정도의 어린이가 읽기에는 난해한 언어들, 문장들, 리듬들로 인해 천진난만한 과거의 음성을 구현하려 했던 의도는 물거품이 되고 말았다. 그로 인해 전체적인 밸런스가 무너졌고 몰입하는데 방해가 되어 버렸다.

5) 나오며 – 작지 않은 힘

'포르말리니이 극단'은 러시아를 대표하는 극단은 아니다. 〈광대들의 학교〉에서 볼 수 있듯 스케일이 큰 대작을 공연하는 극단도 아니다. 주로 해외를 순방하면서 아담하고 조촐하지만 독창성과 아이디어를 바탕으로 나름대로 연극적 상상력을 펼쳐 보이는 극단이다. 그러나 이 극단이 소품을 다루는 가볍고 경박한 극단이라고 생각하면 큰 오산이다. 깊이 있는 연극적 장치와 심금을 울리는 소재를 바탕으로 슬라브인들의 깊은 전통성을 섬세하게 발휘한 그들의 공연은 그동안 축적된 전통적 힘이 얼마나 크고 다양한지 충분히 보여 주었다고 생각한다.

7. 무대에서 만난 단테의 『신곡(神曲)』

　중세 이태리의 가장 위대한 시인인 단테(Dante, Alighieri, 1265~1321)는 명성에 비해 품위 있는 삶을 영위하지는 못했다. 그는 정치의 희생자가 되어 조국 피렌체에서 추방되어 인생의 많은 부분을 떠돌이 생활을 했던 것이다. 그러나 이러한 유랑 생활은 결론적으로 그에게 불행한 것만은 아니었다. 24세로 요절한 베아트리체에 대한 사랑과 고달픈 인생역정은 단테에게 문학적인 영감을 안겨 주었으니 말이다. 시인의 전기를 바탕으로 할 때 최대의 걸작인 『신곡(Divina Commedia)』(1307~1321)은 바로 이러한 환경의 소산이다. 『신곡』은 1307년경부터 쓰이기 시작하여 그가 죽은 해 1321년에 완성되었으니 단테의 필생의 역작이며 시인의 문학, 종교, 사상이 총체적으로 결합되어 있다고 할 수 있다. 「지옥편」(1304~1308), 「연옥편」(1308~1313), 「천국편」(1313~1321), 이렇게 3부로 이루어진 『신곡』은 총 행수 1만 4233행에 이르는 장편 서사시이다. 줄거리는 시인이 숭배했던 로마의 시인 베르길리우스의 인도로 지옥과 연옥을 방문하고, 9살 때부터 연모했던 베아트리체의 인도를 받아 천국을 방문한다는 내용이다.

단테의 『신곡』이 슬로베니아 출신의 토마스 판두르(Tomaž Pandur)에 의해 무대화되어 국내의 관객 앞에 선보였다. LG아트센터에서 2002년 11월 1일부터 3일까지 '지옥' 편을 11월 5일부터 7일까지 '연옥과 천국' 편을 연이어 공연한 것이다. 대기업에서 운영하는 아트센터가 상업성에 너무 민감하다는 평가를 들어온 것도 사실이다. 특히 공연예술에서 뮤지컬의 두드러진 레퍼토리는 비난의 대상이었다. 그러나 러시아 극단을 이끌고 온 카마 긴카스(Kama Ginkas)의 연출로 8월 29일에서 9월 4일에 공연된 안톤 체홉의 〈검은 수사〉나 이번에 공연된 〈신곡〉은 매우 의의 있는 일로 국내 연극계에 신선한 바람을 불어 일으킬 것이 분명하다.

1843년 창립되어 독일 함부르크에 둥지를 튼 탈리아 극장(Thalia Theater)은 현존하는 독일 최고의 연출가 위르겐 플림(Jürgen Flimm) 뿐만 아니라 로버트 윌슨, 피터 셀라스(Peter Sellars), 미카엘 탈하이머(Michael Thalheimer) 등 세계적인 연출가들이 두루 거쳐 간 전통적인 극장이다. 원래 〈신곡〉은 1993년 판두르가 예술 감독으로 있었던 슬로베니아의 마리보르 극장에서 초연되어 선풍적인 인기를 끌었던 작품이다. 그런데 탈리아 극장은 재기 넘치는 이웃 나라의 예술가들을 불러 모아 야망을 지닌 프로젝트를 추진하였다. 영화 〈언더그라운드〉, 〈집시의 시간〉, 〈여왕 마고〉에서 영화 음악을 맡아 우리에게 잘 알려진 보스니아 출신의 고란 브레고비치(Goran Bregović)가 음악을, 세르비아 출신의 마리나 헬만(Marina Hellmann)이 무대를, 크로아티아 출신인 레오 쿨라스(Leo Kulaš)가 의상을, 또한 슬로베니아 출신이자 연출가의 누이인 리비아 판두르(Livia Pandur)가 드라마투르그를 담당하였던 것이다. 이렇게 해서 2001년에 '지옥'이 2002년에 '연옥과 천국'이 독일에서 탄생하게 되었다.

1963년생인 판두르는 아직 젊다. 그러나 그의 이력서를 뒤져보면 연극의 신동으로 불릴 만큼 일찍이 화려한 명성을 쌓았다. 16세 때에 극단을 조직하였으며 26세에는 이미 슬로베니아의 국립극장의 예술 감독이 되었으니 말이다. 그는 예술 감독 시절 괴테, 셰익스피어, 단테, 도스토예프스키 등 대문호들과 만났고 이들을 무대화하면서 점차 명성을 쌓아갔다. 그가 대학에서 전공한 것은 연극, 영화, 텔레비전인데 이것은 눈여겨 볼만하다. 1997년 잠시 연극계를 떠나 영화에 전념한 경험도 있었던 판두르가 보여준 이번 무대는 생동감 넘치는 이미지 구축에 있음을 '지옥'에서 단번에 보여 주었다. 이미지(혹은 상(像))에 대한 숙고는 영상매체 시대 혹은 디지털 시대에 필연적인 것일지도 모른다. 공연예술과 영상예술을 넘나드는 판두르의 무대는 분명 이미지의 확산이 커다란 특징 중 하나이다. 연극은 특히 근대에 들어 언어 위주의 연극과 이미지 위주의 연극으로 양분되어 왔고 이들이 변증법적으로 전개되어온 것도 사실이다. 동양의 전통극에서 영감을 얻고 영상 기법을 익힌 판두르가 무대를 이미지들의 홍수로 장식한 것은 언어 연극과 대치점에 있는 커다란 한 축에 편입되어 있음을 보여준다. 이 축은 언어에 익숙해진 관객에게는 난해한 느낌을 줄 수 있다.

'지옥'은 물의 이미지를 최대한 활용하고 있다. 객석을 향해 끊임없이 흘러내리는 삼만 이천 리터의 물이 바닥을 덮고 있어 장관을 연출하고 있다. 무대에 존재하는 물이라는 오브제는 언제 보아도 인상적이다. 때로는 생명의 기원이 되기도 하고 때로는 죽음의 입구가 되기도 하는 물의 이미지는 따라서 '지옥', '연옥과 천국'을 표현하기에 가장 적절한 오브제임에 틀림없다. 라이브로 들려오는 첼로, 튜바, 타악기 등의 신비롭고 암울한 음악, 물에 비쳐 흔들리는 환상적인 조명, 무대를 감싸는 수직의 원통형 모양의 철벽은 그곳 자체가 지옥에 다름 아님을 보여준다. 지옥, 연옥, 천국은 수직적인 개념이므로 무대가 상하로 구성되어 있음은 자연스럽다. 맨 바닥에 강이 흐르고 철벽은 두 개의 층으로 이루어져 있다. 이 두 층과 바닥은 커다란 두 개의 철 계단으로 연결되어 있어 인물들은 세 개의 수직 공간을 왕래한다. "지옥은 어둠과 증오와 영원한 저주의 세계이다." 단테는 이곳에서 온갖 죄인들을 만나고 마지막에 연옥의 해변에 이르는 것으로 극은 끝맺음을 하고 있다. 그런데 지옥에서 신음하고 있는 인간들을 보면 그곳이 다름 아닌 현실임을 알 수 있다. 특히 발칸의 천사와 총을 든 군인들의 등장은 판두르의 조국 발칸 반도에서 자행되는 비극적인 전쟁을 염두에 둔 것이 분명하다. 지상의 전쟁터, 그곳은 다름 아닌 지옥이었던 것이다.

스킨헤드, 벌거벗은 배우들, 가죽, 쇠사슬, 물에 떠도는 배, 열고 닫히는 철벽, 불꽃 등을 통해 끊임없이 변모하는 극적 이미지는 연출가의 샘솟는 창의력이 엿보인다. 다만 방대한 원 텍스트를 한 시간 반으로 압축된 시적 대사로 표현하다 보니 전체적인 이해를 위해서는 끊임없는 집중력이 요구되었다. 그렇다면 관극에 대한 준비로 원작에 대한 인식은 필수적인 것인지도 모른다. 무대 위 단테의 움직임 또한 이상하다. 철벽의 일층에 엎드려서 거의 움직임이 없었던 것이다. 이 부분은 아트센터 측에서 나누어 준 해명서를 읽고서야 고개를 끄덕이게 되었는데 단테 역의 토마스 슈마우저가 연습 도중 무릎에 심각한 부상을 입어 거의 움직일 수 없었다는 것이다. 부상을 당한 몸으로 끝까지 책임을 완수한 그에게 먼저 박수를 보낸다. 그렇기는 하지만 아무래도 움직임이 없는 단테는 공연 전반을 이해하는데 상당한 지장을 주었던 것도 사실이다. 절제된 언어, 이미지의 극대화로 매우 도발적이고 자극적인 무대 나아가 감동적인 무대가 되었던 것은 막이 내려도 떠날 줄 모르는 관객들의 태도에서 여실히 확인되었다.

8. 〈아니마(*Anima*)〉와 뉴밀레니엄 시대의 연극

4년 전 〈오르페오(*Orfeo*)〉의 국내 공연으로 화제를 몰고 왔던 캐나다 극단 '4D Art'가 2004년 4월 〈아니마〉를 대동하고 다시 내한하여, 대전, 울산, 서울을 순회공연 하였다. 첨단 테크놀로지로 무장한 4차원의 연극 〈아니마〉는 과연 어떠한 연극이며 미래 연극에 한 획을 그을 수 있을 것인가? 이러한 의문을 품고 다각도에서 〈아니마〉에 접근해 보기로 하자.

과학의 발달과 연극은 밀접한 관계를 맺고 있다. 예컨대 건축술과 무대술은 떼려야 뗄 수 없는 관계이고 전기의 발명은 조명에 획기적인 발전을 가져왔다. 무대장치와 조명 나아가 특수 장치 및 분장이 연극의 역사에 새 장을 열었다는 사실을 부인할 사람은 없다. 이제 새 천년을 맞이하여 이에 걸맞은 무대는 필수적이다. 인터넷과 텔레비전의 무한대의 질주, 휴대폰의 폭발적인 증가 등 현대는 소위 영상매체의 시대로, 영상과 첨단 기술과 무대와의 결합이 결코 새로운 시도도 아니다. 연극의 본질을 훼손시키지 않는

범위에서 무대 도구 혹은 연극언어로써 무엇이든 연극성을 확장시킬 수 있는 것이라면, 홀로그램, 라이브 뮤직 등을 강조한 〈아니마〉는 관심의 대상이 될 수 있다. 그러나 분명한 것은 이 공연에서 사용된 하이 테크놀로지의 갖가지 무대언어들은 수단이지 결코 목적이 아니다. 그것은 이 공연의 주제를 통해서도 명확하게 알 수 있다.

캐나다의 프랑스어권 퀘벡 주의 수도 몬트리올은 신기하게도 영상과 무대의 하모니에 대한 관심이 크고 기술과 이념의 폭과 깊이에서 타의 추종을 불허한다. 아마도 영어권에 둘러싸이고 프랑스어권 본토에서도 서자 취급을 받는, 중심도 변방도 아닌 야릇한 위치에서 자신들의 고유한 문화예술에 대한 정체성을 이로부터 찾을 수 있다고 생각했는지 모르겠다. 연극 전공자인 미셸 르미유(Michel Lemieux)에 의해 1983년에 창립된 '4D Art'는 1991년 비주얼 아티스트 빅토르 필롱(Victor Pilon)을 영입하면서 자신의 고유한 색체를 공고히 한다. 〈아니마〉는 영화 이론가들이 골머리를 앓고 있는 현실과 비현실의 이중적 문제를 무대에 옮겨 놓으려고 작심한 듯 하다. 역설로 가득 차 있는 이 공연은, 영화 〈매트릭스〉처럼 가상의 세계와 현실과의 혼동을 의도적으로 강조한다. 허구의 세계인 인터넷과의 접속을 통해 인간은 육체적인 쾌락을 탐닉하는 것도 마다하지 않으니 무엇이 진짜고 무엇이 가짜인가! 그런데 아이러니한 것은 인간이다. 인간은 가상의 세계와 현실과의 혼란에 기꺼이 동참하면서 동시에 이러한 현상을 두려워하는 경향을 보이기 때문이다. 허상에 대한 두려움, 그런데 마침 이 두려움을 해소시켜 줄 수 있는 것 중 하나가 바로 공연예술이라는 생각이 강하게 다가온다. 매 순간 영상매체와 접촉하고 있는 청소년들, 젊은 세대가 라이브에 열광하고 이벤트에 집착하며 공연예술에 관심을 보이는 것은, 이곳이야말로 두려움에서 벗어나 마음을 달랠 수 있는 공간이기 때문이다. 가상의 세계는 닫힌 곳이며 소외된 곳이다. 홀로 존재하는 외롭고 두려운 곳이다. 그러나 공연이 실행되고 있는 장소는 혼자가 아니라 집단적으로 어울려 공감대를 형성하는 곳이다. 때문에 그곳에 존재하는 순간이야말로 소외의 구렁텅이에서 빠져나와 인간의 체취를 맡으며 따스한 온기를 느낄 수 있다. 정치적·이념적으로 공통의 공감대가 형성된 사람들이 교감을 나누는 촛불집회가 문화예술의 행사로, 인문학적 개념으로 승격되는 것은 이 순간이다. 공통의 이슈를 통한 집단 교감의 장이 가능하기 때문이다. 서양 사람들은 일찍이 취미가 동일한 사람들끼리 클럽을 만들고, 집에 초대도 하여 파티를 벌이며 공동의 관심사를 얘기하며 일체감을 형성하고자 하였다. 개인적 문화가 팽배했기 때문에 오히려 이런 행사는 절실했을지 모른다. 그렇다면 문명이 발달할수록, 개인화가 심화될수록, 영상매체가 활개를 칠수록 반대급부로 인간들은 공연예술에 매력을 느끼게 된다는 말이다. 텔레비전, 비디오, 인터넷, 핸드폰의 발달로 폐쇄된 공간에서 개별화된 현대인은 그럴수록 반작용의 힘에 의해 집단화를 추구하는 경향을 보일 것이 분명하다. 대체로 현대인은 소외되어 있다. 아이러니하게도 기계의 발달로 인간과 인간 사이의 거리는 더욱 멀어졌다. 첨단 기계들로 장식된 커뮤니케이션의 장치는 인간 사이의 거리를 더욱 가깝게 할 것으로 기대했지만 인간은 허상과 대화를 하며 허상을 파트너로 삼는다. 차가운 컴퓨터 앞에 앉아 대화를 하고 감정의 변화도 겪는다. 이 얼마나 허무한 일인가? 〈아니마〉는 바로 이런 문명화를, 인간성의 상실을 지적하고 있다. 원시 시대, 몸을 비비며 살던 시대, 옷깃만 스쳐도 인연이던 시대의 추억을 더듬는 것이다.

음악이 특히 강조된 〈아니마〉의 공연은 연출가 르미유의 말마따나 공간시에 다름 아니다. 영국의 동물학자이자 인류학자인 데스몬드 모리스(Desmond Morris)의 〈털 없는 원숭이〉에서 착안한 이 공연은, 인간이 태초부터 지니고 있던 그러나 문명이란 베일에 감추어진 동물성을 드러내기 위해 육체적이고 몽환적인 항해를 한다. 모리스의 저서는 동물에 대한 인간의 절대적인 우위에 의문을 던지고 있다. 60년대 당시의 영국사회는 청교도적인 가치가 혼란을 겪고 있었는데, 이 청교도적인 사고는 인간과 동물 사이의 유사점을 애써 외면하고, 성욕과 불순을 혼돈하며, 정신과 육체를 명백하게 분리시키고 있었던 것이다. 모리스의 이러한 의문은 기술이 고도로 발달된 오늘날 더욱 유효할 수 있다. 커뮤니케이션의 첨단 도구들이 인간을 육체에서 이탈시키고 있기 때문이다. 〈아니마〉는 바로 이러한 문제의식에서 출발한다. 인간은 거의 동시적으로 세계 전체와 의사소통을 이루지 않으면 안 된다. 이 공연이 역설적인 것은 홀로그램의 경험을 통해 인간의 원시성, 동물성을 새롭게 자각시키고자 시도하기 때문이다. 예컨대 창살에 갇혀 있는 원숭이가 그러하고, '기억'의 장이 그러하다. '기억'은 바로 테이블에 홀로 앉아 있는 한 인간이 과거 타자와 사랑을 느끼던 시대를 갈망하는 장이 아닌가! 시작도 그러하다. 동물에서 인간으로의 진화, 언어와 문명화의 관계 그리하여 진화한 인간이 몸을 자극할 때 언어가 튀어나오는 현상이 두드러진다. 인간이 비록 문명화되었다고는 하지만 근본적인 행동 양식은 지극히 동물적이다. 그러므로 동물의 행동이 무대에서 펼쳐진다. 영역 표시가 그것이며, 암수가 사랑을 하고 자식을 낳는 것도 마찬가지……. 문명화된 인간은 모순적인 동물에 다름 아니다. 자신의 영역을 굳건히 하면서 한편으로 협력자를 자신의 영역 속에 끌어들이려 한다. 자신의 영역으로 들어오는 자를 위협하여 쫓아내지만 한편으로 외로워한다. 홀로그램은 나라는 존재에 대한 관념, 내 맘속에 일어나는 모든 것이다. 가상과 실제의 공존을 통해 갈등을 보여 주며 벽을 허물고 교감을 이루고자 하는 것이다. 한 마디로 상호 영역에 침투하고자 하는 고통과 거부의 몸짓이 어지럽게 섞여 있다.

잘 짜인 구조에서 안정감을 주는 〈아니마〉는 전적으로 소리와 이미지를 통해 공간이라는 백지에 시를 쓰고자 했지만 지나친 친절을 베풀었다는 인상을 준다. 문자와 언어는, 설명은 흐름을 이해하게 하는데 도움을 주지만

그만큼 깊이의 폭을 줄인다. 메시지 전달에 자신감이 결여된 탓에 해석의
풍요로움이 억제된 것이다.

1) '4D Art' 와의 인터뷰

2003년 10월, '대전문화예술의전당' 이 개관되었다. 그 덕에 대전에서도
수준 높은 공연을 볼 기회가 생겼고, 〈아니마〉가 서울뿐 아니라 지방에서
공연할 수 있게 된 것은 매우 고무적인 현상이다. 대전 공연에 앞서 2004년
4월 16일 오후 1시 30분에 필자와 기자들 및 관련 인사들이 모여 간단한 인
터뷰와 시연이 있었다. 〈아니마〉측에서 공동연출가인 르미유와 무용수인
조안 마도르(Johanne Madore)가 참석하였다.

질문-〈아니마〉는 무엇인가?
르미유-anima는 라틴어로 '영혼' 을 의미하며 animal을 의미하기도 하
　　　므로 영혼과 동물 즉 영혼과 육체의 하모니를 추구하는 것으로
　　　봐야 한다. 아니마를 통해 원시와 문명, 개인성과 집단성의 관통
　　　을 꾀한다. 현대는 점점 육체가 없어지는 현상들로 넘쳐난다. 사
　　　이버 세계가 점차 자신의 영역을 확장하고 있다. 〈아니마〉는 이
　　　를 경계하자는 것이므로 삶과 자연에 대해 관심에서 출발한다.
　　　인간 사이의 원시적인 커뮤니케이션을 회복하고자 하는 것이다.
　　　예를 들어 서양 문명국에서 물질문명의 범람으로 인해 인간성이
　　　상실되는 현상이 나타나고 있다. 이미 1960년대 서양은 엄격한
　　　청교도적인 분위기였으며 영국 작가 모리스의 〈털 없는 원숭이〉
　　　에서 경고하고자 했던 동물에 대한 인간의 비교할 수 없는 우위
　　　를 인정하는 분위기였다.
　　　현 세대는 몸과 영혼이 분리되어 있다. 4년 전 서울에 왔을 때의

일이다. 두 남녀가 손을 잡고 거닐면서 각자 휴대폰으로 전화를 하고 있는 장면을 목격하고 큰 충격을 받은 적이 있다. 그들은 손을 잡고 있었지만 같이 있었던 것이 아니었다. 이처럼 현대는 육체를 직접적으로 터치하는 관계 형성이 매우 어렵다. 갈수록 컴퓨터와 같은 가상의 공간 세계로 빠져드는 추세인 것이다.

마도르−나는 춤을 추거나 몸으로 연기를 하면서 그 역에 몰입할수록 사라지는 느낌을 받는다. 실제의 몸이 허상으로 변화되는 느낌이다. 그런데 우리의 몸이 현재 이렇게 존재할 수 있었던 것은 수천 년의 역사를 바탕으로 한다. 우리는 그 먼 시절, 과거에 정말로 몸이 존재했던 시절을 그리워하는 것이다.

르미유−이 작품은 시각적 시(poésie visuelle)라고 할 수 있다. 일정한 스토리가 존재하지 않으며 이미지의 장면들로 엮여져 있다. 그러니까 관객은 이 시각적 시를 읽으면서 나름대로 해석하는 것이 가능하다. 열려 있는 공연인 것이다. 또 하나의 특징은 멀티미디어를 사용한다는 것이다. 연극, 춤, 음악 및 첨단 테크놀로지가 섞여 있어 한 마디로 다양한 장르의 혼합이라고 할 수 있다. 예컨대 나는 연극과 영화를 공부했고 필롱은 시각 예술가이며, 클로드는 정통 클래식 연주자이다. 결국 각 장르의 예술가, 연출가의 공동 작업으로 이루어진 작품인 것이다.

질문−반문명성을 추구하면서 첨단 장치를 사용하는 것은 모순이 아닌가?

르미유−그렇다. 우리의 무대는 첨단 테크놀로지로 가득하다. 하지만 이로 구성된 무대가 보여 주려는 것은 바로 문명에 의한 인간성 상실이다. 우리는 이를 이용하면서 동시에 이를 비판하는 것이다. 우리 무대는 모순으로 가득 차 있으며 이 모순을 더욱 고양시키고자 한다. 이를 통해 분열이 아닌 화해와 통합을 보여주려는 것이다. 이 공연에서 첨단 테크놀로지는 도구일 뿐이다. 이미지로 메시지를 전달하기 위해 이보다 더 좋은 도구가 있을까?

질문-4년 전에 선보인 〈오르페오〉와 〈아니마〉의 차이점은 무엇인가?

르미유-간단히 말해서 〈오르페오〉가 주로 이미지 위주의 공연이었다면 〈아니마〉는 다양한 무대언어와 주제를 지니고 있다.

질문-연극의 미래를 어떻게 보는가? '4D Art'는 무대와 이미지 및 첨단 기술을 사용하는데 이것이 하나의 방향이라고 생각하는가?

르미유-난 연기와 연출을 거친 사람이다. 무대에 한 사람이 등장하여 의자에 앉아 대사를 읊조리는 연극적인 장면을 개인적으로 무척 좋아한다. 하지만 나는 텔레비전 세대이다. 텔레비전을 보면서 성장했기 때문에 이미지 세대라고 할 수 있다. 영상매체의 시대에 이미지를 활용하는 것은 자연스런 현상이며 앞으로 지속적으로 이 방면을 연구할 계획이다. 다음 공연은 셰익스피어의 〈태풍〉을 준비하는 중이다. 이 정통극을 하려는 이유는 이 극 속에 시각적인 요소가 많이 들어있기 때문이다. 물론 우리는 〈태풍〉을 우리 스타일로 각색하여 영상언어로 표현할 것이다. 이러한 방법은 미래 연극을 향한 여러 갈래 길 가운데 하나라고 생각한다.

질문-비현실 세계를 추구하다 보면 혹 허무주의로 빠질 위험은 없는가?

마도르-절대 그렇지 않다. 아까도 말했지만 연기에 몰두하다 보면 스스로 사라지는 것이 느껴진다. 그러나 이 사라짐은 허무와는 거리가 멀다.

2) 필롱과의 대화

필자는 잠시 짬을 내어 공동 연출가인 빅토르 필롱과 대화를 나누었다. 그는 대학에서 시각예술을 전공했고 공식 사진작가라는 직함이 있다. 필자가 연극비평가라고 소개하자 그는 비평가에 대한 거부감의 표정을 지었다. 그 이유를 잠시 후에 알 수 있었는데 상당수의 연극비평가들이 '4D Art'의 공연들을 연극의 틀 속에 끼워 넣기를 거부한다는 것이었다. 필자는 한국인으로서 그가 지닌 한국에 대한 인상, 한국 문화나 연극에 대한 인상이 무엇인지 궁금하였다. 나아가 극단의 근본적인 성향이 반문명적이며 반관습적이기 때문에, 또는 분리보다는 통합을 추구한다고 언급했기 때문에 혹시 아시아 이념에 관심이 있었던 것은 아닌가 하는 생각이 들었다. 따라서 〈오르페오〉가 아시아, 한국, 일본, 중국에서 순회공연을 하였는데 아시아와 특별한 관련이 있는가라는 요지의 질문을 하였다. 필롱은 아시아에 대한 관심은 많지만 아직 확실하게 접하지는 못했다고 솔직하게 말했다. 두 번째의 방한이지만 그는 아직 우리의 전통극을 접하지도 않았다고 대답했다. 다만 필롱은 멕시코에서 환상적인 경험을 한 적이 있다고 말했다. 그곳에서 차가운 문명 대신 라틴 아메리카의 뜨거운 열기와 인간성을 느꼈다는 것이다. 과학과 문명보다는 과거의 시원적 분위기를 더욱 좋아하는 그가 만일 한국의 전통극과 만난다면 무릎을 치면서 친밀감을 표시할 것이라는 생각이 들었다.

9. 무엇을 위한 〈창세기〉인가?

1) 들어가며

쏘시에타스 라파엘로 산지오(Societas Raffaello Sanzio) 극단의 연출가 로메오 카스텔루치(Romeo Castellucci)가 펼친 〈창세기〉를 관람한 관객들은 당황했을 것이 분명하다. 연극 같지도 않은 연극, 무언가 무대에서 쏟아졌지만 이해할 수 없는 많은 것들, 파열음과 불협화음으로 야기된 불편한 분위기, 무언의 몸짓들, 시각적 이미지의 강렬함, 도발적인 배우들의 육체와 동작 등은 한마디로 설명이 불가능했기 때문이다.

〈창세기〉는 일반 언어를 배제하는 대신 시각언어와 청각언어를 적극적으로 사용한다. 1981년 이탈리아에서 로메오 카스텔루치와 그의 여동생 클라우디아 카스텔루치(Claudia Castellucci), 로메오의 아내 키아라 귀디(Chiara Guidi)가 의기투합하여 만든 이 극단은 애초부터 반언어의 조짐을 보였다. 이들은 모두 볼로냐의 예술대학 졸업생들로 로메오는 작품의 콘셉트와 무대, 음향, 연출을, 키아라는 극적인 리듬과 역동적인 보컬을, 클라우디아는 무용과 움직임을 각각 담당하며 조형예술가로서의 이념을 극단에 쏟아 부었기 때문이다. 이들은 예술에 대해 근본적으로 비판정신을 지녔던 철학자 플라톤의 이론에 영감을 받아 성상(聖像) 파괴의 네오플라톤적 사상을 바탕으로 연극을 탐구하기 시작한다. 또한 예술정신의 지평을 넓히기 위해 비서구적 신화의 인물을 연구하기도 하고, 〈햄릿〉의 공연을 통해 서양의 대표적인 전통과 만나기도 하며, 아동극에 눈을 돌려 일대 전기를 마련하기도 한다.

쏘시에타스 라파엘로 산지오 극단은 연극뿐만 아니라 영화, 비디오, 조각 그리고 글쓰기와 그림에도 관심을 보였다. 또한 신성한 성화상과 자연적인 요소들, 예컨대 가재도구, 유니폼과 장난감, 동물, 늙은 배우들, 장애인들을 무대에 등장시켜 섬세하면서도 격렬한 그림과 시적인 독설로 전통적인 무대와는 거리가 먼 우상파괴의 연극을 기치로 내걸었다. 한편 카르멜로 베네(Carmelo Bene)와의 만남은 그들 연극에서 중요한 계기가 되었고 집단 작업과 대립되는 스타니슬라브스키의 연기 메소드에 대해서는 의문을 표시하면서, 초기의 공연은 미술 전시장이나 용도가 변경된 일정치 않은 장소에서 이루어졌다. '라파엘로 산지오' 라는 극단의 이름은 이탈리아의 아카데믹한 화가인 라파엘의 성과 이명(異名) 산지오를 딴 것이다. 르네상스 시대 교황의 화가였던 라파엘의 그림은 죽음을 넘어서는 힘이 있고 구도의 완벽함으로 물질과 형이상학을 접목시켰다고 생각했기 때문이다. 극단 관계자들은 라파엘을 통해 영원히 사라지지 않는 불변을 원했던 것이다.

이처럼 영원을 염원하는 그들은 반역을 꿈꾸는 자들로 습관과 통념을 파괴하고자 한다. 창세기 신화를 낡은 것으로 치부하면서 자신들은 새로운 신화를 만들려 한다. 〈창세기〉는 반연극에 반하는 반반연극이다. 기존의 연극문법을 여지없이 깨트릴 뿐 아니라 유행병처럼 번지고 있는 영상의 새로운 연극언어도 도외시한다. 연출가는 어디에도 안주하려 하지 않고 광야를 서성이는 반항아의 기질을 전혀 감추지 않는다. 무엇이든 비웃고 무엇이든 경멸하려는 자세이다. 앙팡 떼리블(enfant terrible), 아방가르드(avant-garde)의 선두주자로 불리는 카스텔루치는 지독한 파괴자이다. 무대에서 그는 마음이 내키는 대로 무엇이든 시도하는 완전한 자유인이다. 그들의 무대를 보면 이런 것은 처음이라고 할 만한 것들이 부지기수다. 유태교-기독교 신화적 근원이 드러나는 「창세기」만 해도 그렇다. 간단하게 살펴보자면 첫째, 무대와 객석 사이의 샤막을 처음부터 끝까지 올리지 않는다. 프로시니엄 무대에 염증을 느낀 현대 연극인들은 앞다투어 무대와 객석의 간극을 뛰어넘으려 시도한다. 아르토의 이론처럼 객석은 무대가 되고 무대는 객석이 된다. 그런데 아르토의 음성이 울리는 카스텔루치는 무대를 오히려 객석과 완전하게 단절시켜 버림으로써 열린 무대를 지향하려는 선구자들의 노력에 침을 뱉는다. '무대를 이렇게 막아버릴 수도 있는 거야'라고 하면서 거만하게 쳐다본다. 둘째, 대사를 생략하는 대신 시각을 강조하고 낯선 사운드의 효과를 조장하며 조형예술과 무대와의 접목을 꾀한다. 언어의 의미는 생략되어 있고 음성적인 차원에서만 존재한다. 줄거리도 없고 이야기도 없다. 시작도 없고 끝도 없다. 신의 창조 행위처럼 주어진 것은 아무것도 없으나 모든 것이 가능하다. 셋째, 무대에 서슴없이 나타나는 오브제들은 그 의미 파악이 무척이나 어렵다. 무슨 할 말이 그리도 많은지 낯설고 이상스런 오브제들이 연이어 등장한다. 벌거벗은 남자들이, 놀이하는 아이들이, 비정상의 인물들이, 거대한 개가 무대를 활보한다. 관객이 이해를 하건 말건 청각과 시각을 강조하며 총체적 예술을 선보인다. 유럽인들은, 무척이나 난해해서 이성적인 이해를 거부한 이 연극을 보고 가치가 있다고 평가하면서 버릇없는 젊은 연출가에게 많은 상을 안겨 주었다. '쏘시에타스 라파엘로 산지오 극단'은 이탈리아 최고 권위의 Premio UBU상 수상을 비롯, 2000년에는 유럽

극장연합에 의해 선정되는 제7회 유럽 연극상, New Theatrical Realities 부문을 수상하는 등 명실 공히 유럽 최정상의 극단으로 인정받게 된다.

2) 구조

〈창세기〉는 3막으로 이루어져 있다. 3이라는 숫자는 절대적이다. 2막은 중심점이 되고 1막과 3막이 양편에서 균형을 잡고 있다. 세 개의 막은 연대기와는 무관하다. 오히려 2막의 배경이 가장 최근의 것이다. 1막은 퀴리 부인의 시대이자 동시에 아담과 이브의 시대이다. 3막은 다시 창세기로 돌아가 카인과 아벨이 등장한다. 각 막은 대략 40분 정도가 소요되었고 막이 바뀔 때마다 20분 정도가 무대장치를 바꾸기 위해 인터미션으로 남겨졌다. 관객에게 지루함을 주어서는 안 된다는 강박관념이 연극 일반에 확산되어 있는 마당에 어마한 시간을 투자하여 막과 막이 완전히 변형되는 공간은 기초적인 연극론을 비웃는 듯 보인다. 어려운 코드로 인해 지루해진 관객은 설상가상으로 더욱 지루함을 느낀다. 관객에 대한 배려는 어디서든 찾아볼 수 없다. 그들은 과연 미래형 예술가인가? 사기꾼인가? 예술사를 곱어다 보면 예술과 사기 사이는 아슬아슬한 줄다리기가 행해져 왔다. 어쨌거나 막 사이에 긴 시간을 설정한 것은 장소의 확연한 변화를 위해 어쩔 수 없는 것이며 더불어 관객들의 의식에서 일련의 흐름을 단절시키려는 의도가 있다. 세 개의 그림을 감상한 후 각개가 아니라 종합적인 인상과 의미를 각인시키려는 것은 아닌지!

(1) 1막 태초에

1막은 '태초에' 라는 제목이 붙어있다. 성서에서 세상의 창조는 빛의 창조로부터 시작된다. "하나님이 가라사대 빛이 있으라 하시매 빛이 있었고……" 그런데 이 빛은 흔히 생각하는 희망의 빛, 계몽의 빛만은 아니다. 빛은 밝음이자 긍정이지만 그 이면에 퀴리 부인을 통해 빛이 어둠과 공포를 잉태하고 있음을 보여준다. 창세기는 현대인인 우리로부터 시작한다. 장소는 유럽의 심장부인 비엔나, 과학 아카데미 살롱이다. 마리 퀴리는 라듐을 발견한다. 호사스런 복장, 높은 모자를 쓴 루시퍼가 등장하여 맨 먼저 그녀에게 경의를 표한다. 인간에 대한 루시퍼의 언술은 신이 맨 처음 언급한 언어를 반복한 것이다. 그것은 창세기의 언어이며 세계를 존재하게 하는 언어이다. 그의 긴 손이 신의 언어를 분만한다. 언어는 물질을 만들어내고, 라듐의 존재로 인해 물질은 신과 동일하게 된다. 물질은 스스로 자신의 에너지를 창출한다. 빛의 문(門)은 바로 루시퍼의 이름이다. Lucifer는 라틴어의 '빛(lux)을 가져오는(ferre) 것'에서 나온 말로 '샛별'을 뜻하기 때문이다. 루시퍼는 완전히 벌거벗는다. 손가락처럼 가늘고 긴 몸이 드러난다. 그는 공포의 소음 속에서 좁은 문을 통과한다. 루시퍼, 그는 최초의 인류인 아담이기도 하다. 선과 악을 위한 최초의 인간이다. 아담의 몸은 접혀져서 어떤 형상으로든 변할 수 있다. 접혀진 인간의 몸은 그러나 균형을 유지한다. 숨을 쉰다. 절망적으로 살아 숨 쉬는 것이다. 1막에는 이처럼 아담과 이브의 고통스런 탄생이 존재한다. 라듐의 발견은 인류에게 이익을 가져다주었지만 동시에 방사선으로 말미암아 기형과 질병과 죽음의 고통이 생겨났다. 빛의 발견은 그러니까 축복인 동시에 저주인 셈이다. 이러한 관점에서 퀴리 부인이 등장하는 태초의 메타포는 "모든 창조의 순간에 파괴와 죽음이 함께 연결되어 있음"을 강조하려는 것이다.

루시퍼는 아랍의 신화에서 따온 인물이다. 루시퍼는 일반적으로 사탄의 고유명사로 쓰인다. 성서에서 "웬일이냐, 너 새벽 여신의 아들 샛별아, 네가 하늘에서 떨어지다니!"라는 구절과 예수의 "나는 사탄이 번갯불처럼 하늘에서 떨어지는 것을 보았다"라는 말을 맞아 떨어져 루시퍼는 나쁜 영혼의 우두머리 악마를 가리키는 말이 되었다. 그는 처음부터 비존재와 부정적인 조건 속에 존재하는 인물이다. 이런 악마적인 경향을 띤 루시퍼가 예술을 담당한다. 그렇다면 예술의 존재는 악마를 필요로 한단 말인가? 연출가는 루시퍼에 대해 이렇게 말한다. "루시퍼는 사탄이 아니라 일종의 순교자와 같다. 그는 공허를 채워야 한다. 그는 존재하기 위해 예술을 지향한다. 루시퍼가 실존할 수 있고 이중을 담당할 수 있는 것은 예술이 있기 때문이다. 예술은 항상 비존재의 상태, 즉 악의 어떤 부분과 연결되어 있다. 루시퍼에게 있어 악은 비존재, 다시 말해 존재하지 않는 것이다. 악은 신의 침묵이며 신의 포기이다. 신 안에서조차 선과 악이 공존한다. 예술의 조건은 악과 자유이다. 자유는 악으로부터 오는 조건이다. 자유는 창조의 행위에서 신과 대체될 수 있는 능력이다. 예술가의 창조 행위는 재창조이며 신과 대체되기를 원하는 행위이다. 창세기의 문제는 신학적인 문제만이 아니다." 이처럼 악마적 존재인 그는 신으로부터 불을 훔쳐 인간에게 넘겨준 프로메테우스처럼 빛을 인간에게 전달한다. 루시퍼의 섬뜩하고 단말마의 신음과 비명이 무대 전체를 감싸면서 빛이, 나아가 창조가 마치 산고(産苦)의 고통과 닮았음을 보여준다. 빛의 인식은 고통으로 화한다. 빛은 고통이다. 지식은 고통이다. 앎은 고통이다. 질서는 고통이다. 창조는 고통이다. 빛에 오염된 인간의 탄생은 비정상인으로 자리매김한다. 아담은 뼈가 단단하지 못한 연체동물처럼 흐느적거리고 이브는 질병의 흔적으로 한쪽 가슴이 절제되어 있다. "신은 인간을 아름답게만 창조하지는 않았다." 이 아름다움은 육체적 아름다움만을 의미하는 것이 아니다. 정신적인 아름다움, 그러니까 인간은 얼마든지 악을 저지를 수 있다는 말이기도 하다. 인류의 조상은 장애인의 흔적을 적나라하게 드러냄으로 관객의 일상적 사고를 전복시킨다. 연출가의 말대로 무엇이든 가능한 창세기는 따라서 공포의 대상이다.

(2) 2막 아우슈비츠 수용소

현대의 야만성을 그린 2막은 제목에서 보여주듯 역사상 인간이 가장 잔인한 행동을 했던 시기와 장소이다. 이 제목을 보면서 우리는 2막이 고문과 공포 피가 난무하리라는 예상을 하게 될 터인데 연출가는 이러한 예상을 비웃는다. 이번 역시 기대를 무너뜨리기, 예상을 비웃기의 도식에서 벗어나지 않는다. 온통 흰색의 공간은 마치 천상과 같이 아름답게 승화되어 있다. 동화의 불안한 분위기와 데이비드 린치(David Lynch)의 영화를 연상시키는 몽환적인 조명 아래 실험실의 아이들이 등장한다. 하얗고 긴 옷을 입고 모자를 쓴 어린이들이 밝고 커다란 공간에서 놀이를 한다. 비행기의 날개가 바람 부는 대로 움직인다. 숨결이 존재한다. 감미로움과 조용함이 흘러 이곳이 평온한 곳인지 잠시 착각하게 한다. 동화의 세계와 같은 흰 화폭과 견딜 수 없는 고요한 음악, 미니 살롱, 토끼 귀와 기차놀이를 통해 여섯 명의 아이들은 꿈같은 낙원을 그려낸다. 토끼는 표현이 불가능한 다른 세계를 나타내기 위해 『이상한 나라의 엘리스』에서 따온 것이다. 놀이하는 아이들은 모든 것을 체념하고 희생을 준비하는지도 모른다. 그들의 움직임은 병원의 진료실에서처럼 차갑다. 여기 백색 병원의 목적은 생명을 구하려는 것이 아니라 생명을 해부하고 분석하려는 것이다. 방 깊숙한 안쪽에, 보이지 않는 존재, 새로운 아담-루시퍼가 다시 신이 되기 위해 기괴한 행동을 한다. 그것은 영원한 생명을 얻기 위해 아이들의 장기를 갈취하는 살인자의 영원성 같은 것이다. 그러는 사이에도 아이들은 놀이를 계속한다. 루이스 마리아노(Luis Mariano)의 조용한 목소리가 들려온다. 갑자기 무대의 색이 바뀌면서 감미로운 분위기가 잔인하게 변모한다. 아이들은 죄지은 자, 모든 죄에 대해 책임이 있는 자를 손가락으로 가리키며 닭 모가지를 비틀 듯 그의 목을 조른 다음 머리에 비닐을 씌운다. 죽어가는 아이의 날카로운 비명이 메아리친다. 이번에는 나머지 아이들이 죽어간다. 침묵. 누군가의 목소리가 들리는데 이번에는 마리아노의 목소리가 아니라 아르토의 목소리이다. "난 미치광이가 아니야. 난 미치지 않았어. 난 존재하지 않아." 암전이 되었다가 흰색이 나타났다가 막이 내린다.

연출가는 아우슈비츠의 잔혹한 폭력성을 드러내는 대신 서정적인 그림을 그리면서 인간을 비웃는다. 아이들은 평화롭게 놀다가 황홀한 가스를 마시며 죽음의 세계로 빠져든다. 신의 행위를 본떠 인간이 창조한 그 곳에서 집단의 살인행위가 모두의 동의하에 이루어진다. 유태인을 학살하고 인류의 낙원을 건설하리라는 히틀러와 대다수의 동시대인들은 자신들의 행위가 정당하다고 믿었을 것이다. 전혀 의심하지 않았을 것이다. 인간은 그런 것이다. 시체가 산을 이루는 지옥을 건설해놓고 낙원이라고 착각한다. 집단 히스테리가 진실인 것으로 오판된다. 이 덫에 걸리면 어느 누구도 진실의 눈을 가질 수 없다. 이러한 아이러니가 2막을 휘감고 있다. 아이들은 순진무구함 자체이다. 그들의 죽음에 대부분 침묵한다. 심지어 신마저도 침묵한다. 따라서 2막은 표현할 길이 없는, 가장 심오한 악의 상태로부터 온 것이다. 이것과 신의 침묵 사이에는 매우 강한 끈이 있다. 여기에서의 악은 증언이 불가능한 침묵이다. 이 장소는 시간의 지배를 벗어난다. 수용소에는 모든 것은 정지되어 있다. 인간이 창조한 세계 아우슈비츠 수용소는 비극 이상의 것이다.

2막에서 은은하게 보여준 무대적 기교는 연출가가 아동극에서 갈고 닦은 솜씨를 과시하고 있다. 관객들은 그곳이 공포의 공간인 것을 깜빡 잊어버리고 흐뭇하게 미소 지으며 환상적인 세계에 젖어 있다가 극이 끝날 때쯤에야 화들짝 놀란다. 진정 나는 침묵하고 있었단 말인가! 나 역시 그들과 한패일 수 있단 말인가!

(3) 3막 카인과 아벨

막이 열리면 시간을 거슬러 올라 붉은 지상이 드러나고 오로지 두 남자
만이 존재한다. 두 마리의 커다란 셰퍼드가 하이에나처럼 황무지를 어슬렁
거린다. 상체를 벗은 그들의 육체 속에는 먼 태초, 삶과 죽음의 창조가 살
아 숨 쉰다. 그들의 육체 속에는 아우슈비츠의 단어들이 꿈틀거린다. 이렇
듯 2막의 수용소는 중심점을 점령하고는 좌우를 호령하며 어느 순간이든
악이 존재한다고 큰소리친다. 그것이 태초의 순간이든, 살인의 순간이
든…… 카인과 아벨은 동등하면서도 매우 다른 삶의 근원이다. 농사짓는
카인은 땅과 관계가 있고 양치는 자 아벨은 방랑 및 동물과 관계가 있다.
그들은 각자의 수확물을 신께 바친다. "카인은 땅의 소산으로 제물을 삼아
여호와께 드렸고 아벨은 자기도 양의 첫 새끼와 그 기름으로 드렸더니 여
호와께서 아벨과 그 제물은 열납하셨으나 카인과 그 제물은 열납하지 아니
하신지라……" 카인은 욕심이 많고 질투하는 자, 보편적 인간을 대변한다.
신에 의해 자극된 카인은 동생을 시기하여 선천적으로 장애를 가진 왼팔로
아벨을 목 졸라 살해한다. 퇴행성 팔이 죄를 저지르는 무기가 되었던 것이
다. 그런데 아뿔싸, 인류 최초로 살인을 저지른 카인은 황폐하고 광활한 그
곳에 혼자 남게 됨에 따라 죽음보다 더욱 커다란 고독의 고통에 시달린다.
이때부터 카인은 방랑을 시작하고 인간에게 있어 방랑은 악으로 간주된다.
방랑과 동격인 추방, 유배, 강제 수용, 도망, 이별은 악의 화신이다. 카인은
승리한 듯 보이지만 실상은 모든 것을 상실한 자이다. 모든 것을 잃은 카인
은 외로움에 휩싸여 개들이 지켜보는 가운데 아벨의 시체 곁에 드러눕는
다. 연출가는 카인에 대해 이렇게 말한다. "제3막에서 카인은 극적인 선택
이다. 카인이란 인물은 처음으로 시체를 직접 목격하는 역사적인 인물이기
때문이다. 최초의 인간적인 역사는 카인의 살인행위이다. 그러니 카인은

신화적 인물이기보다는 비극적 인물이다. 그는 죽음과 죄의식의 문제를 맨 처음 던진 인간이다. 카인은 도시를 처음 세운 인물이며 최초의 사회적인 인물이기도 하다. 카인의 행위에 분노한 신은 그러나 이상하게도 그를 내 쫓은 후 오히려 그를 보호한다. 이것은 신과 카인 간의 복잡하고 이상야릇한 관계이다. 카인은 발(足)과 추방의 이미지 때문에, 특히 자신의 어머니와의 특별한 관계 때문에 오이디푸스와 닮았다. 카인을 편애했던 이브, 이 처럼 어머니와 아들은 매우 긴밀한 관계였던 것인데 예를 들어 모자는 똑같이 죄를 범한 인간이었던 것이다. 이브의 죄는 카인의 죄로 인해 배가된다. 이브의 실수를 다시 저지르는 자가 바로 카인이다. (…) 죽음은 카인에 의해 유발된다. 카인은 시작과 끝이라는 인간 존재의 근본적인 두 축 사이에서 극적인 결투를 벌인 최초의 인간이다. 시작과 끝은 지상의 인간들을 괴롭히는 문제이다. 연극은 모순적이고 결코 떨어질 수 없는 이 두 개의 축 사이에서 단절의 노래를 불러야 한다." 이러한 연출가의 생각이 무대에서 두루 표현되었는지는 알 수 없다. 다만 텅 빈 장소에서 형제의 갈등과 카인의 살인 그리고 혼자 남은 카인의 공허하고 견딜 수 없는 몸짓에서 죄를 범한 인간의 모습이 강하게 각인된다.

카인과 아벨에게서 나타나는 타박상의 흔적은 연출가의 표현에 의하면 "고통의 기억"이다. "신에 대한 특별한 사랑의 조건을 나타내는 흉터의 존재인데 이것이야말로 모순적이다. 질투 때문에 카인은 아벨을 죽이고 루시퍼 역시 질투 때문에 그렇게 되었다. 가장 아름다운 천사였던 루시퍼는 신의 피조물인 아담을 질투하였으므로 타락한 것이다." 그런데 질투는 어느 시대나 어느 장소나 인간에게 끊임없이 나타나는 현상이다. 그렇다면 인간은 악의 뿌리에서 결코 벗어날 수 없을 것이다. 〈창세기〉에서 인간의 죄는 근원적인 것이다. 죄가 재탄생의 수단이 되고 심사숙고의 수단이 될 때에는 더욱 그러하다. 이러한 의미에서 카인과 아벨은 분명한 이유 없이 살인을 저지르는 도스토예프스키의 주인공과 닮았다.

3) 나오며 : 아르토의 후예

신은 무슨 까닭으로 인간을 창조했을까? 신은 인간을 어떠한 모습으로 창조했을까? 창조란 무엇인가? 카오스에서 질서로의 이행이 창조인가? 그렇다면 질서란 무엇인가? 질서란 선인가? 그러나 반복하건대 "신은 인간을 아름답게만 창조하지 않았다." 신의 창조나 인간의 창조(아우슈비츠 수용소)나 악이 필연적으로 개입한다. 이 악의 숙명적 존재의 알림, 이것이 바로 〈창세기〉이며 이점에서 카스텔루치의 연극은 아르토의 잔혹연극과 관통한다. 성화파괴주의자인 연출가는 아르토의 후예를 자처하며 인간의 악을 거리낌 없이 무대에 펼친다. 예술은 순수한 것도 아니며 인간적인 악에서 자유로울 수도 없다. 연극은 재현의 장소도 아니고 심심풀이 땅콩도 아니다. 사물의 근원이 밝혀지고 죽음의 이념이 숙고되는 그런 장소여야 한다. 〈창세기〉는 죄악과 기형(잔혹)과 사물의 근원을 공격한다. 이 점에서 카스텔루치는 진정한 아르토의 계승자이다. 그의 연극에서 아르토의 목소리가 들려온다. 연극이라는 저쪽 세계의 끝을 가보려 했던 아르토의 목소리가 울려온다.

「창세기」에서 죽음의 공포를 느낀 연출가는 이렇게 외쳐댄다. "연극은 죽음과 가장 깊은 관계를 맺고 있는 예술이다. 연극이 존재하는 동안, 연극이 죽어가는 동안 연극 고유의 언어와 관계를 맺는 것은 죽음이다. 연극의 실체는 연극의 부재이다. 연극은 가장 강하고 매력적인 예술이다. 창세기는 공포에 관한 것이다. 신은 영원히 어둠 속에 존재하기 때문에 창세기의 근원은 어둠 속에 있다. 시초에 모든 것이 가능했다는 것은 생각만 해도 오싹하다. 모든 것이 존재할 수 있고 부재할 수도 있다. 창세기는 발생학의 메타포일 수 있거나 아니면 모든 조합의 전복일 수 있다. 창조 안에는 카오스의 이념이 존재한다. 지옥의 계시록의 종말과 창세기의 태초는 매우 유사하다. 이들 한 가운데 위치하는 성서는 피의 강물과 같다. 그 피는 그리스도와 순교자들의 피에 이르기 위해 아벨이 흘린 피의 강물이다."

10. 소리와 리듬, 세상의 중심에 서다
: 〈오셀로〉와 〈엘렉트라〉

인간 생명의 탄생을 맨 처음 알리는 것은 오감 가운데 청각을 울리는 소리이다. 붉은 피로 물든 찢어질 듯한 외침은 홀로 존재하던 타원형의 자궁에서 새롭고 낯설며 광활한 세계로의 열림과 확산을 뜻한다. 약간의 빛이라도 스며들 새라 눈을 꼭 감고 있는 생명은 그러나 귀를 활짝 열어 제치고 시각보다 앞서 청각을 통해 세상과 접촉한다. 하지만 불행히도 인간은 성장과 더불어 듣는 것보다 보는 것에 익숙해져 간다. 그러므로 청각에서 시각으로의 감각적 전이는 문명화에 따른 본능의 상실에 다름 아니다. 특히 이미저리(imagery)의 엄청난 무게를 지니고 있는 현대적 환경은 청각에 대한 소홀로 이어지고 있다. 공연예술을 종합예술이라고 일컬음에도 시각에 절대적 우선권을 두는 현상은 이러한 현대적 흐름을 반영하는 것인데, 그런 이유로 무대에서 효과와 소리는 점점 액세서리로 전락하는 경향이 있다. 이런 차에 2008서울국제공연예술제 공연 가운데 뮌헨 '캄머슈필레 극단'이 선보인 셰익스피어 원작의 〈오셀로〉와 일본이 자랑하는 세계적인 연출가 스즈키 타

다시(鈴木忠志)가 연출한 폰 호프만스탈(Hugo von Hofmannsthal, 1874~1929)의 원작 〈엘렉트라〉는 주목할 만한 공연이다. 별로 공통점이 없을 것 같은 이 두 공연은 소리에 대한 현대 연극의 하나의 경향을 포착할 수 있다는 점에서 특이할 만한 공연으로 기억된다.

2007년 〈세일즈맨의 죽음〉으로 우리 연극계에 강한 충격을 몰고 왔던 벨기에 출신의 연출가 루크 퍼시발(Luk Perceval)이 그 여운이 채 가시기도 전에 이번에는 셰익스피어의 비극 〈오셀로〉를 들고 왔다. 그런데 이 공연의 가난한 무대는 흑백의 이원적 양극성이 선명하다. 흰 옷의 순결한 데스데모나, 흰 셔츠에 검은 양복을 입은 장교들, 그리고 원작에서 흑인이지만 백인의 모습을 하고 있는 오셀로 장군은 선과 악의 이중성을 은유적으로 표현하고 있다. 그 중 무대의 한가운데에 놓여있는 흑백의 피아노와 피아노를 연주하며 노래하는 피아니스트가 유독 눈에 띈다(귀에 들린다가 아니라고 말한 것에 주목해야 한다). 책자에 소개된 뮤지션 옌스 토마스(Jens Thomas)의 이력을 보면 재즈와 클래식을 두루 망라한 전위적인 연주가로 '글로벌 피아니스트' 혹은 '피아노계의 지미 헨드릭스(Jimi Hendrix)'로 소개되고 있다. 음악에 대한 그의 실험적인 이력을 한눈에 알아차릴 수 있었는데 과연 〈오셀로〉에서 광기에 찬 피아노와의 싸움은 그것 자체가 하나의 퍼포먼스이다. 그의 극적 또는 연주적인 행위는 〈오셀로〉의 전반적인 흐름을 지배한다. 괴성에 찬 고음, 흐느낌에 가까운 목을 짜는 발성이 청중의 고막을 자극한다. 피아노는 인물들이 뿜어내는 갈등의 강약에 맞추어, 때로는 폭풍처럼 부서질 듯 강하게 때로는 미풍처럼 여리고 순하게 연주된다. 어떤 때에는 연주자가 손바닥으로 피아노를 두드리자 현악기는 타악기로 변하기도 한다. 그렇다보니 등장인물은 소리에 맞추어 춤을 추는 꼭두각시 인형 같다. 소리와 효과는 무대언어로서 연출의 부차적인 수단이라는 통념이 한순간에 무너진 것이다. 무대의 인물들이 소리를 배경삼아 연기를 하는 것이 아니라 소리를 따라간다. 연극 무대에서 연주자가 이처럼 무대의 가운데에 위치하며 집중적으로 조명을 받은 적이 있던가. 서사극 양식에서조차도 그저 무대 한 곳에 다소곳이 자리를 잡고 배우의 연기가 흐트러질까 조심스럽게 연주하는 것이 고작이고 보면 이처럼 강하게 클로즈업된 모습은 파격에 가깝다. 몇 년 전이었다면 이러한 연출은 관객들에게 된서리를 맞았을 것이다. 사실적 무대에서 감히 상상할 수도 없는 피아노의 존재는 참을 수 없는 장애물로서 배우의 동선을 방해하고 있기 때문이다. 피아니스트는 오케스트라의 지휘자처럼 무대 전체를 지휘한다. 소리와 그 소리에서 뿜어져 나오는 리듬이 무대의 중심이 되고 있는 것이다. 극의 전개에 따라 리듬이 뒤를 받쳐 주는 것이 아니라 리듬에 따른 연기라는 역전 현상, 이것이 〈오셀로〉에서 확인할 수 있는 새로운 무대 만들기이다. 왜냐하면 외부인의 침입처럼 낯설었던 그랜드 피아노가 어느 순간 관객의 눈에서 사라지고 오로지 소리와 리듬만이 압도적으로 존재하고 있음을 느끼기 때문이다. 아무것도 없는 빈 무대에 사원처럼 존재하는 피아노는 슬픔에 젖은 데스데모나의 안식처가 되기도 한다. 그녀의 침대가 되는 것이다. 단 한 번의 누움의 장소, 쉬거나 자거나 죽은 자세, 말하자면 안식의 장소로서 피아노는 탄생과 죽음의 건축물로 존재한다. 농익은 배우의 연기와 격정적인 움직임이 소리와 보조를 맞추는 것은 사실이다. 그 덕택에 연출가는 모든 것을 생략하고 오로지 배우와 피아노와의 관계 양상, 이들 사이에 갈등과 화합으로 펼쳐지는 공간적 연출에만 신경을 쓴 것은 아닌가 생각할 정도이다. 바로 이 점이 〈오셀로〉의 특징이다. 프로그램을 알지 못하고 들어온 관객은 연극 공연이 아니라 피아노 독주회라고 착각할 정도이니 말이다. 그러니까 연극은 피아노의 소리와 배우들의 연기만으로 채워진 형국이니 참으로 오만한 연출이다.

노와 가부키 또는 분라쿠 같은 일본의 전통극의 동작과 움직임에서 자신의 독특한 연기 기법을 접목시킨 '스즈키 메소드'는 이미 세계적인 명성을 획득하고 있다. 〈엘렉트라〉 역시 그리스 비극의 코러스 형식, 움직임과 리듬, 강약과 동시성, 기합이라는 무대언어로 그만의 특유한 무대를 만들어 내고 있다. 그리스 비극, 러시아 타강카 극단의 배우, 한국 배우, 일본 연출 등의 다국적 무대라는 특성을 지닌 타다시의 무대는 내용이 중요한 분절언어보다는 타악기처럼 외적인 소리와 리듬이 더욱 빛을 발하고 있다. 그러므로 피로 연루된 가족이면서 동시에 서로 간 치정에 얽힌 복수의 주체이자 대상인 등장인물은 일상체로 발성하는 대신 마치 발정 난 야생의 동물처럼 야만적, 자연적, 원초적, 본능적인 소리로 포효한다. 그들은 모두 병동에 입원한 환자로서 "세상은 병원이다"를 외치는 연출가의 개념에 따라 휠체어에 타고 있다. 무대에서 바퀴 달린 오브제가 활개를 친다. 정지하고 걷고 달리고 뛰어 넘고 구르고 다시 정지한다. 정지는 침묵으로 움직임은 소리로 나타난다. 특히 코러스를 연출한 다섯 개의 휠체어는 엘렉트라의 자아를 비추는 거울처럼 그녀의 내면세계를 투사하고 발설한다. 침묵과 고정된 시선으로 휠체어를 밀고 있는 의사나 간호사는 마치 분라쿠 인형 조종자와 같다. 그렇다면 극의 중심인물은 분라쿠 인형이 될 것이며, 지금부터 언급하려는 악기 연주자는 분라쿠의 악기 담당자인 샤미센이 될 것이다.

　이 같은 특징적인 양식의 〈엘렉트라〉에서 가장 눈길을 끄는 것은 당당하게 무대를 장악하고 있는 한 사람의 뮤지션이다. 연주자 타카다 미도리는 〈오셀로〉의 토마스와 마찬가지로 무대의 중심에 서서 여러 개의 일본 전통 타악기를 앞에 두고 춤을 추듯 연주한다. 처음부터 끝까지 무대를 열고 닫으며 모든 순간을 관할하는 연주자의 손과 발놀림은 오케스트라 지휘자의 상체 또는 스모 선수 하체의 움직임과 무척이나 닮았다. 연주자의 춤사위에 따라 탄생하는 타악기의 소리는 강약과 장단의 리듬으로 무대를 압도한다.

휠체어들은 세상을 돌듯 연주자의 주위를 돌면서 원무를 그린다. 원이 시각적 탄생하면서 가볍고 경쾌한 타악기의 리듬이 청각적으로 울려대는 것이다. 소리와 리듬이 무대를 지배하는 것이 〈오셀로〉의 경우와 어쩌면 이렇게 흡사한지……. 두 연극은 그 중심이 배우가 아닌 연주자이며 대사의 내용이 아닌 청각을 자극하는 원시의 소리인 것처럼 착각을 불러일으킨다. 〈엘렉트라〉에서 어둡게 축조된 무대를 울리는 진동과 파장은 관객이 눈을 감을 때, 인물들 간에 형성된 가슴을 파헤치는 비극적 관계가 오히려 더욱 선명하게 다가올 것만 같다.

동양의 거장과 서양의 떠오르는 신예의 두 공연에서 우리는 공통적으로 잃었던 청각을 되찾았다는 느낌을 받게 된다. 현대의 연극이 지나치게 시각에 의존하면서 청각의 역할이 축소되는 경향이 있다. 그러나 연극의 역사에서도 확인할 수 있거니와 제의적 혹은 카니발적 특징을 지닌 연극이 그 참맛을 제대로 표출하기 위해서는 말 그대로 종합예술로서 오감을 자극할 수 있어야 한다. 이런 점에서 이번 가을에 만난 〈오셀로〉와 〈엘렉트라〉는 인간의 영원한 고전을 다루면서 원형성을 그 바탕으로 삼아, 창의적이고 미래지향적인 고차원의 테크닉을 십분 발휘했다는 사실을 인정하지 않을 수 없다.

11. 되돌릴 수 없는 비극의 수레바퀴, 〈오셀로〉

1) 헝가리 국립극장 빅신하즈

헝가리 중산층을 대표하는 '빅신하즈' 국립극장은 레퍼토리 선정에 있어 전통적으로 주요 세 가지 원칙을 견지해왔다. 고전극, 현대극 그리고 프랑스 코미디와 파르스(farce)가 그것이다. 유수한 고전극과 현대극을 망라하고 코미디를 접목시켜 다양한 관객층의 호응을 이끌려는 의도를 짐작할 수 있다. 한마디로 '빅신하즈' 레퍼토리는 유럽의 정신을 담은 통합적 프로그램의 정신을 충실히 실천하려는 의지를 담고 있다. 예컨대 '빅신하즈'는 20세기 초엽 하우푸트만, 입센, 버나드 쇼, 오스카 와일드의 작품을, 양차 대전 사이에는 오닐, 피란델로, 브레히트 그리고 체홉 등 고전이 되어버린 현대극을 공연하였다. 그렇다고 '빅신하즈'가 자국의 현대작가를 소홀히 한 것은 아니다. "무대 위의 시간과 객석의 시간은 동일해야 한다"는 인식하에 역대 예술 감독은 동시대 작가의 극작품을 주의 깊게 다루어왔다.

에니쾨 에세니(Eniko Eszenyi)가 국립극장 예술 감독이 된 이래로 가장 중요하게 간주한 키워드는 지금까지 이어온 전통에 대한 존중과 새로움에 대한 탐색이다. 전통과 새로움의 코드는 충돌이 불가피한 것처럼 보이지만 이 충돌로 인해 거대한 역동적 에너지가 산출되기를 기대한다. 또한 연출가는 연극 무대가 갖는 독특한 "마법적인 효과"에 주목한다. 영상매체에 익숙한 현대인을 대상으로 만일 연극이 그 독특한 연희적 특성에 초점을 맞춘다면 다른 장르의 예술과 충분히 경쟁력을 지닐 수 있다고 생각한다. 따라서 에세니의 연극 유형은 사실적이기보다는 극장주의 연극, 퍼포먼스나 연극성이 강조된 연극에 더욱 가깝다.

에세니는 예술 감독으로서 '빅신하즈'에 대해 다음과 같은 소견을 피력한다. 첫째, "나에게는 빅신하즈를 가정과 같은 장소로 만들어야 한다는 사명이 있습니다. 공연 구성원과 대중 간의 긴밀한 관계를 유지하고 관객이 극장 활동에 적극적으로 참여하도록 유도하며 개인적인 친분관계를 구축하도록 함으로써 극장 건물, 극단, 공연을 자신의 것으로 생각할 수 있도록 하고 싶습니다."[1] '극장을 가정으로'라는 슬로건은 무척이나 대담해 보인다. 그만큼 극장의 문턱을 낮추고 대중이 쉽게 접할 수 있는 공간이 되도록 하겠다는 의미이며 친숙한 공간을 만들겠다는 의지이다. 이러한 사고는 레퍼토리 선정과 연출 미학에 영향을 끼칠 것이다. 둘째, 극장이 "사회적 관심사와 우리 시대의 문제에 열린 태도를 가지고 있어야" 한다고 생각한다. 이 시대 민중의 문제에 등 돌리지 아니하고 그들과 더불어 호흡하며 사회 문제를 소홀히 하지 않겠다는 의미다. 에세니는 계속해서 말한다. "나는 사회적 현실을 현재 유효하고 효과적인 다양한 연극적 형태에 반영하고 이를 연구함으로써 사회적 현실을 비판적, 분석적으로 바라봄으로써 결정적인

---

1 국립극장 창립 60주년 '국가와 극장 : 예술과 경영 사이에서' 발제문, 2010. 8.

역할을 하는 극장을 꿈꿉니다. 나는 또한 서로에 대한 관심과 창조적인 논쟁을 통해 실제 사회의 진보를 달성하는 극장을 꿈꿉니다. 무대에서는 최고의 수준을 보여주는 것이 가장 중요합니다. 나는 전문성, 창조적 작업의 각성효과, 영감의 힘, 예술가로서 우리의 직업에 대한 솔직한 태도를 믿습니다." 연극이 사회 현실을 비판하는 하나의 역할을 하는 것, 좀 더 나은 사회를 꿈꾸는 것, 최고의 공연을 위한 통합적인 작업 방식을 택하겠다는 것은 평생의 연극 경력이 집대성된 에세니의 연극관이라 하겠다.

2) 에세니의 이력과 작품 세계

연출가는 예술적 감수성과 동시에 인문학적 지식이 요구되는 존재이다. 경우에 따라 무대의 모든 것을 지휘하는 강력한 카리스마가 요구되기도 한다. 이러한 환경에서 남성에 비해 여성은 상대적으로 살아남기가 쉽지 않다. 세계의 유명한 연출가들의 반열에 올라 있는 연출가 중 여성 연출가가 드문 까닭은 이런 이유에서일 것이다. 그러므로 빅신하즈 국립극장 예술 감독인 에세니처럼 한 국가의 상징인 국립극장을 대표하는 극장의 예술 감독의 자리를 여성이 차지하고 있는 것은 이례적인 일이 아닐 수 없다. 이는 에세니의 연기력뿐 아니라 경영 능력과 지도력이 입증 받은 결과일 것이다. 현재 에세니는 헝가리 뿐 아니라 유럽에서도 예술성을 인정받는 가장 주목받는 연출가 중 한 사람이다.

1961년생인 에세니는 1983년 국립영화연극아카데미를 전공한 후 연기자로서 부다페스트에 자리한, 헝가리에서 가장 유명한 백 년 이상의 역사를 자랑하는 '빅신하즈'의 일원이 된다. 에세니는 무엇보다도 연기자라는 사실을 주목해야 하는데 연기자의 이력이 훗날 그녀의 연출 미학과 긴밀하게 연결된다. 우리의 관심사인 셰익스피어 작품에서 에세니가 연기자로서 공연한 내용은 다음과 같다. 〈한 여름 밤의 꿈〉에서 요정을, 〈리차드 3세〉에서 앤 부인을, 〈뜻대로 하세요〉에서 로잘린다를, 〈맥베스〉에서 맥베스 부인을, 〈십이야〉에서 바이올렛을, 〈안토니우스와 클레오파트라〉에서 클레오파트라를, 〈리어왕〉에서 코델리아와 바보광대 역을 맡아 멋진 연기를 보여 주었다. 이 외에도 쇼의 〈성녀 조앤〉에서 조앤을, 테네시 윌리엄스의 〈뜨거운 양철 지붕 위의 고양이〉에서 마거릿을, 〈욕망이라는 이름의 전차〉에서 블랑슈를, 고리키의 〈밑바닥〉에서 앨나스탸를, 오즈본의 〈성난 얼굴로 돌아보라〉에서 리슨을, 입센의 〈인형의 집〉에서 노라 역을 맡아 관객의 아낌없는 갈채를 받았다. 헝가리연극페스티벌에서 에세니는 노라 역으로 최우수 여우상을 거머쥐는 쾌거를 이루기도 한다. 배우 에세니는 연극 무대뿐 아니라 25편이 넘는 영화와 텔레비전에 출연하여 폭넓은 연기력을 유감없이 과시함으로써 헝가리의 사랑받는 국민 여배우로 자리매김하게 된다.

연기자로서 화려한 이력을 소유한 에세니가 연출 무대로 뛰어든 것은 일종의 모험으로 보아야 한다. 에세니는 1991년 부다페스트 체임버 극장에 연출가로 초빙되어 뷔히너의 〈레옹세와 레나〉로 데뷔를 한다. 이 작품은 헝가리연극페스티벌에서 최우수 연출상, 남녀 최우수 주연상을 비롯하여 7개의 상을 획득한다. 1992년 뮤지컬 〈웨스트사이드 스토리〉를 연출하여 또 한 번 최우수 연출상을 수상하며 연기자로서뿐 아니라 연출가의 예술적 재능을 확실하게 입증한다. 후속 연출작 클라이스트의 〈하일브론의 처녀 케트헨〉 역시 엄청난 성공을 거둔다. 자신감을 획득한 에세니는 본격적으로 셰익스피어 극작품에 매달린다. 1996년 '브라티슬라바 국립극장'에서 〈뜻대로 하세요〉를 연출하여 '니트라국제연극페스티벌'에서 최우수 연출상을 획득한다. 2001년 같은 극장에서 〈안토니우스우스와 클레오파트라〉를 연출하고 '프라하 국립극장'과 '빅신하즈'에서 〈헛소동〉을 '프라하 국립극장'에서 〈실수연발〉과 〈십이야〉를 연출한다. 2004년 브레히트의 〈남자는 남자다〉가 '워

싱턴 아레나 스테이지'에서 초청되어 공연하였고 2005년에는 '프라하 국립 극장'에서 로페 데 베가의 〈정원사의 개〉가 초청되어 공연한다.

2009년 에세니는 '빅신하즈' 예술 감독으로 임명된다. 전통과 새로움의 조화 속에서 관객의 요구에 부응하고 국립극장을 혁신시켜 새롭고 참신한 극장으로 거듭날 수 있도록 임무가 주어진 것이다. 이를 위해 착수한 첫 번째 작품이 바로 〈오셀로〉다. '빅신하즈' 예술 감독으로서 첫 번째 레퍼토리로 〈오셀로〉를 선택했다는 점은 의미심장하다. 에세니가 그동안 보여준 셰익스피어 극작품에서 재미있는 특징은 첫째, 처음에는 주로 코미디를 연출했다는 것이며 4대 비극 가운데 〈오셀로〉가 처음이라는 점이다. 둘째 에세니는 배우로서 클레오파트라, 안느 부인, 맥베스 부인을 열연하면서 여성의 성격과 위치에 관심을 가지게 되었지만 연출가로서는 오히려 남성적 특성에 주목하고 있다는 인상을 준다는 점이다. 심약한 성격의 햄릿이나 딸들에게 버림받는 리어왕, 아내로부터 지대한 영향을 받는 맥베스에 비해 강한 힘을 보여주는 오셀로는 매우 남성적인 인물이다. 또 연출가는 2011년 공연을 위해 〈로미오와 줄리엣〉을 준비 중인데 이 역시 셰익스피어 작품 가운데 남성적인 작품이라고 할 수 있다.

3) 연출 미학

현대 연출의 커다란 특징 중 하나는 공간의 적극적인 운용과 배우를 중심으로 삼는다는 점이다. 에세니의 연출 역시 이 두 요소가 중요한 자리를 차지한다. 한마디로 연기자로 풍부한 경험이 있는 에세니의 연출 콘셉트는 주어진 공간을 의미 있게 만드는 배우의 역동적인 움직임이라고 하겠다. 연출가는 종합적인 시각으로 공간의 색감과 리듬에도 주의를 기울인다. 에세니가 보여준 일련의 연출에서 특이한 점은 공연에 출연한 배우들은 예외 없이 전문가나 관객에게 객관적으로 연기력을 인정받았다는 점이다. 이는 배우 중심의 연출 방식으로 배우들의 숨겨진 연기 능력을 극대화시키는 연출 방식 덕택이다. 연출가는 연기자에게 일방적으로 지시를 하는 것이 아니라 상호 언어를 교환하는 양방의 소통방식을 취한다.

〈오셀로〉의 연출은 연출가의 자세와 철학을 잘 보여준다. 2009/2010년 시즌 '빅신하즈'의 간판 레퍼토리가 된 〈오셀로〉는 30년간 에세니의 예술적 경험과 지식을 종합한 작품으로 앞으로의 예술적 경향에 이정표가 되는 기념비적 작품이다. 연출가의 관심은 이 작품이 비록 고전이긴 하지만 현재를 살아가는 관객들에게 어떠한 의미가 있는가 하는 것이다. '빅신하즈'에는 유수한 단원들이 존재함에도 불구하고 이 공연을 위해 오셀로, 데스데모나, 이아고 같은 주요 역할을 외부에서 영입할 정도로 심혈을 기울였다. 〈오셀로〉의 출연진 전원은 군대에 입소하여 3일간 엄격한 군사훈련을 받았다. 군사훈련의 목적은 배우들로 하여금 작품의 배경이 되는 군대를 직접 체험하도록 하는 것과 군사적 지식을 습득하는 것 그리고 기초 체력을 다지는 것이었다. 〈오셀로〉야말로 군인 막사에서 벌어지는 군인들의 이야기가 아닌가! 더구나 배우들 중에는 군대를 경험한 사람도 없었다. 따라서 군대의 경험은 연기자들에게 표정과 동작과 움직임에서 실질적인 도움을 주었고 특수한 상황에서 남자들만의 세계에서 벌어지는 우정과 갈등, 그 해결방식을 이해하도록 하였다. 비록 3일간이긴 하지만 배우들이 군인이 되었다는 것은 무대에서의 존재 방식이 단순한 모방에 그치지 않는다는 것을 의미한다. 〈오셀로〉에서 벌어지는 계급 간의 갈등, 명령과 복종, 하극상이 원인 등을 몸으로 체현할 수 있게 된 것이다. 이로부터 연기자들은 무대에서 음성이나 시선이나 자세나 근육의 쓰임새에 있어 충분한 동기부여를 할 수 있게 되었다. 나아가 현역 장교를 연습실에 초청하여 조언을 듣게 하는 등 배우들이 진짜 군인과 접하게 함으로써 역할의 성격 구축에 큰 도움을 받도록 하였다.

　이러한 연출 방식에서 우리는 연출가의 철저함을 읽을 수 있다. 철저함은 작품의 콘텍스트를 이해하는데 도움이 되는 요소를 이끌어내는 능력을 배가시키기 위한 노력이다. 철저함은 배우들의 연기와 무대 건축에도 적용된다. 또한 직접적인 체험의 중시를 알 수 있다. 체험은 몸으로 익히기의 일환이다. 말하자면 무대에서 배우의 몸이 주는 은유적 기호를 충분히 활용한다는 뜻이다. 이러한 이념을 바탕으로 〈오셀로〉의 비어있는 무대에서 봉을 들고 집단적 군무를 추는 무리들이 탄생했다. 배우들은 극텍스트 분석과 병행하여 몸으로 이해를 하게 됨으로 생동감이 넘치는 살아있는 연기가 가능해졌다. 에세니의 무대에서 특별히 배우들의 연기가 관객의 시선을 사로잡는 이유를 여기에서 찾을 수 있다. 이러한 생생함을 바탕으로 관객은 오셀로의 치명적인 실수와 죄 없이 죽어가는 데스데모나 그리고 과오를 깨닫고 스스로 목숨을 끊는 오셀로를 보면서 자신을 관조하고 되돌아볼 수 있는 계기를 얻을 것이다. 연출가의 중심적 관심은 무대 앞에 현존하는 관객 자체이다. 연출의 콘셉트 역시 관객의 시선에 주의를 기울인다. 가령 젊은 관객을 위해서는 "젊은이들의 언어로 그들과 소통하고, 그들의 비주얼 니즈에 따라 장관을 연출하며, 그들의 음악을 연주하되, 무엇보다도 그들의 문제를 이해" 하고자 한다. 강약의 리듬 속에서 이따금 스펙터클이 압도하는 〈오셀로〉의 무대에서 현란한 음이 울려 퍼지고 시각적 특징이 강조된 것은 이러한 맥락에서다. 국립극장 팸플릿은 에세니의 〈오셀로〉를 "무채색의 회전무대 세트와 조명, 음악적 요소와 움직임"로 언급하고 있다.

　현재 에세니는 인터넷 등 새로운 미디어 장르에 대응하여 관객을 사로잡을 수 있는 극적 테크닉이 무엇일까 고민하고 있다. 고전을 공연하되 과거에 머물지 않고 대중과 더불어 호흡하며 변화하는 시대에 뒤처지지 않기 위한 에세니의 노력과 의식을 엿볼 수 있다.

4) 〈오셀로〉의 비극성

셰익스피어의 비극 〈오셀로〉를 대면하면서 우리는 이렇게 질문할 수 있다. 전쟁의 영웅 오셀로에게 과연 무슨 일이 있었기에 사랑하는 아내를 자신의 손으로 목 졸라 죽여야 했을까? 우리는 작품이 던지는 근본적인 물음 앞에서 무어인 장군 오셀로가 처해있는 어떤 특수한 성격을 읽어야 한다. 그는 무엇보다도 전쟁 영웅이다. 진정한 영웅이란 창검을 잘 쓰는 것만으로는 부족하다. 뛰어난 용맹뿐 아니라 지략에 있어서도 적보다 앞서야 하며 부하들로부터 존경을 받아야 한다. 그런데 데스데모나가 그의 곁에 존재하게 되면서부터 오셀로의 행적은 전혀 영웅답지 않다. 잔꾀에 능한 부하의 속임에 쉽게 걸려드는가 하면 사랑하는 아내를 금방 의심해버리고 확인 절차도 거치지 않은 채 엄청난 비극적인 일을 저질러 버린다. 부부 관계에 있어 그의 행동은 영웅이기는커녕 멍청한 사내에 다름 아니다. 왜 오셀로는 영웅에서 의심 많은 속 좁은 남자가 되어 버렸을까? 부부갈등의 비극적 정점에 서게 된 오셀로가 어떤 상황에 처했기에 이런 일이 생긴 것일까?

우리는 원작에서 몇 가지 정황을 언급할 수 있다. 첫째, 오셀로와 데스데모나의 결혼은 전적으로 젊은 데스데모나가 나이 차가 많은 오셀로 장군을 연모하여 결실을 맺게 되었다는 점이다. 데스데모나의 아버지가 어린 딸이 흑인 남자와의 결혼을 반대하는 것은 당연하며 딸이 자신을 속인 것에 분노를 느끼고 있다. 두 남녀의 결합에 있어 여자 쪽이 더욱 적극적이었으며 여자 측 집안의 축복 속에서 이루어진 것이 아니라는 사실은 비극 〈오셀로〉를 이해하기 위해 기억해야 할 사항이다. 둘째, 오셀로는 어린 시절부터 전쟁터를 누빈 군인으로 오로지 삶과 죽음이 존재하는 전쟁 이외의 것은 알지 못한다는 점이다. 죽느냐 사느냐의 경계에 놓여있는 전쟁터에서 가장 중요한 것은 자신과 동료에 대한 신뢰다. 그것이 깨지는 순간 적과의 전투는 패배로 끝나고 만다. 믿음과 의심 또는 배신은 목숨과 직결되어 있다. 따라서 군인의 사고방식은 맹목적이며 일단 믿음을 주었을 때 끝까지 믿는 경향이 있고, 만일 의심의 싹이 트기라도 하는 날이면 눈덩이처럼 걷잡을 수 없이 커질 가능성이 있다. 셋째, 오셀로는 몇 가지 콤플렉스를 가지고 있다. 하나는 주위 사람들과 종족이 다르다는 점이고 다른 하나는 젊고 아리따운 아내에 관한 것이다. 아내에 대해 자신감이 결여되어 있는 오셀로의 심리를 파악하고 이를 적절하게 이용한 이아고에게 꼼짝없이 당하고 만다.

등장인물들의 심리 상태가 공감각적으로 표출된 에세니의 〈오셀로〉 무대는 현대적이다. 장소와 인물들이 현재로 옮겨진 무대에서 남자들이 거칠게 숨소리를 토해내는 군인들의 세계가 긴장감 있게 펼쳐진다. 이는 동유럽에서 진행되었던 체제의 변화 속에서 불안한 삶을 살았던 헝가리 사람들의 지배적인 무의식을 대변하는 것처럼 보인다. 젊은 군인들이 상의를 벗어던지고 근육을 드러내거나 넘쳐나는 에너지를 발산하는 것만으로도 갈등 국면이 증폭된다. 위험천만한 인물들이 움직이는 어둡고 칙칙한 무대는 차가운 쇠창살의 질감으로 더욱 냉정하고 무뚝뚝하다. 동유럽의 강인함과 예술적 감수성이 교묘하게 스며있는 공간에서 남자들은 마치 비극적 제의를 예비하며 춤을 추는 것 같다. 배우들의 집단적인 동작은 하모니를 연출하기도 하고 반복적이고 적극적인 몸놀림으로 속도감 있는 현대무용을 보는 느낌을 주기도 한다. 흑백의 색채감과 끈을 놓지 않는 빠르기는 등장인물의 내면심리를 묘사하는 것이 분명하다. 그곳이 전쟁터이건 군인의 막사이건, 인간이 존재하는 곳이면 어김없이 나타나는 달콤한 속삭임과 쓰디 쓴 술수가 흑백의 무대장치와 더불어 등장인물들의 비극을 극대화시키고 있다.

에세니는 원작에 비해 무어인 장군 오셀로를 훨씬 젊은 남자로 그리고 있다. 젊고 덕망이 있는 오셀로는 역동적인 동작으로 건강한 신체를 드러낸다. 검게 칠한 탄력적인 피부는 매력적이다. 무대에서 두 명의 스트리퍼에 의해 검게 칠해진 피부는 두 번째 등장에서는 검은 흔적이 깨끗이 지워져 있다. 현재에도 그러한 경향이 농후하지만 셰익스피어 시대에도 흰 피부에 비해 검은 피부는 열등과 멸시의 상징이었다. 오셀로가 이처럼 불리한 상황 속에서도 최고의 지휘관이 될 수 있었다는 것은 그가 참으로 뛰어나고 용맹한 군인이었다는 것을 증명해준다. 전쟁터에서 오로지 실력으로 자신을 입증한 오셀로는 종족의 한계를 극복하고 뭇 사람의 신뢰를 받았던 것이다. 중요한 의미가 담겨있는 피부색이 에세니의 무대에서 변화를 주었다는 것은 의미심장하다. 어찌 보면 오셀로의 비극은 피부색으로부터 시작되는 것인지도 모른다. 휘하의 백인 장교들 가운데 캐시오처럼 신뢰감을 보이는 장교가 있는가 하면 이아고처럼 시기와 질투심을 가득 품고 있는 장교도 있기 때문이다. 백인 장교의 입장에서 마음에 들지 않는 오셀로가 아름다운 백인 처녀 데스데모나와 결혼을 한다니 참으로 가당찮다는 생각이 들만도 하다. 이아고가 그들의 결혼 소식을 듣고 득달같이 달려가 데스데모나의 아버지에게 일러바친 것을 보면 그들의 결혼에 얼마나 불편한 심기였는지 잘 보여준다. 개인적인 특별한 반감의 이유가 있었던 것은 아니지만 오셀로에 대한 이아고의 근본적인 적대감은 다른 피부색에서 찾을 수 있는 것이다. 이와 같이 오셀로를 혐오하는 상황에서 불길에 기름을 붓는 중대한 사건이 발생한다. 이아고가 내심 노리던 부관 자리에 캐시오가 임명된 것이다. 이 일로 말미암아 이아고는 마음속에 쌓여왔던 분노와 수치심이 한꺼번에 분출되고 만다.

우리는 이렇게 가정을 할 수 있다. 만일 터키군이 폭풍을 만나 스스로 와해되지 않았더라면 오셀로에 대한 이아고의 생각이 어떠했으며 어떤 행동을 취했을까? 공동의 적군이 코앞에 존재하는 판국에 내적 갈등은 수면 아래로 가라앉았을 것이다. 하지만 작품의 상황은 정반대로 진행된다. 인물들은 비장한 각오로 적군을 맞이하였으나 적군은 패퇴하고 승리의 들뜬 기분이 된다. 적이 사라지자 똘똘 뭉쳤던 그들 사이에 내분이 일어난다. 적군과 마주한 상태라면 통솔자의 지휘 아래 일사분란하게 움직였을 그들은 다시 인간적인 분노와 시기와 질투로 무장한 전혀 다른 인간이 된다. 이아고의 복수적 심리는 지극히 평범한 것에서 비롯된다. 지나친 야욕과 시기심, 그 정도라고 해두자. 구태여 복수할 것도 없고 크게 억울하거나 자신의 상관을 응징해야 할 특별한 이유도 없다. 흑인이 자기와 같은 피부색의 젊고 예쁜 여자와 결혼을 하고 부관에서 탈락시켰다는 점이 있기는 하다. 군대이기 때문에 이것은 예삿일이 아니라고 해두자. 하지만 아버지를 죽인 자를 복수하거나, 왕을 살해한 자를 응징하는 차원과는 비교가 되지 않는다. 이아고의 복수 심리는 단계적으로 상승한다. 시기심과 서운함이 어울려 분노로 전이되고 오셀로를 파멸시키고 말겠다는 강한 의지로 구체화된다. 교활하고 지능적인 이아고는 잘생긴 젊은 장교 캐시오를 매체로 활용하여 한꺼번에 실추된 명예를 되찾고 시기심을 만족시키고자 한다. 〈오셀로〉의 비극은 소포클레스의 비극과는 달리 어쩔 수 없는 인간적 숙명과는 거리가 멀다. 간사한 한 인간이 지능적으로 파놓은 함정에 걸린 죄 없는 인물들의 비극적 종말을 그리고 있기 때문이다. 이아고의 술수에 빠진 오셀로는 아내의 정절을 의심하기에 이른다. 부부간에 있어 아내에 대한 남편 혹은 남편에 대한 아내의 의심은 일부일처제의 제도를 도입한 이래 줄곧 있어왔던 가장 오래된 인간적 의심이다. 의심은 암적 존재와 같아서 일단 싹을 틔우기 시작하면 걷잡을 수 없는 독특한 성질을 가지고 있다. 오셀로가 아무리 덕망 있는 명장이라고 해도 마음 깊숙한 곳에서 의심의 씨앗을 터뜨린 이상 그 올가미에서 헤어 나올 길이 없다. 〈오셀로〉의 비극은 시기한 인간이 다른 인간을 파멸에 빠트리기 때문이기보다는 스스로 의심의 굴레에 빠져버린 후 그 비극의 바퀴를 거꾸로 돌릴 수 없다는 데 있다.

이 점을 강조하고 있는 에세니의 〈오셀로〉는 지금 이곳의 관객에게 거울이 되고자 한다. 자신이 얼굴을 똑바로 바라보도록 하고 진흙탕에 빠진 바퀴를 원상 복귀시키기가 너무나도 어려운 인간의 허약함에 경종을 울리려는 것이다. 헝가리의 〈오셀로〉가 보편성을 갖는 것은 이 덕택이다. 영국의 르네상스 시대를 재현한 것이 아닌 오늘의 무대는 이 점에서 근거를 얻는다.

12. 새로운 무대 공간을 위하여
: 〈라 까뇨뜨〉와 〈리체르카레〉

연출가를 공간디자이너라고 한다면 배우는 연출가가 디자인한 공간에서 움직이는 유기체가 된다. 수족관에서 자유롭게 헤엄치는 열대어가 배우라면 수족관을 디자인하고 장식하는 사람이 바로 연출가인 것이다. 씨름경기에서 경계선을 넘지 않는 것을 불문율로 지키는 씨름선수가 배우라면 선 밖에서 그들을 지휘하는 감독은 연출가에 해당한다. 연출가는 유기체에 의해 분할과 통합이 반복되면서 창출되는 공간의 의미를 꿰뚫고 있어야 한다. 한편 공간은 삶의 터전이다. 천연의 공간은 인위적 물질에 의해 새롭게 창조되고 인간은 창출된 공간에서 호흡하고 말하며 때론 침묵하고 고함을 치면서 그 고유의 생을 만들어간다. 원래 공간은 빈 공간으로 존재했으되 인위적 물질의 도움을 받아 인간의 생활공간으로 탈바꿈되었다. 건물을 짓고 나면 우리가 사용하는 곳은 건물 속의 빈 공간이 아닌가! 무대 공간도 마찬가지다. 멋들어지게 올린 현대식 극장 건물 속에 남아있는 빈 공간들, 이것이 무대가 되고 객석이 된다. 외형의 멋스러움에 신경을 써야 하는 동시에 내부의 공간을 어떻게 디자인하고 얼마나 다각도로 활용할 수 있는가가 현대 극장의 키워드이다. 무대 공간이 삶의 현장, 생생한 공간으로 변신하기 위해서는 무대는 아메바처럼 살아 움직이는 공간이 되어야 한다. 탈춤의 공간이 관객의 움직임에 따라 자유자재로 변모하듯이 말이다. 노자는 〈도덕경(道德經)〉 11장에서 빈 공간의 유용성을 다음과 같이 말한다. "30개의 바퀴살이 하나의 바퀴통에 집중되어 있다. 그러나 그 바퀴통 속에는 아무것도 없는 공간이 있기 때문에 차바퀴는 회전할 수 있어서 차로서의 쓸모가 있는 것이다." 또 "진흙을 이겨서 질그릇을 만든다. 그러나 그 내면에 아무것도 없는 빈 부분이 있어서 그릇으로서의 구실을 하는 것이다." 또한 "지게문과 창문을 뚫어서 방을 만든다. 그러나 그 아무것도 없는 빈속이 있기 때문에 방으로 쓸 수 있는 것이다." 배가 비었을 때 소리가 더욱 잘 나오는 공명의 원리, 벽 사이가 비어있을 때 방음 효과가 큰 방음의 원리도 바로 빈 공간이 지닌 거대한 힘 덕택일 것이다.

현대 연극의 핵심 중 하나는 공간의 활용이다. 무대 공간은 객석 공간과 나누어진 단순한 공간에서 다층의 의미가 함의된 복합공간으로 확대되고 있다. 실제적이고 물리적인 공간은 이미지의 도움을 받아 폭발적으로 확장되면서 의미의 폭도 덩달아 넓어지고 있다. 환각주의에 입각한 사실적 무대를 바라보는 관객은 공연이 재현되는 공간을 현실로 착각할 수 있을지 모르지만 공간의 활용도는 거의 제로에 가깝다. 현실을 모방하여 재현하는 무대 공간은 제한되고 닫혀있는 공간이다. 그러나 추상적인 공간, 이미지 공간, 극장주의 공간은 인물의 대사 한 마디에 사막이 되고 바다가 되고 하늘이 된다. 이 같은 무대 공간은 임의의 경계선에서 벗어나면 공연이 설립 불가능한 주어진 틀에서 작용하는 것 같지만 어느 덧 선 밖으로 나와 경계를 알 수 없는 공간이 된다. 오늘날의 연극 무대에서 종종 발견되는 공간인 것이다.

2009년 가로수의 단풍이 멋들어진 어느 가을날, 한국에서 만난 프랑스 연극은 빈 공간의 힘을 인지하고 이로부터 생산해낼 수 있는 새로운 공간을 목표를 두고 있는 것처럼 보인다. 우리가 관심을 갖는 공연 중 하나는 세계 국립극장페스티벌 참가작으로 쥘리 브로샹(Julie Brochen)이 연출한 〈라 까뇨뜨(*La Cagnotte*)〉이고 또 다른 하나는 서울국제공연예술제에 참가작으로 프랑스와 탕기(François Tanguy)가 연출한 〈리체르카레(*Ricercar*)〉이다.

1) 〈라 까뇨뜨〉의 변형 공간

프랑스 '스트라스부르 국립극장'의 내한 공연은 필자에게는 무척이나 반가운 일이었다. 필자가 유학시절을 보냈던 곳이 스트라스부르이고 이곳 국립극장의 공연을 종종 접했던 추억이 있기 때문이다. 참고로 프랑스에는 여섯 개의 국립극장이 있는데 그 중 파리에 다섯 개가 모여 있으며 지방 유일의 국립극장은 '스트라스부르 국립극장' 뿐이다. 노름판에서의 '판돈'이라는 의미를 지닌 〈라 까뇨뜨〉는 보드빌 작가로 유명한 외젠느 라비쉬(Eugène Labiche)의 비교적 후기 작품으로 장르는 코미디-보드빌(comédie-vaudeville)이다. 라비쉬의 보드빌은 노래를 곁들인 가벼운 코미디로써 부르주아에 대한 풍자적인 시각을 담고 있다는 특징이 있다. 대체로 보드빌은 대중적이다. 또한 대중음악이 삽입되어 대사 대신 줄거리를 전달하기도 한다. 일종의 가벼운 뮤지컬인 셈인데 이번 공연에서도 배우들이 노래 솜씨를 뽐낸 것은 보드빌이라는 원래의 장르를 십분 살리려는 의도이다. 〈라 까뇨뜨〉는 1864년 2월 22일 파리의 팔레-로와얄 극장에서 초연되었다. 19세기의 시대적 배경은 사실주의가 부흥하던 시기였다는 점을 염두에 두자. 말하자면 보드빌의 무대는 매우 사실성에 입각한 무대였다는 것이다. 그런데 라비쉬의 작품을 보면 텍스트에서 제시된 다양한 장소는 사실적인 연출가를 곤혹스럽게 하였을 것이 분명하다. 물론 그들이 자랑하는 건축술을 바탕으로 사실적 장소의 순간적 변화가 불가능한 것은 아니겠지만 시골과 파리, 실내와 실외를 오가는 장소의 변경이 쉽지만은 않을 터이다.

"프랑스 부르주아들의 유쾌한 도박이야기"라고 언급된 작품에 대해 언뜻 사람들이 흔히 즐기는 도박에 얽힌 이야기가 아닐까 하는 생각은 커다란 오산이다. 도박은 판돈을 모으기 위한 하나의 수단에 불과하고 이 판돈을 공동기금으로 촌놈들이 소위 서울(파리) 나들이를 가게 되고 그로부터 벌어지는 각종 해프닝이 극의 줄거리를 이루고 있기 때문이다. 말하자면 꽤나 먼 공간 이동을 보여줘야 하는 줄거리인 것이다. 국립극장에서 제공된 설명에서 〈라 까뇨뜨〉에 대한 공연의 특징은 "해오름극장 객석을 버린 과감한 연출과 피아노, 콘트라베이스, 퍼커션 등이 어우러지는 라이브 음악"이라고 명시되어 있다. 공간과 라이브 음악을 중시한 연극이라는 평이다. 아닌 게 아니라 이번 공연을 위해 해오름극장의 무대는 삼등분되어 버렸다. 가운데 부분은 배우들이 활동하는 공간으로 활용하고 양쪽 부분은 관객의 차지였으므로 관객은 서로 마주보는 형국이다. 관객이 다른 관객의 시선에 노출된다는 것은 심리적으로 매우 재미있다. 관음적 환경에서 오로지 관찰자로 존재하는 것이 아니라 관찰자이되 동시에 관찰당하는 자가 됨으로써 관극 태도가 근본적으로 달라질 수밖에 없다. 계곡 사이로 물이 흐르는 것처럼 배우들은 양 옆에 관객을 두고 움직임의 공간을 좌우로 활용하면서 등·퇴장을 자유롭게 하고 있다. "배우들은 객석 사이 공간을 무대 삼아 관객과 가깝게 호흡하며 극의 몰입도를 높일 것이다."

극테스트에서 설정되는 막은 전통적으로 공간을 기준으로 한다. 공연 중에 막을 내리는 것은 무대장치를 바꿔 새로운 장소를 제시하고자 하는 의도이다. 5막의 〈라 까뇨뜨〉에도 다섯 개의 장소가 제시되어 있다. 제1막은 시골 라 페르테−수−주아르(La Ferte-sous-Jouarre)에 있는 샹부르시

(Champbourcy) 씨네 거실이다. 거실에 대한 작가의 묘사는 이렇다. "무대 안쪽 오른편과 왼편에 문이 있고 탁자, 의자, 등잔이 있다. 오른쪽 전면에는 벽난로가 왼쪽에는 게임용 탁자가 오른쪽에는 조그만 원탁이 있다. 의자마다 커버가 씌어져 있고 책상과 탁자 등이 놓여 있다." 사실 서양인의 거실은 의자와 탁자 등을 위시해서 각종 장식물로 가득 채워진다. 한국의 거실이 빈 공간을 지향한다면 서양의 거실은 채움을 지향한다. 따라서 시골의 소부르주아의 거실을 그럴듯하게 묘사하기 위해서는 무대를 꽉 채워야 했을 것이다. 그러나 국내 관객에게 제시된 1막의 무대는 실제적 정황을 전적으로 무시하면서 무대지시에서 구체적으로 제시된 것만으로 단순화시키고 있다. 완전히 열린 무대에서 게임용 탁자, 의자, 원탁 그리고 등잔불이 주 무대장치를 구성하고 있는 것이다. 긴 게임용 탁자는 공연 내내 다양하고 긴요한 용도로 활용될 것이다. 제2막은 "매우 번쩍이는 가구들을 갖춘 식당. 무대 안쪽과 오른쪽과 왼쪽에 문이 있고, 무대 중간 양 옆에 옆문이 있다(안쪽에는 제대로 갖춘 진열장이 보인다). 탁자와 의자들." 이곳은 촌놈들이 엉겁결에 들어온 파리의 매우 비싼 식당이다. 무대지시에서 알 수 있듯 실제 파리의 멋진 식당은 고급스런 가구들로 가득하다. 그러나 이번 무대는 1막에서 사용했던 탁자와 의자를 재활용하고 붉은 카펫을 까는 것으로 만족하고 있다. 제3막은 경찰서의 대기실이다. 이곳은 다음과 같이 지시되어 있다. "왼쪽에 문이 두 개, 무대 안쪽에 창문이 있다. 왼쪽에 탁자 하나와 의자 하나가 있다. 오른쪽에 나무 벤치가 있다." 지금까지의 콘셉트를 보면 3막은 오히려 간략한 처리가 가능하다. 다만 여전히 존재하는 탁자와 의자에 주목하자. 제4막은 파리의 부르주아 코카렐의 집이다. "무대는 환하게 밝혀진 살롱을 보여준다. (…) 무대 전면 왼쪽에는 탁자 겸 책상이 있고 의자와 소파가 있다." 거실 대신 살롱으로 언급된 것은 이곳이 꽤나 화려해야 한다는 의미다. 벽난로와 커다란 촛대로 장식되어 있는 이곳 살롱을 사

실적으로 꾸미기 위해서는 제2막의 고급 레스토랑만큼이나 신경이 쓰이는 부분이다. 그러나 지금까지와 마찬가지로 연출은 약간의 천을 활용하고 기존의 탁자와 의자를 활용하여 간단하게 무대를 꾸미고 있다. 제5막의 공간은 실내가 아니라 거리다. "무대 안쪽 오른편에는 나무판자로 막아둔 건축 중인 건물이 있다. 왼쪽에는 식료품 가게와 과일 가게가 있고, 오른쪽에는 창문 아래 벤치가 있고, 무대 전경에는 커다란 계란 바구니가 있다." 이처럼 다섯 개의 막에서 언급되고 있는 장소는 상당히 다양하다. 연출가와 무대감독의 머리를 복잡하게 만드는 무대 공간이라 하겠는데, 하지만 이번 공연에서 연출은 의외로 단순하게 탁자와 의자라는 공통분모를 찾아내어 이를 집요하게 활용하고 있다. 다용도로 특수하게 고안된 탁자의 길이는 일반적인 길이보다 상당히 길어 비대칭적이기까지 하다. 그러나 긴 탁자는 객석과 나란히 배치되어 전반적인 흐름을 거스르지 않는다. "이 작품의 오브제로 사용되는 긴 테이블 6개는 공간에 다양한 변화를 주는 훌륭한 구조물로서의 역할을 수행한다. 배우들은 유기적으로 테이블 위치를 바꾸고 그 안에서 조화를 이루며 코믹한 상황을 연출한다." 이렇듯 소부르주아들의 유쾌한 파리 기행인 이 작품은 간단한 장치와 그 변형을 통해 장소의 이동을 제시하고, 유연한 장면전환으로 경쾌한 흐름을 배가시키고 있다. 비어 있는 공간은 피아노, 콘트라베이스, 퍼커션 등의 소리와 이를 반주로 가볍게 화음을 맞추는 배우들의 노래로 인해 더욱 공명이 확산되는 효과를 준다.

빈 공간을 지향한 〈라 까뇨뜨〉의 무대는 한마디로 공간의 파격이라 할 수 있다. 관객을 무대에 올린 것 이외에도, 비록 서사적 기법이 적용되고 있음에도 오브제의 시기적절한 사용으로 막 사이에 흐름이 끊기지 않고 이어나갈 수 있도록 한 것은 이 공연의 커다란 미덕이다. 사실적 무대라는 전통에서 벗어나 새로운 패러다임을 적용시킨 무대는 공간 활용의 탄탄한 구성력과 더불어 시골 사람들의 재미난 모험에 대한 호기심을 더욱 부채질하고 있는 것이다.

2) 시적 공간, 〈리체르카레〉

외국 공연은 자막이 부담이 된다. 특히 대사가 많은 공연은 자막을 읽느라 무대에 집중하지 못하는 수가 종종 있다. 자막이 없이도 무대에 대한 이해가 가능하다면 참 좋겠다. 이미지 연극이나 매체 연극이라면 가능할 것도 같지만, 만일 대사가 많으면서 자막이 없는 공연이 있다면 뭔가 놓친 것 같고 허전한 느낌마저 줄 것이 뻔하다. 구체적으로 이해하지 못했다는 부담감이 작용하기 때문일 것이다. 탕기의 〈리체르카레〉(2007년 초연)가 바로 그런 류의 공연이다. 주최 측은 친절하게도 대사 전체를 책자로 엮어 입장하는 관객에게 배포한다. 객석에 켜있는 희미한 조명의 도움을 받아 잠깐 책자를 읽어보니 이건 설령 대사를 이해한다 하더라도 크게 도움이 될 성 싶지가 않다. 자막을 보느라 정신을 쏟으니 무대에 집중하라는 연출가의 의도가 아닌가 짐작하게 하는 내용이다. 도발적인 붉은 표지의 책자를 살며시 가방에 집어넣는다.

이 공연 덕택에 많은 관객이 처음으로 토월극장의 무대를 밟았을 것이다. 〈라 까노뜨〉와 마찬가지로 무대에 객석을 설치했기 때문인데 우연의 일치인지 몰라도 무대를 객석으로 쪼개는 현상을 며칠 사이에 그것도 프랑스 극단을 통해 만나다 보니 그 쪽 유행은 아닌가 하는 생각을 잠시 해 본다. 여기서 드는 의문 하나. 왜 그들은 잘 재단되어 있는 기존의 극장 공간을 버리고 구태여 무대를 다자인하여 객석과 무대를 나누는 모험을 감행한 것일까? 일단 두 공연은 소극장을 염두에 둔 공연인 듯하다. 〈라 까노뜨〉의 경우 관객을 마주보게 하려는 연출의 의도가 크게 작용했을 것이며 〈리체르카레〉는 무대의 깊이가 중요했기 때문이 아닐까. 토월극장의 가로 무대를 세로로 사용하여 깊은 공간을 창출하려는 연출가의 즉흥적인 결정이 아닐까 풀이해본다. 여하튼 줄지어 서 있는 안내원들의 안내를 받으며 미로와 같은 객석이 아닌 무대로 입장하면서 이미 연극은 시작된 것이라는 생각이 든다.

프랑스와 탕기는 1982년 '라도 극단(Théâtre du Radeau)'을 창설하고 서사와 심리주의를 배제하면서 새로운 극작술, 시적 극작술을 끊임없이 추구하여 왔다. 보편적으로 시는 생략과 은유를 특징으로 한다. 시는 가능하면 말을 줄이고 행간을 강조하면서 해석의 폭을 넓게 하려는 특징이 있다. 따라서 이를 무대에 적용한다면 시적 공간이란 공간을 말줄임표로 메우면서 프레임을 없애고 황홀한 우주처럼 무한한 확장을 꾀하려는 목적을 지니고 있다고 하겠다. 생략이 많을수록 구조와 체계와 줄거리가 사라짐으로 관객은 더욱 이해하기 어렵다. 탕기는 음악과 즉흥 연기를 통한 집단 창작에 애착을 보이며 무대장치, 극작법, 미술 등에 대한 해박한 견해를 바탕으로 시적인 작업에 몰두하는 것으로 유명하다. 어쩌면 연출가가 꿈꾸는 것이 대사보다는 소리 자체일지도 모른다는 생각이 든다. 과감하게 자막을 걷어버린 것을 보면 그런 생각이 더욱 굳어진다. 벌써 제목부터 음악 냄새를 풍기지 않는가? "하나 이상의 주제가 선율 모방을 통해 발전해나가는 기악곡"의 의미를 가진 〈리체르카레〉는 모방과 반복을 통해 새로운 의미를 찾겠다는 의지로 받아들여진다. 한 인터뷰에서 제목에 대한 질문을 받자 탕기는 이렇게 대답한다. "제목은 다음적 환경이나 목소리의 교차, 말하자면 음악적인 것을 의미합니다. 테마는 이동목축의 과정 이를테면 푸가(둔주곡)의 선을 만들려는 것이죠. 여기에서 움직임은 연극적인 형태를 모방하는 것이 아니고 또한 '이상적 표현'을 위한 또 다른 방식을 생산하는 미학적 혼합을 추구하는 것도 아닙니다. 중요한 것은 음성적, 유성적, 시각적 실체를 무대화시키는 겁니다. 급격한 움직임, 자리 이동, 골절, 융기, 시각과 청각의 유동성을 의미하는 것이죠. 통로의 매듭, 진항(津航)하는 선, 한계를 추구하고 '동기'를 재개하려는 겁니다." 일반 무대의 동선과 공간 활용과는 거리가 먼 그의 공연이 일차적으로 중요시한 것은 음성적 소리와 시각이며 이를 비일상적 움직임으로 가시화하려는 의도로 보인다.

책자 끝 장을 보니 뜻을 몰랐던 등장인물들의 대사가 유명한 23개의 시, 철학, 편지, 가곡, 소설, 영화 등의 단편으로 이루어져 있다고 언급되어 있다. 비용, 단테, 카프카, 피란델로, 펠리니, 뷔히너 등의 난해한 단편들이 무대에서 파편처럼 나열되었던 것이다. 따라서 배우들이 읊는 대사는 의미에 앞서 멜로디 자체가 되고 신체의 동작을 위한 매체로 작용한다. 인용은 인용 자체로 끝나는 것이 아니라 공간화 되어 극적 형태로 거듭난다. 인용문에 따라 인물의 대사는 고전주의식 톤을 내뱉기도 하고 실존적 톤을 지니기도 한다. 공간 활용도 무대의 일반문법이 무시된다. 〈라 까뇨뜨〉의 공간이 유연한 흐름을 염두에 두면서 좌우로의 움직임에 편승했다면 〈리체르카레〉는 전후 및 상하를 적극적으로 활용하며 지극히 비상식적인 선으로 공간을 분할하고 있다. 그러다 보니 관객의 시선은 카메라 렌즈가 초점을 맞추듯 원근법에 익숙해지지 않을 수 없다. 고정되지 않은 판자와 샤막의 연속적인 활용, 무대 속의 무대, 무대 안쪽에서 객석을 향하는 조명을 통한 인물의 은유 속에서 변형된 그들은 쉼 없이 움직인다. 격정적인 동시에 온유한 리듬을 간직한 채 단절 없이 연주되는 심포니의 움직임과 유사하다. 이런 움직임을 연출가는 한마디로 랩소디의 움직임이라고 정의하고 있다. 이처럼 지극히 추상적이며 시적인 움직임의 특징을 우리는 공간의 구체적 분할에서 벗어나 열린 공간, 확산된 공간을 생산해 내려는 의미로 받아들이고 싶다.

움직임이 움직임으로 오버랩 되어 줄기차게 연결되던 공연이 끝났을 때조차 관객은 박수를 치지 못했다. 끝을 알 수 없었기 때문인데 그만큼 이해하기가 어려웠다는 증거이자, 작품이 굳이 극적 종결을 원하지 않았기 때문이기도 하다. 배우들이 여전한 리드미컬한 움직임으로 커튼콜을 위해 줄을 섰을 때에야 박수를 칠 수 있었으니 말이다. 한 가지 분명한 사실은 세밀하게 조탁된 공간 속에서 배우들은 소리와 움직임으로 엄청나게 확대된 볼륨감을 분명하게 보여주었다는 점이다.

3) 나오며

2009년 가을 '인천시립극단'은 로맹 롤랑(Romain Rolland)의 혁명극 〈사랑과 죽음의 유희(Le jeu de l'amour et de la mort)〉를 사실적으로 공연한 바 있다. 사실적인 무대와 의상 그리고 사실적인 연기가 특징적인 무대였다. 현대 연극에서 사실적 무대가 오히려 색다른 느낌을 주는 것을 보면 현대 연출가가 겪는 공간과의 갈등이 매우 치열하다는 것은 분명하다. 한편 '베세토연극제'에 참여한 일본의 스즈키 타다시는 프랑스의 낭만주의 극작가 에드몽 로스탕(Edmond Rostand)의 희곡 〈시라노 드 벨쥬락(Cyrano de Bergerac)〉을 일본 버전으로 공연하였다. 가부키를 접목시킨 이번 공연의 무대는 전형적인 일본 스타일이다. 다만 일본 연극의 특유하고 섬세한 공간 활용보다는 무대 장치와 음향의 화려함에 주의력을 집중하고 공간 활용은 약간 도외시한 느낌이다. 대미를 장식하는 하늘에서 흩날리는 엄청난 벚꽃 잎이 환상적이지 않은 것은 아니지만 약간은 가볍다는 인상을 주었다. 일본풍의 서정성이 한 폭의 그림 같았고 그 안에서 벌어지는 배우들의 조형적이고 절제된 동작이 일품이었지만 동작과 공간 활용의 연계는 기대에 미치지 못한 것이 사실이다.

이번에 만난 프랑스 원작의 공연 혹은 프랑스 극단의 공연은 극적 공간에 있어 4인 4색의 공연이었다. 프랑스 극단의 공연이 무대를 비운 반면 두 편의 동양 극단의 공연은 무대를 채운 공연이라는 점이 이채롭다. 사실 한국인의 전통적인 공간 활용은 노자의 사상처럼 비움의 미학에 있다. 서양 공간과 비교해 볼 때 한국의 공간은 책보와 가방과의 비교 설명이 가능하다. 가령 가방은 책과 공책, 필통을 넣는 공간이 분할되어 있지만 책보는 전혀 그렇지 않다. 떡을 싸면 떡 보자기, 책을 싸면 책 보자기가 되는 것이다. 내용물에 따라 그 용도가 달라지는 공간, 바로 이것이 한국의 전통 공간이자 현대 디자이너나 연출가들이 주목하는 공간이다. 아파트가 서양식 공간 개념으로 지어진 것이라면 거실이 없는 재래식 주택도 책보식 공간이다. 안방에 상을 들이면 식당이 되는 것이고 이불을 깔면 침실, 책상을 피면 공부방이 되는 식이다.

영화와 연극을 비교할 때 연극에서 가장 문제가 되는 것은 공간의 한계성이다. 어느 곳이든 미지의 장소라도 이미지—실사로 표현이 가능한 영화에 비해 정형화된 연극 무대는 한 없이 제한되어 있는 것이 사실이다. 이런 관점에서 하이 테크놀로지의 수혜를 누리고 있는 현대 연극은 이미지 연극, 매체 연극이 그러하듯 공간 확장을 위해 포화를 자욱이 날리며 치열한 전투를 벌이고 있다고 해도 과언이 아니다. 앞서 살펴 본 브로샹과 탕기의 무대도 과거의 폐쇄된 공간성을 극복하려는 시도임이 분명하다. 무대의 경계가 사라지고 좌우, 상하, 전후의 조절 능력이 생겨나면 그만큼 관객은 풍성하게 수확된 의미소들로 둘러싸일 것이 확실하기 때문이다.

II. 연극 : 이미지 그리고 언어와의 투쟁

1. 연극과 이미지

1) 들어가며

이미지는 전통적으로 서양 철학과 종교로부터 오랫동안 박해를 받아왔지만 니체에 의해 신의 죽음이 선언된 이후 무겁고 녹슨 사슬을 끊고 거리를 마음껏 활보하고 있다. 포스트모더니즘 시대를 맞이하여 대중예술이 가치를 인정받고 관심의 대상이 되면서 영상예술은 거대한 자본시장을 형성하기에 이른다. 하이 테크놀로지의 발달은 현실을 모방한 이미지를 더욱 가치 있게 만들고 있다. 사진술의 발달로 인화지로 재현된 세계는 실제보다 훨씬 더 강한 인상을 남기게 되었다. 음식 사진은 냄새가 솔솔 풍기는 실제 음식보다 더욱 먹음직스럽고, 관광지 사진은 실제 장소보다 더 멋진 풍경을 제공한다. 조화는 생화보다, 이미테이션 과일은 진짜 과일보다 더욱 멋지게 태어났다. 모방이나 이미지가 실제보다 더욱 진짜 같은 세상, 벤야민(Benjamin)이 언급한 '기술복제의 시대'가 도래한 것이다.

바슐라르(Bachelard) 이후 합리적이고 객관적 분석의 대상이 된 이미지는 이제 거리뿐 아니라 연극 무대에서도 날개를 달았다. 무대에 스크린이 설치되는 것은 흔한 일이 되어 버렸고 조명기술의 엄청난 발달에 힘입어 장면 만들기(미장센, mise en scène)는 이미지 창출을 위한 장이 되었다. 무대는 일종의 입체적인 프레임으로 전환되고 쇼트나 시퀀스의 형식을 지닌 채 이미지를 생성해내고 있다. 국제적으로 저명한 연출가들도 앞다투어 무대의 이미지화에 주력하고 있다. 이처럼 무대를 향해 홍수처럼 밀려드는 이미지 앞에서 우리는 이렇게 질문하지 않을 수 없다. 이미지 추구는 어디서 온 것이며 무엇을 뜻하는 것일까? 과연 연극에서 이미지의 역할은 무엇인가?

2) 이미지의 개념과 역사

막상 이미지가 무엇이냐고 질문을 하면 대답하기가 쉽지 않다. 바슐라르나 뒤랑(Durand)이 이미지를 명확하게 규정하고자 하였음에도 형체가 애매한 이미지의 속성상 항상 모호한 비논리성 속에 남아있다. 이미지는 어원적으로 라틴어 이마고(imago), 그리스어 아이콘(Eikon), 에이돌론(Eidolon), 판타스마(Phantasma)와 연계되어 있다. 모방의 뜻을 가진 이마고는 초상화, 상, 복제, 재생산 및 메아리의 뜻을 담고 있으며 조상의 초상화나 죽은 자의 마스크를 의미하기도 한다.(Joly, 83) 닮은(resemblance)을 뜻하는 아이콘은 꿈속의 이미지 같은 정신적 재현을 표현하거나 초상화 같은 물질적 표현에 사용된다. 모양과 형태를 의미하는 에이돌론은 비가시적 현상 혹은 비현실과 깊은 관계를 맺고 있다. 빛나게 해서 보이게 한다는 파이노(phaino)에 뿌리를 둔 판타스마는 환영, 꿈, 유령을 뜻한다.

이들을 종합해보면 이미지는 가시적인 형태를 지칭하는 경우와 비현실적이고 가상적인 것, 존재하지 않는 것의 산물을 지칭하는 광범위한 의미를 지니고 있음을 알 수 있다. 이미지는 감각적인 것과 지적인 것을 포괄하고 있는 것이다. 이미지는 시각에 기반을 둔 영상 이미지만을 일컫는 것이 아니라 청각·촉각·후각의 감각으로까지 확대된다.(유평근 외, 22~27)

과거 서양 철학과 종교는 무슨 이유로 이미지를 부정한 시선으로 바라보았을까? 이미지가 인간을 위험한 길로 빠트릴 수 있다고 생각한 것은 무슨 까닭일까? 아마도 상상력의 결과인 이미지에 열광하는 사람들은 젊은이이거나 예술인이거나 무정부주의자의 성향을 지녔을 것이 분명하다. 자유로운 영혼의 소유자일수록 이미지를 더욱 추구한다는 사실은 이미지가 인간의 본성에 가깝다는 것을 의미한다. 서양의 역사가 이미지 박해의 역사였다는 것은 역설적으로 아무리 이미지를 억압하여도 그 분출하는 생동력을 결코 제어할 수 없었다는 것을 의미한다. 그리스 철학자들이나 성상파괴주의자들에게서 알 수 있듯 이미지의 주요 논쟁은 모방에서 비롯된다. 테아이테토스(Theaetetos)는 이미지란 결코 본래의 존재가 아닌 그것과 비슷한 무엇이라는 모방물로 규정한다. 플라톤은 『국가』 제5권에서 침대의 예를 들어 모방은 인간 영혼의 가장 저열한 부분을 유혹하고 진리와 본질을 왜곡시킨다고 설명한다.(이정우, 79) 기독교는 이미지를 우상으로 간주하고 이를 엄격하게 금지시키기에 이른다. 성서가 이미지를 비판한 것은 이미지가 신의 행세를 할 위험이 있기 때문이다. 종교적 엄숙주의로 이미지를 금지하지 않으면 신과 유사한 절대적인 영향력을 인간에게 행사할 수 있다고 본 것이다. 따라서 성상파괴주의자들이 생겨났고 8세기경 비잔틴에서 성상파괴를 주도했다.(Joly 67~83) 이들은 20세기에 들어서도 아프가니스탄에서 탱크를 동원하여 '바미안 석굴'을 파괴하여 성상파괴주의를 다시금 재현함으로써 이미지 추구를 말살하려고 하였다.

그러나 현대는 "이미지 폭발 시대"(유평근 외, 14)다. 인본주의 사상에 뿌리를 둔 인간성 탐구와 개성의 존중이 이루어지면서 이미지는 제대로 평가받기에 이른다. 프랑스 사상계에서 본격적으로 상상력과 관련된 이미지 연구의 길을 열게 된 것은 바슐라르의 공헌이다. 그는 정신생활에 이미지가 편재하고 있다는 것을 과학적으로 입증하고자 했으며, 이미지에 세계와의 시적인 관계의 원천이 되는 존재론적 존엄성과 몽환적 창조성을 부여하려 하였다. 이미지란 수동적이고 소극적인 지각의 찌꺼기가 아니라 의미작용의 힘과 변형을 갖춘 표상이라고 생각한 바슐라르는 상상력을 무의식의 깊이에까지 뿌리내리도록 하였다. 바슐라르는 예술 활동이나 휴식 중에 자연 발생적으로 떠오르는 몽상에 입각하여 이미지를 분석함으로써 이미지의 생산법칙을 증명하고자 한다. 이미지의 세계는 물리학의 법칙만큼이나 구속력이 있는 진정한 '몽환적 물리학'의 법칙에 근거하고 있다고 본 것이다.(홍명희, 581~590)

오늘날 우리는 단순히 원본의 복제물이 아니라 고유의 정체성을 지닌 시뮬라크르(simulacre, 실제의 인위적 대체물)의 시대를 살고 있다. 그리스적 편견에 의해 폄하되었던 시뮬라크르의 의미를 새롭게 발굴해낸 것은 현대 사유의 커다란 성과 중 하나이다. 이미지가 모방의 열등의식에서 벗어날 수 있었던 것은 이러한 사상의 흐름에 편승한 결과다. 모방이 진본보다 더욱 가치를 가질 수 있는 이미지/시뮬라크르의 이념은 이미지에 대해 자신감을 심어 주었다. 이제는 시뮬라크르가 현실을 모방하는 것이 아니라 현실이 시뮬라크르를 모방한다. 살인 사건이 영화화되는 대신 영화를 보고 살인사건을 흉내 내는 것이다.(이정우, 58~61) 시뮬라크르의 시대를 맞이하여 무대 역시 현실의 모방이 아니라 현실보다 더욱 진본다운 무대를 구축하고자 하는 미학적 근거를 지니게 되었다.

3) 연극과 이미지

신화와 전설, 문학과 예술에 천착하는 인간은 이미지의 동물이다. 현실과 이상이라는 역설적 대지에 두 발을 딛고 있는 인간은 현실을 수용하는 동시에 상상력을 추구하면서도 끊임없이 이로부터 벗어나고자 한다. 상상력의 산물인 이미지는 현실적인 시공간을 벗어날 수 있는 유일한 수단이다. 예술 가운데 '지금 이곳(hic et nunc)'의 예술인 연극은 구체성이 결여된 이미지와 거리가 먼 것으로 생각한다면 오산이다. 연극이야말로 이미지를 가장 적절하게 활용해야 하는 예술이며 그렇지 않을 경우 무대는 건조함 자체가 되고 말 것이다. 우선 이미지를 직접적으로 활용한 무대로는 그림자 연극이 있으며 가면극, 인형극 등에서도 이미지 효과가 극대화된다.

(1) 그림자 연극과 이미지

그림자는 이미지이다. 두 손을 현란하게 조합시켜 호롱불에 비추어 벽면에 갖가지 그림자를 만들며 놀았던 어린 시절의 그림자 놀이는 훌륭한 그림자 연극의 시초이다. 빛과 그림자를 조합시킨 그림자 연극이야말로 인간의 상상력이 빚어낸 이미지의 원형을 분명하게 보여주며, 이미지로 가득 찬 무대의 가능성을 제시한다. 실체를 투영하여 생겨나는 그림자의 다양한 형체는 어떤 연기자도 흉내 낼 수 없는 몸짓으로 관객에게 커다란 상상력을 불어 넣는다. 로베르 르빠주가 라스베가스에서 연출한 〈Ka〉에서 재현된 그림자 연극은 최첨단의 하이테크와 전통적인 그림자 연극의 아름다운 만남을 재현하고 있다.

(2) 인형극과 이미지

인형극 역시 그림자 연극과 유사한 이미지를 제시한다. 특히 왜곡된 초인형은 새롭고 몽환적인 이미지를 충격적으로 창출하여 극적 효과를 극대화시킨다. 소설 혹은 영화 〈걸리버 여행기〉에서 외모의 크기가 비정상적인 방식으로 재현된 자체로 독자/관객은 충격을 받으며 상상의 세계로 인도된다. 연출가 크레이그(Craig) 혹은 피터 슈만(Peter Schumann)의 '빵과 인형극단'은 초인형을 제시하여 관객을 상상의 입구로 안내함으로써 잃어버린 능력을 되찾아 주려는 것을 목적으로 삼는다. 현실을 모방하는 무대의 인물을 다시금 모방하는 인형극은 복사와 복사를 되풀이하면서 원본과 멀어지는 두려움에서 벗어나는 계기를 마련해 준다. 인형에 투사된 인간의 모습은 이미지로 제시되지만 오히려 사회적 얼굴인 페르소나를 걷어치운 진실의 맨얼굴을 만날 수 있는 기회를 제공한다.

(3) 가면극과 이미지

가면극은 고정된 이미지 뿐 아니라 새롭고 낯선 이미지를 제공한다. 가면에 고착화되고 정형화된 인물을 통해 관객은 즉각적으로 연민, 공포, 적개심에 사로잡힌다. 가면극이 진행되면 그곳에 실존하는 관객과 배우는 가면을 통해 자신에게 부여된 사회적 역할에서 해방되는 것을 느끼고, 타인과의 사회적 관계를 무시할 수 있는 용기가 생겨나며, 타부를 깨트리는 것도 가능해진다. 가면의 축제는 정체성, 계급 차이, 성의 금지를 해방시켜 준다.(Pavis, 21) 가면의 이미지에는 죄의식을 씻어주는 정화의 역할이 있다.

가면극은 거울 바라보기이다. 자아의 정체성을 찾기 위해 스스로를 응시하는 행위이다. 가면극의 거울은 빛을 반사하는 거울이 아니라 관통하는 거울이다. 그 밑바닥을 알 수 없는 깊은 강물처럼 끝없이 탐색해야 하는 무한대의 시공간이다. 일상의 거울은 현재를, 존재하는 것만을 반영한다. 그러나 가면극의 거울은 반사가 아닌 투사의 거울이다. 마음을 비추는 거울이다. 가면극이 제공하는 상상력은 마음속의 악성 종양, 찌꺼기, 죄의식이 무엇인지 마치 CT로 촬영한 것처럼 그 실체를 분명하게 보여준다. 가면극으로 촉구된 상상력은 나를 이미지화시켜 나의 진실한 모습을 직시하게 한다. 가면극의 이미지가 갖는 미덕이 바로 이것이다.

(4) 희곡언어와 이미지

상상력을 극대화시켜 이미지 효과를 꾀하는 이미지 연극 이외에도 이미지는 일반 연극에서 커다란 역할을 한다. 대사로 대변되는 분절언어 역시 이미지와 밀접한 관계를 맺고 있다. 희곡 읽기는 머릿속에 무대의 이미지를 그려내는 행위이다. 홀로 읊조리며 고뇌하는 햄릿의 모습은 독자의 고유한 시니피에가 되어 자신의 인식과 문화를 기반으로 독자적인 이미지로 각인된다. 기호이자 상징인 언어는 자체적으로 이미지이지만 특히 삼차원의 구축을 전제로 하는 희곡언어는 이미지의 세계로 관통하는 문이 된다.

(5) 관객과 이미지

현실은 언제든지 과거가 되기 때문에 현존은 무엇이든 예외 없이 이미지로 자리매김한다. 누군가 한 편의 연극을 보고 극장을 나서면서 진한 감동을 느꼈다면 그 무대는 머릿속에서 영원히 맴돌 것이다. 객석에서도 시간의 흐름은 멈추지 않는다. 시간은 오로지 이미지로만 고정될 수 있다. 현재 이곳의 무대는 순간적인 현실태이므로 매 순간 이미지로 저장된다. 그러므로 연극이 끝났을 때 관객이 종합하는 것은 이미지들의 결과이다. 연극과 이미지는 애초부터 상생관계인 것이다.

(6) 무대장치와 이미지

현대의 연출가 가운데 특히 무대와 이미지를 조합시키려는 연출가들은 이미지 자체가 아니라 이미지의 진화된 쓰임새에 더욱 관심이 많다. 그들은 첨단 기술을 활용하여 좀 더 교묘하고 생생하게 이미지를 생산하고 이를 활용하고자 한다. 이미지 테크닉은 갈수록 정교화되고 무대와의 조합 방식도 다양해졌다. 이미지 연출가들은 무대장치의 테크닉을 예술적 수준으로 끌어올리고자 노력하면서 테크닉 자체가 연극 수준을 결정한다고 생각할 정도다. 그러니 무대를 구성함에 있어 자신의 고유한 이미지 비법에 대해 철저하게 비밀을 유지하려는 것은 당연하다. 가령 무대에 배우의 실제 몸과 홀로그램을 동시에 재현하면서 이야기를 엮어가는 것으로 유명한 캐나다 극단 '4D Art'는 무대를 꾸밀 때 관계자 외 출입을 철저하게 금지시키고 있다.

4) 이미지 무대의 실제

이미지와 결합된 연극 혹은 이미지 연극이라고 해서 스크린으로 가득 찬 무대를 기대해서는 안 된다. 무대에 액정 화면을 기대했다면 차라리 백남준의 비디오 아트를 찾는 게 좋다. 극장의 내부 공간은 공연이 시작되기 전부터 관객에게 무수한 이미지를 발산한다. 설령 무대가 막으로 가려져 있다고 하더라도 관객은 일상의 공간에서 벗어난 기대감으로 극장의 공간 이미지와 합류한다.

종합예술인 연극은 자체적으로 이미지의 예술이다. 자칫 잊기 쉬운 사실은 예술이 종합적으로 어우러지는 바로 그곳이 연극의 터라는 사실이다. 연극이 취할 수 있는 모든 예술 양식을 균형적으로 취하는 연극, 그로부터 이미지를 양산하는 무대 이것이 연극의 본 모습이다. 이미지 연극의 대가들을 보면 영상물을 극적 공간에 도입하여 특별한 이미지를 창출하는 데 관심을 기울이는 대신 다양한 무대언어를 종합적이고 적극적으로 활용하여 편중된 감각에 균형감을 세우려고 한다. 그러므로 모든 연극은 이미지로 덧씌워져 있다고 말할 수 있다. 이미지를 발산하지 못하는 연극은 죽은 연극이다. 상징, 은유, 꿈, 비현실적 세계로 가득 찬 상징주의 연극이나 초현실주의 연극에 비해 미약하긴 하지만 신고전주의 연극이나 사실주의 연극도 나름대로 이미지를 투영한다. 이에 비해 이미지 연극의 대가로 불리는 연출가들은 무대 전체를 프레임화하던가 영상예술을 적극적으로 도입함으로써 이미지를 더욱 강화시킨다. 국내에 소개된 저명한 외국 연출가 가운데 로버트 윌슨, 로베르 르빠주, 로메오 카스텔루치, 미셸 르미유 등은 각자 독창적인 기법으로 무대의 이미지화에 성공한 연출가들이다.

2010년 가을, 서울에서는 풍성한 공연이 펼쳐졌다. 특히 외국의 유수한 연출가들이 내한하여 국내 관객을 설레게 했다. 2010년 가을 공연의 전반적인 특징을 한마디로 요약하라고 한다면 바로 '이미지'가 될 것이다. 그 중 특별한 의미가 있다고 판단되는 토마스 오스트마이어(Thomas Ostermeier)의 〈햄릿〉과 로버트 윌슨의 〈크라프의 마지막 테이프(Krapp's Last Tape)〉의 예를 통해 이미지 연극의 미학을 살펴보기로 하자.

(1) 오스트마이어의 〈햄릿〉

왕관을 거꾸로 쓴 광기의 햄릿이 권력과 제도와 관습을 신나게 조롱하는 〈햄릿〉의 무대는 광적인 놀이터이다. 미쳐버린 세상을 엉킨 진흙으로 상징화시킨 무대에서 배우들은 카메라를 직접 들고 서로의 얼굴에 마구 들이댄다. 'In-yer-face' 연극[1]처럼 도발적인 카메라의 들이댐은 무대에 설치된 샤막-쇠사슬-스크린에 투영되어 갖가지 효과를 만들어 낸다.

첫째, 카메라의 들이댐은 〈햄릿〉이 개인의 사적 공간을 침입하는 '면전 연극'이라는 점을 강조한다. 타인과는 일정한 거리를 유지해야 한다는 강박관념에 사로잡힌 서구인들에게 있어 일정한 거리의 파괴는 자신이 송두리째 드러날지도 모른다는 불안감에 휩싸이게 한다. 둘째, 카메라의 들이댐은 스크린에 클로즈업의 효과로 나타난다. 확대된 얼굴은 왜곡된 얼굴이지만 그 왜곡은 때로는 페르소나가 제거된 진면목이 되기도 하다. 왜곡 속에서 인물들의 감추어진 권력과 성에 대한 욕망이 더욱 확연하게 드러난다. 셋째, 무대에 실존하는 인물들이 다시 스크린에 투영된다는 것은 실체와 허상이 동시에 존재하는 것이 된다. 무대 위의 인간은 연기자와 등장인물의 이중적 인격이 합산된 존재이다. 보통 극적 언어가 활성화되어 있는 극 공간에서 관객은 관객-연기자-등장인물을 하나로 통합시키려는 속성이 있다. 그러나 연기자-등장인물의 확대된 모습이 스크린에 투영되는 순간, 관객은 실체와 그 환영을 동시에 보게 되면서 통합의 원리가 소멸되어감을 느낀다. 감정 이입에서 떨어져 나온 관객은 자신을 돌아보며 내적 인식에 휩싸인다. 이처럼 카메라로부터 확대된 이미지는 "관객으로 하여금 인식뿐

---

1 'In-Yer-Face' 연극에 대해 알렉스 시어즈(Aleks Sierz)의 개념을 참고로 다음과 같이 정리할 수 있다. "한마디로 'In-Yer-Face' 연극은 우리가 우리를 규정할 때 사용하는 여러 가지 구분점들에 도전한다는 것이다. 인간과 동물, 깨끗함과 더러움, 건전함과 불건전함, 정상과 비정상, 선과 악, 진실과 거짓, 사실과 비사실, 옳음과 그름, 정의와 부정의, 예술과 삶 사이의 구분점 말이다. 다시 말해서 'In-Yer-Face' 연극은 우리가 너무 고통스럽거나 너무 두려워서, 너무 불쾌하거나 너무 아파서 보통은 피하고자 하는 사상들이나 느낌들을 우리로 하여금 강제로 직면케 한다는 것이다. 시어즈가 희랍과 로마의 비극, 아르토의 잔혹극, 그리고 그로토프스키의 '가난한 연극'을 'In-Yer-Face-theatre'의 맥락 안에 두는 것도 이 때문이다." 김윤철, 「신연극성과 비평의 대응: 유럽의 경우」, 『오늘의 세계연극 읽기』, 14~15.

아니라 인식의 과정 자체를 재검토하도록"(백로라, 13) 한다. 넷째, 카메라맨은 관찰자의 눈, 제3의 눈을 가진 자이다. 햄릿은 각각의 인물에게 자신이 바라보는 방식으로 카메라를 들이댐으로써 자신의 눈에 비친 클로디어스, 거투르드, 폴로니어스, 오필리어를 관객에게 각인시킨다.

원작을 시퀀스별로 재구조화하여 장면 만들기(미장센)를 통해 제시된 이미지들은, 오스트마이어의 그로크테스크한 연출 스타일에 따라 연극적으로 충격적인 시각적 장면 만들기를 보여 준다.(심정순, 173) 몽타주 형식을 지닌 냉정한 이미지를 통해 만들어진 훌륭한 시각적 무대 자체가 바로 오스트마이어의 연출 미학인 것이다. 따라서 이 공연에서 주목해야 할 것은 무대에 영상 이미지를 삽입했다는 것이 아니라 이미지가 그의 미학적 맥락에 걸맞은 적절한 연극언어가 되고 있다는 사실이다.

(2) 로버트 윌슨의 〈크라프의 마지막 테이프〉

인간은 과거를 아름답게 미화하는 습성이 있다. 과거는 어머니의 품이며 고향이며 추억의 물줄기이다. 그러나 〈크라프의 마지막 테이프〉의 주인공은 극의 마지막에 이르러 예상과는 달리 이렇게 외친다. "아마도 내 전성기는 지나간 것인지도 모른다. 행복할 수도 있었는데. 그렇지만 되돌아가고 싶지는 않아." 69번째 생일을 맞은 크라프가 39번째 생일날에 녹음해 놓은 과거의 테이프를 들으면서 절대 그 시절로 되돌아가고 싶지 않다고 내뱉는 것이다. 과거가 기억 속에 저장된 이미지라면 과거로의 회귀 거부는 이미지의 거부일까? 그런 것 같지는 않다. 과거의 거부는 오히려 신과 이데아를 부정하고 이 세계의 현상을 긍정한 니체주의나 포스트모더니즘의 이념과 맞닿아 있다. 과거의 탯줄과 단절을 선언하는 크라프의 마지막 절규는 오히려 새로운 패러다임의 연극이다. 윌슨의 이번 공연은 이백 번 이상 조작된 조명 효과와 자극적인 테이프 소리가 반복됨으로 시청각 이미지가 무수하게 발산되는 이미지 연극을 꿈꾸는 외침이었던 것이다.

테이프는 소리를 녹음한다. 소리를 반복해서 재생할 수 있으며 과거의 소리를 불러낼 수 있다. 소리 세상인 테이프를 통해 청각 이미지가 생생하게 재생된다. 청각 이미지를 통해 크라프는 30년 전의 과거를 마치 현재처럼 떠올린다. 이미지는 환상이 아니라 오늘을 있게 하는 실체가 된다. 청각 이미지는 크라프에게만 전달되는 것이 아니라 관객에게도 전달되어 스스로 기존의 인식에 의문을 품게 한다. 윌슨이 제시한 단순하지만 과장된 소리, 그것은 크라프의 소리이자 윌슨의 소리이다. 윌슨이 진정한 침묵을 연출할 수 있는 것은 과장된 소리를 겪었기 때문이다. 관객은 윌슨의 침묵과 단순하면서 과장된 소리를 통해 무대를 이미지화한다. 녹음된 소리는 현재의 소리를 침묵으로 몰아넣는다. 과거의 소리를 듣기 위해 귀를 기울이는 동안 침묵이 필요하기 때문이다. 시간차를 둔 두 음성은 동일한 인물의 소리지만 서로 대적한다. 하나가 들리면 다른 하나는 침묵해야 하기 때문이다. 과거와 현재는 이렇게 서로 엇갈린다. 청각 이미지가 전해주는 교묘한 교훈, 그것은 과거는 과거일 뿐이라는 메시지이다.

오스트마이어와는 달리 윌슨의 무대에는 영상을 위한 장치가 전혀 없다. 그럼에도 그의 연극은 이미지 연극을 개척한 실험극의 거장이라는 닉네임에 걸맞게 상징, 시니피앙, 은유, 이미지들이 풍성한 무대가 되었다. 광대로 분장한 연기자의 단순하고 양식화된 몸짓, 비정상적 속도감을 지닌 반복적인 동작과 소리들, 볼륨감 있는 조명효과로 강조된 사물과 인물의 실루엣, 차가운 느낌의 기하학적 공간은 무수한 시청각적 이미지가 역동적으로 작용하는 무대를 만들어 냈던 것이다.

5) 나오며

이미지 연극의 특징을 몇 가지로 요약하면 다음과 같다. 첫째, 이미지 연극은 무대언어가 더욱 강조되고 종합된 결과이지 보여주려는 화려한 장관이 아니다. 이미지 연극은 한 번도 만난 적이 없는 낯선 이미지를 창출하려는 실험연극이 아니라 연극이 애초부터 지니고 있는 예술의 종합성을 더욱 강화시키는 연극이다. 산업화와 문명화로 인해 본래의 잃어버린 연극성을 되찾으려는 것, 이것이 이미지 연극이다. 둘째, 〈크라프의 마지막 테이프〉가 보여주듯 이미지 연극은 연기, 조명과 음향효과, 분장과 의상과 소품 및 무대장치가 어우러져 일상을 파편화하고 관객에게 새로운 인식의 기회를 제공하여 세상을 새롭게 바라보도록 하는 연극이다. 이미지 연극은 녹슨 감각을 자극시켜 일상의 습관을 깨트리도록 권유한다. 무대와 이미지의 만남은 관객의 감각을 일깨워 연극언어 속에 깃들어 있는 다층적 의미를 체험하도록 한다. 이미지는 어둠과 마찬가지로 사물의 깊이를 더해주는 동시에 사물이 발하는 빛의 확산을 견고히 해준다. 이미지는 관객의 상상력을 자극하여 사물의 본질에 한 발 더 가까이 다가서도록 한다. 이미지의 의미를 포착한다는 것은 직접적인 의미를 넘어서서 감추어진 간접적인 의미를 간파한다는 것을 뜻한다. 즉 겉으로 드러나는 의미가 아니라 상징적 은유, 즉 '살아있는 은유'로 나타나는 사물의 본질적 의미를 파악한다는 뜻이다.(홍명희, 584~595)

셋째, 이미지 연극은 관객의 능동적이고 통감각적인 참여가 있어야 비로소 성립되는 연극이다. 관객의 인식의 폭을 넓히거나 새로운 시각을 갖도록 하는 이미지 연극이 진정한 가치를 지니기 위해서는 관객이 이미지를 받아들일 준비가 되어 있어야 한다. 이미지가 나에게 말을 걸 때 나의 체험과 삶이 받아들일 준비가 되어 있지 못하면 이미지는 덧없는 것이 되고 만다. 무대에서 발산된 이미지를 수용한다는 것은 그만큼 이미지 해석을 위한 내적 준비가 성숙되어야 한다는 것을 의미한다. 이 점에서 리쾨르의 언술은 의미가 있다. 리쾨르의 "해석학은 의미에 관한 인간 고유의 체험의 총체에 호소함으로써 이미지 속에서 인간의 합당한 표현을 찾아내는 학문이다. 이미지는 나에게 말을 한다. 그것은 이미지가 나의 내면에 이미 존재하고 있는 소여에 호소하기 때문이다. 만약 어떤 주체가 상징적 내용을 세계에 대한 자신의 체험, 인간적 삶에 비추어 생각하지 못한다면, 이미지는 마치 열쇠 없는 암호처럼 닫힌 채로, 이해할 수 없는 채로 남아있게 될 것이다."(홍명희, 587)

이렇게 볼 때 이미지 연극은 이미지를 무대로 이끌어 새로운 영상 세대의 눈높이에 맞춘 연극이라기보다는 인간의 본성에 자리한 이미지에 대한 욕구를 회복시키는 연극이다. 데카르트 이후 상실된 감성의 흔적을 추적하여 인간의 직관에 다가가는 연극인 것이다.

2. 르빠주의 연극 세계—무대적 메타언어

1) 들어가며

로베르 르빠주는 이제 더 이상 우리에게 낯선 이름이 아니다.[1] 우리는 이미 〈달의 저편〉[2]으로 그와 만난 적이 있으며 이 공연에서 새롭고 독창적인 연극언어, 무대의 이미지화, 다매체 연극을 각인시켰다. 또한 LG아트센터의

---

1 영국 잡지 《타임아웃(Time Out)》은 출판 30주년 기념으로 30년 동안 런던에서 공연된 가장 훌륭한 30편의 공연을 선정하기 위해 여론 조사를 실시한 바 있다. 1위는 1970년 피터 브룩이 연출한 셰익스피어의 〈한 여름 밤의 꿈〉이 차지했고, 르빠주의 〈드래곤 3부작(*Trilogie des Dragons*)〉이 당당히 2위로 선정되었다. 르빠주의 또 다른 작품 〈오타강의 일곱 지류〉은 13위였으며, 아리안 무느슈킨의 〈1789년〉은 12위, 타데우즈 칸토르의 〈죽음의 교실〉이 17위를 차지하였다. 이러한 순위는 단편적이긴 하지만 영어권에서 르빠주가 얼마나 높이 평가받고 있는지 가늠할 수 있는 하나의 지침이 된다.

2 원제는 달의 보이지 않는 부분, 숨겨진 부분을 뜻한다. 이 제목에서 말하려는 가시적인 것과 비가시적인 것은 두 형제의 갈등을 예고하지만 달이라는 하나의 동체라는 사실에서 형제애의 의미를 전한다.

2007년 공연 프로그램에는 2006년 호주, 캐나다, 프랑스 등에서 공연된 〈안데르센 프로젝트(*Le projet d'Anderson*)〉의 공연이 잡혀 있어 르빠주는 우리나라 관객이 애호하는 연출가 중 한 사람임을 입증하고 있다.

르빠주 곁에는 무대 위의 시각 마술사, 상상력과 테크놀로지를 접목시킨 예술가란 수식어가 붙는다. 그의 연극이 첨단 테크놀로지를 사용하여 환상적 이미지와 무대를 조합시키는데 성공하고 있기 때문이다. 그렇다면 이 같은 개성적인 연출에 이르기까지 그가 경험한 연극적 환경과 여정은 무엇인가? 즉 무대의 이미지언어를 창출하게 된 문화적 · 사상적 배경은 무엇일까? 한 가지 놀라운 사실은 연출가가 동양연극 특히 일본 전통연극으로부터 많은 영향을 받았다는 사실이다. 우리에게 낯설었던 연극이 우리와 가까운 곳에서 창출되었다는 것은 많은 점을 시사한다.

1980년대 중반부터 세계 연극계에 서서히 모습을 나타낸 그의 연극은 21세기에 들어 이제 더 이상 새로운 것, 충격적인 것이 아니며 그만의 전유물도 아니다. 따라서 이 글은 르빠주의 연극적 테크닉이 무대에서 어떻게 전개되었나를 규명하기보다는 주로 그의 무대언어가 생성된 배경과 이념들을 소개하고자 한다.

2) 다양성

그의 연극적 특징은 뭐니 뭐니 해도 다양성이다. 캐나다 프랑스어권인 퀘벡 시티에 본거지를 두고 있는 연출가가 전통적 연극이 아닌 이미지 연극에 관심을 가지게 된 것은 우연이 아니다. 특히 그의 환경과 문화는 이 점에서 중요하다.

세계에서 두 번째로 커다란 면적을 지닌 국가이자 미국과 국경을 맞대고 미국 문화를 흡수하면서도 미국과의 차별성에 고심하며 자신의 정체성에 의문을 품고 있는 나라가 바로 캐나다이다. 짧은 역사 속에서 영어권과 불어권의 갈등, 원주민과 유럽인 또는 이주민 간의 갈등이 잠재하는 가운데, 다문화정책을 추진하는 한편 독창적인 문화를 찾고자 열망하는 캐나다는 상당히 독특한 문화적 상황에 빠져 있다. 그 중 프랑스어권인 퀘벡 주는 프랑스인들이 개척했던 땅을 영국인에게 빼앗긴 뒤 정치적·경제적·문화적 갈등이 앙금으로 남아있는 곳으로 캐나다 내에서도 이국적인 분위기가 팽배한 곳이다.[3] 퀘벡 주 인구의 80% 이상이 프랑스어를 사용하고 있는데 비해 가장 큰 도시인 몬트리올은 80%가 영어권이다. 대표적인 이중 언어 지역인 것이다. 언어와 종족의 이중성에서 파생되는 가장 두드러진 것은 다양성과 정체성의 문제이다. 이러한 상황 속에서 퀘벡 주는 주정부 차원에서 고유한 문화의 보존과 새로운 창조에 지대한 관심을 기울이고 있다. 이 현상은 여러 분야에서 목격되는데 특히 다매체 공연예술 분야는 독보적이어서 국내에 소개된 퀘벡의 공연들은 바로 이러한 특수한 경향을 대변하는 것이라 하겠다.

(1) 연극과의 만남

이 같은 퀘벡 주의 문화예술 현상 중심에 르빠주가 존재한다. 그의 이력을 보면 오늘날 그의 연극 양식이 대체로 수긍이 된다. 1957년 퀘벡 시의 영어와 불어를 사용하는 가정에서 태어난 그는 일찍부터 연극에 관심을 보여

---

3 국가 건립의 미천한 역사로 인해 북아메리카에서 만날 수 있는 역사적 기념비는 빈약하다. 그럼에도 프랑스인들이 건립한 퀘벡 주의 퀘벡 시티는 가장 유럽다운 면면을 지닌 도시로 알려져 있고 실제로 영국군과 프랑스군 사이의 치열한 공방의 흔적과 더불어 유럽풍의 건물들이 아름다운 자태를 뽐내고 있어 북아메리카 속의 작은 유럽 도시로 손색이 없다.

퀘벡의 연극예술학교에서 본격적인 연극 공부를 시작하였다. 1978년 학교 졸업 후 파리의 알랭 크납(Alain Knapp) 연극학교를 수학하였고 1980년 다시 퀘벡으로 돌아와 곧바로 극단 생활을 하였으니 연극의 정규 코스를 제대로 밟은 셈이다. 그는 퀘벡의 '르페르 극단(Théâtre Repère)'에서 주요 배우와 연출을 담당하였고 특히 1984년 그가 연출한 〈순환(Circulation)〉이 작품성을 인정받아 전 세계로 순회공연을 하게 되어 르빠주라는 이름을 널리 알리는 계기가 된다.

이후 그는 유명한 극장의 극장장을 두루 섭렵한다. 오타와 국립예술센터, 캐나다 오페라 컴퍼니, 런던의 국립극장, 뮌헨 국립극장, 스톡홀름 왕립드라마극장의 극장장을 역임하여 국제적 경력을 쌓으면서 더욱 유명해진다. 르빠주는 1994년 드디어 '엑스 마키나(Ex Machina)'라는 자신의 극단을 만들어 본격적으로 다매체 연극을 탐구하기 시작하고 1997년에는 퀘벡의 폐쇄된 소방서에 둥지를 튼다. 그는 이곳에서 영화, 연극, 인형극, 오페라 등 다양한 예술 분야를 집중적으로 탐구하면서 세계 전역에 실험적이고 독특한 공연을 선보이기 시작한다.[4]

(2) 다양한 공연 양식

르빠주와 같은 시각으로 공연예술을 진단한 연극인은 흔치 않다. 그는

---

4 〈순환〉이후의 공연은 다음과 같다. 〈드래곤 3부작〉(1985), 〈빈치(Vinci)〉(1986), 〈지질판(Les Plaques tectoniques)〉(1988), 〈바늘과 아편(Les Aiguilles et l'Opium)〉(1991), 〈한 여름 밤의 꿈(Songe d'une nuit d'été)〉(1992), 〈셰익스피어 연작(Cycle Shakespeare)〉(1992), 〈엘시노어(Elseneur)〉(1995), 〈오타강의 일곱 지류(Les sept branches de la rivière Ota)〉(1997), 〈기적의 기하학(La Géométrie des miracles)〉(1997), 〈태풍(La Tempête)〉(1998), 〈줄루 타임(Zulu Time)〉(1999), 〈달의 저편〉(2000), 〈라 카사 아줄(La Casa Azul)〉(2001), 〈거리광대의 오페라(Busker's Opera)〉(2004), 〈안데르센 프로젝트〉(2006) 등이 있다.

물체 연극 혹은 다매체 연극 양식으로 셰익스피어, 브레히트, 뒤렌마트 등의 연극을 무대에 올렸고, 록 축제에 참가하는 등 다방면의 공연 양식을 섭렵한다.[5] 또한 소규모의 카페 테아트르(café-théâtre)부터 2만 석의 거대한 스타디움에 이르는 다양한 공간 연출도 경험한다. 이렇듯 다매체 예술의 영역을 넘나들면서 르빠주는 새로운 테크닉을 무대에 접목시켜 독창적인 작품을 올렸으며 다방면의 공연, 전시회 등을 기획하고 오페라의 영역에까지 손을 뻗쳤다. 예컨대 2000년에 퀘벡의 '문명 박물관'에서 개최한 〈이중교배(Métissages)〉 전시회에 참여하는가 하면, 2002년 피터 가브리엘(Peter Gabriel)과 그룹을 만들어 〈그로잉 업 라이브(Growing Up Live)〉를 공연하기도 한다. 한편 로봇 전문가인 루이-필립 드메르(Louis-Philippe Demers)와 협동으로 공연한 적도 있고, 〈지하철을 기다리며(En attendant le métro)〉를 2004년 프랑스 도시 릴르에서 공연하기도 한다. 오페라의 경우 1992년에 바르톡(Bartok)의 〈푸른 수염의 성(Le Chaâteau de Barbe Bleue)〉, 쇤베르크(Schönberg)의 〈기대(Erwartung)〉를 연출하고 니만(Nyman), 구노(Gounod)의 오페라를 공연하였으며, 2006년에 존 게이(John Gay)의 〈거지 오페라(l'Opéra du gueux)〉를 각색한 〈거리광대의 오페라(The Busker's Opera)〉를 들고 북아메리카, 유럽, 아시아 등지를 순회 공연하기도 하였다. 현재 르빠주는 퀘벡 주의 또 다른 자랑거리인 '태양 서커스(Le Cirque du Soleil)'와 협동 작업을 통해 자신의 공연 노선을 더욱 확립해 나가고 있다.

---

5 르빠주는 다양한 멀티미디어, 하이 테크놀로지의 절묘한 사용, 공간을 채우는 천재적인 상상력으로 특징지어진다. 그는 연출가, 배우로서 연극뿐만 아니라 영화, 음악, 오페라에까지 이르기까지 광범위한 장르에 걸쳐 활동하고 있으며 세계 전역에서 다국어로 작업하는 것으로 유명하다.

(3) 영화와의 만남

그의 경력의 출발점이 연극이기는 하지만 사실 어릴 때부터 영화에 관심을 가졌었고 배우 또는 감독으로 영화에 접근함으로써 하이 테크닉의 시각예술과 공연예술의 접목은 어느 정도 예견된 일이었다. 영화감독으로 1995년 최초의 장편 영화 〈고해실(*Le Confessional*)〉을 발표하여 칸국제영화제에서 호평을 받았고 상업적으로도 커다란 성공을 거둔다. 1996년 〈다방면의 작가(*Le Polygraphe*)〉, 1998년 〈노(*Nô*)〉, 2000년 〈가능한 세상들(*Possible Worlds*)〉의 영화를 제작하였는데 이 네 편의 영화는 그가 직접 시나리오를 집필한 것으로 작가로서의 재능을 유감없이 보여주었다. 한편 그는 1989년 퀘벡이 자랑하는 영화감독 드니 아르캉(Denis Arcand)의 영화 〈몬트리올 예수(*Jésus de Montréal*)〉에서 배우로서 '르네' 역으로 출연하는 등 〈딩동, 영화(*Ding et Dong, le film*)〉(1990), 〈어디선가 바라 본 몬트리올(*Montréal vu par…*)〉(1991), 〈비페르(*Viper*)〉(1994), 〈스타르돔 명성 예찬(*Stardom le culte de la célébrité*)〉(2000)의 영화에 배우로 출현한다. 2003년에는 2000년에 발표한 〈달의 저편〉을 영화로 제작하기도 한다.

르빠주는 영화 작업이 자신의 연극에 중대한 영향을 미치고 있음을 직접 언급하고 있는데 다음의 조명과 소리의 장에서 이를 확인할 수 있다. 영화와 연극을 내적으로 상통하는 것으로 생각하고 연극 속에 영화적 요소를 취한다는 것이다. 그는 자신의 글쓰기란 연극 더하기 영화, 즉 연극성을 지닌 영화적 퍼포먼스라고 언급한다.

3) 르빠주와 일본연극

르빠주의 행동반경은 대단히 넓다.[6] 유럽, 아시아, 아프리카 등을 수시로 여행하며 이들을 비교 연구한다. 이국땅에서의 만남과 정보를 자신의 극단에 고스란히 적용시키고 연극적 이념을 확산·정립하는데 적용한다. 자기 것과 새로운 장소의 이념과 방법론에서 배울 수 있는 것은 무엇인지 이를 발굴하고자 끊임없이 노력했던 것이다.

르빠주는 동양연극을 통해 서양연극을 이해했다고 고백한다. 동양연극을 거울 삼아 서양연극이 잊고 있었던 새로운 면면을 심사숙고할 수 있는 계기가 되었던 것이다. 동서양의 만남은 그의 작품 곳곳에서 드러난다. 인도네시아 연극에 대한 관심은 각별한 것이었으며, 일본연극에 대한 관심[7]은 히로시마를 배경으로 한 〈오타강의 일곱 지류〉로, 중국에 대한 관심은 캐나다 주요 도시의 차이나타운을 배경으로 한 〈드래곤 3부작〉으로 각각 표출되었다.

여기서 동양연극은 주로 일본연극을 지칭한다. 르빠주는 일본 문화와 역사, 일본어에 해박한 지식을 가지고 있으며 일본과 중국의 관계를 캐나다 영어권과 미국의 관계와 유사한 것으로 생각한다. 그는 일본 배우들을 통해 연기론을 새롭게 정립하기도 한다. "생각은 서양인들에게는 단순히 머리를 의미하지만 일본에서 사고의 원동력은 마음에 있다. 생각 사(思)는 밭 전(田)과 마음 심(心)의 합성으로, 밭에서 수확하는 이념이란 마음에서 우러나온다는 의미이다. 이 이미지는 내가 오랫동안 마음의 지성이라 불렀던 것과

---

6 그 이외에도 많은 유명한 유럽의 연출가들 예컨대 피터 브룩이나 밥 월슨의 경우도 한 국가에서만 작업을 하지 않는다. 영국 태생의 피터 브룩은 파리에서 미국 태생의 월슨은 독일에서 작업을 한다.

7 그가 〈빈치〉에서 사용한 넥타이도 일본어의 가미가제를 의미한다.

비슷하다. 나는 배우들에게 지성과 감동으로 연기하라고 요구한다. 지성과 감동의 조합은 마음의 지성에 다름 아니다. 서양 문화에서 사고의 이 두 부분은 각각 감정과 합리로 구분하고 있지만, 일본 배우에게 마음과 사고의 단어는 하나로 합쳐져 있는 것이다."[8]

그는 1993년 처음 일본을 방문한 이래 수차례 방문을 했고 일본 전통 연극과 지속적인 접촉을 하였으며 이에 많은 영향을 받았음을 숨기지 않는다.[9] 일본연극을 처음 접한 그는 일본연극이 지니고 있는 기술적이고 현대적 차원의 공연에 충격을 받았다. 셰익스피어 공연을 관람한 후 그는 닌텐도 게임 속에 존재하는 인상을 받았다. 일본연극에서 받은 인상 즉 항구성, 투명성, 정제성은 일본을 상징하는 자동차나 전자제품보다 훨씬 강렬한 것이었다.(Charest, 47 참조) 그는 일본을 투명의 왕국으로 지칭한다. 일본의 섬나라 문화를 일종의 정화와 투명성으로 보았던 것이다. 이는 옹색한 공간과 생존 공간의 사용을 최대화하는 일본에서 불가피한 선택으로, 공간을 세세하게 경계 지음에도 불구하고 경계들 사이의 투명성이 존재한다는 것이다. 여기서 투명성이란 경계가 애매한 작은 공간을 저마다 코드화시켜 사적이고 개인적인 공간으로 만든다는 의미이다.[10] 예컨대 휴식 시간에 일본 배우는 한데 어울리는 서양 배우와는 달리 각기 자신의 공간에 존재하며, 누군가 그 공간 안에 들어가는 것은 그 개인을 침입하는 것이 된다. 연기에 있어서도 마찬가지이다. 일본 배우의 연기는 내적 어휘가 지배적이다. 매우 정확한 공간의 구조화 즉 몸짓, 오브제, 의상들은 밀접하게 코드

---

8 『로베르 르빠주, 자유 지대(*Robert Lepage, quelques zones de liberté*)』, Rémy Charest, 70~71.

9 그는 일본 문화는 중국으로부터 강한 영향을 받았다고 언급한다. 한국에 대한 접촉과 인상은 크게 언급되지 않아 우리에게는 아쉬움이 남는다.

10 투명이란 어휘는 우리의 전통적 공간 개념이라 할 수 있는 책보의 개념과도 상통한다고 생각한다.

화가 되어 있는 것이다. 공간을 최대한 사용하려고 노력하기 때문에 역으로 빈 공간도 가능해지는 것이 일본연극이다. 공간의 최대한 활용과 빈 공간의 추구, 이러한 르빠주의 연극 형태는 일본연극에 대한 사념에서 비롯된 것이다. 그는 일본인들의 도교적 의식은 연극의 보이는 부분 뿐 아니라 보이지 않는 부분도 중요시 여긴다고 생각한다. 무대에서 일어나는 일만 중요한 것이 아니라 무대 뒤쪽, 음향이나 조명실도 중요하게 여긴다는 것이다. 일본인들은 이 두 부분은 분리가 아닌 하나이며 동일한 것으로 생각한다.

이처럼 일본연극과 자기 연극의 혼합 이념을 바탕으로 도쿄에서 〈태풍〉을 공연 당시 그는 노와 가부키 배우들과 서양 배우들을 무대 위에 동시에 올렸다. 노의 영감이 가득한 무대에서 펼쳐진 배우들의 연기는 마치 할리우드식 서사영화를 보는 것 같았다고 그는 이 공연을 술회한다. 혼합된 양식과 배우는, 전체적인 통일성에 따라 작품의 완성도를 판단하는 서양연극에서 나타날 법한 문제점을 전혀 노출시키지 않았으며, 오히려 다양성과 양식의 만남과 충격에서 풍요로움이 솟아났다. 한편 〈오타강의 일곱 지류〉에서 르빠주는 비디오 아트, 노래, 중국 서예, 오페라 등을 섞었는데 이 역시 다양하고 풍요로운 코드를 지닌 일본연극의 영향에서 비롯된 것이다.

4) 집단 창작

잘 알려져 있듯 그의 연극 작업 방식은 집단 창작 방식이다. 집단 창작이 더 이상 새로운 것은 아니지만 그의 집단 창작의 특징이라면 텍스트가 고정되어 있지 않다는 점이다. 한 사람에 의해 독점되어 고정된 텍스트와는 달리 '엑스 마키나'의 집단 창작은 매번 변화한다는 특징이 있다. 이 비고정화의 특징은 포스트모더니즘 시대의 현대적 흐름을 반영하는 것이기도 하다.

일반 연극 텍스트는 연극 창작에 있어 맨 앞에 나서는 것이 상례이다. 하지만 르빠주의 경우 일반 창작과 정반대의 수순을 밟는다. 텍스트가 마지막 자리를 차지하는 것이다. 각자 아이디어를 내놓는 것에서 연극은 시작된다. 모아진 아이디어를 가지고 장시간 토론한 후 무대에 올라 즉흥적으로 연습을 시작한다. 따라서 공연은 고정되어 있지 않으며 문자화되어 있지도 않다. 세계 각국에서 공연을 하면서 언어에 따라 공연이 달라지기도 하며 그 나라의 언어가 임의적으로 삽입되기도 한다. 예컨대 〈오타강의 일곱 지류〉는 처음에 프랑스어와 영어로 연습을 하였다. 그런데 독일에서 공연을 하게 되었을 때 연습 과정에서 텍스트의 일부를 독일어로 하기로 결정하였다. 르빠주의 공연 텍스트는 이러한 단계를 거치며, 공연 텍스트가 생성되었다는 것은 형식과 언어가 멈추었다는 것을 의미한다. 결국 '엑스 마키나'의 창작은 연습-공연-해석-글쓰기 이런 순이다.

그의 집단 창작 방식은 렘브란트의 그림 그리기와 유사하다. 렘브란트의 그림 그리기처럼 지속적인 덧칠을 통해 완성하는 방식인 것이다. 예컨대 맨 처음 화폭을 붉은 색으로 칠한 다음 다른 색들을 덧칠하게 되면 관객은 붉은 색을 볼 수 없지만 최종 색은 붉은 색의 효과가 배어 있다. 최초의 작업이 버려지는 것이 아니라 최종 작업의 밑받침이 되는 방식이다. 르빠주는 처음 작품을 시작할 때 일단 주제를 정해 놓은 다음 일종의 환각상태에 빠진다고 말한다. 극작품이 주는 주된 이미지를 파악하는 것에서 시작하여, 점진적으로 본질을 향해 나아가고 작품은 형태를 취하는 것이다. 색다른 요소들을 첨삭하여 새로운 의미를 부여하기보다 화가처럼 동일한 오브제에 덧칠을 함으로써 작품을 완성시키는 것이다. 덧칠 방식의 그의 작품은 결코 고정되어 있지 않으며 장소, 문화, 분위기, 관객에 따라 자유로운 변신이 가능하다. 한편 '엑스 마키나'의 집단 창작이 고정되어 있지 않고 언제나 다양성을 추구한다는 것은 그 멤버들을 봐도 알 수 있다. 세계 도처의 전문가들이 모여 멤버를 이루고 있는데 예를 들어 조명과 조연출은 일본인이며, 무대장치는 퀘벡인이고 몬트리올, 런던, 파리 출신들이 스텝을 구성하고 있다.

(1) '엑스 마키나'

'엑스 마키나'는 그가 활동하던 '르페르 극단'을 떠나 자유롭고 집단적이고 독립된 창작을 위해 만든 극단이다. 1933년 그는 동료들과 함께 자신만의 고유한 정체성을 실현할 수 있는 극단을 창설하였는데 극단 이름에서 theatre라는 단어를 빼기로 의견을 모았다. 이러한 의도는 매우 중요한 의미를 갖는다. '엑스 마키나'는 연기자, 작가, 무대 예술가, 테크니션, 오페라 가수, 인형극 조종자, 그래픽 전문가, 카메라 맨, 영화 제작자, 곡예사, 음악가들이 한데 모이는 다매체 극단이 되고자 했기 때문이다. '엑스 마키나'는 위의 전문가들을 한 자리에 모으는 여정으로 움직임, 소리, 이미지, 연기 에너지를 연구하는 데 중점을 둔다. 이들 집단은 연극이 새로운 피를 필요로 한다고 생각했으며 무대 예술은 무용, 서정시, 음악 그리고 영화 비디오 멀티미디어 같은 기록 예술과 조합을 이루어야 한다고 생각했다. 더불어 과학자, 극작가, 화가와 무대 예술가, 퀘벡인과 외국인의 만남도 필연적이라고 생각했다. 이러한 믿음 속에서 극단은 영상 세대를 감동시킬 수 있는 새로운 형태의 예술을 위한 연극 연구소로 거듭나고자 했던 것이다.

'엑스 마키나'라는 이름은 세 가지 정도의 의미가 있다. 첫째, 위에서 말했듯 명칭에서 theatre란 단어가 없다는 것은 연극만이 주된 목적이 아니라는 의미이다. 이전의 '르페르 극단'에서 〈드래곤 3부작〉, 〈순환〉, 〈지질 구조판〉을 연출하였을 때 그는 '르페르 극단'에 걸맞은 연극적 방법으로 작업을 하였지만 '엑스 마키나'에서는 새로운 연극언어로 다매체적인 공연을 하겠다는 것이다. 둘째, '엑스 마키나'는 기계를 상기시킨다. 그런데 이 기계라는 것은 단순히 도구를 뜻하는 것이 아니라 배우 자체이며, 배우가 텍스트를 말하는 방법이며, 연기에 접근하는 방법이다. 즉 르빠주의 연극 집단은 배우와 텍스트, 연기에 있어 분명한 메커니즘을 가지겠다는 의미이다. 셋째, '엑스 마키나'에는 데우스(Deux)가 빠져 있다. 초월적 힘을 지닌 신을 의미하는 이 단어는 연극에서 갑작스런 대단원으로 이끄는 역할을 한다. 정신적·신화적 이념이 깃들이 있는 대단원과 이야기의 메커니즘은 예기치 못한 것이며 신비로운 것이 될 것인데 이러한 면면을 '엑스 마키나'는 데우스의 힘을 빌리지 않고 스스로 발견하겠다는 의미이다. 이렇게 해서 집단 창작의 산실이 될 극단 이름은 '엑스 마키나'가 되었다.

(2) 일인극

그의 작품에는 일인극이 많다. 먼저 1986년 몬트리올에서 초연된 〈빈치〉가 일인극이다. 레오나르도 다 빈치를 숭배하는 퀘벡의 젊은 사진작가가 예술가의 생가를 찾아 이탈리아 고향을 방문하게 되는데, 그곳 남자 화장실에서 벗은 몸으로 수염을 깎는 빈치를 만난다는 내용이다. 고독을 치유하고자 약물에 의지했던 장 콕토와 마일즈 데이비스의 삶을 다룬 〈바늘과 아편〉도 일인극이며 1996년 〈햄릿〉을 각색한 〈엘시노어〉도 일인극이다. 〈바늘과 아편〉에서 연출가는 사물의 내부에 도달하기 위해 영상의 클로즈업 기법에 의존한다. 손이나 세척기를 클로즈업시킴으로 무대를 관객에게 접근시키려는 의지를 표명하고 있다. 〈엘시노어〉는 무대에서 단어보다 이미지로 드러난 르빠주 그 자신이 돋보였던 공연으로 평가받았다. 기발한 소품들, 장치, 의상, 분장, 조명 등 현란한 테크놀로지를 통해 연기자 겸 연출가는 무대에서 햄릿, 거투르드, 클로디어스, 오필리어, 유령 등으로 변신한다. 한 인물이 무대에서 사라졌다가 다른 쪽에서 다른 인물로 변신하여 등장하는 것은 흔한 수법이지만 결투 장면을 카메라의 도움을 받아 인물의 죽음의 순간을 거대한 스크린에 클로즈업으로 투사하여 생생하게 전달하는 기법은 그만의 독창적인 것이었다. '엑스 마키나' 창단 후 처음 공연한 〈오타강의 일곱 지류〉도 일인극이다. 세계 최초로 원폭이 투하된 히로시마의 오타강을 기점으로 연출가는 원폭의 섬광과 아우슈비츠의 홀로코스트와 대비를 통해 인간의 비극을 보여주려는 의도를 지니고 있다. 이 작품에서 원폭의 섬광 포착은 핵심 사항이었고 이를 표현하기 위해 무대에 다양한 광학 렌즈가 설치되었다. 거울 또한 필연적인 것으로 이런 종류의 장치를 통해 그는 일종의 진정한 현대적 가면극을 창조하고자 하였다. 거울의 반사로부터 무중력 상태의 아름다운 유형을 보여주었던 〈달의 저편〉도 일인극이고 내년에 공연될 〈안데르센 프로젝트〉 또한 일인극이다.

이들 작품이 일인극이라고는 하지만 등장인물 숫자가 적은 것은 아니다. 적지 않은 등장인물을 한 사람이 다 소화하기 위해 꼭 필요한 것은 다양한 무대언어이므로 르빠주의 연극적 이념과 잘 맞아떨어진다고 하겠다. 일반 연극에서는 불가능한 일인다역은 무대장치와 테크닉과 소품의 도움을 받을 때 가능하기 때문이다. 특히 일인극에서 스크린을 통한 클로즈업은 그가 애용하는 기법이다. 사물의 확대는 무대를 관객에게 다가가게 하고 사물의 심리적이며 내적인 움직임까지도 포착하게 한다고 보았던 것이다.

5) 무대언어

그가 자신만의 연극에 대한 개념을 분명하게 정립한 것은 〈오타강의 일곱 지류〉를 작업하면서였다. 말하자면 연극은 모든 예술이 만나는 종합적인 장르가 되어야 한다는 확신이 섰던 것인데 예술의 만남이란 예컨대 건축, 음악, 춤, 문학, 곡예, 연기 등의 어울림을 뜻한다.

작가이기도 한 그는 50~60년대에는 극작가의 연극, 80년대에는 배우 혹은 안무가의 연극, 21세기에는 연출가의 연극으로 전망하고 극작가의 글쓰기가 시대의 변화에 따라 변하지 않으면 안 된다고 주장한다. 글쓰기가 지엽적이거나 단편적이어서는 안 되고 국제적인 관객을 염두에 두는 작업이 이루어져야 한다는 것이다. 글로벌 시대를 맞이하여 해석에 혼란을 줄 수 있는 글쓰기에서 탈피하여 새로운 형태를 찾아야 한다. 이미지 시대의 관객은 과거의 관객과는 다르므로 이미지 문화와 다양성 문화에 익숙한 관객을 대상으로 글쓰기와 공연이 이루어져야 한다. 한마디로 언어의 장벽을 허무는 무대언어로 나가야 한다는 것이다. 무대언어란 번역 없이는 수용이 불가한 분절언어가 아닌 이미지, 조명, 소리, 소품, 테크놀로지 등의 언어이다. 무대언어를 강조하는 또 다른 이유는 현재 영상예술과 공연예술의 경계가 점점 좁혀지고 있다는 인식에 근거한다. 텔레비전은 연극적 성격을 닮아가고 있고, 테크놀로지도 시적으로 변하고 있으며, 메시지 발신자와 수신자의 간격도 계속해서 줄어들고 있다는 연출가의 진단이다. 따라서 종합예술인 연극은 다양한 형태의 예술을 접합시키는 역할을 수행하는 하이 테크놀로지와 궁극적으로 만나지 않을 수 없다.

(1) 조명

빛과 어둠의 짜임으로 이루어진 연극에서 필수 요소인 조명은 테크놀로지의 산물이다. 르빠주가 조명의 중요성을 발견한 것은 영화를 통해서였다. 그가 생각하기에 인간은 본래 불 주위에 모여드는 습성이 있다. 태초부터 인간은 불을 가운데 두고 이야기를 주고받았다는 것이다. 이처럼 인간과 공연의 무의식적 관계를 제공하는 불은 재현의 시간이며 관객을 이끄는 것을 상징하기도 한다. 영화관에서 관객은 어둠 속에 묻혀 있고 오직 스크린만 밝혀 있을 뿐이다. 관객은 마치 불을 바라보듯 불의 형태와 색이 지속적으로 움직이는 스크린을 바라본다. 빛은 영화 존재의 근원적 조건이 된다. 영화에서 중요한 것은 조명이며 배우는 빛의 인상일 뿐이다. 스크린에서 등장인물은 빛으로 존재하기 때문에 관객은 등장인물들에 집중한다. 그러나 일반 연극 관객은 등장인물보다는 사건과 그 등장인물들이 집행하는 제식에 더욱 관심을 쏟는다. 따라서 그는 엄청난 조명으로 일종의 밤의 불꽃 축제가 되기도 하는 일본의 노 무대처럼, 조명 없이 존재할 수 없는 영화와 유사한 시각예술을 무대에 도입하고자 한다. 이렇게 해서 연극의 전통적 조명이 아닌 영화 테크닉이 접목된 조명이 그의 무대에서 창출되었다.

(2) 소리

소리 역시 연출가가 중요하게 간주한 무대언어이다. 그는 일찍이 라디오를 이미지 매체로 간주하고 어린 시절부터 라디오 드라마에 관심을 기울인다. 라디오 청자들은 소리를 통해 자신의 이미지를 창조하기 때문이다. 그는 〈태풍〉을 연출하면서 기발한 테크닉, 의상, 소품 등을 고민하다가 결국은 청자에게 자유로운 상상력을 부여하는 라디오 극작품 방식을 택하기로 결정한 바 있다.

소리의 중요성 역시 영화를 통해 터득한 것이다. 르빠주는 영화 편집의 경험에서 영화에 형태를 부여하는 것이 바로 소리라는 것을 알았다. 사람들이 이미지를 보기 위해 극장에 가지만 소리가 없다면 이미지는 죽은 이미지가 될 것이다. 베리만은 영화는 세 차원의 예술이라고 말한다. 첫째가 소

리이고, 둘째가 이미지이며, 셋째는 이 둘의 만남이라는 것이다. 이처럼 중
요한 영화의 소리를 르빠주는 연극에 적용시키고자 한다. 그는 소리의 예
로 〈드래곤 3부작〉에는 왈츠에 맞춰 군인들이 피겨 스케이트를 타는 무대
를 든다. 전쟁의 파괴가 재현되는 이 장에서 군인들은 가족의 형상인 구두
를 던지는데 로베르 코(Robert Caux)의 음악이 아니었다면 그가 의도하는 장
면이 결코 나올 수 없었다는 것이다. 또한 〈바늘과 아편〉은 작품 자체가 소
리의 울림이다. 등장인물인 콕토의 언어, 말하는 방법이 리듬 자체인 것이
다. 르빠주는 배우가 연기하는 텍스트란 바로 음악이라고 확언한다. 연극
텍스트가 음악적일 때 강한 힘을 가질 수 있으며 셰익스피어 연극의 힘은
그 글쓰기의 음악성에 있다고 보았다. 이 점을 중시하여 그는 〈엘시노어〉에
서 음악성 추구에 전력을 다하였던 것이다.

그가 오페라 작업을 한 것도 소리에 대한 관심에서 비롯되었다. 연극 텍
스트에서 대사 속에 숨어 있는 의미를 발굴하기 위해서는 하부 텍스트 연
구에 에너지를 소비해야 하지만 오페라는 하부 텍스트가 바로 음악인 까닭
이다.

(3) 몸

테크놀로지의 사용이 배우에게 어려움을 주지 않은 것은 아니지만 궁극
적으로 배우에게 어떤 가능성을 열어줄 것으로 르빠주는 확신한다. 신체를
무대언어로 간주했을 때 이미지를 위해 특히 강조된 것은 누드였다. 무대는
누드가 맘껏 의미를 발산하는 장소이다. 그는 배우가 의상을 착용했을 때
오히려 에로틱한 긴장이 드러난다는 것과 누드가 되었을 때 긴장감을 주지
않으면서 인물의 자연성과 연약성이 드러난다고 보았다. 누드에 대한 강조
는 고전극으로 귀환처럼 보인다. 고대 그리스 신과 영웅들은 누드가 아니었

던가. gymnase의 어근인 gymno는 '벗은'을 의미함으로 체육관은 인간들이 벗은 장소였다. 누드는 순수 상태를 의미한다. 배우가 누드가 되었을 때 그는 사회적 외양에서 자유로워질 수 있다.

누구에게나 익숙한 누드는 실상 낯선 오브제이며 시각적으로 강한 인상을 전달한다. 〈자유 기고가〉에서 누드가 등장하는데 여기에 누드가 등장해야 할 논리적 근거는 없었다. 그럼에도 유치장의 창살을 통해 누드가 드러났을 때 마치 영화의 장면과 같은 매우 커다란 시각적인 효과를 주어, 관객의 흥미를 유발시킴과 동시에 감동을 주었던 것이다.

6) 나오며

"연극은 야생적인 것이며 규칙은 없다. 카오스는 필연적이다. 연극 속에 규칙과 질서만 존재한다면 그 결과도 질서와 엄격함만이 남게 될 것이다. 그러나 카오스로부터 우주가 탄생한다. 우주는 질서적인 것이지만 그 질서는 살아있으며 유기적이며 유동적이다. 진실한 창조는 바로 거기에 있다"(Charest, 102) 〈오타강의 일곱 지류〉를 통해 그는 연극이 카오스와 밀접하다는 사실을 알아차렸다. 핵폭발과 아름다움과 생명의 창조가 공존하는 카오스…….

다양한 문화의 섭렵, 다양한 오브제와 매체의 사용 등 다양성으로 대변되는 르빠주의 연극을 보면서 단일성으로 대변되는 우리 문화예술의 단선적인 획일성을 반성해본다. 르빠주 연극의 출발점이 퀘벡 주의 정체성 탐구였을 수도 있지만 그의 여정을 보면 폐쇄적이고 지엽적인 정체성이 아니라 세계의 열린 곳곳을 향하고 있음을 알 수 있다.

현재 세계 문화는 상호 교접과 중첩과 통합의 길로 나아가고 있다. 르빠주의 경우 연극이라는 장르, 고착화된 연극언어, 자기 연극에 고집하지 않고, 이국의 문화예술을 섭렵하면서 그 열매로 자신만의 고유한 연극언어와 연극 양식을 창작해 냈다. 연극에 대한 그의 행동 반경, 방향 설정, 양식에 대한 관심은 단일성의 망령에서 벗어나야 할 과제를 우리에게 던져 준다.[11]

---

11 국내 작가에 의해 창작된 연극을 소위 창작극이라고 일컬으며 창작극이 활성화되어야 진정 우리 연극이 활성화된다는 믿음이 우리 무의식 속에 잠재해 있음을 부정할 수 없다. 예컨대 전국연극제에서 끊임없이 반복되는 고전적 리얼리즘의 창작극 레퍼토리는 세계 연극의 흐름에 대한 무지와 안일주의를 대변한다.

3. 〈안데르센 프로젝트〉에서 변방과 중심 개념

1) 들어가며

캐나다 퀘벡인들이 공용어로 사용하는 프랑스어는 그들에게 일종의 약이자 독이며 긍지이자 수치였다. 퀘벡인들에게 있어 프랑스어는 자신의 정체성을 추구하는 제 일의 도구이면서 동시에 프랑스와의 차별성에 열등의식마저 느끼게 하는 도구였던 것이다. 퀘벡 주에서 "1961년에는 프랑스어의 위상을 정립하기 위한 기구로 프랑스어청(Office de la langue française)이 설립되었고, 1969년에는 퀘벡 프랑스어의 질을 향상시키고 사용을 장려하기 위한 법안으로 63법이 입법되었다. 이 법안에 따르면 공공장소나 광고 게시물에 프랑스어를 우선적으로 사용할 것과 직장에서도 반드시 프랑스어를 사용할 것을 권장하고 있다."(서덕렬, 156) 이처럼 퀘벡인들이 프랑스어를 고수하기 위해 정책적으로 심혈을 기울이고 있음에도, 언어에 있어 변방인이라는 자기인식은 작가들의 작품 속에 고스란히 스며있다. 예를 들어 퀘벡

최고의 극작가로 꼽히는 미셸 트랑블레(Michel Tremblay)의 극작품 〈임대주택
점검(*L'État des Lieux*)〉(2000)에는 나이 든 오페라 가수 파트리시아가 등장한
다. 그녀는 배우인 딸 미셸과의 대화에서 퀘벡 프랑스어에 대한 프랑스인들
의 경멸적 상황을 잘 나타내고 있으며 변방인으로서 퀘벡인의 심정을 여실
히 보여주고 있다.

> 파트리시아 : 자기 나라 말을 한다는 게 이렇게 좋구나! 퀘벡 프랑스어를 안 한
> 지 몇 달 되었다고! 파리나 지방에서 세련되게 말하려니까 결국은 입술
> 에 경련이 나더라고!
>
> 미셸 : 엄마, 솔직해봐요!
>
> 파트리시아 : 정말이야! 우린 입 주위 근육을 쓰지 않는데 프랑스 사람들은 그
> 걸 쓰잖니. 정말이라니까! 증거도 있어! 밤에 호텔로 돌아왔는데, 입아귀
> 가 한군데로 쏠려있더라고, 이렇게, 봐…… 얼마나 아팠는데!
>
> 미셸 : 지금은 괜찮은데요!
>
> 파트리시아 : 진짜야! 목구멍이 뜨끈했다니까! (프랑스 악센트를 강조한다) 에
> 르 발음 때문에 목에서 불이 났다고! 오랫동안 인터뷰를 하다가 결국 인
> 상을 쓸 수밖에 없었는데, 인터뷰하는 사람은 내가 안면 경련이라도 일
> 어난 줄 알았을 거야……. 화장실에서 여러 번 거울을 보면서 입 모양을
> 크게 해서 소리를 냈지 "헤이! 넌 간단해!" "헤이, 러, 러" 멋들어진 락셍
> 장 악센트로 말이야. 아주 좋았단다!
>
> (Tremblay, 11~12)

파리의 프랑스어는 우아하고 세련된 중심어인 반면 몬트리올의 프랑스
어는 변방어라는 생각은 비단 파트리시아의 생각만은 아닐 것이다. 나아가
그녀는 배우인 딸에게 진정한 성공을 위해서는 세계 예술의 중심지인 파리
에 진출해야 하며 몬트리올 같은 도시에서는 진짜 스타가 될 수 없다고 말
한다.

파트리시아 : (…) 이런 몬트리올 같은 데서 넌 진짜 스타가 될 수 없어! (15)

이 대사는 자신의 고향인 몬트리올은 변방이고 파리는 중심이라는 파트리시아의 근원적인 열등의식이 잘 드러나고 있다. 여자 주인공의 우울한 정서는 퀘벡의 대표적인 연출가인 르빠주의 행적과 크게 어긋나지 않는다. 르빠주 역시 파리 무대를 항상 염두에 두고 있었으며 진정한 거장으로 인정받기까지 파리에서의 성공을 목말라 했던 것이다. 이 점은 스스로 쓰고 연출한 〈안데르센 프로젝트〉에서 다층적으로 발견되는 중심적인 주제이기도 하다. 한마디로 이 작품의 주된 주제는 변방인으로 소외감을 느끼는 주인공이 중심으로 진입하고자 노력을 기울이지만 모든 것이 헛됨을 깨닫고 자신에게 있어서 가장 소중한 것이 무엇이며 그것을 찾을 때 그곳이 중심이 된다는 것을 깨닫는 과정이었던 것이다.

2) 퀘벡의 공연예술

캐나다의 열 개주 가운데 가장 면적이 넓고 프랑스어를 사용하는 퀘벡 주는 특이하게도 공연예술 분야에서 세계적인 명성을 얻고 있다. 명성 있는 공연예술로써 이들의 내한공연도 매우 활발하다. 예컨대 국내에서 1997년 〈약속의 땅〉을 공연했던 '양세계(Les Deux Mondes)' 극단은 2002년 〈라이트 모티프(Leitmotiv)〉를 들고 다시 국내 관객 앞에 섰다. 무대의 시각마술사로 불리는 다니엘 메이외르(Daniel Meilleur) 연출로 지상 최대의 멀티미디어 뮤지컬이라는 화려한 수식어를 달았던 이 공연은 그림자, 영상, 음악 등을 혼합하여 다감각적이고 환상적인 무대를 만들어 냈다. 메이외르는 2005년 〈2191 나이츠(2191 nights)〉로 세 번째 내한하여 이미지와 사운드, 오브제와 언어를 융합시키는 작업을 계속하고 있음을 각인시켰다. 〈2191 나이츠〉의 공연 평을 보면 무대에 이미지를 결합시킨 연출가의 개성적인 콘셉트를 이해할 수 있다. "이 작품은 시각을 위한 하나의 축제다. 시각적인 아름다움에 숨이 멎을 수밖에 없다. 공연이 진행되는 동안 다양한 형태들 위로 이미지들이 실시간으로 투영되는데, 때로는 처리를 거친 이미지들과 우주의 천체를 연상케 하는 이미지들도 등장한다. 메이외르와 그의 팀이 이루어낸 작업은 시각예술의 관점에서 실로 경탄을 자아낸다."[1] 또한 극단 '4D Art'는 〈오르페오〉(2000)와 홀로그램을 이용한 〈아니마〉(2004)를 연이어 공연하여 퀘벡 주 공연예술의 어떤 경향을 뚜렷이 부각시켰다. 이 극단은 2009년 서울국제공연예술제에 뮤지컬 〈노만-노만 맥라렌을 위한 헌정(Norman-A Tribute to Norman McLaren)〉으로 다시금 내한하였다. 연극뿐 아니라 무용이나 발레 같은 공연예술 단체도 한국을 줄줄이 방문하였다. 2003 국제현대무용제의 개막 공연으로 초청된 '마리 슈이나르 컴퍼니(Compagnie Marie Chouinard)'는 〈쇼팽의 24 전주곡〉과 〈외침〉[2]을 공연하였고, 2004년 '라라라 휴먼 스텝스(La La La Human Steps)'는 에두아르 록(Édouard Lock)의 안무로 〈아멜리아〉를 공연하였으며, 2007년 '몬트리올 재즈발레단 BJM danse'는 〈마파 & 자크의 방(MAPA & Les Chambres des Jacques)〉을 공연하였다. 예술 서커스로 유명한 '태양 서커스(Cirque du Soleil)'도 두 번이나 내한하여 〈퀴담(Quidam)〉(2007)과 〈알레그리아(Alegria)〉(2008)를 성황리에 공연하였다. 공연예술 단체가 국경을 넘는 것은 쉬운 일이 아니다. 인원과 장비를 고스란히 들고 다녀야 하기 때문에 소요 경비가 만만치 않기 때문이다. 그럼에도 이처럼 퀘벡의 공연예술 단체가 국내에서 활발하게 공연되고 있는 것은 오로

---

1 www.montheatre.qc.ca/Genevieve Germain, 2005.2.10.
2 이 작품은 비엔나댄스페스티벌, 베니스비엔날레, 파리 씨어터 드 라 비를 포함한 세계 유수의 극장과 페스티벌로부터 초청되어 극찬을 받았다. 안무가 마리 슈이나르는 "세계 현대무용계에서 아무도 대신할 수 없는 천재"라는 찬사를 받고 있다.

지 그 공연의 높은 수준 덕택이라고 하겠다.

이들 가운데 우리의 관심사인 르빠주를 빼놓을 수 없다. 2007년 비유럽인으로 유럽연출가상[3]을 최초로 거머쥔 그는 2003년 〈달의 저편〉[4]을 공연하여 그만의 독창적인 연극, 이미지 연극, 다매체 연극이라는 새로운 장르의 연극을 선보였다. 그는 2007년 〈안데르센 프로젝트〉[5]와 함께 처음으로 한국을 방문하였다. 이 작품은 이미 호주, 캐나다, 프랑스 등에서 성공리에 공연함으로써 르빠주는 로버트 윌슨과 더불어 이미지 연극을 선도하는 세계적 연출가로 확실하게 자리매김하게 되었다.

---

3 역대 유럽연출가상 수상자들은 피터 부룩, 피나 바우시, 레프 도진, 아리안 므느슈킨 등 세계 공연계를 이끌어 가는 쟁쟁한 연출가들로 유럽연출가상 수상은 연출가로서 세계적인 반열에 올라섰음을 증명해준다.

4 〈달의 저편〉이 국내에 처음 소개된 후, 퀘벡 출신의 연출가 르빠주는 누구이며, 그가 추구하는 연극 형식은 무엇이고, 다매체 예술과 연결된 미래의 무대는 어떤 방향으로 나아갈 것이지 국내 연극계에 많은 질문이 쏟아졌다. 필름, 슬라이드, 비디오 같은 영상 장치와 하이 테크놀로지 및 특수 장치의 적극적인 활용, 기발한 의상과 소품이 돋보였던 이 공연은 무대예술과 영상예술의 경계를 모호하게 만들었다는 평가를 받았다. 〈달의 저편〉은 "과학과 시의 만남"(김미도, 《한국연극》, 2003. 4)으로 언급되기도 하였고 캐나다의 연출가는 "전통연극적 방법에 영상 이미지, 첨단 기계장치, 멀티미디어를 활용한 다중매체 연극을 추구하고 있다는 점에서 젊은 로버트 윌슨으로 불리기도 한다"(서명수, 《한국연극》, 2003. 4)고 평가받기도 하였다.

5 2007년 9월 우리 앞에 나타난 〈안데르센 프로젝트〉는 르빠주의 명성이 유럽에까지 퍼진 덕택에 그의 손에서 태어나게 된 작품이다. 말하자면 그가 처음부터 제작을 하려던 것은 아니었고 안데르센 재단에서 안데르센 탄생 200주년을 기념하기 위해 그에게 의뢰를 해서 맡은 작품이다. 따라서 이 공연은 기획 단계에서 벌써 유럽을 비롯한 세계 각국에서의 공연이 예정되어 있었다. 초연은 2005년 3월 그의 고향인 퀘벡 시티에서 있었고 같은 해 11월 유럽으로 넘어가 덴마크와 프랑스에서 공연을 하였다. 이어 2006년에 호주와 영국, 다시 몬트리올 그리고 프랑스의 리옹에서 공연을 한 다음 7월 일본으로 건너와 네 도시를 순회 공연하였고 이탈리아, 스페인, 프랑스에서 공연을 하였다. 2007년에는 독일, 프랑스, 캐나다, 러시아 등지에서 공연을 하였고 우리와 만난 9월에 서울에서 공연을 하였다. 그리고 10~11월에 다시 몬트리올에서의 공연과 12월에 파리에서 공연을 하는 등 세계적으로 지속적인 투어가 진행 중이다.

인구가 칠백오십만 정도인 퀘벡 주에서 이처럼 공연예술이 활성화되어 세계적인 주목을 받고 있는 것은 무슨 까닭일까? 퀘벡의 공연예술이 세계적인 수준에 올라서게 된 이유로 첫째, 퀘벡은 프랑스어권과 영어권의 교배지라는 점을 들 수 있다. 퀘벡의 역사는 프랑스에 의한 식민지 역사이자 프랑스와 영국 간의 찬탈의 장으로 조직되어 있다. 말하자면 영미 문화와 프랑스 문화가 정면으로 충돌한 지역인 것이다. 바다에서 난류와 온류의 교차점에 풍부한 어족이 서식하는 것처럼 문화의 충돌은 문화적 토양을 풍부하게 한다. 퀘벡은 전쟁이라는 비극적 역사를 안고 있지만 그로 인해 뜻밖에도 비옥한 문화적 토양을 물려받았던 것이다. 둘째, 프랑스어가 공용어인 퀘벡은 본국 프랑스의 변방이라는 자괴감에 젖어 있는 동시에 국경을 맞대고 있는 미국으로부터 지리적·정치적·경제적으로 커다란 영향을 받고 있다는 점이다. 이로부터 퀘벡인들 사이에는 프랑스와 미국의 변방이라는 부정적인 인식이 널리 퍼져 있는 것도 사실이다. 퀘벡인들의 제일 과제가 정체성 추구라는 사실은 어찌 보면 당연한 것인지도 모른다. 아무튼 정부와 예술가들은 자신의 정체성을 찾기 위해 하이 테크놀로지를 접목한 새로운 예술 구축에 최선의 노력을 기울였고 그에 대한 가시적인 성과가 상당한 결실을 맺은 것으로 보인다. 주정부 차원의 퀘벡의 공연예술 정책은 매우 모범적인 사례로 손꼽히고 있다.[6]

---

6 연방정부와 주정부의 교육부와 문화부의 유기적인 파트너십을 통한 예술교육에 매우 적극적이며, 최첨단 테크놀로지의 예술에 대한 접목에 민첩하게 반응하여 주어진 환경 속에서 어느 국가도 모방할 수 없는 역동적이고 새로운 공연예술을 창출하고 있다. 이선형, 「퀘벡의 공연예술 정책」,《드라마연구》 28호, 2008 참조.

3) 〈안데르센 프로젝트〉의 탄생

2005년 '안데르센 재단'은 덴마크 동화작가 안데르센 탄생 200주년을 기념하기 위한 프로젝트로 〈안데르센 프로젝트〉를 르빠주에게 제안하면서 안데르센의 관련 자료를 건넨다. 르빠주는 일단 주어진 자료를 검토해 보았지만 안데르센의 생애에서 흥미를 느낄만한 것을 별로 발견하지 못한다. 연출가는 이미 앞서서 인물을 중심으로 구성한 공연들을 선보인 적이 있었다. 이를테면 장 콕토(Jean Cocteau)와 마일즈 데이비스(Miles Dewey Davis III)를 등장시킨 〈바늘과 아편(*Les Aiguilles et l'Opium*)〉(1992)이 그렇고 〈빈치(*Vinci*)〉(1986)는 레오나르도 다빈치에 대한 이야기였다. 그가 이 예술가들을 무대에서 재현한 까닭은 무엇보다도 그들의 삶 자체 혹은 그들이 남긴 작품에서 커다란 흥미를 느꼈기 때문이다. 그러나 안데르센에게서는 이전 예술가에게서 생겨난 그런 흥이 나질 않았다. 그런 가운데 재단 측의 권유로 안데르센의 내면적인 일기를 읽기 시작하였는데 바로 그 순간, 퀘벡의 예술가는 동화 작가의 삶과 자신의 삶이 닮았음을 직감적으로 깨닫는다. 그리하여 안데르센 "자신이 남들과 다르다는 것, 그런 느낌이 괴로움과 고립을 초래하였다는 것, 그렇지만 그로 인해 실은 우리 모두가 독특한 존재라는 사실을 깨우쳐줄 수 있는 능력을 지니게 되었다는 것"[7] 나아가 길고 긴 여행, 파리에의 동경, 양성애적인 성격, 평생을 동정으로 살아오면서 겪은 성적 고독감 등에 연출가는 주목한다. 이렇게 해서 이미지와 무대가 조합된 새로운 개념의 〈안데르센 프로젝트〉가 탄생한다. 르빠주는 안데르센의 다양한 특징들을 하나의 코드, 즉 여행이라는 코드로 아우른다. 〈안데르센 프로젝트〉에서 여행이 가장 핵심적인 요소로 자리매김하도록 하는 것이다. 문학이나 예술에서 여행

---

7 2007년 9월 '연출가 노트', 「LG아트공연 팸플릿」.

은 다차원적 의미를 함의한다. 시간의 흐름과 공간적으로 새로운 장소로의 이동을 의미하는 여행에 대해 셰익스피어는 인생으로 비유하고, 〈오디세이아〉에서는 주인공 오디세우스가 멀고먼 고향을 찾아가는 험난한 여정으로 나타난다. 끊임없이 미지의 곳으로 향하는 여행이 추구하는 인생과 고향은 삶의 현실이자 본능적이고 무의식적인 욕망이다. 안데르센이나 르빠주 그리고 〈안데르센 프로젝트〉의 극중 인물인 프레데릭(Frédéric)이나 공연 속에 삽입된 안데르센의 또 다른 동화의 요정 드라이아드(Dryade)는 여행을 갈망하는 인물들이다. 그런데 이들이 지속적으로 여행을 꿈꾸는 중요한 이유 중 하나는 변방에서 중심으로 진입하기 위한 것임을 주목해야 한다. 변방에서 중심으로의 움직임은 모두의 보편적인 욕망처럼 그들에게 있어 하나의 현실이자 본능적인 욕망이었던 것이다.[8]

무대에서 끊임없이 장소가 변하는 여행 장면을 구성하는 것은 쉽지 않다. 무대장치가 고정되어 있는 프로시니엄 무대에서는 특히 그러하다. 그러나 다매체를 적극적으로 활용하는 르빠주의 무대는 현란한 이미지 덕택에 표현하지 못할 것이 없다. 무대와 스크린이 결합되어 속도감 있는 장면 전환으로 안데르센의 기차 여행, 요정 드라이아드의 여행 등이 역동적으로 표현되고 있다.

〈안데르센 프로젝트〉의 줄거리는 다중적이다. 몇 개의 이야기가 내적으로 소규모의 플롯으로 층층이 얽혀 있다. 그 속에는 안데르센의 전기가 있으며, 그의 동화 〈드라이아드(*La Dryade*)〉와 〈그림자(*L'ombre*)〉[9]가 이야기 속의 이야기 형태로 삽입되어 있고, 등장인물인 프레데릭의 삶이 있으며 또한

---

8 '변방에서 중심으로'는 현재 정치 · 경제 · 문화 · 스포츠 등에서 세계의 중심이 되고자 하는 한국사회가 추구하는 키워드 중 하나다. "한국은 이제 세계의 중심국가…… 변방 사고 바꾸자", 〈동아일보〉, 2009. 10. 1.

9 〈그림자〉는 아르노가 자신의 딸에게 들려주는 방식으로 극 속에 삽입된다.

르빠주 본인의 이야기가 존재하고 있는 것이다.

4) 변방인들

(1) 프레데릭

〈안데르센 프로젝트〉의 주요인물인 프레데릭은 퀘벡에서 활동하고 있는 오페라 작사가이다. 그는 안데르센의 프로젝트를 계획 중인 파리 오페라 극장의 초청으로 파리에 도착한다. 파리 오페라는 그에게 안데르센의 동화 가운데 〈드라이아드〉를 선정하여 아이들을 위한 오페라로 각색해 달라고 요청한다. 파리 오페라의 제의는 프레데릭에게는 매우 중요한 기회다. 파리에서의 성공은 작사가로서 성공을 담보 받는 것이라고 생각하기 때문이다. 프레데릭의 다음의 대사는 앞의 파트리시아의 대사와 흡사하다.

> 전 제 가치를 인정받기 위해 여기에 왔습니다. 식민지 사람들이 다들 그렇듯 저도 구대륙 사람들에게 인정받기 전까지는 성공한 게 아니라고 생각했죠. 왜냐 하면 몬트리올에서는 아직도 파리를 세상의 중심으로 생각하거든요.[10]

파리에 도착한 그는 파리의 친구 디디에가 마침 몬트리올에 개인적인 일이 있었던 관계로 당분간 아파트를 맞바꾸기로 합의한다. 디디에에게는 애완견 파니가 있어 프레데릭은 파니도 돌봐야 하는 책임도 떠맡는다. 그런

---

10 Lepage, Le projet d'Andersen, L'instant scène, Montréal, 2007, 87쪽. 르빠주 극단은 일인극과 공동 창작을 그 기본 정신으로 하고 있다. 그들에게 있어 공동 창작은 작품이 고정되어 있지 않으며, 공연이 진행되는 과정에도 지속적으로 변할 수 있음을 의미한다. 다시 말해 그들은 텍스트의 부재를 선호하는 것이다. 이처럼 르빠주는 텍스트에 대해 거부감을 보였으나 최근에는 레퍼토리를 텍스트로 출판하고 있는 경향이 두드러진다. 본 글에서 인용한 대본은 2007년 한국에서 공연 당시 한국관객을 위해 번역된 대본이다.

데 프레데릭은 파리에서의 일이 원만하지가 않다. 무엇보다도 디디에의 아파트 아래층에 핍쇼가 있어 작업에 집중하기가 힘들다. 또한 그들이 선정한 〈드라이아드〉는 안데르센의 다른 동화에 비해 덜 알려진 동화이자 어른을 위한 동화라는 이유를 들어 재단 측은 은근히 다른 동화를 각색할 것을 종용한다. 재단 측은 프레데릭이 〈드라이아드〉에서 안데르센 개인의 고독과 성 문제 등이 내재하고 있음을 간파하고 이에 관심을 갖는 것도 못마땅하다. 파리 오페라 측은 재정적인 이유로 재단의 눈치를 보지 않을 수 없게 되고 결국 프레데릭은 프로젝트에서 제외되는 수난을 당한다. 파리에서 작가로서 성공을 꿈꾸었던 프레데릭은 공허한 감정에 휩싸이며 오페라 디렉터인 아르노에게 불같이 화를 낸다.

> 왜 갑자기 그런 결정을 했죠? 유럽의회에서 프랑스더러 미국과 화해하라고 새 기금을 지원해 줬나요? 아니면 당신이 처음부터 제 능력을 믿지 못하고 절 시골 뜨기라고 생각했기 때문인가요? (87)

어떤 일에서 소외가 될 경우 보통 우리는 능력 부족이나 사회성 결여 등에 대한 자신의 부족함을 자책하기 쉽다. 그런데 프레데릭의 대사에서 "시골뜨기"라는 어휘는 그가 무의식적으로 변방인에 대한 자괴감이 얼마나 크게 작용하고 있는지 단번에 알게 해 준다. 이런 왕따 감정을 더욱 부채질하는 것은 개인적인 문제도 한 몫 거든다. 현재 그는 사적인 삶에 있어서 커다란 문제를 안고 있다. 그는 16년 동안이나 사귀어 오던 여자 친구 마리와 두 달 전쯤 다툼을 벌이고 헤어진 상태다. 이들 커플이 다투었던 이유는 프레데릭이 마리와는 달리 아이를 원하지 않았기 때문이다.[11] 프레데릭은 몬트

---

11 아이는 이 작품에서 상당히 중요한 의미를 가지고 있다. 소외를 극복할 수 있는 하나의 상징으로 작용하는 것이다. 강아지 파니의 부분에서 다시 언급할 것이다.

리올에 거주하는 마리에게 장거리 전화를 걸어 그녀와 재결합을 원한다고 말하지만 마리는 어느새 디디에와 새로운 관계를 맺고 있다. 그 사실을 알게 되는 순간 프레데릭은 커다란 상실감과 고독감이 밀려오는 심정을 주체할 길이 없다.

> 그래서 저는 파리의 거리를 걷고 또 걸었습니다. (…) 정신적으로도 육체적으로도 너무나 지쳤던 저는 그대로 침대에 쓰러져 몇 시간을 잤는지 모릅니다. (91)

더 이상 잃을 것이 없을 때 오히려 여유로워지는 것인가? 그 순간 프레데릭은 변방인에서 중심인이 되고자 했던 욕망이 얼마나 헛된 것이었는지, 정말 소중한 것이 무엇인지 깨닫는다. 다시 언급하겠지만 애완견 파니의 임신은 프레데릭의 이러한 깨달음을 상징적으로 표현한 것이다.

(2) 안데르센

동화 작가로 유명한 안데르센은 프레데릭과 마찬가지로 아이를 좋아하지 않았다고 알려져 있으니 참으로 아이러니가 아닐 수 없다. 그는 소심하고 수줍음을 잘 타는 성격이었으며 평생을 독신으로 살았다. 또 그는 일생동안 50여 차례 정도 유럽 여행을 할 정도로 여행을 좋아하였다. 그는 여행을 다닐 때면 항상 밧줄을 챙겼는데 그 이유는 자신이 머무는 호텔에 불이 났을 경우 탈출하기 위해서였다(41 참조)고 하니 강박증이 심했던 것으로 보인다. 동화 작가는 북유럽의 나이팅게일로 불리는 린드라는 스웨덴의 젊은 소프라노 가수를 진심으로 사랑했지만 그녀가 다른 남자와 결혼함으로써 영원히 지워지지 않을 쓰디쓴 사랑의 상처를 입게 된다. 이처럼 사랑에 대한 실패와 소심한 대인관계는 작가 스스로 변방인이라는 비합리적 신념을 갖게 했을 것이다.

안데르센이 파리라는 중심으로 향하는 구심력을 갖게 된 무의식적 욕망은 두 가지 정도의 이유를 찾을 수 있다. 첫째, 성적 욕망을 해소하기 위해서이다. 동화의 주인공 드라이아드와 마찬가지로 그는 파리에서 성적 만족을 이룰 수 있다고 생각했다. 프레데릭이 연구한 바에 따르면 안데르센은 고독을 즐겼으며 자위행위에 몰두하였다.

그가 평생 동정이었다는 건 저도 알고 있어요. 하지만 그가 비밀스러운 동성애자였다는 건 다들 알고 계시겠죠. (…) 하지만 그도 일종의 성생활을 하긴 했어요. 단지 그것이 혼자만의 쾌락이었던 거죠. 그러니까 다섯 손가락으로 연주하는 혼자만의 독주 말입니다. (…) 안데르센은 일기장에 작은 표시를 해 놓곤 했죠. 작은 ×자와 십자가로 자위행위를 한 날을 표시했다더군요. (39)

동화작가의 자위행위가 유의미한 것은 그의 무의식적 성적욕망이 〈드라이아드〉에서 표현된다고 보기 때문이다. 프레데릭은 이렇게 말한다.

안데르센에게 있어서는 이야기와 자위행위 사이에 아주 밀접한 관련이 있었다는 사실을 고려해야 한다는 겁니다. (…) 제가 보기에 중심 테마는 명백히 성적인 발견이죠. 안 그렇습니까? 그러니까, 밤나무를 벗어나 파리에 가서 사람들과 어울리며 관능적인 기쁨을 맛보고 싶어 하는 숫처녀 요정의 이야기라는 게…… 억압에서 벗어나고자 하는 안데르센 자신의 욕구에 대한 일종의 은유임이 분명해 보인다는 말씀입니다. (39)

둘째, 안데르센이 파리에 온 것은 중심인이 되고자 하는 욕망 때문이다. 르빠주나 프레데릭처럼 작가로서 인정받기 위해서는 파리에서의 인정이 필요했다고 보았던 것이다.

19세기에 안데르센이 파리에 왔던 것도 아마 같은 이유에서 였을 테니까요. 고국의 사람들은 그의 이야기를 좋아하면서도 아이들을 위해 글을 쓰는 그를 진정한 작가로 여기지 않았어요. 그래서 그는 파리로 와서 당대의 위대한 지성인들과 교류하고, 빅토르 위고나 조르주 상드, 발자크 같은 이들로부터 인정을 받아야겠다고 생각했던 거죠. (87~88)

파리에서 성적인 해소를 꾀하거나 작가로서 인정받고자 하는 것은 육체와 명예의 욕망을 한꺼번에 성취하려는 것이다. 세계의 중심도시인 파리는 육체적·정신적 욕구불만을 한꺼번에 해소할 수 있는 장소이기 때문이다.

(3) 드라이아드

안데르센의 동화 〈드라이아드〉는 프랑스 어느 지방에 자리한 밤나무 속에 살고 있는 젊고 아름다운 처녀 요정 이야기다. 요정 드라이아드는 자유를 얻어 만국박람회가 열리는 파리에 갈 수 있기를 매일 밤 간절히 소망한다. 당시 파리는 소위 '벨 에포크(Belle Epoque)' 시대로 만국박람회가 열렸던 1867년경이다.

그 때는 낭만주의의 종결과 모더니즘의 도래가 한데 어우러지면서 이 곳 파리의 아름다움이 빛을 발하던 시대였죠. 대형 기계들이 도입되는 가운데 수력학이 발흥하고 최초의 엘리베이터가 만들어졌으며 전기가 발명된 때이기도 합니다. 사진 역시 당시에 한창 유행하기 시작했죠. (20)

이 박람회에 두 번이나 참석했던 안데르센은 과학과 기술의 혁신적인 발달에 감흥을 받아 "이제 드디어 동화의 시대가 도래했다"라는 강력한 문장으로 시작되는 아름다운 동화 〈드라이아드〉를 집필한다. 주인공 요정 드라이아드가 열망하는 것은 밤나무에서 벗어나 파리로 가서 세상의 온갖 관능적인 기쁨을 맛보고자 하는 것이다. 작품에서 묘사된 드라이어드의 소망은 다음과 같다.

> 어린 밤나무 안에 살고 있는 드라이아드에게는 살아있다는 것이 기쁨이었습니다. 그녀는 태양, 그리고 새의 노랫소리를 사랑했습니다. 하지만 그보다 더욱 사랑했던 것은 인간의 목소리. 드라이아드는 동물의 언어뿐 아니라 인간의 언어도 이해했습니다. 그녀는 프랑스에 태어나서 기쁩니다. 이곳은 세계의 지성이 몰려들고 자유의 중심이 되는 땅! 포도원과 숲, 멋진 도시들이 있는 나라이지요. 그 중에서도 가장 빛나는 곳은 바로 파리. 물론 새들은 거기까지 날아갈 수 있었지만, 드라이아드에게는 불가능한 일이었습니다. 드라이아드는 멀리 지평선을 바라보았습니다. 매일 밤마다 파리는 환한 안개처럼 빛을 발하고 있었습니다. 저 근사한 도시로부터 밤낮없이 덜컹덜컹 우레와 같은 소리를 내며 기차들이 끝도 없이 쏟아져 나왔습니다. 또 세계 곳곳에서 온 사람들이 물처럼 흘러 들어가고 나왔습니다. (20)

오페라 작사가나 동화작가와 마찬가지로 나무 요정 드라이아드 역시 인간이 되어 세계의 중심 파리에서 관능과 쾌락을 동경하고 꿈꾸었던 것이다. 그런데 기적처럼 그녀의 소원이 이루어진다. 하루는 밤나무 주위로 인부들이 몰려들어 나무를 캐낸 다음 마차에 실어 파리로 옮기게 된 것이다. 드라이아드는 가슴 벅찬 기쁨을 억누르지 못하고 이렇게 외친다.

> 얼마나 큰 축복이며, 얼마나 놀라운 일인지! 이제 난 파리에 온 거야! (47)

이렇게 해서 세상의 중심에 도달한 그녀는 또다시 새로운 욕망이 꿈틀거림을 느낀다. 이제는 사람이 되어 파리지앵과 교류를 하며 진정한 쾌락을 맛보고 중심인으로 거듭나고자 하는 것이다. "나도 살아있는 세계에 끼어들고 싶어!"(47) 그리하여 드라이아드는 어떠한 대가를 치르더라도 인간의 삶을 맛보게 해달라고 간절히 기도한다. 그녀는 기도를 하면서 "열정과 무모험, 삶에 대한 욕망에 대해서는 나중에 기꺼이 값을 치르겠"(48)다고 말한다. 이 기도는 몬트리올의 오페라 작사가나 덴마크 동화작가의 정신적 · 물질적 소망을 온전하게 함의하고 있다. 그녀는 원하는 대로 파리에 입성했고 또 인간이 되어 모든 소원이 이루어진 것처럼 보인다. 그러나 요정은 모든 욕망이 이루어지려는 찰나 해가 떠오르자 한 방울의 눈물이 되어 흔적도 없이 사라진다.

> 떠오르는 태양의 빛이 드라이아드의 몸에 쏟아집니다. 변화무쌍한 색으로 빛나는 그녀의 실루엣은 부풀어 오른 비눗방울 같습니다. 드라이아드는 한 방울의 눈물이 되어 땅에 떨어지더니 어느 새 흔적도 없이 사라졌습니다. 가엾은 드라이아드! 그녀는 세상을 떠났습니다. (83)

욕망은 욕망을 낳고 욕망의 끝자락은 허무일 뿐인가. 르네 지라르(René Girard)의 욕망이론처럼 파리에 대한 동경은 파리지앵의 욕망을 모방한 욕망일 뿐인가. 욕망의 절정에서 모든 것을 얻게 되려는 순간 눈물로 사라져버린 드라이아드의 슬픈 운명은 출세를 위해 파리에 왔지만 아무것도 이루지 못한 채 쓸쓸히 고향으로 돌아가는 프레데릭의 또 다른 모습에 다름 아니다. 그렇다면 〈드라이아드〉의 작가는 파리에 집착하는 자신의 욕망이 얼마나 헛된 것인지를 인식하고 요정 이야기로 이를 표현하려 했던 것은 아닐까.

(4) 아르노

파리 오페라 디렉터인 아르노는 겉보기에 중심에 거하는 인물이다. 그러나 속을 들여다보면 그는 변방인과 다를 바 없다. 아내와 딸이 떠남으로써 그의 가정은 산산조각 나버렸기 때문이다. "왜냐하면 모든 게 끝났거든요…… 오늘 저녁 아내가 딸을 데리고 나의 가장 친한 친구와 눈이 맞아 떠나 버렸습니다."(80) 홀로 남은 그는 소외와 절망 상태에 빠져든다. "나이 오십에 삶을 다시 개척하리란 쉽지 않다"(80)는 아르노의 대사에서 우리는 그 역시 중심적 변방인이라는 모순적 존재라는 사실을 알 수 있다. 아르노는 외로운 상황에서 프레데릭을 만나러 왔다가 핍쇼에 들르게 되고 포르노를 보면서 마치 동화작가처럼 자위행위에 빠져든다. 아내에 대한 배신과 못다 이룬 성적 욕망을 표출시키는 것이다. 프레데릭과 아르노는 일로 만난 사이지만 매우 닮은 모습을 하고 있다. 산더미 같은 일에 싸여 바쁜 나날을 보내면서 타인과의 관계설정에 실패하고 소외된 채 살아가는 현대인을 대변한다는 점에서 그렇다. 이는 고독 속에서 살다 간 〈미운 오리 새끼〉의 작가 안데르센의 모습이자, 자신의 그림자에게 배반당한 〈그림자〉[12]의 주인공 학자이자, 동경했던 세계에 실망감을 느끼고 순식간에 사라져간 드라이아드이기도 한 것이다. 이렇게 볼 때 중심인으로 자처하는 인물들, 권력을 손아귀에 쥐고 있는 인물이라 하더라도 만일 진실로 소통할 가족이나 친구가 없다면 그 역시 고독한 인간일 수밖에 없다.

이들 인물들을 살펴볼 때, 〈안데르센 프로젝트〉와 관련된 모든 인물들은 실패한 자거나 소외된 자 혹은 변방인으로 간주될 수 있을 것이지만, 꼭 그렇지도 않은 것 같다. 이들을 대표하는 프레데릭의 경우를 보면 요란했던 '안데르센 프로젝트'에서 제외되어 작사가로서 실패한 듯 보이지만, 마리와의 재결합이 물 건너 간 것처럼 보이지만, 이 일을 통해 그는 자신의 정체성을 찾는 소중한 기회를 갖는다. 그는 아르노에게 이렇게 말한다.

---

12 이야기 속의 이야기 〈그림자〉에서 그림자는 프로이트 관점에서 보면 무의식이거나 본능에 충실한 이드이다. 말하자면 평생을 동정으로 지낸 안데르센에 있어 그림자는 그의 리비도인 것이다.

일이 이렇게 된 건 제 책임이니까요. 잘못된 동기를 가지고 파리에 온 건 바로 저였어요. 전 제 가치를 인정받기 위해 여기에 왔습니다. (…) 하지만 더 이상은 그렇지 않죠. (87)

그는 변방과 중심의 경계를 구분했던 자신의 생각이 허황된 것임을 깨닫는다. 파리에 온 것이 잘못된 동기였다는 것을 인식하기까지 그는 많은 것을 잃었고 먼 길을 돌아온 것이다. 프레데릭이 이제 더 이상은 그렇지 않다고 말하는 것은 실패와 고통을 통해 진정한 자아가 무엇인지 깨닫게 되었다는 의미다. 이는 끊임없이 욕망을 좇았던 안데르센이나 아르노에게도 동일하게 적용이 가능할 것이다.

이런 관점에서 애완견 파니는 특별한 상징을 지닌다. 무대에서 파니는 실제로 모습을 드러내지는 않지만 프레데릭이 잡고 있는 파니의 끈이 무대의 바닥에서 사방으로 움직이면서 파니의 존재를 분명하게 하고 있다. 파니는 아이라는 중요한 주제를 대변하고 있다. 프레데릭이 여자 친구와 헤어진 것은 아이에 대한 갈등 때문이며, 아르노는 아내와 헤어지면서 아이와 멀어지고, 안데르센 역시 아이를 싫어했다. 이들은 공통적으로 아이와 거리감을 갖고 있다. 그러나 파니가 임신과 출산을 했다는 사실과 궁극적으로 프레데릭이 아이를 갖고 싶다는 소망을 피력한 것은, 소외된 그들이 아이를 통해 진실한 자신을 발견하고 자아 존중감을 회복할 수 있다는 것을 암시하는 것이다. 아이를 매개로 밀접한 관계로의 재형성은 달리 말하면 변방인으로서의 소외감이 극복되는 것이며, 나아가 자신의 아이로 이어지는 자신의 그 자리가 바로 진정한 중심이 될 수 있음을 의미한다. 전체가 고독한 색채로 칠해진 무대에서 한 마리의 애완견은 풍요롭고 따뜻한 의미를 전달한다. 파니는 애완견으로써 인간의 고독을 메우는 역할을 할 뿐 아니라, 스스로 임신을 함으로써 프레데릭으로 하여금 중심과 소외의 관례적 관계를 완전히 해체시키고 재설정하도록 하는 계기를 마련해준다. 인간이 아닌, 자신의 것도 아닌, 소유의 의미와는 별개인 파니를 통해 외로움을 보상받은 프레데릭은 지나친 주관주의에 빠져 있었음을 절실히 깨닫는다. 파랑새는 먼 곳에 있었던 것이 아니라 자기 품안에 있었던 것이다. 마지막 장면에서 환상적인 스크린을 배경으로 붉게 타오르는 아파트 앞에 서서 프레데릭은 감동적인 어조로 이렇게 말한다.

> 이렇게 해서 욕망과 염원을 가진 인간은 언제나 처벌을 받고 동물들만이 남아서 많은 새끼를 낳고 영원히 행복하게 사는 거죠. (92)

왕따를 시키거나 왕따를 당하지도 않으며 변방인이나 중심인으로 나누지도 않는 자연적 관계 속에서 살아가는 동물이야말로 가장 행복하다는 교훈을 그는 욕망의 도시 파리에서 배웠던 것이다.

5) 나오며

프레데릭의 고백에서 알 수 있듯 파리는 세계의 문화예술 중심지로서 누구나 동경하는 도시다. 밤나무 요정 드라이아드가 자유를 얻어 박람회가 열리는 "프랑스에서 가장 큰 도시, 도시 중의 도시인"(31) 파리에 갈 수 있기를 소망했고, 안데르센 역시 만국박람회를 맞이하여 파리를 방문하고자 하였으며, 프레데릭도 파리에서의 성공이 진정 작가로서 성공하는 길이라고 생각하게 된다. 이 같은 중심 파리는 어떤 의미를 담고 있을까? 첫째, 무엇보다도 파리는 다른 거대도시와 마찬가지로 이중성을 지니고 있다. 네온사인의 화려함과 뒷골목의 씁쓸함, 예술적 우아함과 핍숍의 퇴폐, 환호와 비극적인 슬픔이 낮과 밤처럼 동시에 존재하는 곳이다. 둘째, 관능적 쾌락이 제공되는 장소이다. "파리는 자기를 옭아맨 족쇄로부터 벗어나 세상의 온갖 관능적인 기쁨을 맛볼 수 있는 곳"(3)이다. 그러므로 파리는 성적 호기심으로 가득 찬 숫처녀 요정 드라이아드나 안데르센이 갈망하는 곳이며, 성적으로 욕구불만인 프레데릭이나 아르노에게 있어서도 불만을 해소할 수 있는 장소이기도 하다. 파리는 섹슈얼리티의 땅이므로 〈안데르센 프로젝트〉에서 매춘부가 서성이는 뱅센느 숲이나 블로뉴 숲, 피숍이나 자위행위 등이 표현되는 것은 결코 우연이 아니다. 이는 르빠주가 안데르센의 전기에서 주목했던 부분이기도 한데, 그가 안데르센의 전기를 읽은 후 만일 자기 마음대로 공연을 할 수만 있다면 자위행위에 대한 공연이 될 것이라고 언급한 바 있다. 연출가는, 동성 혹은 이성에 진한 사랑의 감정을 느꼈음에도 평생 독신으로 살아오면서 관음증에 빠져 들었던 동화 작가의 내적인 성적 취향, 성에 대한 편견을 단번에 알아보았던 것이다. 셋째, 파리는 모순적 장소이다. 이합집산의 사람들이 얽혀 사는 곳, 말하자면 자칭 변방인과 중심인이 한꺼번에 모여드는 곳이다. 작품에 나타난 파리의 예술가들은 정치적이며 예산을 따기에 혈안이 되어 있다. 아르노의 경우를 보더라도 비록 파리에서 행세를 하는 예술가 축에 속하지만 중심적인 만족감을 얻지 못하고 오히려 자괴감에 빠져 있다. 타인의 시선에서 그는 중심인이었을지 모르지만 그 역시 일종의 변방인이었던 것이다. 이것이 이중성을 지닌 파리의 모습이며 이 점을 분명하게 이해한 프레데릭은 미련 없이 파리를 떠날 수 있게 된다.

　인간은 자기중심적이다. 한국에서 발행된 세계지도를 보면 태평양이 한가운데 위치하지만 유럽에서 발행된 세계지도는 대서양이 가운데다. 대서양이 가운데인 세계지도에서 한반도는 맨 오른쪽 구석에 조그맣게 위치하고 있다. 로마인들은 로마가 세계의 중심이라고 생각했기에 로마사는 세계사였으며 중국인들은 나라 이름에 가운데 중(中)자를 써서 세계의 중심이라고 선언했다. 자기중심적이며 주관적 시각을 지닌 인간의 속성을 그대로 보여주는 예라고 하겠다. 중심이 있기에 변방이 있고 변방이 있기에 중심이 있는 까닭에 중심과 변방은 상호적이다. 변방은 중심으로 진입하려는 구심력을 가지고 있지만 중심 기존의 세력에 의해 배척되는 경향이 있다.[13] 문화예술 영역에서 중심 문화는 변방 문화를 이교도 문화, 미개 문화로 치부하면서 경멸한다. 오리엔탈리즘도 그 중 하나다. 백인의 음악은 우수하고 흑인의 음악은 열등하다고 생각하는 것도 마찬가지다.[14] 중심과 변방의 이분법과 변방에 대한 배척 행위는 중심인이 스스로 중심인으로 확고해진다는 인식 때문인데 이는 푸코의 사유와 상통한다. 다수를 중심으로 소수를 변방으로 간주한다면, 중심과 변방은 권력의 소유 여부로 혹은 지배자와 피지배자와의 관계로 파악할 수 있다. 이성의 시대가 도래하면서 소수의 광인은 정신병원에 수용되었고, 중심 세력은 부랑자들을 감옥에 집어넣어 그들과의 차별성에 만족하고자 하였다. "푸코는 우리 사회가 동일자(나눔을 통해 중심을 자치하는 존재)와 타자들(나눔을 통해 변방을 차지하게 되는 존재)을 나누는 경계선들이 복잡한 체계로 되어 있음을 인식했고, 위와 같은 나눔의 체계(존재론적 분절)는 가치상의 문제(평가의 문제)를 포함하기 마련이므로, 위 가치 판단의 역할(권력의 문제)을 드러나게"[15] 하였다.

---

13 중앙집중화 현상이 강한 한국이지만 변방인을 주목하지 않을 수 없게 된 현상에 빠져있다. 농촌사회에 빠르게 퍼져가고 있는 다문화 가정이 그것으로 주류권에서 비켜 서 있는 이들은 변방인이지만 아이러니하게도 중심인이 될 처지에 놓여있다. 외국인 아내들은 엄마로서 자식 교육을 책임질 것이며 앞으로 그들의 2세가 상당 부분 한국사회의 구성원이 될 것이기 때문이다.

14 중심과 변방은 국가나 사회 나아가 개인에게도 적용이 가능하다. 한국사회에서 지역감정은 중심과 변방의 개념으로 해석이 가능하다. 각자 자신이 중심이라고 생각하면 곧 지역 간의 대립과 갈등이 발생할 것이기 때문이다. 중심과 변방의 문제가 해결되면 지역 갈등은 사라질 수 있다고 본다. 한편 중앙집중화 현상도 소외에서 벗어나려는 현상에서 비롯된 것이며 자신은 중심에 존재한다는 것을 주장하려는 데서 기인한다. 이를테면 서울 집중화 현상은 중심 문화로 속하기 위한 왕따가 되지 않기 위한 몸부림이다.

15 김은효, 「M. Foucault(푸코) 사유로 본 담론과 제도」, 〈인터넷 법률신문〉, http://www.lawtimes.co.kr

아르노는 동화 〈그림자〉의 교훈을 이렇게 요약한다. "안데르센이 말하고 싶었던 것은 우리 모두에겐 그림자와 같은 부분이 있고, 그런 부분이 우릴 지배하도록 내버려 두면 결국 파멸하게 된다는 것 아닐까"(15) 실체와 그림자의 이중은 중심과 변방으로 전이가 가능할 것이다. 하나가 다른 하나를 지배하는 순간 우리는 파멸의 길로 접어들 것이라고 보았던 것이다. 마지막에 이르러 프레데릭이 파리에서 중심인이 되고자 했던 자신을 부끄러워하는 것도 자신의 한 부분을 희생시켜 다른 부분을 만족시키고자 했던 본심을 깨달았기 때문이다. 식물의 잎과 줄기가 태양을 향하듯 〈안데르센 프로젝트〉에서 작가와 등장인물과 동화작가와 동화속의 인물 모두 파리를 향한다. 그러나 모두가 동경하던 그곳은 세계의 중심일지언정 인간의 중심은 되지 못한다. 중심을 향해 모여든 사람들이 그로 인해 결코 행복감을 맛보지 못하기 때문이다. 마지막 장면을 화려하게 장식하는 벌겋게 타오르는 불꽃은 인간성을 말살하는 기계주의나 문명주의를 깨끗하게 불태우려는 시도로 보인다.

르빠주의 연극은 첨단 테크놀로지를 활용하여 무대와 객석 간의 의사소통을 원활하게 하지만 그가 원하는 것은 기계나 물신 숭배가 아니라 사랑과 따스함을 지닌 인간성이다. 그의 공연에서 꾸준히 추구되고 있는 이런 시선은 르빠주의 커다란 장점이자 매력이다. 〈안데르센 프로젝트〉는 거대도시에서 발생하는 현대인의 소외된 삶의 모습을 보여주고 궁극적으로 인간이 추구해야 하는 것이 과연 무엇인지 또는 이 시대를 살아가는 우리의 삶의 방식과 목적이 무엇인지 등에 진지한 질문을 던진다는 점에서 의의를 갖는다.

4. ⟨오타강의 일곱 지류⟩에 나타난 이미지의 진실성

1) 들어가며

전통적이고 보수적인 일각의 연극인들은 무대가 비록 '미메시스'에 의해 구성되긴 하지만 눈으로 직접 보고 만지는 것이 가능한 실체라는 점을 중시하여 왔다. 연극이란 실제의 몸이 현실을 배경으로 이루어진 현장 예술이다. 시간적으로 '지금'의 현재이며 공간적으로 '여기'의 현존이라는 사실은 연극의 커다란 미덕이었다. 영화가 예술의 한 분야로 세상에 얼굴을 내밀었을 때 연극인의 태도는 이중적이었다. 그들은 영화와 연극에 양다리를 걸치면서도 여전히 연극에 대한 자부심을 지니고 있었다. 그들의 이중적 태도는 영화에 대한 호기심과 연극에 대한 애착이 혼합되어 생겨난 결과이다. 현대에 들어와서도 그 의미가 처음과 같은 것은 아니지만 이미지에 대한 연극인들의 태도는 여전히 이중적이다. 그들 중 한 무리는 무대와 이미지의 조합에 매력을 느낀 일군의 연출가들인데 이들 가운데 연출가이자 배우이자 극작가인 르빠주는 대표적인 주자로 꼽힌다. 르빠주의 연극을 가리켜 이미지 연극,

매체 연극, 물체 연극이라고들 칭한다. 그는 무대에서 간단한 메커니즘을 통해 이미지를 단순하게 사용하는 것에서 훨씬 멀리 나아가 하이 테크놀로지를 기반으로 이미지를 무대와 동등한 수준에서 조합시키고 있기 때문이다.

역사적으로 서양에서 이미지는 부정적인 인상으로 자리매김을 해왔다. 플라톤의 이데아 개념이나 기독교에서 우상 숭배에 대한 금기가 이미지에 악영향을 미쳤기 때문으로 풀이된다. 본질도 실체도 아닌 허상은 공허하고 위험한 것으로 간주되었던 것이다. 그렇다면 현대 서양의 연출가들이 구태여 무대에 이미지를 도입하여 스스로 위험을 감수한 까닭은 무엇일까? 이미지의 진실성을 어느 정도 확신했던 것일까? 무대와 이미지의 결합을 통해 연출가들이 궁극적으로 노리는 효과는 무엇일까? 이러한 물음에 쉽게 대답할 수는 없다. 예술 행위란 개인의 고유한 사고방식과 취향의 결과로 개인에 따라 엄청나게 다양하며 변화무쌍한 얼굴을 가지고 있고, 사회·문화적 환경과도 긴밀하게 연결되어 있기 때문이다.

그런데 르빠주 연극은 이미지에 대한 무대적 활용 가치에 어느 정도 해답을 주고 있다. 차가운 기계들로부터 생산된 다매체 무대가 어느새 따뜻한 인간적 모습으로 변모하는 장면들을 성공적으로 구축하고 있기 때문이다. 따라서 본고는 이미지를 활용함으로써 무대를 더욱 풍요롭게 만들고 새로운 연극 양식을 선보이는 것으로 평가받고 있는 르빠주의 연극을 통해, 연출가가 제시하는 무대적 이미지의 개념을 파악하고 이미지의 무대화에 대한 가능성과 그 가치를 탐색하고자 한다. 한편 르빠주의 고유한 스타일의 연극은 극단 '엑스 마키나'를 창단하면서 시작된다. 또한 스스로도 언급했듯이 창단 기념으로 공연된 〈오타강의 일곱 지류〉[1]는 그의 연극 여

---

1 "〈오타강의 일곱 지류〉는 만남의 장소를 상기시키고자 하는 이러한 새로운 작업 방식의 첫 번째 시도였다." 『로베르 르빠주, 자유지대』, 32쪽.

정에서 결정적인 전환점[2]이 된 작품이다. 그러므로 그의 현재의 연극 세계를 이해하기 위해 〈오타강의 일곱 지류〉을 분석하는 것은 의의가 크다 하겠다.

2) 이미지

흔히 공연예술에서 이미지는 시각 이미지를 지칭한다. 그러나 "이미지는 시각이나 영상 이미지만을 일컫는 것이 아니다. 오늘날 이미지의 범람이 시각 이미지의 범람을 의미하는 것은 사실이지만 이미지를 생산하고 수용하는 우리 신체의 감각은 시각에 국한되는 것이 아니라 청각·촉각·후각 등 전신의 모든 감각으로 확대되며, 그 결과물도 영상 이미지뿐만 아니라 문학이나 음악 등 여러 분야의 이미지로 나타난다." (유평근 외, 27) 그런데 현대 연극에서 아르토의 총체 연극을 언급하지 않더라도 조명과 더불어 가장 중요한 요소로 간주된 음향효과 이외에도 관객의 오감을 자극할 수 있는 무대언어의 중요성이 갈수록 커지고 있다. 따라서 다양한 무대언어를 활용하여 장면 자체의 미학에 염두에 두는 대부분의 현대 연출가들은 이미지의 가치를 매우 중시하고 있다.

특히 청각 이미지는 시각 이미지와 더불어 매우 중요한 이미지이다. 예컨대 거리에서 귀에 익은 CF송을 듣게 되었을 때 그 소리와 연결되는 특정한 상을 떠올리는 것은 바로 청각 이미지에 해당하며, 라디오 드라마에서

---

2 여기서 전환점의 의미는 극단 '엑스 마키나' 라는 극단 이름의 의미와 궤를 같이 한다. 르빠주가 자신의 극단명에서 연극이라는 단어를 뺀 것은 지금부터 자신의 연극에 영화를 포함하여 모든 공연예술을 한데 아우르고자 하는 의도였다. 그리고 이러한 의도를 반영한 최초의 작품이 바로 〈오타강의 일곱 지류〉이다. 이 작품에는 이미지의 사용 뿐 아니라 극중극, 인형극, 무용 등이 망라되어 있다.

소리를 통해 구현된 장면들이 상상력과 어울려 생생하게 구체화되는 것도 청각 이미지 덕택이다. "시각 이미지, 청각 이미지가 모두 이미지의 생성에 있어 동일한 무게를 지닌 근원적 뿌리"(36)인 것이다.

(1) 청각 이미지

르빠주는 일찍부터 청각 이미지의 중요성을 깨닫고 청각 이미지에 많은 주의를 기울여 왔다. 그에게 있어 청각 이미지에 대한 관심은 라디오 및 영화와 관련되어 있다. 먼저 라디오의 경우를 보자. 라디오 드라마가 소리를 통해 무궁무진한 상상의 지평을 펼친다는 사실은 우리 모두가 공감하는 사실이다. 연출가는 이렇게 말한다. "나는 영화를 글쓰기와 소리의 매체로 생각했으며, 청자가 자신의 고유한 이미지를 만들어내는 라디오를 이미지의 진실한 매체로 생각했다."(Charest, 146) 그는 셰익스피어의 〈태풍〉을 연습하면서 장치나 의상의 도움 없이 이미지를 활성화시킬 수 있는 방안이 무엇일까 갑자기 고민하게 되었다. 그러다가 하나의 해결책으로 처음에 작품의 마술적인 측면을 부각시키기 위해 배우들의 일상적인 액세서리와 의자들 또는 테이블을 이용하면 되겠다고 생각했지만 결국은 아예 라디오 드라마로 만들어 청자들에게 자유로운 이미지를 부여하는 것이 가장 좋은 방법이 될 것이라고 생각하기에(146~147 참조) 이른다. 두 번째로 르빠주는 영화의 편집 작업을 하면서 소리의 중요성을 깨달았다. "영화 편집을 하면서 영화에게 형태를 부여하는 것이 바로 소리라는 사실을 깨달았다. 사람들은 이미지를 보기 위해 극장에 온다. 이 점은 인정하지만 이미지와 그에 해당하는 소리와의 결합이 없다면 이미지는 어떻게 될까?"(147) 사실 영화사에서 무성영화에서 유성영화로의 전이는 단순한 시각 이미지의 예술로부터 청각 이미지가 곁들여져 훨씬 폭이 넓고 깊은 영화예술로의 발전을 가능하게 하였다. 우리가 무엇을 봐야 하는지 알게 되는 것은 바로 소리를 통해서이다. 예컨대 어떤 장면에서 배우가 자신의 술잔을 손가락으로 툭툭 친다면 관객의 시선을 끌 수 있다. 여기에서 작동하는 것이 바로 소리인데, 모순적인 것은 소리의 짜임새가 은밀히 이루어질 경우 더 훌륭한 장면을 창출할 수 있다는 것이다. 르빠주가 이러한 소리의 특성을 발견한 것은 자신이 배우로 출연하기도 한 영화 〈몬트리올 예수(*Jésus de Montréal*)〉의 감독인 드니 아르캉(Denys Arcand)을 통해서였다고 고백한다. 아르깡은 영화에서 가장 좋은 음향은 잊히는 음향이라고 언급한 바 있다. 이 말은 관객이 전혀 의식하지 못한 상태에서 시각 이미지와 청각 이미지를 동시에 받아들이면서 그 장면에 흡입된다는 의미일 것이다.

〈오타강의 일곱 지류〉의 경우에도 청각 이미지를 위한 음향은 빈번하며 매우 다양하게 나타난다. 그 장면과 혼연일체가 되는 1막의 음향을 대략적으로 살펴보면 다음과 같다. 프롤로그에서 "한 악사가 커다란 타악기 세트를 앞에 놓고 정원 구석 무대 왼쪽에 앉아 있다. 음향은 녹음된 음향과 악사의 타악기와 신시사이저 음악이 곁들여진다."(〈오타강의 일곱 지류〉, 2) 미야지마의 토리이의 이미지가 스크린에 투영되는 1장에서는 가가쿠[3] 음악, 2장에서는 루크의 등장과 함께 긴장감을 주는 오싹한 사운드, 3장은 프랑스 호른과 타악기, 4장 히바쿠샤에서는 앞서 들렸던 소름끼치는 사운드가 역시 울려 퍼진다. 5장의 타악기의 리듬은 마치 기차 소리의 인상을 주며 7장은 꿈같은 벨소리가 무대에 울려 퍼진다. 이처럼 다양한 소리 매체와 음악 장르를 통한 청각 이미지는 시각 이미지와 협력하여 구체적이고 확고한 무대를 확립하도록 한다. 팝송, 락, 부드러운 선율의 재즈뿐 아니라 거리의 소

---

3 일본 재래의 음악과 중고(中古)에 중국·조선에서 전래된 음악으로 이루어진 일본 전통 음악이다.

음이나 기타 및 드럼, 차임벨과 종소리 등도 꾸준히 사용된다. 확성기, 청진기, 천둥소리와 같은 음향 효과도 들을 수 있고, 녹음된 소리와 무대에서 직접 연주하는 라이브가 번갈아 사용되어 차별성을 주기도 한다. 나비부인을 부르는 소프라노, 노 공연에 사용되는 음악, 오픈 바흐의 음악, 라이브 타악기, 부토에서 사용되는 시끄러운 일본식 라이브 타악기, 피아노 소리도 들린다.

이처럼 다양한 〈오타강의 일곱 지류〉의 청각 이미지의 특징은 첫째 이미 확인된 것처럼 양에 있어 엄청난 음향과 효과가 사용된다는 점이다. 둘째 음향이 다양하다는 점이다. 이 다양성은 등장인물들의 다양성, 언어의 다양성, 배우들의 다양한 국적, 다양한 배경, 시대적 다양성을 청각 이미지로 표현하고자 하기 때문이다. 셋째, 상식적인 이야기지만 청각 이미지는 당연히 시각 이미지와 궤를 같이 한다는 것이다. 예컨대 일본이 배경인 장에서 들리는 사운드는 어김없이 동일하다. "꿈결 같은 일본의 전통 음악"[4]을 곁들이면서 일본이 지니고 있는 이국적인 인상을 강조하고 있다. 이러한 청각 이미지는 일본과 유럽과 미국 등 수시로 변하는 장소에서 그 특징을 더욱 확고하게 해 준다. 한편 사운드는 다양한 외국어로 이루어진 대사 자체의 소리를 의미하기도 한다. 등장인물들이 입에서 배출하는 소리는, 다양한 외국어는 물론 억양과 음색의 차별화가 이루어지는 극중극, 인터뷰, 내레이터 등을 통해 중요한 청각 이미지를 구축한다.

(2) 시각 이미지

시각 이미지는 공간 및 오브제와 관계가 있으며 여기에 조명을 덧붙일 수

---

4 작품의 2막 7장의 '일본2'와 11장의 '일본3' 그리고 17장의 '일본4'에 연이어 나타난다.

있다. 공간의 자유로운 활용에는 오브제의 도움이 필요하고 오브제를 통한 공간의 활용은 시각 이미지의 효과를 더욱 높여주기 때문이다. 르빠주는 경계가 없는 자유로운 공간에 대한 연극적 무대를 일본과의 접촉에서 발견했다고 스스로 말한다. 섬나라의 환경 속에서 공간의 한계가 뚜렷한 일본은 축소 지향의 문화로 협소함을 최대한 활용하려는 특징이 있다. 르빠주는 1993년 일본을 처음 방문했을 때의 느낌을 다음과 같이 언급한다.

> 일본을 처음 방문했을 때, 공간의 협소함과 생명력이 넘치는 공간 사용의 극대화 말하자면 일본의 불가피한 투명성에 충격을 받았다. (Charest, 48)

전통적인 연극 무대는 닫혀있고 제한된 공간으로 구성된다. 극장 건물의 형태에 따라 구획되어진 실내무대는 말할 것도 없고 야외무대라 하더라도 관객을 염두에 두어야 하기 때문에 무대의 구획 설정은 필수적이다. 닫혀있고 제한되어 있는 협소한 무대에서 최대한 공간을 활용할 수 있을 때 비로소 무대는 생명력을 얻을 수 있다. 한마디로 연극은 공간의 열림을 향한 투쟁인 것이다. 열린 공간의 창출을 위한 하나의 방법으로 연출가는 일본 공간에서 아이디어를 얻은 투명성을 무대에서 활용하고자 한다. "일본은 한지로 이루어진 나라이다. 주택의 벽들도 문학적으로 만들어졌다. 따라서 경계는 언제나 가볍고 모호하다. 경계가 여백으로 이루어져 있는 것이다. 그곳의 영토 한 가운데는 엄청난 경계선과 단계와 영역이 있지만 이것들은 모두 투명하다."(48) 이에 르빠주는 〈오타강의 일곱 지류〉에서 투명하고 여백이 있고 유동적이고 유연한 공간을 창출함으로써 가능한 최대한의 열린 공간으로 나아가고자 한다. 영상이미지가 투영되는 스크린, 이동식 패널, 거울 등의 오브제를 통해 일본식 주택, 카페, 홍등가, 포로수용소, 도서관, 역, 레스토랑 등의 다양한 장소가 큰 힘 들이지 않고 간단하게 표현된다. 공간의 최대화는 무대에 존재하는 유·무형의 오브제의 투명성과 조명을 통해 더욱 구체화된다.

예를 들어 1막의 첫 장면은 다음과 같은 이미지로 시작된다. "미야지마의 토리이의 이미지가 스크린에 투영된다. 가가쿠 음악이 연주된다. 한 미군과 일본 뱃사공이 스크린 뒤에 실루엣으로 나타난다."(2) 스크린 뒤에 존재함으로 검은 실루엣으로 나타나는 두 사람은 배를 타고 있는 모습이다. 그런데 "기모노 차림의 늙은 여자가 무대 오른쪽에서 등장하여 집 안으로 들어감에 따라 항만의 영상이 점점 어두워진다"(2)에서 무대 양편이 전혀 다른 공간으로 설정되어 있음을 알 수 있다. 왼쪽은 바다로 오른쪽은 주택으로 활용되고 있는데 조명을 통한 공간 이동이 순간적으로 가능하게 된다. 그런 다음 곧바로 2장으로 넘어가 "미군 루크 오 코너가 등장하여 돌 정원을 걷는다"(2)로 표현됨으로 루크가 배로 도착한 다음 어느 집에 다다랐다는 사실을 공간적 간극 없이 설정하고 있다. 오브제와 조명과 투명성을 통해 무대의 앞뒤가 서로 다른 차원의 공간으로 활용된 예도 있다. 4막에서 1943년 테레진의 포로수용소의 자나와 1986년 히로시마의 자나 사이에서 세월과 지역의 간격이 미닫이문과 투명한 거울과 무대 앞뒤로 설치된 조명 밝기의 조절로 교묘하게 중첩된다. 즉 무대 앞쪽의 조명이 강조될 때는 나이 든 자나가 드러나며 무대 뒤쪽의 조명이 강조되면 어린 자나가 드러나는 식이다. "차임벨 소리가 들린다. 무대 앞 조명이 약해지고 무대 안쪽 조명이 밝아진다. 거울들이 투명해지면서 뒤가 드러난다. 핑크색 드레스를 입은 붉은 머리의 소녀가 자나와 똑 같은 모습으로 거울 뒤쪽에 누워있다. 소녀의 드레스에 노란별이 수놓아 있다. 소녀는 어린 시절의 자나이다. 어린 자나를 포함한 모든 행동은 거울 벽 뒤에서 일어난다."(46)

경계가 없는 소리와 공간은 결국 하나의 완성된 이미지, 모든 것이 수용

될 수 있는 판과 소리가 어우러지는 장면을 창조한다.[5] 르빠주가 인식했던 것처럼 무한한 공간 속에 펼쳐진 자유로운 소리는 그야말로 시각 이미지와 청각 이미지의 완벽한 조합을 보여준다 하겠다.

3) 오브제

르빠주 연극은 이미지 효용의 극대화를 위해 다양한 장치를 사용하는 것으로 정평이 나 있다. 작품에서 멀티미디어와 테크놀로지를 활용하는 이유와 연극에서 테크놀로지의 역할이 무엇인지 묻는 질문에 르빠주는 첫째 현대의 관객이 이러한 매체에 익숙해져 있다는 사실, 둘째 연극도 그러한 표현양식들을 자신의 영역으로 수용해야 한다는 것, 셋째 과거의 도구를 사용하는 연극은 관객을 지루하게 한다는 것, 마지막으로 이러한 도구 사용이 피상적이어서는 안 되며 작품의 일부가 되어야 한다는 사실[6]을 언급하고 있다. 여기에서 중요한 그의 인식 중 하나는 첨단 매체의 사용이 하나의 도구로서가 아니라 작품과 혼연일체가 되어야 한다는 것이다. 그런데 이미지의 다양한 활용을 위한 첨단 테크놀로지는 무대의 오브제와 결합될 때 그 기능이 제대로 발휘될 수 있다. 〈오타강의 일곱 지류〉에서 볼 수 있는 다양한 오브제들, 스크린은 물론이고 패널, 거울, 사진, 카메라, 무비카메라, 사진박스 등은 바로 이런 점에서 의미 있는 오브제이다. 물론 이들의 각각은

---

5 공간의 끊임없는 확장과 무경계성은 우리의 전통 연희의 공간에서도 쉽게 찾을 수 있다. 소위 책보의 공간 개념으로 경계선이 없으며 사용의 목적에 따라 용도가 마음대로 바뀔 수 있는 그야말로 천의 얼굴을 가진 공간인 것이다. 소리도 마찬가지이다. 악보가 없는 유일한 음악은 바로 판소리이다. 그런데 악보가 존재하지 않는다는 것은 소리의 경계를 허물어 자유로움을 극대화시킨다는 의미이다.
6 「연출가 인터뷰 – 2007년 9월 한국공연에 앞서」, 〈안데르센 프로젝트〉 공연 팸플릿 참조.

다른 연출가의 무대에서도 얼마든지 만날 수 있지만 르빠주의 무대는 이들을 동등하고 진솔하게 조합하여 주제를 선명하게 부각시키고 메시지를 명확하게 전달하는 특성이 있다.

(1) 스크린과 패널(panel)[7]

일반적으로 이미지를 떠받치는 오브제 사용되는 스크린과 패널을 〈오타강의 일곱 지류〉에서 주목할 필요가 있다. 이 작품에서 다언어가 가능하고 극중극뿐 아니라 엄청난 등장인물과 수시로 바뀌는 장소가 가능한 것은 어느 정도 스크린과 패널 덕택이라고 할 수 있다. 각 시대와 장소의 변화가 간단한 무대장치의 변용과 스크린이나 패널의 사용으로 해결되고 있는 것이다. 패널과 조합된 스크린이 단순히 영상 받이로만 사용되는 것이 아니라 일종의 무대장치의 역할을 훌륭하게 소화해내고 있다. 구체적으로 살펴보면 다음과 같다.

첫째, 스크린은 스크린 자체로 사용된다. 기차역에서 시간을 알려 주는 전광판, 동시통역을 위한 자막, 시간의 흐름[8]을 알려주는 자막 역할이 그것이다. 또한 스크린은 인형극이나 그림자극을 위한 막으로 활용되기도 한다. 6막 1장에서 "(…) 검은 색 의상과 두건을 쓴 배우에 의해 조종되는 실물의 3/4 크기의 인형들이 스크린 뒤에서 연기를 한다."(101) 둘째, 스크린은 무대만으로는 얻을 수 없는 장면을 획득하기 위해 사용된다. 〈오타강의 일곱 지류〉에서 배가 떠있는 바다, 항공기가 나는 하늘이 스크린에 제시되면서 공간이 확장된다. 셋째, 스크린은 영상을 담아내는 매체일 뿐 아니라 자체

---

7 바탕 없이 평면이 유지될 정도의 크기의 목판, 합판, 철판 등으로 만든 판을 가리킨다.
8 예컨대 7막 4장의 "스크린 투영 : '한 달 후'"가 있다.

가 중요한 오브제로서 기능한다. 특히 세 개의 미닫이문 또는 패널과의 조합을 통해 이들의 열림과 닫힘으로 특정 장소를 구현한다. 2막 4장에서 두 공간을 형성하고 있는 스크린을 밀면 마치 커튼이 열린 것처럼 내부가 노출되는 효과는 그 좋은 예이다. "무대의 오른쪽과 왼쪽 스크린 뒤로 조명이 들어온다. 제프리 1이 무대 왼쪽 프레임에 의지하는 스크린을 밀고 제프리 2는 무대 오른쪽 프레임에 의지하는 스크린을 민다. 제프리 1의 방은 집 프레임을 바탕으로 설치되어 있다. 창을 통해 방 안이 보인다."(16) 3막 1장의 '홍등가'에서도 스크린은 일종의 오브제 역할을 한다. "가발을 쓴 채 흰 란제리 차림을 한 네 명의 매춘부가 등장하여 프레임에서 스크린을 찢어내고 있다."(34) 어두운 조명 밑에서 밝은 흰색의 헤어 칼라와 란제리 차림을 한 여자들이 스크린을 찢어내는 과격한 행동은 홍등가를 상기시키고 있다. 넷째, 스크린은 영상과 무대의 조합, 즉 실체와 이미지의 조합으로 메시지를 강화시킨다. 1막 3장의 경우 페인트 붓을 든 한 미군이 무대에 등장하여 "붓으로 스크린을 페인트칠하기 시작한다. 스크린에 1940년대의 미군 군용기가 나타나 하늘을 난다. 미군이 손을 위로 올리자 군용기가 갑자기 멈춘다. 영상이 프레임에 고정된다. 미군은 군용기를 다시 그리자 영상도 다시 움직이기 시작한다. 군용기가 멀리 날다가 그를 스쳐 지나간다."(5) 이러한 조합 기법은 1막 5장 '기차'에서 기차의 영상과 무대에 앉아 있는 세 명의 미군의 자연스런 움직임으로 그들이 기차를 타고 어디론가 향하고 있음을 알려주는 장면에서 반복된다. 다섯째 스크린은 등장인물의 내면을 외현화시킨다. 1막 7장 '결혼 영상들'에서 사진 앨범을 들춰보는 시어머니의 모습과 스크린에 일본식 결혼행렬이 나타나면서 시어머니의 내적 감정이 스크린의 움직임으로 표현 된다. "그녀가 사진 하나를 바라보자, 일본식 결혼행렬이 스크린에 나타난다. 이미지가 움직이기 시작한다. 시어머니는 결혼행렬에 다가가서 신랑의 얼굴을 쓰다듬지만 이미지가 사라진다."(11) 아들의 결혼사진을 바라보는 시어머니의 안타까운 심정이 스크린에 고스란히 이미지화된 것이다.

　마지막으로 스크린은 배우의 얼굴을 클로즈업시켜 미세한 얼굴의 표정을 관객에게 생생하게 전달하는 효과가 있다. 5막 5장의 '사진박스'에서 하나코가 사진박스에 앉아 사진을 찍으려 할 때 "그녀의 이미지가 오른쪽 무대 스크린에 비친다. 플래시가 터지자 그녀는 손을 들어 얼굴을 가린다. 그녀의 이미지가 고정된다."(77) 또 다른 예로 6막 2장 '인터뷰' 장면이 있다. "비디오카메라가 돌아간다. 자나의 라이브 이미지가 중앙 스크린에 나타난다. 인터뷰 동안 관객은 자나의 모습을 스크린을 통해 볼 수 있다."

　한편 바퀴 달린 패널의 사용은 현대 연출가들이 다양한 장소를 표현할 때 즐겨 사용하는 수단이다. 극의 흐름을 끊지 않고 매끄럽게 연결시킬 수 있는 패널을 활용하여 원하는 장소를 표현할 수 있기 때문이다. 〈오타강의 일곱 지류〉에서 패널은 공간을 분리[9]시키는가 하면, 2막 2장의 도서관에서 3장의 카페테라스로의 순간적인 장소 변화에 사용된다. 또 5막 3장에서 극중극을 원활하게 하기 위한 장치로 활용되기도 한다. "페이도의 공연이 진행 중이다. 무대 진행자들이 세트를 바꾸기 위해 서두른다. 그들이 무대에서 문들로 사용된 패널들을 밀고 나가자 문 뒤쪽으로 무대가 보인다."(63) 그런가 하면 패널이 스크린이 되는 경우도 있다. 6막 5장에서 "중앙의 패널에 원자폭탄 폭발의 비디오가 나타난다."(119) 이처럼 〈오타강의 일곱 지류〉에서 패널은 스크린과의 상호 협동으로 보이고 싶지 않은 오브제를 감추기도 하고 공간을 분할하면서 연출가가 원하는 장소를 만들어 내는 중요한 오브제라고 할 수 있다.

---

9 2막 18장의 "확 트인 무대 안쪽 욕실 벽으로 패널이 매달려 있다."

(2) 거울

시각 이미지 생산의 오브제인 거울은 특히 〈오타강의 일곱 지류〉에서 매우 중요한 자리를 차지한다. 과일가게의 벽면을 장식하는 대형거울처럼 단순히 물건을 두세 배로 보이는 효과를 내는 것에서부터 인식의 수단이나 시공을 초월하기 위한 무대장치 등으로 거울은 다양하게 사용되고 있다. 특히 4막의 제목은 '거울'로서 이곳의 무대는 거의 대부분 거울로 구성되어 있고 주된 인물인 자나의 주변에는 언제나 거울이 존재한다. 오브제의 증폭 효과를 주는 경우는, 3장 '테레진'에서 투명한 거울 뒤에 또 다른 거울을 놓아둠으로써 수용자들을 반복적으로 비춰 숫자를 늘리고 있으며, 4장 '공동침실'에서 나무 침대들이 두 거울 세트 사이에 놓여 있어 무대를 가득 채우는 효과를 주기도 한다. 또한 투명한 거울 장치는 시공 초월을 위한 수단이 된다. 위에서 본 것처럼 2장은 조명의 도움을 받은 투명 거울의 유희를 통해 어린 자나와 나이든 자나가 서로 다른 차원의 무대에 동시에 존재한다. 과거 수용소 시절의 자나와 현재의 자나가 마치 거울에 비추듯 중첩되어 한 무대에서 제시되는 것이다.[10]

거울에 대한 그의 생각은 다음의 언급에서 잘 나타난다. "동양에 열광한 것은 서양을 잘 이해하는데 도움이 되었다. 오래전부터 동양은 나한테는 서양을 이해하는 수단이었다. (…) 우리에겐 거울이 필요했고 나한테는 동양이 거울이었다. (…) 거울을 바라보는 것은 자신의 반대를 보는 것이다. 오른손잡이는 왼손잡이가 된다. 거울은 반대의 세계를 나타낸다."(Charest, 42)

---

10 시공을 초월하는 둘 이상의 장면을 동시에 제시할 수 있는 것은 현재 이곳을 특징으로 하는 공연예술의 전유물이다. 영화나 텔레비전 드라마는 화면을 나누거나 교차편집 정도로 이를 표현할 수 있을 것이다. 르빠주는 영화로부터 영감을 얻은 거울 이미지를 무대의 장점과 연계시켜 십분 활용하고 있다.

여기서 거울의 개념은 단순히 실제를 비추는 이미지 생산의 오브제가 아니라 인식을 위한 수단이라는 것을 알 수 있으며 이런 의미의 거울은 화가의 자화상[11]과 같다. 한편 자아 인식의 수단으로서 거울은 원폭으로 얼굴이 짓이겨진 히바쿠샤에게는 견딜 수 없는 도구이기도 하다. 히바쿠샤인 노조미의 다음의 대사는 이 점을 극명하게 보여준다.

> 노조미 : 일본 장례식에서 자신이 죽기 전에 선택한 사진을 놓아두거든요. 나도 내 사진을 고르고 싶었어요. 하지만 원폭전에 찍은 사진은 단 한 장뿐이라서. 원폭 이후 시어머니는 사진도 찍지 않고 거울이란 거울은 다 감춰버렸어요.[12] (9~10)

이 같은 자아 인식의 거울은 6막 1장에서 자나가 내레이터로 등장하여 설명하는 '로양 미인'에서도 잘 나타난다. 황제가 소녀를 침실로 데려갔을 때 소녀는 황제의 벗은 몸에 거울을 들이댄다. 그러자 황제는 거울을 보고 놀라며 자신의 머리를 감싸 쥔다.

> 자나 : 황제는 나이가 많이 들었다. 예전에는 자긍심을 가질 정도로 강한 남자였던 황제는 어리고 예쁜 소녀가 든 거울을 통해 말라빠진 자신을 보았던 것이다. (101)

---

11 화가의 자화상은 그 자신의 또 다른 모습으로 말하자면 그의 페르소나이다. 화가는 자화상을 통해 또 다른 자아 나아가 타자가 된다. 냉정한 상태에서 거울에 비친 누군가를 묘사하고 가능한 자신 너머의 거울 속을 객관적으로 바라보고자 하는 것이다.

12 연출가는 거울에 대해 다음과 같이 말한다. "〈오타강의 일곱 지류〉에는 거울이 매우 많이 등장한다. 거울은 자나 카펙의 기억에 있었던 모든 장소 테레진과 수용소, 파리와 뉴욕, 그녀가 살았던 과거의 도시들이 나타나도록 사용된다. 그러나 반대로 히로시마 원폭 피해자인 히바쿠샤 주위에는 전혀 거울이 없다. 얼굴이 일그러졌기 때문에 그녀에게서 그녀의 이미지를 빼앗아버렸기 때문이다." 『로베르 르빠주, 자유지대』, 42~43쪽.

자신의 진면목을 바라보게 하는 거울은 인식의 단계에서 한 걸음 더 나아 간다. 유태인 포로수용소에 수용된 어린 자나는 키가 작다는 이유로 프랑스 인 마술사 모리스의 조수가 된다. 그들이 펼쳐 보이는 마술은 마술 상자 속 에 들어간 자나가 어디론가 사라졌다가 다시 나타나는 묘기로서 마술 상자 는 실체(자나)가 거울로 가려지면서 실체가 허구(사라짐)이 되도록 하는 장 치이다. 그런데 재미있는 사실은 거울이 달린 눈속임의 마술 상자를 통해 자나가 죽음의 수용소를 탈출한다는 것이다. 허상의 장치의 도움으로 생명 을 얻게 되는 것인데 이것은 거울이 허상의 도구가 아닌 새로운 생명의 도 구가 된다는 의미이다. 실상을 투영하는 대립적이고 이중적인 거울 이미지 가 순수한 본질로서 전이된다.

> 자나 : 나의 스승은, 좌선이란 항상 순수한 거울이라고 말씀하셨어요. 결코 더
> 럽혀 지지 않는 환영이라고요. (105)

이처럼 〈오타강의 일곱 지류〉에서 거울은 여러 단계를 거쳐 생명과 순수 의 본질에 다다르며 작품 자체가 거울의 의미를 지닌다. "〈오타강의 일곱 지류〉은 지난 반세기 동안의 히로시마를 말 그대로 연극적 여정을 위한 은 유적인 장소로 만들었다. 이 작품에서 히로시마는 대립적인 것들－동양과 서양, 비극과 희극, 남성과 여성, 삶과 죽음－의 거울이 된다."(1) 따라서 연 출가가 "연습과정에서 지속적으로 유지한 것은 거울 이미지에 대한 관심이 었다. 거울 이미지란 동양과 서양, 남성과 여성, 파괴와 재탄생이며 사진과 사진이 찍은 이미지이며, 연극과 그 연극이 창조해 내는 생명이다. 연습이 이루어지는 동안 이것들의 차이점을 강조하기보다는 대립된 것들의 (모순 적인) 상호 실존의 필연성을 드러내거나 알리고자 하였다."(카렌 프리커 (Karen Fricker), 서론, vi) 환영을 통해 자신을 바라보게 하고 깨닫게 하는 거

울, 대립 속에서 생명을 창조해 내는 거울이 〈오타강의 일곱 지류〉의 거울이며, 히로시마이며 이를 표현해내는 무대 역시 일종의 거울이라는 것이다. 무대라는 거울은 투사하는 동시에 흡수하고 보듬는다. 객석에서 바라본 무대는 거울을 바라본 형국이다. 관객이 무대를 투영하여 자신을 바라보기 때문이다. 무대인 거울을 통해 "관객은 역전된 세계를 본다. 오른쪽과 왼쪽이 전도된다. 이러한 거울의 개념에서 이끌어낼 수 있는 것은 연극이 실존의 거울과 같다는 것이다."(Charest, 72) 이러한 거울의 대립성을 통해 무대는 절대의 세계로 나가는 변증법적 형이상학의 의미를 지닌다.

(3) 사진

시각 이미지인 사진 역시 거울과 그 개념이 유사하다. 〈오타강의 일곱 지류〉에서 사진은 사진 자체 이외에도 카메라, 무비카메라, 사진박스, 슬라이드 등의 오브제를 통해 무수히 표현된다. 첫째, 사진은 무대에서 조명과 함께 플래시를 통해 원폭의 섬광을 은유한다. 역에 설치되어 있는 사진박스는 스크린과 연결되어 셔터가 열리는 순간 번쩍거리는 섬광이 원폭의 섬광으로 이어지는 것이다. 5막 5장의 '사진박스 2'에서 하나코가 사진박스에서 사진을 찍는 가운데 "중앙의 패널에 원자폭탄이 폭발하는 비디오가 나타난다. 하나코의 이미지가 다시 움직이기 시작했을 때 그녀는 검은 안경을 쓰고 있다. 섬광과 그녀의 이미지가 다시 고정된다. 이미지가 움직일 때 그녀는 제프리 2와 함께 사진박스에 앉아 있다. 고정되었던 이미지가 움직일 때 제프리 2세는 하나코의 무릎에 키스를 한다. 두 사람이 미소를 짓고 큰 소리로 웃는다. 플래시가 터지고 다시 고정된다."(77) 사진 플래시와 원폭의 섬광의 조합은 히로시마를 배경으로 하는 〈오타강의 일곱 지류〉에서 사진의 역할을 간접적으로 보여주는 좋은 예이다.

둘째, 사진은 허상이 아니라 진면목을 파악하거나 영원성을 간직하는 도구가 된다. 사진은 작품 초반에 루크와 노조미가 만나는 계기를 제공하는데 원폭 피해를 카메라에 담기 위해 미군 루크가 노조미의 집을 방문한다. 그는 강한 반감을 보이는 노조미의 시어머니로 인해 사진 찍기에 실패하지만 노조미는 시어머니의 부재 시 다시 방문하라고 말한다. 노조미는 원폭에 의해 상처받은 자신의 얼굴을 사진 찍고 싶었기 때문이다. 그녀가 굳이 흉측한 얼굴을 사진으로 남기고 나아가 그 사진을 자신의 영정 사진으로 사용하려는 이유는 무엇일까? 1막 6장에서 그녀는 말한다. "난 죽게 되면 사람들에게 내 얼굴을 보이고 싶어요."(10) 여기서 사진은 과거의 고통을 숨기지 않고 있는 그대로를 드러내는 수단으로 작용한다는 것을 알 수 있다. 사진의 이러한 의미는 6막 2장의 '인터뷰'에서 동영상으로 다시 만날 수 있다. 이곳의 무대는 텔레비전 방송사의 실제 인터뷰처럼 무비 카메라가 설치되어 인터뷰 장면이 직접 스크린으로 투영된다. 이 동영상에서 자나는 삶의 진실을 언급한다.

> 말 깊은 고통은 마음에서 오는 것이에요… 삶에 대한 의식, 욕망, 과거나 미래, 이런 것들이 이기적인 고통이죠. 이기심이 사라지면 고통도 사라져요. (105~106)

그런데 이 고통은 "육체와 정신에 있어서 극도의 고통의 도시인 히로시마를 상징"(106)한다. 카메라라는 매체를 통해 동영상으로 제시되는 고통과 치유에 대한 언급은 동영상에 대한 진실한 믿음이 있기에 가능하다. 그것이 편집되고 왜곡된 허구적 이미지라면 구태여 무대에 존재할 이유가 있을까. 이처럼 우리는 무대에서 이미지에 대한 르빠주의 믿음을 확인할 수 있다.

그러므로 거울과 마찬가지로 사진은 〈오타강의 일곱 지류〉에서 실체의 이미지가 아니라 본질을 밝히는 도구이다. 무대에서 사진은 현실의 이중인 무대에서 제시된 또 다른 허구가 아니라 진실 그 자체이다. 예컨대 혼혈아인 제프리 2가 건넨 원판을 통해 제프리 1은 그들의 아버지가 같은 배다른 형제임을 확인한다.

> 제프리 1이 제프리 2가 준 감광판을 인화한다. 욕조에 사진을 담근 다음 사진을 살피고, 물구멍 마개를 뽑아 버린다. 제프리 2는 보이지 않게 욕조 안으로 미끄러진다. 제프리 1은 세면대 안에서 사진을 씻는다. 전구에서 붉은 젤라틴을 벗기고 제프리 1과 아다는 사진을 바라본다. 두 사람은 충격적으로 사진을 응시하다가 서로를 바라본다. (33)

결론적으로 〈오타강의 일곱 지류〉의 이미지는 원판이 존재하는 이미지이다. 장 보드리야르(Jean Baudrillard)는 『시뮬라시옹』에서 "학살의 망각도 학살의 일부이다. 왜냐하면 학살의 망각은 또한 기억의 학살이며, 역사의 학살이고, 사회적인 것 등의 학살이기 때문이다."(Baudrillard, 102)라고 언급하고 있다. 그러나 〈오타강의 일곱 지류〉의 이미지는 학살과 폭력을 망각하지 않기 위한 이미지이다. 진실을 드러내거나 능동적으로 밝혀내는 수단인 것이다. 카메라, 사진, 스크린으로 제시되는 무대의 수많은 이미지들, 토리이가 그렇고 원폭 돔이 그렇고 일본 장례식장의 사진도 그렇다. 노조미가 자신의 장례식에 쓸 사진을 고르는 행위,[13] 이것은 사진의 진실성을 믿기 때문이다. 이것들은 과거를 붙들고 생생하게 기억하게 하는 이미지들이다. 사진은 과거에 고정되어 있는 이미지가 아니라 과거의 진실을 간직하여 현

---

13 "일본 장례식에선 죽은 사람이 가지고 있던 사진을 전시해요. 난 내가 사진을 고르고 싶거든요. 하지만 원폭전에 찍은 사진은 단 한 장뿐이라서. 폭탄이 터진 후 시어머니는 사진도 찍지 않고 거울이란 거울은 다 감춰 버렸어요."(9)

재의 삶에 지대한 영향을 끼치는 역동적인 이미지이다. 이처럼 사진이 허상이 아니라 진실의 요소를 간직하고 있다면 궁극적으로 극단 '엑스 마키나'에서 선보인 이미지를 주축으로 하는 새로운 연극적 시도는 이론적으로 긍정적인 토대를 마련하는 것이 된다. 르빠주의 이미지는 보드리야르의 주장처럼 실제로는 존재하지 않는 대상을 존재하는 것처럼 만들어놓은 인공물의 이미지가 아니기 때문이다. 르빠주가 유용하다고 본 무대언어로의 이미지는 보드리야르나 영화 〈매트릭스〉에서 나타나는 원본 없는 이미지와는 다른 차원의 이미지인 것이다.

4) 나오며

르빠주의 새로운 연극적 경향은 개인적인 취향과 환경의 영향이 어느 정도 작용하였다고 할 수 있다. 개인적 취향으로는 영화와의 만남이 무엇보다도 중요하다. 어린 시절부터 영화광이었던 그는 영화감독으로서도 상당한 명성을 획득하게 된다. 이처럼 영화와의 인연은 청각 이미지와 시각 이미지를 아우르는 이미지의 효용성을 깊이 인식하도록 하였고 테크닉 측면에서도 자신감을 획득하게 하였다. 그는 자신의 연극과 영화와의 관계를 다음과 같이 언급하고 있다. "사람들은 내 연극작업에 나타나는 영화적 측면을 자주 언급한다. 영화를 만들도록 격려해주었던 모든 사람들은 내 극작품에서 발견할 수 있는 시각적 충격 때문에 영화를 내 언어의 전형적인 매체로 생각한다."(Charest, 146)

한편 환경에 대해서는 연출가의 고향인 퀘벡의 특수한 역사와 사회를 이해하는 것이 필요하다. 프랑스 연출가인 자크 라쌀(Jacques Lassalle)은 퀘벡인들을 가리켜 생각은 프랑스식으로 하고 행동은 미국식으로 한다고 말한 바 있다. 프랑스어와 영어를 사용하는 이중 언어 지역에서 정체성에 대한 혼란에 대한 적절한 표현이라 하겠다. 다종족과 언어의 이중성에서 파생되는 가장 두드러진 것은 정체성과 다양성으로 요약된다.[14] 그가 동양 연극 특히 일본, 중국, 인도네시아 연극 등에 대단히 많은 관심을 보이고 서양의 전통적 무대를 벗어날 수 있었던 것은 이러한 환경이 작용했을 가능성이 크다.

개인적·환경적 측면도 그렇거니와 〈오타강의 일곱 지류〉에서 살펴 본 것처럼 르빠주의 이미지 연극은 편리함과 안이함의 결과가 아니다. 전 생애에 걸쳐 영상예술과의 친근성과 문화적 다양성을 넘나들며 이미지에 대한 유용성과 진실성을 획득하였기에 그만의 독창적인 이미지 연극은 가능했던 것이다.[15]

---

14 2007년 9월 LG아트센터에서 〈안데르센 프로젝트〉의 공연을 위해 내한했던 르빠주와 개인적으로 만난 적이 있다. 이 때 그 역시 퀘벡의 독특한 문화가 자신의 연극 양식에 영향을 미쳤다고 언급했다. 그의 연극에서 중요한 요소인 섹슈얼리티의 의미에 대해 질문을 하자 그는 퀘벡의 특수한 환경이 작용한 것이라고 언급했다. 예컨대 정체성의 혼란이 심한 곳, 아버지와 어머니의 역할이 확실하게 정해져 있는 가정 등 자기가 자라난 퀘벡의 고유한 환경으로부터 생겨났다는 것이다.

15 결국 하이 테크놀로지를 수단으로 하는 이미지 연극은 새롭게 변화하는 관객에게 어필할 것이라는 그의 예상은 적중하였고 2007년 4월 세계 연극계에서 권위를 자랑하는 유럽연극상 제11회 수상자로 선정됨으로써 그의 연출력과 천재성은 어느 정도 객관적으로 인정을 받았다고 할 수 있다.

5. 무대 위의 시각 마술사 — 로베르 르빠주

지금까지 살펴본 것처럼 연극, 영화, 오페라, 음악을 다양하게 섭렵하고 관련 예술가들과의 공동 작업을 통해 또한 무대와 영상의 조합 혹은 무대의 영상화라는 테크닉을 통해 일상적 오브제를 순간적으로 전혀 다른 의미의 오브제로 변환시키는 천재성과 다매체 이미지를 넘나드는 마술사로서의 모습은 위의 경력을 볼 때 충분히 예견되는 것이다. 그렇다면 르빠주는 과연 어떤 무대예술, 시각예술에 대해 어떤 생각을 하고 있는지 이를 파악하기 위해 2000년 1월 22일 퀘벡에서 장 셍—일레르(Jean St-Hilaire)와 가졌던 대담 내용을 정리하여 소개하고자 한다.

　질문—20세기는 연출가의 세기였다고들 한다. 21세기는 연출가에게 어 떤 힘을 부여할 것으로 보는가?
　대답—연출은 엄청난 충격을 간직하게 될 것이다. 연극적 글쓰기의 이 념은 19세기 이래 상당한 발전을 이루었다. 전적으로 문학에 속하는 것에서 벗어나 연출가의 연극이 되었으며, 50~60년대에는 작가의 연극, 80년대에는 배우 혹은 안무가의 연극이 되었다. 이러한 추세는 계속 이어질 것이며 극작가들은 다른 방향 설정을 하게 될 것이다. 극작가들은 글로벌화 현상에 의해 입지가 좁아질 것이다. 글쓰기는 이제 더 이상 지엽적이거나 국부적이어서는 안 되고 국제적인 청중을 염두에 두어야 하므로 재 글쓰기 작업이 이루어져야 한다. 극작가는 해석의 혼란을 이겨낼 수 있는 다른 형태를 찾아내야 한다. 관객 역시 변하고 있다. 관객은 더 이상 극장을 위한 도구가 아니다. 영화나 텔레비전을 통해 관객은 연극적으로 훌륭한 교육을 받았기 때문에 문화의 전이를 쉽게 수용할 수 있을 것이다. 언어의 장벽을 허무는 무대의 메타언어로 나가야한다고 생각한다.

질문-우리는 영화와 텔레비전에서 지나친 화려함에 익숙해져 있다. 연극은 이러한 경향에 불안감을 느껴야 하는가?

대답-난 그러한 현상에 대한 두려움이 없다. 난 어렸을 때 할리우드 영화를 좋아했었다. 동시에 그 영화들이 시와 어긋나기 때문에 경멸해야겠다는 느낌도 있었다. 하지만 그런 종류의 영화는 다른 형태의 무엇일 뿐이다. 10년이나 20년 후에는 아마 또 다른 형태로 변할 것이다. 난 두렵지 않다. 그것은 하나의 현상이지 새로운 것이 아니다. 어렸을 때 크리스마스 선물로 큐브릭의 영화를 받은 적이 있다. 그 때 처음으로 〈2001, 스페이스 오디세이〉를 보았다. 이 영화는 대단한 영화지만 반 영화적이기도 하다. 왜냐하면 어떤 장면은 지나치게 길고, 효과에 의존하기 때문이다. 그럼에도 이 영화는 적어도 다른 관점들을 제공한다.

질문-그러나 연극이 그 정체성을 손상 받을 위험이 있지 않을까?

대답-계속 변화하기를 거부한다면 그럴 위험이 있다. 연극은 집단 예술이다. 연극은 모든 예술적 영향력이 집합된 장소이다. 그러므로

연극은 다른 예술을 응용해야 하며 자신만의 형태에서 해방되어야
한다. 텔레비전이 없다면 사람들이 더 많이 연극을 보러 갈 것이라
고들 하지만 연극은 자기 고유의 제의식을 지니고 있기 때문에 근
거 없는 이야기라고 생각한다.

질문─ "의미의 위기"에 맞서 연극은 관객에 도움을 주어야 하는가, 아
니면 재미를 주어야 하는가? 연극은 무엇을 택해야 하는가?

대답─연극은 이 둘을 잘 조합시켜야 한다. 연극은 연극일 뿐이다. 나쁜
공연이란 다른 것을 위해 하나를 희생시키는 공연이다. 브레히트
역시 연극이란 무엇보다도 재미있어야 한다고 말한 적이 있다. 텍
스트가 난해하더라도 형식은 재미있어야 한다. 베른하르트
(Bernhard)의 〈오랜 스승들(Maitres anciens)〉의 경우를 예로 들더라도
극텍스트가 매우 까다로웠지만 연출가 드니 마를로는 작품의 의미
를 제대로 전달하면서 공연을 매우 재미있게 만들었다.

질문─스타니슬라브스키, 아르토, 브레히트, 그로토프스키 등은 새로운
연기와 창작이론에 영향을 주었는가?

대답─사회의 변화에 대해 알아야 한다. 군주제 시대에 연극 예술가들
의 관계는 이 모델이 적용되었다. 한마디로 독재적 성격이었던 것
이다. 그 후 극단주와 고용인의 관계는 변하였다. 나는 배우에게 군
림하는 독재자가 되기를 바라지 않는다. 그럴 경우 연극배우들은
갈수록 연구에 깊이가 생기고 예술가로서 완성될 수 있다고 생각한
다. 폴 펠레티어(Pol Pelletier)를 예로 들자면, 그녀는 연기를 함에 있
어 깊이 있는 인식에 호소하는 신비주의와 에너지에 근거하는 연구
를 통해 괄목할만한 성과를 이루었다. 하지만 그녀가 이러한 경지
에 이르기까지 예술 분야에서 심리학의 발전을 이룩한 스타니슬라
브스키와 프로이트에 대한 깊은 연구가 있었다. 그녀의 연기는 인
간에 대한 심오한 개념에 의거한다. (…) 열린 상태가 되어야 한다.

질문 - 새로운 테크놀로지는 배우를 자유롭게 할 것인가, 구속할 것인가?

대답 - 테크놀로지는 배우에게 아무런 문제도 되지 않는다. 문제는 배우가 문제를 만들어 낸다는 것이다. 조명도 테크놀로지이다. 연극은 빛과 어둠으로 이루어진다. 조명기로 어둠도 만들어내지 않는가. 테크놀로지는 배우를 얼어붙게 하는 것이 아니라 새로운 가능성을 열어주는 것이다.

테크놀로지는 예술들의 여러 형태를 접합하는데 도움을 주기도 하고 방해가 되기도 한다. 보관 예술(영화나 비디오)과 살아있는 공연 사이의 경계가 점점 좁혀지고 있다. 텔레비전은 점점 연극적 성격을 지니게 되고, 테크놀로지가 시로 변형되어 직접적인 의미로 나아가고 있다. 메시지의 발신자와 수신자의 간격이 계속해서 줄어들고 있다. 한편 테크놀로지는 연극을 고립시키기도 한다. 하지만 연극과 테크놀로지는 서로 만나지 않을 수 없다. 10년에서 15년 안에 무대에서 퇴장하는 행위는 현재보다 훨씬 낯설게 느껴질 것이다. 연극에서 낯섦(dépaysement)은 아주 필요한 것이다.

질문 - 하지만 연극 공연이, 의미를 갖기 위해 전통이나 문화에 지나치게 연결되어 있는 것은 아닐까?

대답 - 연극은 매우 왜곡되어있다. 내면적인 공연이 되기 위해서는 대극장이 아닌 소극장에서 공연하면 된다. 그런데 대극장에서 내적인 뭔가를 이루고자 한다면 조건들이 필요하다. (…) 관객은 〈리어왕〉이나 〈파우스트〉 같은 대작이 소극장에서 공연되기를 바랄 수도 있다. 관객은 배우가 보통보다 더욱 거대해지기를 요구한다. 스웨덴의 드라마텐(Dramaten)에는 2,000석의 극장, 100석의 극장, 14석의 극장이 있고 이삼백 명이 들어가는 극장도 있다. 연기자들이 장화를 신고 이런 극장에서 공연을 할 경우 정확성을 지녀야 한다. 만일 연극이 나가야 할 방향이 있다면 이 정확성일 것이다. 연극에서 공연 장소와 공연의 주제는 일치되어야 한다.

우리의 극단 '엑스 마키나' 역시 이 문제에 부딪혔다. 우리는 오랫동안 페스티벌을 찾아 순회공연을 하였고 상업적으로도 성공을 거두었다. 그리하여 우리에게 장소를 제공하겠다는 곳이 많아졌는데 그럴수록 우리 공연과 어울리는 공연장은 줄어들었다. 언제가 〈기적의 기하학〉을 공연하기 위해 경계를 설정한 때도 있었다.

질문－당신이 연극을 만든 이래 관객의 기대가 변했다고 보는가?

대답－변하지 않았다. 관객에게 있어 공연의 필요성은 그대로이다. 하지만 연극이 항상 흥미를 유발시키는 것은 아니다. 내 생각으로는 연극은 재정립되어야 하고, 약간은 상실되어 있는 유희의 측면을 되찾아야 한다. 연극을 영어로 'play' 가 되고, 연기자는 'player' 이라고 하는 것은 바로 이런 이유에서이다. 연극은 스포츠와 같은 재미를 주어야 한다. 연극에는 언제나 유희가 존재해야 한다. 고대 그리스 비극에서조차도 관객은 유희를 원한다.

질문－연극은 당신이 추구하는 것과 일치하는가?

대답－나는 새로운 공연을 추구한다. 〈지상으로의 귀환(De retour sur terre)〉을 가지고 트리당에서 공연한 적이 있다. 솔직히 첫 두 주 동안은 연극이 아직도 내가 말하고자 하는 것을 말할 수 있는 도구인가 하고 고민하였다. 그 뒤로는 많이 좋아졌는데 내가 영화의 길에 접어든 것은 우연이 아니다. 연극과 영화가 만나지 못한다면 이 둘이 만들어낼 수 있는 유용성은 존재하지 않을 것이다. 연극과 영화는 내면적으로 서로 만난다. 지금까지 사람들이 만들어 낸 연극을 나는 만들어낼 능력이 없다. 나는 연극적인 것을 말하면서 영화적인 것이 되기를 바라기 때문에 비디오를 사용한다. 나의 글쓰기는 연극 플러스 영화이며, 연극성이 담긴 영화적 퍼포먼스이다.

연극 〈바늘과 아편〉에서 사물을 미화하지 않고는 내적으로 도달할 수가 없었다. 클로즈업에 의지하지 않고 어떻게 가능하겠는가? 그래서 나는 손이나 세척기를 클로즈업 시켰고 이것이 무대를 관객에게 접근시키는 방법이라고 생각했다. 〈지상으로의 귀환〉도 마찬가지이다. 이 공연은 나 자신이자 나의 조그만 현실이었다. 난 홀로 무대에 있었고 사물들을 확대시킬 수밖에 없었다.

질문 – 공연에 대한 어떤 생각이 당신으로 하여금 직관을 끈질기게 집중시키도록 하는가?

대답 – 관객은 선험적 증인이 되기를 바란다고 생각한다. 관객은 등장인물에게서 변형을 보고 싶어 한다. 그렇지 않다면 연극은 있을 수 없다. (…) 좋은 극텍스트 속에는 변형되는 존재가 발견된다. (…) 내용이 중요하며 이야기가 전개되는 장소 역시 중요하다. 18세기 말부터 19세기 초에 이르기까지 무대의 틀은 수직적이었다. 신과 악마, 위와 아래라는 종교적 개념의 시대였기 때문이다. 배우의 역할은 악에서 선으로 또는 선에서 악으로 변형되는 것이었다. 20세기에 들어와 무대의 틀은 수평적이 되었다. 사르트르, 브레히트에게 있어 또 영화에서 빔 벤더스 감독의 경우에 인간은 자신의 이웃과 갈등을 일으키는 존재였다. 무대의 틀은 항상 인간의 내적 갈등과 고통에 해당한다. 연극 형태는 어쩔 수 없이 이러한 고통에 따른다. 우주 속에서 인간의 위치가 그러하듯, 구(球)형의 연극으로 나아갈 것이 분명하다. 이러한 무대의 틀을 조각하는 연출가들이 출현할 것이다. 이것이 아주 새로운 것은 아니다. 셰익스피어 연극이 글로브(구(球)Le Globe)라고 불리지 않았던가. 셰익스피어에게 있어 연극은 무대가 중심이 되는 그 세계의 메타포였던 것이다.

질문 – 예술가의 삶을 살면서 스트레스를 받았는가?

대답 – 초기에는 많이 받았다. 난 주로 사람들의 말을 듣는 경향이 있었다. 내가 연극을 시작하고 나 자신의 직관에 귀 기울이기 시작할 때까지는 이런 식이었다. (…) 칭찬을 듣는 것은 유쾌한 일이긴 하지만 본질적인 것은 아니다. 스톡홀름에서 〈셀레스틴(*Célestine*)〉을 공연했을 때 사람들은 비판했지만 베리만은 칭찬을 하였다. 베리만이 마음에 들어 했고, 나는 감동한 사람도 있다는 것은 실패한 것이 아니라고 생각했다.

시간이 부족했다 하더라도 그것을 변명해서는 안 된다. 주어진 방법과 시간 속에서 최선을 다해야 한다. 시간이 없는 건 사실이다. 오히려 그 상황에서 알맞은 작업 방식을 만들어내야 한다. (…) 우리의 창작 방식은 지루함을 유발시킬 것이다. 관객과 언론은 이제 시작이라는 인상을 받을 것이다. 〈기적의 기하학〉은 처음 엄청난 혹평이 쏟아졌다. 그 뒤 일 년이 지난 다음 뉴욕 타임스에서 호평이 있은 후 시비를 거는 사람이 없어졌다.

뉴밀레니엄의 벽두에 선구적 예술가들은 다음의 물음을 던진다. 전통을 폐기하지 않으면서 어떤 방식으로 전통을 새롭게 할 수 있을까? 불안정한 세계 속에서 전통이 지닌 가치를 어떻게 하면 보존할 수 있을까?

현대는 모든 분야에서 엄청난 경쟁이 벌어지고 있고 이 혼란의 와중에 본질과 아류의 경계가 혼탁해지고 있다. 창조자인 예술가들은 이러한 현상에 매몰되어 어떤 길을 취해야 할지 딜레마에 빠져 있다. 어떤 사람들은 여전히 고전에 열광하며 고전적 연출과 기법으로 라신 작품을 공연하고 있는 반면, 르빠주 같은 예술가는 예술의 퓨전을 통해 새로운 테크놀로지가 열어주는 미지의 상상적 세계로의 도약을 꿈꾼다. 그 어느 것도 옳고 그른 것은 없다. 문제는 그것이 르빠주의 말대로 시대의 변화와 어떤 관계를 맺고 있는지, 그 날의 관객과 어떤 교류가 가능한지 자문해야 한다는 것이다. 이런 점에서 영상시대를 맞이하여 다매체 예술을 통한 그의 새로운 작업은 연극사에 한 획을 그을 것이 분명하다.

6. 〈대머리 여가수〉, 언어의 힘

— "이것은 파이프가 아니다(Ceci n'est pas une pipe)"

1) 들어가며 : 언어의 힘

언어 문제는 20세기에 던져진 고통스런 질문이다. 특히 초현실주의자들이 언어와 벌인 사투는 치열하며 감동적이기까지 하다. 그들은 언어를 질서 혹은 부르주아 사회의 대변자로 간주하고 문법과 논리의 대변인인 언어야말로 인간 사유의 자유와 확장을 가로막는 공공의 적으로 생각한다. 프로이트가 무의식의 흔적을 발굴하기 위해 착안한 자유연상법을 기초로, 브르통(Breton)이 자동기술적인 글쓰기를 개발한 것도 논리적인 언어를 거부하려는 몸짓이다. 초현실주의자들은 무의식에서 솟구친 새로운 언어를 통해 진실한 커뮤니케이션의 영토를 찾아 나선 사람들이라고 할 수 있다.

부조리 연극에서도 언어는 핵심적인 문제다. 부조리 극작가들은 부르주아의 가치관이 물들어 있는 자연어는 인간을 소외시키는 닫힌 언어이므로 배격되어야 마땅하다고 생각한다. 이를테면 〈고도를 기다리며(*En attendant*

Godot〉에서 럭키(Lucky)의 의미 없는 단어들의 무차별적 나열이나 〈대머리 여가수(*La Cantatrice chauve*)〉에서 마르탱(Martin) 부부가 부부임을 확인하는 그 유명한 대사는 무엇을 뜻하는가? 전형적인 부르주아인 이들 부부는 오로지 언어를 통해서만 한 집에 거주하는 부부임을 확인할 수 있다는 아이러니한 상황을 연출한다. 마치 극중극 혹은 연기 속의 연기와 같은 이들 부부의 장은 언어라는 강력한 철장에 갇혀 있는 부르주아 계급 혹은 부조리한 인간을 풍자한다. 사실 언어의 힘은 대단하여 인간의 삶을 좌지우지한다. 타르디유(Tardieu)의 극작품 〈동사시제(*Le temps du verbe*)〉에서 등장인물 로베르(Robert)는 가족이 죽은 과거의 시간에 고정된 삶을 살고 있다. 그가 사용하는 문장에서 동사는 모두 과거시제로 이루어져 있다. 비록 그의 외적인 몸은 현존한다하더라도 그는 이미 과거의 사람이 되어 버린 것이다. 작품의 결말에 이르면 과거시제로만 말하던 로베르는 언어의 힘을 빌려 몸마저 과거의 시점으로 사라지고 만다.[1] 이렇듯 타르디유의 극작품 대부분은 언어에 대한 탐색의 장이다. 일상 언어의 해체와 재구성, 단어의 카탈로그식 나열 즉 콜라주 기법을 통한 무의식적 언어 탐구는 초현실주의와 부조리의 극

---

1 '동사시제'(1955년 작, 1956년 2월 10일 위셰트 극단 초연)라는 제목과 '언어의 힘'이라는 부제에서 알 수 있듯 이 작품은 언어에 대한 성찰에서 시작되었다. 시간과 공간 개념이 깃들어 있는 동사는 문법에서 매우 중요한 품사이다. 만일 문장 속에 동사가 존재하지 않는다면 공간은 매끄럽게 연결되지 못하고 마치 사진첩 넘기듯 장면 장면으로 표현될 수밖에 없으며, 시간 역시 과거, 현재, 미래로의 표현이 불가능할 것이다. 이런 점을 주목하면서 작가는 과거 어느 한 순간에 고정되어 있는 인물을 통해 현실에 미치는 언어의 힘을 강하게 표현하고자 한다. 그렇다면 우리는 다음을 질문할 수 있다. 만일 우리가 과거시제로만 말하게 된다면 과거를 살아가는 것인가? 이에 대한 대답은 극중 인물 로베르가 제시하고 있으며, 이와 관련된 문장 "죽지 않고 사라진다"는 작품의 대표적인 키워드가 된다. 눈에 보이는 현재를 대변하는 로베르의 육체가 동사의 과거시제라는 문을 통해 과거로 사라지는 것이다. 〈동사시제〉는 2006년 〈시간의 강〉이라는 제목으로 '극단 여행자' 기획, 하일호 연출로 대학로 극장에서 공연된 바 있다.

작 세계를 한꺼번에 넘나든다.

아르토가 진단한 바에 의하면 현대인은 언어의 의미적 차원에 지나치게 매몰되어 있다. 그러므로 우리는 의미의 지배에서 벗어나 언어의 다양한 쓰임새를 발굴해야 할 필요가 있다. 그가 새로운 언어에서 중시했던 것은 이를 테면 고함과 침묵, 악센트와 리듬, 즉 음성적이며 시적이며 운율적 차원의 것이다.[2] 부조리 극작품에서도 다각도의 측면에서 이루어진 언어의 변형과 새로운 시도를 손쉽게 발견할 수 있다. 이오네스코(Ionesco)의 경우만 하더라도 대사의 어휘에 있어 의미보다는 음성이 더욱 중요하다. 동일한 단어나 음소를 반복하기, 시니피에보다는 시니피앙에 대한 관심은 소리 자체를 중시하는 극작법이다. 이러한 언어적 수법이 추구하는 목적은 습관적인 의미의 상실과 그로부터 얻을 수 있는 새롭고 다양한 의미의 발굴이다. 우리는 이 글에서 이러한 점들을 염두에 두면서 〈대머리 여가수〉를 중심으로 아르토와 타르디유를 병치시켜 이오네스코가 고심한 언어의 문제를 탐색하고자 한다.

2) 〈대머리 여가수〉(1950)의 탄생

프랑스어와 루마니아어를 동시에 모국어로 사용한 이오네스코에게 있어 언어에 대한 심사숙고는 자연스러웠을 것이다. 언어의 이중적 상황은 작가를 이해하는데 매우 중요하다. 〈대머리 여가수〉에서 보여 준 소위 반연극적

---

2 기존의 언어를 해체하고 새로운 언어를 일구어야 한다는 아르토의 연극적인 언어관은 『연극과 그 이중(Le théâtre et son double)』 곳곳에서 발견된다.
　　"오브제들의 관계, 형태와 그 의미의 관계를 새롭게 제기함으로써 시를 무질서하게 만들어야 한다."(51) "언어행위는 파롤에 의한 표현 가능성이 아니라 공간에서 역동적인 표현 가능성에 의해서만 정의될 수 있다."(106~107) "(새로운 언어행위란) 언어로 구성된 시를 단어에 예속되지 않은 공간적인 시로 대체시키는 것이다."(46)

특징은 바로 언어의 부조리에 대한 사유를 기반으로 하고 있기 때문이다. 전혀 극작가가 될 의도가 없었던 이오네스코는 우연한 기회에 작품을 써 보게 되었노라고 고백한다. 그 우연한 기회란, 극작가가 『노트와 반-노트 (*Notes et Contre-notes*)』에서 언급한 것을 보면 제3의 언어였던 영어를 배우는 과정이다. 그의 최초의 극작품 〈대머리 여가수〉는 초보자를 위한 프랑스-영어 회화 개설서에서 착안되었던 것이다. 극작가는 영어 개설서에서 이를 테면 '일주일은 칠일이다', '바닥은 낮고 천정은 높다' 와 같은 문장을 보면서 놀랐던 순간을 기억하고 있다. 진실을 언급하는 당연한 문장인 까닭에 평소 한 번도 진지하게 생각하지 않고 사용해왔다는 의외의 발견은 상당히 충격적인 것이었다.[3] 이를 계기로 언어에 대한 깊은 사고가 시작되었다. 극작가는 개설서에 등장하는 변질된 격언과 쓸데없는 이야기로 일상어를 파괴해버린다면 어떤 일이 벌어질까 궁금해 했다. 그러자 언어가 품고 있는 내용도 갈수록 공허해졌고 〈대머리 여가수〉에 '반-극작품 (anti-pièce)' 이라는 부제를 붙이기에 이른다. 스미스(Smith) 부부나 마르탱 부부 같은 등장인물은 고정관념이 강하고 관례를 중시하는 전형적인 영국 부르주아들이다. 작품 속에서 그들은 언어와 행동의 자동주의를 보이며, 아무것도 말하지 않기 위해 말하며, 내적 삶의 부재와 일상의 기계를 드러낸다. 그들은 생각도 없으며 말할 줄도 모른다. 감동할 줄도 모르고 열정도 존재감도 없다. 사회적 환경 속에 매몰되어 있는 그들은 타인이자 비인칭의 세계이며 피차 교체가 가능한 존재들인 것이다. 스미스 대신에 마르탱을 놓아도 좋고 그 반대가 되어도 아무런 문제가 없다.(253~254 참조) 이렇듯 〈대머리 여가수〉의

---

3 『노트와 반-노트』, 248쪽 참조. 사실 우리도 학교에서 배웠던 영어 초보 시절을 기억하고 있다. 'I am a boy.', 'You are a girl.' 등의 문장은 굳이 표현해야 할 필요가 없는 당연한 말이지만 아무런 의식 없이 암기하고 익혔던 것이다.

등장인물들은 언어의 예기치 못한 쓰임새로부터 부조리의 세계로 함몰되어 가는 인간들이다.

〈대머리 여가수〉라는 제목 역시 언어의 부조리를 노출시키고 있다. 통상 대머리는 성인 남자의 트레이드 마크인 까닭에 '대머리' 와 '여가수' 라는 단어의 합성은 매우 낯설고 비논리적 이미지를 생성시킨다. 작가는 제목을 찾기 위해 골몰하던 중 마지막 총 연습에서 소방관 역을 맡았던 앙리-자크 위에(Henry-Jacques Huet)가 실수로 발음한 '대머리 여가수' 를 듣고 곧 바로 제목으로 결정해버렸다고 한다.[4] 우연한 제목 발견의 일화는 제목과 내용이 전혀 관계없음을 보여주는 것으로 우리가 문제를 의식하지 못한 채 사용하는 일상어에 대한 비극성을 간접적으로 지적하는 것이다. 이오네스코는 "언어의 비극"(252)을 보여주는 이 작품을 집필할 당시 엄청난 고통을 느꼈다고 고백하는데, 그러나 실제로 막이 오르자 관객은 작가도 놀랄 만큼 엄청난 웃음보를 터뜨렸다. 작가에게 비극이 관객에게는 희극이 되었던 것이다.[5]

3) 감염된 대사들

이처럼 희비극적 탄생의 역사를 지닌 〈대머리 여가수〉는 특히 언어적 관

---

4 "소방관 역을 맡은 앙리 자크가 실수로 '금발 여교사(institutrice blonde)' 대신 '대머리 여가수' 라고 말하였다. 그 순간 바로 이것이 제목이라는 생각이 들었다."(258)

5 1950년 5월 11일 파리에 위치한 소극장 녹탕뷜(Noctambules)에서 20대의 젊은 연출가 니콜라 바타이유(Nicolas Bataille)의 악전고투 속에 올려진 〈대머리 여가수〉는 실패로 끝나고 말았다. 그러나 이날은 부조리 연극의 기념비적인 날이 되었다. 그 까닭은 1957년 위세트(Huchette) 극장에서 재공연되기 시작한 〈대머리 여가수〉가 오늘날까지 지속적으로 공연되어 파리의 명소가 되었으며 프랑스를 대표하는 극작품 중 하나가 되었다. 〈대머리 여가수〉는 1989년 프랑스 최고의 연극에게 수여하는 몰리에르(Molière) 상을 받았다.

점에서 매우 재미있는 현상이 목격된다. 등장인물들이 구사하는 대사는 마치 점점 늘어나는 코뿔소나 시시각각 부풀어 오르는 시체 혹은 점점 증가하는 의자처럼, 갈수록 이성을 잃고 난폭한 언어, 광기의 언어로 증식된다. 언어를 사용하는 인물들도 그들의 개성이 점차 상실되면서 이성적 환경에서는 도저히 알아들을 수 없는 말들을 사용한다. 1장은 전형적인 영국의 부르주아인 스미스 부부가 등장한다. 남편은 혀를 차면서 신문을 읽고 있고 아내 혼자서 음식이며 아이들이며 요구르트 그리고 의사에 대한 이야기를 주절댄다.

> **스미스 부인** : 어머, 아홉시군요. 우린 스프, 생선, 감자튀김, 영국식 샐러드를 먹었어요. 아이들은 영국식 물을 마셨고요. 오늘 저녁은 정말 잘 먹었어요. 우리는 런던 교외에서 살고 있고……. 우리 이름이 스미스이기 때문이지요.
>
> **스미스 씨** : (신문을 읽으면서 혀를 찬다)
>
> **스미스 부인** : 감자튀김은 항상 맛이 좋고요, 샐러드 기름도 괜찮은 편이었어요. 모퉁이에 있는 가게 기름은 맞은편 가게 기름보다 맛이 좋아요. 저쪽 가게 기름보다도 맛이 좋아요. 그렇다고 다른 가게들 기름이 맛이 없다는 건 아니고요.
>
> **스미스 씨** : (신문을 읽으면서 혀를 찬다)
>
> **스미스 부인** : 그렇지만, 모퉁이 가게 기름이 최고로 맛있어요…….
>
> **스미스 씨** : (신문을 읽으면서 혀를 찬다)
>
> **스미스 부인** : 이번에 메리는 감자 요리를 잘 했어요. 지난번엔 잘하지 못했거든요. 요리가 잘 되어 있지 않으면 난 맛있게 먹질 못하거든요.
>
> **스미스 씨** : (신문을 읽으면서 혀를 찬다) (21~22)

스미스 부인의 대사는 일종의 독백 형식이다. 그녀의 이야기 주제는 마치 말잇기처럼 단어를 연결 고리로 하여 사방으로 펼쳐진다. 무관심하게 신문을 읽거나 혀를 차는 상대방을 두고 우아한 몸짓을 곁들여 끊임없이 해대는 수다는 들어줄 사람이 아무도 없다는 점에서 공허한 메아리가 된다. 커뮤니케이션은 불능상태에 빠지고 부인의 우아한 제스처는 비웃음의 대상이 된다. "비논리적인 수다는 상대방의 잠재적 반응의 무거운 침묵 앞에서 혼란스러워진다."(Vernois, 222) 홀로 방황하던 부인의 독백이 의사의 이야기로 넘어오자 비로소 남편은 개입을 하게 되고 약간의 대화 형식을 갖게 된다. 그러나 이 대화는 아이들의 대화처럼 말장난이나 억지처럼 보인다. 대화에는 일목요연한 주제가 부재하기 때문에 이야기라고 할 수 없다. 부부의 대화가 보비 왓슨이라는 인물에 이르게 되었을 때, 단어 '보비 왓슨 (Bobby Watson)'의 반복 현상이 나타나면서 단어는 의미보다는 소리에 강조점이 부여된다. 다음의 인용에서 확인할 수 있는바 '보비 왓슨'이 여섯 번 반복된다.

> **Mme Smith** : De Bobby Watson, le fils du vieux Bobby Watson l'autre oncle de Bobby Watson, le mort.
>
> **M. Smith** : Non, ce n'est pas celui-là, c'est un autre. C'est Bobby Watson, le fils de la vieille Bobby Watson la tante de Bobby Watson, le mort. (26)

또한 4장에서 마르탱 부부가 등장하여 벌이는 낯선 유희를 앞선 스미스 부부의 대화의 연장선상으로 간주한다면 부르주아 부부 사이의 대화의 단절을 좀 더 극적으로 희화화한 것으로 볼 수 있다. 두 사람의 만남은 마치 처음인 것처럼 맨체스터 어디선가 본 것으로 시작하여 기차를 타고 런던에 도착한 일, 런던 브롬필드 19번지의 동일한 주소, 동일한 6층 8호, 동일한 방의 구조, 동일한 어린 딸을 통해 두 사람이 부부임을 확인하는 어처구니 없는 해프닝을 연출한다.

마르탱 씨 : 그렇다면, 의심할 여지가 없군요. 우린 이미 만난 사이고, 당신은
         나의 아내입니다……. 엘리자베스, 당신과 다시 만났군요!
마르탱 부인 : (마르탱 씨에게 조용히 접근한다. 그들은 아무런 표정 없이 키스
         한다. 벽시계가 강하게 한 번 울린다. 이 소리는 관객이 깜짝 놀랄 정도
         로 강해야 한다. 마르탱 씨 부부는 이 소리를 듣지 못한다) 도널드, 당신
         이군요. (32)

  두 사람의 대화는 "늘어지고 단조롭고 약간 노래하듯이 거의 뉘앙스가
없어야 한다"(28)는 지문에서 알 수 있듯 매우 인위적이고 연극적인 톤을
요구하고 있다. 니콜라 바타이유(Nicolas Bataille)의 연출에서 이 대사는 매우
비극적인 양식으로 공연되었는데 이 점은 연출가가 의사소통에 문제가 있
는 부부의 상황을 비극으로 보았다는 증거이다. 이어 5장에서 셜록 홈즈의
어조로 비밀을 폭로하는 마리(Marie)를 통해 이 비극성은 더욱 분명해진다.
"한 가지 비밀을 알려드리죠. 엘리자베스는 엘리자베스가 아니고, 도널드
는 도널드가 아닙니다."(28) 부부가 언어를 통해 부부임을 확인한 것처럼
보이지만 사실 그들은 무늬만 부부인 타인일 수 있다.[6] 재미있는 것은 이러
한 부조리하고 비극적인 대화를 들으면서 관객은 폭소를 터뜨렸다는 사실
이다. 인물들이 실천하는 대사의 무분별성, 공허함, 의미 없음이 커뮤니케
이션의 문제점을 드러내면서 동시에 코믹의 효과를 주었기 때문이다. 단절
되고 왜곡된 부부의 대화가 겉으로는 우습지만 그 내막이 비극인 것은 더욱
비극적인 상황이 될 터이다.
  두 쌍의 부부가 함께 하는 6장도 이런 관점에서 매우 흥미롭다. 그들 사

---

6 오늘날 우리 주변에서 이러한 부류의 부부를 심심치 않게 만날 수 있다는 것을 감안하면
  반언어 혹은 반연극을 통해 삶의 부조리를 표현한 작가의 극적 방법은 현재에도 생생하게
  적용되고 있다고 하겠다.

이의 대화는 목적 없이 바람에 떠도는 낙엽과도 같다. 럭비공처럼 어디로 튈지 모르는 대화의 주제는 상호 간에 연결고리도 없거니와 우습기도 하다. 그들이 놀라면서 주고받는 에피소드들, 이를테면 한 신사가 구두끈을 매기 위해 무릎을 꿇었던 사건이나 한 남자가 지하철에서 신문을 읽었던 일들이 정말 놀랄만한 일일까? 극작품에서 모든 것들은 일상의 범위를 뛰어 넘고 논리로부터 비약된다. 현실에서 정당한 것들이 그들 대화의 주제가 되면 이상한 해프닝으로 변해버린다. 소방관의 등장이나 인물들이 언급하는 '개와 소', '송아지', '닭', '뱀과 여우', '꽃다발', '감기' 같은 우화들도 이런 식이다. 논리적인 틀은 사라지고 문장과 단어들은 '대머리'와 '여가수'처럼 우연적 콜라주의 형태가 된다. 에피소드 별로 주제가 바뀌던 형태는 급기야 등장인물들이 주고받는 문장으로 축소되어 피차 타인의 말에 귀를 기울이지 않고 자기 생각에 몰두하여 읊어대는 대사가 된다. 자폐증 환자처럼 외부와 격리된 채 그들이 말을 내뱉자 평소에 친숙하게 들리던 격언들이 갑자기 생소하게 변모한다.

> 마르탱 씨 : 분명 그 세 번째 아내라는 여자를 압니다. 그 여자는 벌집 속에 있
> 는 병아리를 먹었거든요……. (40)

> 스미스 씨 : 우리는 두 발로 걷는다. 그러나 우리는 전기나 숯불을 쬔다.
> 마르탱 씨 : 오늘 황소 한 마리를 파는 사람은 내일 알을 얻게 될 것이다.
> 스미스 부인 : 인생은 창문을 통해 바라보아야 한다.
> 마르탱 부인 : 의자가 없을 때 의자에 앉을 수 있다.
> 스미스 씨 : 항상 전체를 생각해야 한다.
> 마르탱 씨 : 천정은 높고 마루는 낮다.
> 스미스 부인 : 긍정을 하는 것은 일종의 화술이다.
> 마르탱 부인 : 각자 운명이 있다.
> 스미스 씨 : 고리를 잡고, 고리를 만져라. 그러면 고리는 고약한 것이 될 것이다.

마르탱 씨 : 학교 선생은 아이들에게 읽기를 가르치고, 암고양이는 새끼들에게 젖을 먹인다. (53)

첫 인용문에서 마르탱 씨가 언급하는 '여자', '벌집', '병아리'의 연결은 개연성이 없으며, 두 번째 인용문에서 '발', '전기', '숯불', '황소', '알', '인생', '창문', '의자', '천정', '마루', '화술', '고리', '선생', '암고양이' 등의 단어 유희는 대사의 파기, 기계적인 뒤틀림을 기반으로 한다. 그들은 일상에서 흔히 사용되는 단어들 혹은 문장을 말하는 것 같지만 언어가 이상스럽게 변질되어 버렸다. 네 명의 부르주아야말로 자신도 모르는 사이에 소위 정상 언어를 변형시키는 바이러스에 심각하게 감염되어 버린 것이다.

4) 사라진 의미들

기존의 의미를 담고 있는 단어를 공격하는 바이러스는 치명적이어서 극이 후반에 들어서면 중증에 시달리는 등장인물들이 주고받는 단어에서 더이상 합리적인 의미를 발굴할 수 없다. 오로지 음소들의 유희만 본격적으로 시작되기 때문이다. 따라서 다음의 문장들은 굳이 우리말로 번역할 필요도 없거니와 다른 언어로 번역하였을 때 오히려 작가가 의도한 음소의 놀이적 효과가 사라질 가능성이 크다.

> **M. Martin** : Kakatoes, kakatoes, kakatoes, kakatoes, kakatoes, kakatoes, kakatoes, kakatoes, kakatoes, kakatoes.
> **Mme Smith** : Quelle cacade, quelle cacade, quelle cacade, quelle cacade, quelle cacade, quelle cacade, quelle cacade, quelle cacade, quelle cacade.
> **M. Martin** : Quelle cascade de cacades, quelle cascade de cacades, quelle cascade de cacades, quelle cascade de cacades, quelle cascade de cacades, quelle cascade de cacades, quelle cascade de cacades, quelle cascade de cacades. (54~55)

마르탱 씨가 10번 반복하는 단어 "앵무새", 스미스 부인이 9번 반복하는 "똥" 그리도 마르탱 씨가 8번 반복하는 "똥 폭포"는 음소 /k/ 혹은 /t/ 나 /q/ 같이 조음 기관의 긴장도가 큰 경음 자음이 무수히 반복된다. 이 현상은 더욱 진화하여 결국 단어는 해체되고 오로지 모음과 자음만이 남게 된다.

M. Smith : A, e, i, o, u, a, e, i, o, u, a, e, i, o, u, i!
Mme Martin : B, c, d, f, g, l, m, n, p, r, s, t, v, w, x, z! (56)

그리고 이어지는 마지막 장면은 불이 꺼진 상태에서 모두가 참여하는 합창으로 이루어진다. 기차가 더욱 속도를 내며 달리듯이 그들은 더욱 빨라지는 리듬으로 일정한 음소를 반복하며 서로에게 고함을 지른다.

Tous ensemble : C'est pas par-là, c'est par ici, c'est pas par-là, c'est par ici, c'est pas par-là, c'est par ici, c'est pas par-là, c'est par ici, c'est pas par-là, c'est par ici, c'est pas par-là, c'est par ici! (56)

이렇듯 단어의 쓰임새는 의미가 소리를 지배하는 관계에서 역전되어 소리가 의미를 지배하게 된다. 더 이상 이야기는 존재하지 않으며, "제스처는 말과 반대되고, 말은 혼자서 떠돈다. 작품이 진전됨에 따라 언어병 증세는 심화된다."(Charbonnier, 125) 그러므로 앞서 말한바 〈대머리 여가수〉에서 캐릭터가 개성적으로 부여된 인물을 만날 수 없다. "인물들은 최소한의 개인성도 갖고 있지 않으며 대체가 가능한 대상이다."(126) 그러므로 단어의 죽음은 기존의 죽음 나아가 개성의 죽음 혹은 인간의 죽음에 해당한다. "이오네스코가 끔찍할 정도의 의미 부재를 보여준 후에, 〈단어와 사물〉(1966)을 통해 인간의 죽음을 예고한 미셸 푸코의 분석과 뜻을 같이한 것은 어쩌면 당연한 일일지도 모른다." (128)

5) 아르토와 타르디유

단어에서 의미의 죽음은 아르토와 타르디유에서도 발견된다. 텍스트에 함몰된 연극을 맹렬하게 비난했던 아르토는 습관적으로 사용된 단어의 위험을 경고한다. "자연 형태의 사용이나 의미나 한 오브제의 용도에 있어 전체는 인습적이라는 사실을 인정해야 한다. 자연에서 나무에 나무라는 형태가 부여되었지만 동물이나 언덕의 형태를 부여할 수도 있다."(Artaud, 41) 세상에 대한 비전은 개인의 인식과 지각 능력에 근거한다는 현상학자의 주장을 근거로 하지 않더라도, 단어와 그 지시대상물 간의 맹목적이고 인습적인 연결에 대해 의문을 던지기 시작하는 순간부터 언어는 기존의 의미가 사라진다. 아르토는 땅에 서 있는 나무를 꼭 나무라는 단어가 아니라 동물이나 언덕이라는 단어로 지칭했어도 크게 문제될 것은 없다고 생각한다. 시니피에와 시니피앙을 연결하는 단단한 밧줄은 이렇게 순식간에 잘려지고 만다. 아르토는 또 한 예를 제시한다.

> 한 미인이 멋진 목소리를 갖고 있다는 것은 자연스러운 일이다. 그러나 천지개벽 이래로 모든 미인들이 트럼펫을 불듯이 혹은 소 울음으로 우리를 불렀다면 우리는 영원히 소 울음소리를 미인의 이미지와 연상시켰을 수도 있다. (41)

영화 〈막스 브러더스(*Max Brothers*)〉에서도 "남자는 자신의 품에 여자를 안고 있다고 생각하지만 사실은 암소를 안고 있다. 암소는 소 울음소리를 낸다. 그러나 남자는 상황의 도움에 의해 그 울음소리가 여인의 외침소리와 동일한 지성적 품위를 지니고 있다고 오랫동안 생각할 수 있다." 아르토의 지적을 통해 우리는 단어와 오브제의 인습적인 문제 뿐 아니라 지평을 넓혀 텍스트로부터 해방된 연극으로 나아갈 수 있다. 극텍스트 자체에서 문제시된 언어가 무대에서 또 다른 충돌을 일으키며 다양한 스펙트럼을 구성하는 현대적 개념의 연극을 만나게 되는 것이다.

타르디유는 극작품 〈단어 바꾸기(*Un mot pour un autre*)〉에서 본격적으로 언어와 지시대상물 사이의 인습 타파를 시도한다. 막이 오르기 전 해설자는 어휘 전염병이 만연된 도시에서 이에 감염된 시민들의 이상스런 상황을 설명하면서 극작품이 지닌 목적에 대해 언급한다.

> 1900년경 한 도시에 이상한 전염병이 돌았다. 이 병은 주로 상류사회를 강타하고 병에 걸린 환자들은 평소의 단어들을 사용하는 대신 아무런 단어나 마음대로 사용하게 되었다. 그런데 환자들은 자신들의 이러한 문제를 인식하지 못했고 그럼에도 불구하고 그들 사이의 대화에 별로 지장을 받지 않았다. 단지 '어휘'만이 바이러스에 감염되었던 것이다. (209~210)

이러한 상황으로부터 알 수 있는 중요한 사실은 다음과 같다. "첫째, 우리는 종종 아무 의미도 없는 말들을 지껄인다는 것이다. 둘째, 뭔가를 말하려 할 경우 그것을 표현하는 방법이 엄청나게 많다는 것이다. 셋째, 미치광이들은 소위 정상적인 사람들이 그들의 언어를 이해하지 못한다는 이유로 미치광이 취급을 받는다는 것이다. 넷째, 인간관계에 있어서 많은 경우에 신체의 움직임, 목소리의 억양, 얼굴의 표정이 파롤보다 훨씬 풍부한 메시지를 전달한다는 것이다. 다섯째, 멍멍이라는 개 짖는 소리를 히힝이라는 말 울음소리와 대체할 것을 약속한다면 다음날 우리는 개들이 히힝거리고 말들이 멍멍 짖는 소리를 듣게 될 것"(209~210)이다. 특히 다섯째의 경우는 아르토나 이오네스코의 언어적 사유와 맥락을 같이 한다. 〈대머리 여가수〉에서 만나는 무의식적 혹은 꿈적인 언어의 파편화, 의미의 비어 있음은 치명적인 바이러스에 의해 습관적이고 관례적인 언어가 사망했다는 선고에 다름 아니다.

6) 나오며 : "이것은 파이프가 아니다"

르네 마그리트(René Magritte)의 초현실적 그림은 우리의 주제에 대해 많은 것을 시사한다. 미셸 푸코가 주목했던 유명한 '이것은 파이프가 아니다' 라는 작품이 특히 그러하다.[7] 화가가 파이프를 정교하게 그려 놓고 그 아래 '이것은 파이프가 아니다' 고 텍스트를 삽입한 것은 무슨 의미일까?

첫째, 이 그림은 하나의 이미지일 뿐이지 정말 사용가능한 피아프가 아니라는 의미이다. 둘째, 그림이란 단순한 미메시스가 아님을 뜻한다. 과거의 그림은 닮음을 통해 메시지를 전달하고자 하

지만 마그리트는 전통적인 회화의 원리, 즉 모방이 원리인 유사성의 원리를 깨트린다. 유사성의 원리가 깨졌을 때 오히려 새로운 인식의 기회를 제공할 수 있다고 본 것이다. 나아가 화가가 그린 파이프는 그 화가의 고유한 시선이 담겨있어 다른 화가가 그린 파이프와 다르다는 의식이 깔려있다. 그러므로 마그리트의 파이프는 일상적인 파이프로 볼 수 없고 화가에 의해 태어난 새로운 오브제가 된다. 셋째, 사람들이 파이프라고 부르는 오브제는 실상 파이프라는 단어와 아무런 관계가 없음을 뜻한다. 앞서 본 것처럼 우리의 인식이 단어와 그 지시대상물의 습관적인 관계에서 벗어난다면 이것을 꼭 파이프라고 명명할 이유가 전혀 없다. "단어는 자의적이고 사물이 아니다. 사물을 재현하지도 암시하지도 못한다."(Charbonnier, 118) 단어와 지시대상

---

7 미셸 푸코는 저서 『이것은 파이프가 아니다』(김현 옮김, 민음사, 1995)에서 마그리트의 그림을 통해 이미지와 텍스트의 관계를 깊이 있게 사고한다.

물 사이의 부조리한 관계는 〈대머리 여가수〉에서 극적인 증식으로 보여준 언어의 일상적 의미의 해체 나아가 언어의 특이하고 낯선 쓰임새로 나타났다. 그러므로 이오네스코는 자신의 언어는 관례적인 언어가 아니며(반언어) 그러한 언어로 쓰인 자신의 연극은 관례적인 연극이 아니라고(반연극) 주장한다. 파이프를 재현한 후 '이것은 파이프가 아니다'라고 한 것처럼, 극작품을 쓰고 극작품이 아니라고(반희곡) 말하는 것이다. 반연극에 대한 의지는 소음과 혼돈에 의해 파괴되는 반언어의 시도 혹은 혼돈에 의한 파괴를 상징하는 거짓 대사의 시도로 나타난다. 반언어란 무엇인가? 그것은 침묵으로 치닫는 연설가의 무기력과도 흡사하다. 〈의자들(Les Chaises)〉에서 기다리고 기다리던 노부부 앞에 마침내 모습을 드러낸 연설가는 반언어적 수법으로 그들에게 메시지를 전달한다. 마치 신의 침묵과도 같이 정점에서 극적으로 표출된 단어의 부재야말로 반언어의 극치가 아닐까 생각해 본다.

7. 타르디유의 연극언어 1 – 콜라주

1) 들어가며

타르디유 연극의 출발점은 언어에 대한 성찰이다. 시인이자 극작가인 그가 언어에 관심을 갖게 된 이유는 대략 두 가지 정도로 요약된다. 하나는 부모로부터 물려받은 유산이고 다른 하나는 그의 동시대인 20세기 초 유럽의 정신적·사상적 흐름이다. 화가인 아버지와 하프 연주자인 어머니에 의해 형성된 집안의 분위기는 어린 그에게 언어에 대해 조숙한 사념에 빠지도록 하였다. 어머니를 통해 아름다운 하모니의 선율을 듣고 아버지의 그림을 보면서 환상적이고 마술적 세계를 체험한 타르디유는, 예술의 경이로움에 감탄을 보내는 동시에 그것이 부모에 의해 선점되었다는 사실에 강한 질투심을 느꼈다고 고백한다. "부모님 고유의 것으로 보였던 회화의 비밀과 음악의 마력에 대해 어린 시절부터 강한 질투심을 느꼈다. 회화와 음악이라고 하는 이 두 마법이 친근하면서도 낯설게 느껴졌다. 그래서 내 자신의 영역을 찾을 수밖에 없었다. 음울함과 단조로움을 벗어나기 위한 기적의 세 번째 문은 언어였다."(Vernois, 15)

그러나 세 번째 문을 열고 내딛은 영토는 그 기능이 근원적으로 불구라는 것을 작가는 금방 깨달았다. 〈프로방스 지방에서의 하룻밤(Une soirée en Provence)〉[1]의 제2장 '단어들의 사막(Le désert des mots)'에서 등장인물은 "단어는 고유의 의미를 가지고 있지 않다. 단어는 그저 기준일 뿐 그 이상은 아니다"(31)라고 말하는데 이것은 작가의 언어관을 대변하는 것이다.[2] 불완전한 언어의 성격은 시인, 극작가에게 있어 형벌인 셈이다. 언어가 없는 세상은 시인에게 죽음을 의미한다. 그러나 이러한 언어의 부조리성에도 불구하고 언어는 작가에게 필수불가결하다. 시인은 마치 저주받은 것 마냥 또는 운명의 쇠사슬처럼 언어를 떠안을 수밖에 없다. 언어가 없는 작가란 상상할 수조차 없지 않은가! 그러므로 시인들은 수도승처럼 고행의 길을 떠날 수밖에 없으며 타르디유도 이 순례의 동참자가 된다. 언어와의 결연이 불가능한 것

---

1 타르디유의 극작품들은 총 4권의 연극집에 수록되어 있다. 1966년에 초간된 제1연극집 『실내극(Le Théâtre de Chambre)』은 주로 단막극인데, 평소 자신의 연극론에 입각한 실험정신을 바탕으로 단어들을 왜곡·변형시킨 작품 또는 회화 및 음악과 조합된 작품들이 주류를 이루고 있다. 3년 뒤에 출판된 제2연극집 『연기시집(Poèmes à Jouer)』에서도 실험 정신은 지속되며 특히 무대에서 소리, 음절, 문법, 리듬을 이용한 시어의 탐구가 두드러진다. 1975년 출판된 제3연극집 『프로방스 지방에서 하룻밤』에는 음향효과를 강조한 라디오 드라마와 단막극으로 된 오페라 각본이 들어 있어 연극 형식에 대한 극작가의 관심을 엿볼 수 있다. 마지막으로 1984년 발행된 제4연극집 『잘 수 없는 도시(La Cité sans sommeil)』에는 장막극이 포함되어 있고 극의 주제는 사랑의 중요성이 강조되고 있다.

2 언어에 대한 타르디유의 관심은 그가 문학적 성숙기에 횔더린(Hölderlin)이나 괴테(Goethe) 같은 독일작가들을 번역하였다는 점에 주목할 필요가 있다. 번역은 결국 언어의 문제로 귀착된다. 왜 '젖소'는 프랑스어로 하필이면 'vache'일까? 언어가 다르다는 것은 무엇을 뜻하는 것일까? 한 언어가 다른 언어로 대체되는 것은 어떤 의미인가? 이러한 물음에서 그의 대표작으로 간주되며 뒤에서 자세하게 다룰 〈단어 바꾸기(Un mot pour un autre)〉가 생겨났을 가능성이 크다.

임을 깨달은 그는 이제부터 언어의 조탁을 위해 정면으로 힘겨루기를 시작한다. 그 시발점은 무엇일까? 아르토가 주장하듯 그 역시 우리가 언어의 의미에 지나치게 집착하는 것에서 문제가 발생한다고 생각한다.

기호를 시각적 · 청각적 이미지인 시니피앙과 그것이 의미하는 시니피에로 구분한 소쉬르(Saussure)의 용어로 본다면, 우리가 귀로 듣거나 눈으로 보는 '나무'는 시니피앙이고 그것이 의미하는 '나무'는 시니피에인데 사람들은 지나치게 시니피에에 의존하려는 경향이 있다는 것이다. 그러나 언어는 고정되어 있는 것이 아니며 청각과 시각, 즉 시니피앙의 측면에서도 풍요로운 요인들이 잠재되어 있다. 타르디유는 다음과 같이 말한다. "언어에는 반짝임과 울림이 있다. 하지만 의미 전체가 텅 비어 있는 경우가 많고 쓰임새가 아닌 다른 것을 표현하려는 경우가 왕왕 있다. 구멍이 많은 유연한 단어들은 소리의 고정보다는 폭발로, 억제보다는 통과로 이루어져 있다. 요약하면 강요된 어휘라기보다 움직이는 유체인 것이다."(Tardieu, 『캔버스의 문』, 10) 그러나 시니피앙에 대한 강조와 탐구는 타르디유 시대에 시작된 것이 아니며 19세기에 이미 상징주의 시인들 특히 말라르메(Mallarmé)에게서 나타났다. 그는 알파벳의 모음과 자음을 각각 상응하는 소리와 색으로 일일이 구분하여 시에 적용시켰던 것이다. 20세기에 들어와 아르토 역시 무대언어로써 자연어의 일상적 의미보다는 언어의 소리와 형태에 주목한 바 있거니와, 꿈과 무의식의 세계에 관심을 갖는 초현실주의자들도 고정된 의미를 지닌 언어의 무능함을 비웃고 있다. 언어가 확산된 의미를 갖기 위해서는 "예기치 않은 의미를 부여해야 한다. 사실 습관 때문에 우리는 가장 흔히 사용되는 낱말들이 놀랄만한 것을 간직하고 있음을 모른다."(Duplessis, 77) 그리하여 그들은 낱말의 형태와 소리에 주목한다. "시의 가치는 그 심오한 의미에만 있는 것이 아니라 형태에도 있는 것이다"라고 말하는가 하면 "낱말들은 항상 젊음에 넘친 청각에 대해서만 신선한 시정(詩情)을 가진다"(76~77)고 주장하기도 한다.

이러한 이념을 바탕으로 타르디유가 언어를 탐구하는 방식은 크게 셋으로 요약할 수 있다. 이 셋은 의미의 왕국을 축소시키고 언어의 다른 기능을 강화시킨다는 개념을 근간으로 하기 때문에 삼각형처럼 연결되어 상호 소통하는 관계이다. 첫째는 회화적 요소이며 둘째는 음악적 요소이다. 이것은 부모의 예술 덕택에 미술과 음악을 일상적으로 접한 까닭이기도 한데 타르디유의 시나 극작품에서 이 요소들이 풍부하게 나타난다. 그는 결국 '음악극(théâtre musical)' 또는 '회화극(théâtre pictural)'이라는 명칭을 써서 음악 언어와 회화 언어를 통한 극작품의 가능성을 실험하고 있다. 셋째, 콜라주(collage) 기법으로 이것은 초현실주의에 영향 받은 바 크다. 이 세 부분은 구체적인 극작품 분석을 통해 한꺼번에 다루어져야 하지만 지나치게 방대한 까닭에 여기서는 타르디유의 연극언어 중 콜라주 기법을 중점적으로 밝히고자 한다. 이를 위해 맨 먼저 기존 의미의 동요와 왜곡을 통해 새로운 의미를 분출하고자 하는 초현실주의 언어의 실체를 파악해볼 필요가 있다.

2) 초현실주의 언어

20세기 전반 다다이즘의 뒤를 이은 초현실주의자들은 양차 세계대전의 뼈저린 경험을 통해 인간이 쌓아올린 합리적 제도와 법칙에 의문을 제시한다. 정신의 진정한 해방과 무의식의 자유를 기치로 내건 이들은 마침 무의식의 세계를 탐구한 프로이트에게서 힘을 얻어 의식과 논리에 짓눌린 무의식과 비논리의 세계를 다양한 기법을 통해 탐구한다. 그들이 관심을 가진 분야는 꿈, 광기, 유머 같은 것으로 암시적이고 몽환적인 세계를 표현하기 위한 수단으로 '자동기술법(l'écriture automatique)'을 창조하기에 이른다. 초현실주의 수장인 브르통은 스스로 자동기술법을 다음과 같이 표현하고 있다. "마음의 순수한 자동현상으로서 그것에 의하여 입으로 말하든 붓으로 쓰든 또는 기타 어떠한 방법에 의해서이든 사고의 참된 움직임을 표현코자 하는 것, 그것은 또 이성에 의한 어떠한 감독도 받지 않고 탐미적인 또 논리적인 일체의 관심을 떠나서 행해지는 사고의 구술이다."(Breton, 186~187) 즉 인간을 억제하는 이성, 탐미적인 것 또는 논리적인 것의 "모든 억제 행위를 늦추면, 꿈이나 광란의 상태에서 무의식은 저절로 나타나고, 자동기술로 그 무의식의 메시지가 옮겨질 수 있다"(Duplessis, 59)는 것이다. 이성과 논리의 틀에서 벗어나며 문법 체계를 주요 근간으로 하는 일상어와 확연히 구분되는 꿈이나 광기의 세계는 이렇게 해서 연상과 상징이 풍부한 새로운 언어의 미학적 창조 모델이 된다.

사실 자동기술법은 초현실주의자들이 소위 '진귀한 송장'으로 표현한 무의식을 포착하기 위해 '객관적 우연(le hasard objectif)' 속에 글을 내맡기는 희귀한 글쓰기 방식에서 그 싹을 엿볼 수 있다. 두 사람이 각자 종이와 연필을 준비한다. 한 사람은 자신의 종이에 질문을 쓰고 다른 사람은 대답을 쓴다. 물론 각자는 상대방의 글을 알지 못한다. 그런 다음 질문과 대답을 연결시켜 본다. 그러면 예컨대 다음의 대화가 생겨난다.

질문-달이 무엇이지?
대답-신기한 제조업자.
질문-봄이란 무엇이지?
대답-벌레 먹고 자란 반짝이는 램프.
질문-초현실주의는 우리 생의 조직 또는 파괴와 같은 중요성을 가지는가?
대답-거의 꽃으로만 이루어진 진창에…… (58)[3]

---

3 진귀한 송장은 집단적 시작(詩作)에도 이용된다. 예를 들어 여러 사람이 모여 각자 주어, 목적어, 부사, 동사를 나누어 맡은 다음, 주어진 단어를 종이에 쓴다. 그리고 서로를 맞추

이러한 "진기한 송장 덕분에 인간은 진부한 연대적 관계를 뒤엎고 침울한 현실을 벗어나 사람들 사이의 직접적 상의의 세계에 돌입"(58)하는 것이 가능하다는 것이다. 무의식을 말하기 위한 이러한 방식은 "말로 된 사고(pensée parlée)"(60)에 도달하고자 하는 의지로서 무의식이 시사하는 바를 브르통과 수포(Soupault)가 공동으로 옮겨 적은 작품이 『자장(*Les Champs magné tiques*)』이다. 이 안에는 진기한 송장 같은 문장들로 가득하며 이로부터 색다른 이미지들이 생성된다. 이것은 회화로 말하자면 우연적인 오려 붙이기 즉 콜라주가 될 것이고 시의 경우 "삶 전체가 시의 구실이 된다."(67) 왜냐하면 "우연히 결합된 광고와 포스터 그리고 신문 쪼가리가 시를 구성"하기 때문이다. "일상적인 의미를 박탈하면 되는 것과 마찬가지로, 이질적인 말과 영상의 단편들을 서로 접근시키면 정신은 현실에서 이탈하여 다른 세계로 침투되기 때문이다. 짜라(Tzara)에 의하면 시 한 줄 쓰지 않아도 시인이 될 수 있다…… 거리에도 광고 방송에도, 어디에도 시의 자질은 존재한다."4

이처럼 초현실주의자들에 의해 의식이나 논리 또는 이성의 대리인 격인 체계적인 언어는 뒷자리로 밀려난다. 막강한 권력을 자랑하며 독재자의 권한을 행사하던 언어는 무의식의 순수한 탐구에 오히려 장애물로 작용하므로, 그 대신 일상적 의미가 박탈된 언어들, 전혀 어울릴 것 같지 않은 오브제나 이미지의 결합을 통한 꿈과 같은 새로운 언어가 생성되어야 한다.

면 하나의 문장이 생겨나는데 아무도 예측할 수 없는 기상천외한 문장이 된다. '선생님은 아이를 크게 먹는다' 는 식이다.

4 이 인용은 이미 콜라주를 분명하게 연상시키고 있다. 같은 책, 67쪽.

3) 콜라주

프랑스어 'collage'는 '풀칠하여 붙이기' 따위의 의미인데 미술에서 이를 차용하여 화면에 신문종이, 천, 쇠붙이, 나무 조각, 모래, 나뭇잎 등 다양한 재질의 오브제를 붙여 구성하는 기법 내지는 이 기법에 의해 제작된 회화를 가리킨다. 입체파 화가인 피카소(Picasso)와 브라크(Braque)가 개발한 '파피에 콜레(papier collé)'에서 유래한 것으로, 이를 뒤이어 서구 사상과 문화를 노골적으로 거부하고 언어와 논리의 부조리성을 고발하고자 했던 다다이스트들이 더욱 이질적인 질료들을 조합시켜 부조리성과 아이러니한 충동을 불러일으키고자 하였다.

독일의 초현실주의 화가 에른스트(Ernst)는 옛 이야기 책이나 과학서적의 그림을 오려 기상천외한 『백 개의 머리를 가진 여인』(또는 『백두녀(白頭女)』로 부르기도 한다)을 제작하여 초현실주의적 콜라주를 확립한다.[5] "에른스트 자신은 후에 콜라주를 '부조리한 평면 위에서 전혀 관계없는 두 실제 간의 우연한 상봉'이라고 묘사했는데, 이는 '해부대 위에서 재봉틀과 우산의 우연한 상봉같이 아름다운'이라는 로트레아몽의 유명한 구절의 인유(引喩)였다."(Pierre, 15) 초현실주의의 콜라주는 기성품에 손대지 않은 채 아무런 논리적 연결고리도 없는 오브제를 결합시켜 기대하지 않았던 새로운 의미를 생산해 내고자 한다. 이러한 방법은 비유적, 연상적, 상징적인 효과를 통해 의식과 이성에 억눌려 있던 무의식의 세계를 검열 받지 않은 채 있는 그대로 드러내고자 하는 목적을 지니고 있다.

새로운 의미, 꿈의 세계를 창출하기 위해 엉뚱한 오브제들을 결합시키는 화가의 콜라주가 시적 콜라주로 넘어오면 언어적 차원과 혼합되어 매우 재

---

5 콜라주 수법을 사용한 에른스트 그림으로 〈깔멜 수녀원에 들어가기를 원했던 소녀의 꿈〉(1930)과 〈선을 행하는 일주일 혹은 7가지 기본 요소〉(1934)가 유명하다.

미있는 현상이 목격된다. 소쉬르는 언어 기호는 지시하는 대상과 필연적인 관계가 아니라 자의적인 관계를 맺고 있다고 주장한다. 예컨대 같은 대상을 놓고 우리는 '나무'라고 말하고, 프랑스인들은 'arbre'라고 말한다. 결국 '나무', 'arbre' 등의 언어 기호와 그것이 가리키는 대상, 또는 말의 소리와 그 의미 사이의 관계는 구성원의 약속에 불과한 것이며 이러한 언어의 특성을 자의성이라고 한다. 그렇다면 만일 구성원 간의 약속 혹은 사회적인 관례가 뒤틀린다면 어떤 일이 벌어질까? 해부대 위에 재봉틀과 우산이라는 오브제를 모아놓고 이들을 비관례적 언어로 지시한다면 그 효과는 확실히 증폭되고 언어의 의미는 단층에서 다층으로 확산될 것이다.

4) 시적 콜라주

타르디유 극작법에서 매우 중요한 수단으로 사용되는 콜라주 기법은 두 단계를 통해 나타난다. 첫 단계는 그의 습작에서 확인할 수 있는 것으로, 화가의 예기치 않은 오브제의 충돌처럼 단어를 무분별하게 늘어놓는 것이다. 사춘기 때에는 누구나 시인이겠으나, 중학교 시절에 쓴 타르디유의 시나 극작품은 언어 문제에 조숙한 모습을 보여준다. 물론 당시 상징주의 시인들을 흉내 내는 언어의 유희가 만연되어 있던 터라 타르디유도 이 유행에 고무된 바 크다. 그의 작품 〈헤라클레스와 뱀(*Hercule et Serpent*)〉은 작문시간에 배운 합성어를 우스꽝스럽게 개조한 것으로 단어를 뒤죽박죽 혼합시켜 논리의 틀을 깨려는 시도이다. 즉 몰리에르 풍의 즉흥 희극으로서 복합단어라는 주제를 통해 담당 교사가 보여준 텍스트를 비웃고자 하였던 것이다. 그는 이 희극에서 "단어의 논리적 연결을 해체하고 우스꽝스런 집합들로 울리게 함으로써"(타르디유, 『한낮의 어둠』, 51) 즐거움을 주었다고 회상한다. 작가는 여기에서 논리적 고리가 전혀 없는 단어들을 짝지어 놓거나 단어들을 얄궂게 연결시켜 이상한 소리가 나도록 하였다. 다시 말해서 단어들의 합리적 틀을 벗겨 버리고 이를 뒤틀거나 왜곡시켜 버린 것이다. 일반 언어는 정확한 논리 속에서만 생명력을 지닐 수 있으므로, 언어의 문법적 체계에 익숙한 사람은 파괴된 언어의 잔해 앞에서 당혹감을 느낄 것이다. 후에 타르디유 극작품에서 보이는 단어의 괴팍한 배합은 이 같은 맥락에서 논리, 이성 및 의미 숭배에 대한 저항이다. 이것이 바로 시적 콜라주인데, 단어들의 비습관적인 배열이 가지는 효과 속에는 눈에 익숙해진 모양새를 깨트리는 시각적인 충격요법[6]과 아울러 이를 읽을 때 낯선 소리를 유발시키는 청각적인 효과[7]도 있다.

타르디유의 시적 콜라주는 초현실주의 화가들과 마찬가지로 논리와 맥락이 존재하지 않는 꿈속의 이미지를 창출하기 위한 것이다. 만일 언어의 문법이 해체되고 파편화된다면 현실은 혼란의 급류에 휩싸여 커뮤니케이션은 불가능하게 될 것이다. 그러나 커뮤니케이션의 카오스를 통해 얻어진 논리 부재의 언어는 아무도 예상하지 않았던 언어, 새로운 언어, 미지의 언어로 의식에 떠밀려 어두운 구석에 웅크리고 있던 무의식에 생기를 불어넣어 주고 뜻밖에도 정신적 자유와 진정한 해방의 근거를 마련해 준다. 꿈적이며 부분별하고 비논리적을 조합된 단어들로부터 생겨나는 오묘한 이미지가 타르디유 극작품에서 무더기로 발견되는 것은 이러한 이유에서이다.

간단한 예로써, 제2연극집에서 시적 언어로 쓰인 〈삶의 에이비시

---

6 시각적 글쓰기는 예컨대 문자의 편집을 통한 시각화, 칼리그람, 상형 문자화 등의 기법이 있다. 이 점에 대해서는 차후 타르디유 연극적 글쓰기의 회화극 부분에서 자세히 다룰 것이다.

7 낯선 단어들의 모음, 비일상적 반복은 음성적 측면에서 역시 초현실적 효과가 있다. 결국 이런 점 때문에 앞서 언급한 것처럼 콜라주 기법과 회화극 및 음악극은 뗄 수 없는 불가분의 관계이다.

(*L'A. B. C. de notre vie*)〉에는 두 인물 남성 무슈 모(Monsieur Mot)와 여성 마담 파롤(Madame Parole)이 등장한다. 이 작품에서 알파벳 A, B, C가 제목으로 설정된 것은 삶의 일상성을 표현하면서 동시에 언어에 대한 주제를 대변하는데 인물이 각각 단어(Mot)와 파롤(Parole)로 불리는 것도 여기에 무게를 더해 준다. 여하튼 이 작품에는 무작위로 추출되어 "꿈을 상징하는 일관성 없는 단어들"(78)이 일종의 콜라주를 구성한다. 무슈 모가 발성하는 단어들은 "Armure(갑옷), Bandit(도둑), Caravanes(대상), Clameurs(함성), Aboiement(개짓는 소리), Abandon(포기), Abolition(폐지론), Bombardements(포격), Caves(지하실), Caractères(성격), Chevaux(머리), Cathédrales(성당)"이고 마담 파롤의 단어들은 "Anneaux(고리), Bijoux(보석), Buissons(수풀), Cerises(체리), Aumône(은혜), Abeille(꿀벌), Ciseaux(가위), Cadran(문자판), Billets(티켓), Baisers(키스), Batailles(싸움), Caresses(애무)"(78)이다. 이 단어들은 제목과 연결되어 첫 알파벳이 A, B, C의 형태를 취하고는 있지만 의미상 하등의 관련이 없다. 그럼에도 이들의 의미가 한데 뒤엉킬 때 초현실적 콜라주가 형성되어 일탈된 의미, 몽상적 의미가 생겨난다. 동사 없이 명사로만 이루어진 명사 군집은 사진첩을 넘기듯 시간과 공간을 개의치 않기 때문에 꿈의 장면이 될 수 있다.

(1) 〈꿈의 열쇠〉와 콜라주

시적 콜라주의 두 번째 단계는 단어의 나열 뿐 아니라 언어 기호의 자의성에 입각하여 언어적 관례마저 해체시키는 것이다. 이 점은 벨기에 출신의 초현실주의 화가 르네 마그리트의 그림 〈꿈의 열쇠〉에서 분명히 드러난다. 언어와 그림이 조합되어 하나의 줄거리를 형성하므로 '언어 회화'라 할 만한 이 그림은 타르디유의 콜라주 기법과 직접적으로 연결되어 있으며 특히

극작품 〈단어 바꾸기〉의 원형을 보는
듯하다. 〈꿈의 열쇠〉는 "표면적으로
그는, 일반적으로 인정되는 형상—언어
의 논리, 즉 사물의 일상적 이미지와
사물을 가리키는 명칭을 결합시키려는
논리를 따랐다. 그러나 그는 이러한 결
합의 의미를 매우 선명하게 드러냄으
로써 우리는 이 같은 결합 과정의 타당
성 자체를 의심하게 되며 일상생활의
낯익은 사물을 대면하면서 우리는 사
물과 우리를 갈라놓는 심연을 보게 된
다."(Duplessis, 26)

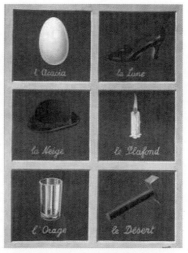

마그리트, 〈꿈의 열쇠〉(1930)

'말과 오브제는 어떻게 연결되어 있을까?' 라는 부제가 붙어 있는 〈꿈의
열쇠〉는 창문 모양의 직사각형이 여섯으로 나뉘어 있고 각 칸에 한 오브제
와 이를 지칭하는 단어가 있다. 오브제 계란과 l'Acacia(아카시아), 여성용 구
두와 la Lune(달), 모자와 la Neige(눈), 촛불과 le Plafond(천장), 유리컵과
l'Orage(폭풍), 망치와 le Désert(사막)가 짝을 이루는 것이다. 여기서 알 수 있
는 것은 첫째, 에른스트의 콜라주와 마찬가지로 이들 오브제들 간에 아무런
일관성이 없이 우연히 모여 있다는 것이다. 둘째, 오브제와 지시 명사의 짝
은 규범에서 벗어난다는 것이다. 오브제와 이에 해당하는 명사는 일상에서
사용되는 관계에서 뒤틀려 있다. 셋째, 오브제와 지시명사는 필연적 관계
가 아니며 단지 사회적 관례에 따른다는 것을 보여준다. 만일 사회 구성원
의 대다수가 닭이 품고 있는 깨지기 쉬운 타원형의 흰 오브제를 '아카시아'
라고 부르자고 약속했다면 그것은 아카시아가 된다는 것이다. 넷째, 그럼
에도 이들 관계에 대한 임의적인 해석이 가능하다. 일단 그림 속에서 오브

제들의 관계를 따져볼 수 있다. 여섯 개의 오브제를 동시에 파악할 수도 있고 가로나 세로에 따라 분석할 수도 있으며 순서를 전혀 무시한 채 여섯 개의 물건으로 그럴듯한 이야기를 만들어 낼 수도 있다. 또는 오브제와 명사의 관계 즉 계란(l'Oeuf)과 아카시아, 구두(la Chaussure)와 달, 모자(le Chapeau)와 눈, 촛불(la Chandelle)과 천장, 유리컵(le Verre)과 폭풍, 망치(le Marteau)와 사막으로부터 형태적으로, 의미적으로, 음성적으로 어떤 관계를 유추해볼 수 있다. 흰 계란의 형태는 흰 아카시아 꽃으로, 구두는 초승달의 형태로 유추할 수 있으며, 눈 내릴 때의 모자 등으로 해석이 가능한 것이다. 이처럼 콜라주의 두 번째 단계인 말과 오브제의 비관례적 관계를 통해 오히려 더욱 풍요로운 은유와 상징을 제공하는 현상은 〈단어 바꾸기〉[8]에서 더욱 분명하게 목격된다.

(2) 〈단어 바꾸기〉와 콜라주

이 작품에서 '어휘의 병'에 걸린 부르주아들은 의미가 연결되지 않는 낱말들을 무분별하게 나열하고 있다. "그로부터 관객들은 폭소를 자아내게 될 것이고, 배우들은 정말 외국어를 말하는 것처럼 연기하고 억양을 사용함으로써 즐거움을 가질 수 있다."(『한낮의 어둠』, 53) 작품의 내용은 부르주아 드라마나 불바르극에서 흔히 볼 수 있는 상류층 부인과 남편 그리고 남편의 정부(情夫)이자 부인의 친구 세 사람의 삼각관계로 이루어져 있다. 자신의 남편이 친구의 정부라는 사실을 까마득히 모르는 부인이 친구와 수다를 떨고 있는데 자기 남편이 친구 집에 나타난다. 순간적으로 부인은 친구

---

8 1950년 2월 파리의 아니에스-카프리(Agnès-Capri) 극단에 의해 초연된 이 작품은 상연시간이 십분 정도의 짧막한 단막극으로 극작가로서의 타르디유의 명성을 드높여 준 작품이다. 제1연극집에 수록되어 있다.

가 지금까지 자랑스럽게 말했던 그녀의 정부가 다름 아닌 자기 남편인가 하고 의심하지만 친구와 남편의 임기응변으로 상황을 교묘히 빠져나간다는 단순한 내용의 코미디이다.

작가는 서문에서 작품의 배경을 밝히고 있는데 내용을 간추려 보면 다음과 같다. 1900년경 한 도시에 이상한 전염병이 돌았다. 이 병은 주로 상류사회를 강타하고 병에 걸린 환자들은 평소의 단어들을 사용하는 대신 아무런 단어나 마음대로 사용하게 되었다. 그런데 환자들은 자신들의 이러한 문제를 인식하지 못했고, 그럼에도 불구하고 그들 사이의 대화에 별로 지장을 받지 않았다. 단지 '어휘'만이 바이러스에 감염되었던 것이다. 과연 감염된 인물들은 어떻게 말하게 되었을까? 『한낮의 어둠』에서 작가는 이 부분을 설명하고 있는데 구체적으로 살펴보면 다음과 같다. 여기서 페를르미누즈 부인은 친구 집을 방문한 사람이고 괄호 속의 문장은 작가 자신이 직접 해석한 것으로 바이러스가 침투하지 않은 정상적인 어휘들로 이루어진 문장이다.

　　페를르미누즈 부인 : 불쌍한 가련한 차(茶) 같으니!… 내가 부인이라면, 다른 램
　　　　프를 갖겠어요!
　　(번역 : 불쌍하고 가련한 이웃 같으니!… 내가 부인이라면, 다른 애인을 갖겠어
　요!)
　　부인 : 안 돼요!… 그이는 무시무시한 스카프예요! 난 그이의 파리이고, 벙어리
　　　　장갑이고, 오리죠; 그이는 내 등나무이고, 호루라기이며, … 등등…
　　(번역 : 안 돼요!… 그이는 나에게 무시무시한 영향력을 행사해요! 난 그이의
　것이고, 그이의 피난처이고, 노예예요; 그이는 내 보호자이고 나를 존재케 하죠,
　등등…)

원문과 번역을 비교해 보면 마그리트의 그림과 똑같은 방식으로, 이웃

(voisine)이 차(tisane)로, 애인(amant)이 램프(lampion)로, 영향력(ascendant)이 스카프(foulard)로, 그의 것(sa chose)이 그의 파리(sa mouche)로, 피난처(refuge)가 벙어리장갑(mitaine)으로, 노예(esclave)가 오리(sarcelle)로, 보호자(soutien)가 등나무(rotin)로 존재 이유(raison d'être)가 호루라기(sifflet)로 각각 대체되어 있음을 알 수 있다. 작가는 이 대체된 이미지들, 즉 차, 램프, 스카프, 파리, 벙어리장갑, 오리, 등나무 그리고 호루라기들이 어린이들을 유혹하는 백화점 선전용 카탈로그를 연상시킨다고 말하고 있다. "이것은 초현실주의자들 특히 막스 에른스트가 콜라주의 요소를 통해 탐구하고 발견했던 시적이며 조형적인 창작의 모습이다. 저 유명한 총포상이나 자전거 가게 카탈로그에서 볼 수 있는 손수레, 쇠스랑, 커피 가는 기계, 두더지 덫, 겨자 숟가락, (새를 덫으로 유인하기 위한)새 피리, 가짜 오리, 소총, 탄약통 같은 것들이다." (55~56) 여하튼 작품에서 대체된 단어들 사이의 일상적 의미 관계는 전무하다. 초현실적이며 시적인 오브제들은 꿈속의 언어 혹은 어린 아이들의 언어로 그려진 콜라주인 것이다.

그러나 뒤죽박죽된 단어들은 〈꿈의 열쇠〉의 경우처럼 다양한 해석을 기다린다. 단어들의 대체는 음절, 음성, 형태에 따른 일정한 흐름을 따르고 있다. 따라서 이 작품이 실제로 무대에서 공연될 경우, 프랑스어를 모국어로 사용하는 관객들은 언어의 유사한 성격이나 배우들의 음정, 억양, 제스처에 따라 작품을 이해하는 데는 별 지장이 없고, 오히려 통쾌한 웃음으로 화답할 것이다. 이것은 과연 무엇을 의미할까? 작가는 작품의 첫 부분에서 대체된 단어를 통해 얻을 수 있는 것이 어떤 것인지 설명하고 있다. "이러한 사실에서 다음과 같은 것들을 확인할 수 있다. 첫째로 우리는 종종 아무 의미도 없는 말들을 지껄인다는 것이다. 둘째로 뭔가를 말하려 할 경우 그것을 표현하는 방법이 엄청나게 많다는 것이다. 셋째로 미치광이들은 소위 정상적인 사람들이 그들의 언어를 이해하지 못한다는 이유로 미치광이 취급을 받는다는 것이다. 넷째로 인간관계에 있어서 많은 경우에 신체의 움직임, 목소리의 억양, 얼굴의 표정이 파롤보다 훨씬 풍부한 메시지를 전달한다는 것이다. 다섯째로 '멍멍'이라는 개 짖는 소리를 '히힝'이라는 말 울음소리와 대체할 것을 계약한다면 다음날 우리는 개들이 히힝 거리고 말들이 멍멍 짖는 소리를 듣게 될 것"(『실내극』, 209~210)이라고 말하고 있다.

그러므로 〈단어 바꾸기〉는 첫째 의미보다는 억양이나 음절이 강조되어 다른 단어로 대체되어 폭소를 자아내게 하면서 언어의 불구성을 회복하고 언어의 약화된 다른 기능을 통한 의미 확장의 가능성을 보여준다. 둘째 마술 가게의 카탈로그를 통해 회화적 콜라주를 제공하면서 언어 기호의 자의성을 동요시키고, 이를 통해 고정된 의미를 탈피하여 비이성, 광기, 꿈의 세계로 진입하는 문을 열어준다.

한편 이해할 수 없는 단어들의 비논리적 조합으로 그려진 콜라주는 부조리 극작가에서 나타나는 '기이한 연극(théâtre de l'insolite)'과 연결된다. 기이한 연극에 대해 베아르(Béhar)는 비정상적이고 예기치 않은 방법을 통해 인간의 감수성을 자극하고 단절을 느끼게 하여 불안을 야기 시키는 연극, 마음 깊숙한 곳에 쌓여있던 침전물을 들어내는 연극 등으로 정의로 내리고 있다.[9] 여기에서 비정상적이고 예기치 않은 방법이란 바로 오브제나 단어들의 뜻하지 않은 만남에 해당하며, 불안의 조성은 체계나 습관의 왜곡 또는 전복에 해당하고, 마음속의 침전물을 들어내는 것은 무의식의 해방에 해당한다. 요약하면 언어의 단절 현상을 깊이 인식하고 확장된 무대언어를 통해 진정으로 순수하고 자유로운 세계를 추구하는 시적 콜라주는 '기이한 연극'의 언어이기도 한 것이다.

---

9 「기이한 연극의 기원에 대하여(*Aux sources du théâtre insolite*)」,『현대 프랑스 연극에서 몽환과 이상야릇함(*L'onirisme et l'insolite dans le théâtre français contemporain*)』, P. Vernois 편, 3~4쪽.

5) 나오며

타르디유의 연극 세계는 언어의 기능 확장에 집중되어 있다 해도 틀린 말이 아니다. 지금까지 살펴본 콜라주 기법 이외에도 작가는 여러 각도에서 연극언어를 실험하고 있다. 첫째, 시적 무대가 그것이다. 시는 가능한 적은 수의 어휘를 사용해서 가능한 많은 의미를 만들어 내는 언어 예술로 반문명적이다. 애초에 타르디유는 시인이었다. 그의 전기를 살펴보면 처음에 시집이 주종을 이루다가 몇 편의 산문집과 연극집이 중반 이후에 추가되었음을 알 수 있다.[10] 연극은 종합예술이고 따라서 문학적 경지가 성숙되면서 시에서 연극분야로 전이된 것이 아닌가 생각할 수도 있다. 그러나 타르디유의 경우 언어 탐구라는 명백한 목표에 초점을 맞춘다면 시와 연극의 장르 구분은 필요하지 않다. 작가 자신도 극작품이란 시적 표현 가운데 하나인 까닭에 시와 연극을 각각 독립된 장르로 생각하지 않았다. 시와 극작품이 별개의 문학 장르가 아니라 동전의 양면처럼 다른 형태의 동일한 기능으로 보았던 것이다. 그가 '시극(théâtre poétique)' 혹은 '극시(poésie dramatique)'라고 표현한 것은 이러한 사유의 발로이다. 이런 관점에서 눌레(Noulet)의 "타르디유의 모든 작품은 극작품이든 산문이든 일종의 시가 된다"[11]는 지적은 정당하다. 반대로 그의 시에는 연극적 요소가 무수히 나타난다. 이미 시인으로서 명성과 자질을 검증 받은[12] 그의 시어는 대화의 리

---

10 그가 연극집을 최초로 발표한 것은 50세가 넘어서이다. 그러나 극작품을 쓰기 시작한 것은 그 이전이다. 〈거기 누구요?(Qui est là?)〉의 경우는 1947년 쓴 것으로 44세 때의 작품이다.

11 『장 타르디유(Jean Tardieu)』, "오늘의 시인(Poètes d'aujourd'hui)" 총서, E. Noulet, 50쪽.

12 시인으로서의 수상경력은 꽤나 화려하다. 1972년 프랑스 아카데미 시 분야에서 대상, 1979년 극작가 협회 대상, 1981년 파리시(市)에서 수여하는 시 분야의 대상 그리고 1983년 라디오 드라마 협회의 대상을 수상하였다.

듬과 상형 문자화된 단어를 통해 연극 형식을 취하고 있다. 시집 『시선(*Choix de Poèmes*)』은 제1연극집 『실내극』에 대한 예고편으로 시어는 거의 대화체로 되어 있다.

둘째, 언어의 불완전성을 극복하려는 노력은 연극 형태에 대한 연구와 무대언어를 통한 의사소통의 가능성에 대한 타진으로 나타난다. 연극의 형태에 대한 그의 관심은 극작품의 제목 혹은 부제목, 예컨대 '방백(Les Apartés)', '독백(Les Monologues)', '제스처 바꾸기(Un Geste pour un Autre)', '음악을 말하는 방법(Comment parler musique)', '예술을 말하는 방법(Comment parler des Arts)', '임자 없는 목소리(Une Voix sans Personne)', '동사시제(Les Temps du Verbe)', '연기하는 대사(Dialogue à Jouer)', '희극적 독백(Monologue comique)', '3박자 리듬(Rythme à trois temps)', '언어 코미디(Comédie du langage)' 등에서 잘 드러난다. 형태와 문체를 연구하는 극작품은 일종의 연구서처럼 극적 요점만을 간략하게 드러냄으로써 스케치[13] 같은 느낌을 준다. 한편 무대언어란 무대에서 메시지를 전달하는 일체의 것들, 극작가 자신의 표현에 따르면, "등장인물과 상황, 빛과 어둠, 속삭임, 웃음, 한숨과 고함, 꿈속에 나오는 긴 복도에서의 숨바꼭질 같은 모든 것"(『실내극』, 8)에 해당하며, 의미를 확장시키자면 관객 뿐 아니라 연극 공간에 존재하는 전체가 포함된다. 따라서 타르디유의 극작품을 연구함에 있어 조명, 음향, 의상, 무대장치 같은 연출적 요소들이 심도 있게 다루어져야 한다. 또한 그의 극작품은 주로 단막극의 형태가 많고 주제도 가벼우며 단어들의 이상야릇한 조합으로 웃음을 자아내게 한다. 그러나 그 웃음 뒤에는 단절과 소외에 따른 인간의 비극적

---

13 이런 이유로 그의 극작품은 고등학생들, 대학생들 혹은 아마추어들이 즐겨 공연했고, 소위 '실험극'이니 '전위극'이니 '간편극'이니 '학생극' 등으로 불렸다.

14 오니뮈스가 1985년 샹 발롱(Champ Vallon) 출판사에서 출간한 타르디유 비평서 『장 타르디유 : 불안한 웃음(*Jean Tardieu : un rire inqiet*)』에 나오는 표현이다.

인 모습이 어두운 그림자로 남아 있다. 오니뮈스(Onimus)가 "불안한 웃음" 14이라고 명명한 것도, 자신의 작품을 "눈물 나는 웃음"15이라고 표현한 것도 이러한 맥락에서이다.

논리적 언어에 대해 의심의 눈초리를 보내는 타르디유는 반서구적이고 반문명적인 경향이 강하다. 그의 사상은 전통적인 서구사상의 이원론과 변증법에 기반을 두면서도 억압받고 무시된 무의식적 부분들을 복구시켜 화려하게 조명을 받고 있는 의식과 동일한 균형을 취하도록 한다. 그는 의식과 무의식이 완전하게 균형을 이룰 때 인간과 인간 사이의 순진무구한 하모니가 성립된다고 보았던 것이다. 그가 즐겨 사용하는 어휘, 예컨대 '숨겨진', '보이지 않는', '비현실' 그리고 '질식된' 등은 가치 없는 것으로 분류되어 억압받고 있는 무의식, 소외된 자아 혹은 무시된 비현실에 대한 표상이다. 이는 작가가 밤에 집착을 보인 것과도 상통한다. '어둠', '하룻밤', '어두운', '잠' 등이 이에 해당하는 바, 1991년 《르 몽드(Le Monde)》 지(誌)와의 인터뷰에서 밝혔듯이 그의 집착은 하찮은 세계로 간주된 어둠을 밝음 혹은 낮과 균형을 꾀하려는 의도인 것이다. 일반적으로 밤은 낮에 비해 도외시된다. 그래서 작가는 일부러 밤을 강조함으로써 두 개의 대립적인 테제와 안티테제의 균형을 취하도록 했던 것이다. 그가 밤샘 작업을 한후 새벽 무렵 세상과 아름다운 공감을 형성한 글들을 찾아보기는 어렵지 않다. 새벽이란 어둠과 빛이 균형을 이루어 공감대를 형성한 때이다. 그러므로 타르디유의 극작품이 의도하는 것은 의식의 무게에 함몰된 무의식의 자리를 되찾아주려는 시도이지 의식을 으깨려는 것은 아니다. 기존의 문법에 반기를 들어 이를 폐허로 만든 다음 처음부터 다시 시작하려는 것이 아

---

15 르 시다네르(Le Sidaner)와의 인터뷰에서 극작가가 직접 언급한 표현이다. 『시인 장 타르디유(Jean Tardieu, un poète)』, Le Sidaner, 13쪽.

니라 소외된 것을 발굴하여 이들의 가치를 되찾아 주자는 것이다. 밝음을
부정하는 것이 아니라 어둠과 밝음이 공존하는 아름다운 새벽의 추구가 타
르디유의 연극 미학의 주류를 이루며, 이것이 그의 연극언어의 궁극적인
목표가 된다.

9. 타르디유의 연극언어 2 – 음악극과 회화극

1) 들어가며

양차 세계대전을 경험하면서 인간에게 행복을 가져다 줄 것으로 믿었던 과학과 이성에 회의와 환멸을 느낀 20세기 작가들은 이성의 대변자격인 언어를 재검토하고, 이에 대해 근원적인 물음을 던진다. 이들 중 극작가들은 바그너(Wagner)의 총체극에 영향을 받아 진지한 시각으로 언어에 대한 새로운 탐색의 길로 나아간다. 그 중 대표적인 언어 탐색의 예는 언어가 애초부터 소유하고 있었으나 그동안 관심 밖으로 밀려 있던 언어의 음악성과 회화성에 대한 탐구이다. 상징주의와 초현실주의는 이 점에서 맥을 같이 한다. 상징주의자들은 언어의 음악성에 주의를 기울여 알파벳이나 단어가 지니는 근원적인 소리를 탐구하여 시어의 상징성을 더욱 풍요롭게 만들고자 시도한다.[1] 프로이트의 정신분석학으로부터 지대한 영향을 받은 초현실주의자들은 객관적 우연을 바탕으로 논리적 언어를 으깨어 문법과의 연결고리를 끊어버림으로써 논리가 결여된 언어, 꿈적인 언어, 광적인 언어를 창출하려 한다. 이런 종류의 언어만이 인간의 자유로운 사고를 억압하는 의식과 논리의 질곡에서 무의식과 비논리의 세계로 인도할 수 있고, 우리를 관습과 제도의 사슬에서 해방시킬 수 있다고 보았기 때문이다.[2] 초현실주의 계열에 속하며 시인, 배우, 연출가였던 아르토는 이러한 이념의 중심에 위치한다. 그는 특히 연극 분야에서 대사 위주의 연극을 강하게 비난하고 연극 텍스트는 궁극적으로 사라져야 할 대상이라고 선언하면서 종합적이고 형이상학적인 연극언어를 주장한다.

언어적 성찰에 몰두한 초현실주의 환경과 가계의 영향을 받은 20세기 프랑스 극작가 타르디유 역시 기존의 연극을 비판하고 새로운 연극을 통해 언어의 일상적 쓰임새 이외에 언어가 자체적으로 소유하고 있는 음악적·회화적 특성을 탐구하고자 한 시인이자 극작가이다. 그는 "소위 '사실주의적' 연극 대사 및 진실주의(vérisme)[3]에서 비롯된 관례와의 완전한 절연을" (『한낮의 어둠』, 84) 꾀하면서 사실주의적 대사와 연극적 관례의 수용을 거

---

1 정형시로부터의 해방이 필요하다고 주장한 상징주의 미학의 가장 중요한 항목 중 하나는 언어의 음악적 능력을 심사숙고하여 사용하겠다는 점이다. 이에 따라 상징주의는 정형시가 줄 수 없는 음악성을 시에 도입할 수 있는 자유시에 지대한 관심을 표명한 바 있다.

2 초현실주의의 관심 분야는 꿈, 광기, 유머 같은 것으로 이 암시적이고 몽환적인 세계를 표현하기 위한 수단으로 '자동기술법'을 창조하기에 이른다. 브르통은 자동기술법을 다음과 같이 언급하고 있다. "마음의 순수한 자동현상으로서 그것에 의하여 입으로 말하든 붓으로 쓰든 또는 기타 어떠한 방법에 의해서이든 사고의 참된 움직임을 표현코자 하는 것, 그것은 또 이성에 의한 어떠한 감독도 받지 않고 탐미적인 또 논리적인 일체의 관심을 떠나서 행해지는 사고의 구술이다." (Breton, 186~187) 즉 인간을 억제하는 이성, 탐미적인 것 또는 논리적인 것의 "모든 억제 행위를 늦추면, 꿈이나 광란의 상태에서 무의식은 저절로 나타나고, 자동기술로 그 무의식의 메시지가 옮겨질 수 있다"는 것이다. 이성과 논리의 틀에서 벗어나며 문법 체계를 주요 근간으로 하는 일상어와 확연히 구분되는 꿈이나 광기의 세계는 이렇게 해서 연상과 상징이 풍부한 새로운 언어의 미학적 창조 모델이 된다.

3 19세기 말 이탈리아에서 일어난 자연주의 문학 운동이다.

부한다. 그리고 이 거부로 인해 생겨난 빈자리를 음악과 회화가 중요한 메커니즘으로 작용하는 언어들로 채워 넣는다. 예컨대 상용적인 언어를 파괴하고 연극적 방식인 독백이나 방백의 패러디에 더욱 관심을 기울이며 음악 형태를 모방하는데 전력을 기울이고자 했던 것이다. 그가 즐겨 사용한 '음악극(théâtre musical)' 또는 '회화극(théâtre pictural)'이라는 어휘는 언어의 음악성과 회화성을 통해 연극적 가능성을 실험한 것에서 비롯된다. 구체적으로 언어의 청각적 요소에는 단어의 어조, 리듬, 악센트, 반복, 의성어 및 의태어 등이 있으며, 시각적 요소로는 음절에 대한 고려, 동일한 단어들의 반복적인 나열, 단어의 회화적 공간 배치, 단어를 사용한 데생, 인쇄술(typhographie)을 통해 상형 문자화 등의 방법이 있다. 그리하여 극작가는 어느 날 "나는 단어들이 의미하는 것을 사랑한 것이 아니라, 단어들이 가지는 소리, 리듬 그리고 새가 공중을 날 때 그리는 것 마냥 단어들이 백지 위에 그리는 시각적 데생을 사랑했다"(44)고 선언했던 것이다. 그에게 있어 글쓰기란 "질서나 무질서 속에서 글자의 흔적을 추적하고 단어의 발음을 연구하는 것이다. 그것은 이해에 대한 걱정 없이 그리거나 듣는 것이다."(41) 결국 그의 글쓰기는 의미 생성보다는 단어가 지니는 회화성과 음악성의 영역을 탐사하는 수단이었던 것이다.

음악적 글쓰기 혹은 회화적 글쓰기는 일반 언어로는 불가능한 정신과의 직접적인 교류를 위한 것이다. "악기 연주를 위해 작곡을 하고 조각하고 그림을 그리는 것은 감각과의 직접적인 접촉으로 정신에 영향을 미친다."(35) "자연어는 지적인 질곡을 통하기 때문에 그 힘을 잃었다." 따라서 "캔버스에 색을 칠하거나 징을 치거나 고함을 지르듯이 글쓰기가 이루어져야 한다"(45)고 극작가는 주장한다. 그렇다면 소위 음악적 · 회화적 언어는 어떤 식으로 구현되고 있을까? 음악적 · 회화적 언어를 탐구하기 위한 방법론으로 타르디유는 먼저 과연 말로 음악과 그림을 설명할 수 있는지 실험한다.

연극 양식의 도움을 받아 예술을 말로 묘사하는 것이 가능할까? 작가는 극작품 〈소나타와 세 신사 또는 음악을 말하는 방법(*La Sonate et les trois Messieurs ou Comment parler musique*)〉과 〈아폴론 모임 또는 회화를 말하는 방법(*La Société Apollon ou Comment parler des arts*)〉에서 그 가능성을 타진한다. 주의해야 할 것은 언어의 불구성에서 비롯된 새로운 언어 탐구는 언어를 버리기 위한 것이 아니라 인간의 의사소통의 주수단인 언어를 연구하여 그 쓰임새를 다양하게 하자는 의도에서 비롯되었다는 점이다.[4]

이 점에 주목하면서 본 글은 타르디유 극작품에서 언어의 음악성과 회화성이 어떻게 연구되고 운용되었는지, 이것이 무대에서 어떤 효과를 가져 올 수 있는지 이를 연구해보고자 한다. 이 연구를 통해, 첫째, 시각과 청각 등 오감을 자극하여 관객과의 합일적 교감을 시도하는 총체극의 실체를 파악할 수 있을 것이다. 둘째, 음악적·회화적 연극언어에 대한 연구는 인간 대 인간의 원활하고 단절 없는 의사소통을 위한 무대 양식을 제공할 것이다. 아르토의 주장에 의하면 절대적인 커뮤니케이션의 자장이 형성된 연극 공간은 개인화 및 소외 현상의 심화와 스트레스에 둘러싸인 현대인을 치유할 수 있는 공간이다. 셋째, 음악과 연극, 회화와 연극의 접목은 우리가 살고 있는 포스트모던 시대에 나타나는 현상 중 하나인 예술적 퓨전에 대한 의의를 파악하도록 해 준다. 예컨대 라이브 공연, 이벤트, 뮤지컬, 탄츠테아터, 발레시어터 등 이벤트와 공연예술, 음악과 연극, 무용과 연극, 발레와 연극, 이미지와 무대 등이 뒤섞이는 현상을 심도 있게 연구할 수 있는 단초를 제공할 것이다.

---

4 언어의 다양한 기능 파악은 궁극적으로 현대적 언어들 예컨대 인터넷 상의 메신저라든가, 핸드폰의 문자메시지 등에서 나타나는 상형 문자화되고 캐릭터화 된 언어의 역할과 기능(순기능과 역기능)과 이들의 이용자 사이의 새로운 관계를 심사숙고할 계기를 마련할 수 있을 것이다.

2) 음악성 탐구

타르디유의 극작품은 갖가지 실험적인 방법을 동원하여 단어의 의미 확산에 집중하고 있다. 그의 연극은 무대에서 운용되는 단어들의 실험의 장인 것이다. 음악성과 직접적으로 관련이 있는 극작품으로 〈소나타와 세 신사 혹은 음악을 말하는 방법〉, 음성 교향곡이라 할 수 있는 〈담화－심포이에타 (*Conversation-sinfonietta*)〉, 〈건반 바꾸기(*Un clavier pour un clavier*)〉가 있다. 본 글에서는 앞의 두 작품을 분석하기로 하자.

(1) 〈소나타와 세 신사〉

'음악을 말하는 방법'이라는 부제가 붙어 있는 〈소나타와 세 신사〉는 말로써 음악을 설명하는 것이 가능한가라는 극작품의 탐색적 의도가 분명하게 드러난다. 이 극작품에는 이름 대신 A, B, C로 명명된 세 명의 신사가 등장하는데 이들은 "아주 일상적인 대화 톤으로 자신들이 지난밤에 관람하였던 음악회에 대해 서로 말하고"(111) 있다. 무대는 아무런 장식 없이 텅 비어 있고 세 인물이 관객을 향해 원을 그리며 의자에 앉아 있을 뿐이다. 등장인물들이 주고받는 대사는, 음악회는 이해할 수도 알 수도 없이 다만 웃음을 유발시켰다는 내용과 음악회가 이루어진 공간에 펼쳐진 소리와 울림에 대한 인상으로 이루어져 있다. 음악회의 감각적인 공간 속에 소리의 움직임이 마치 연기자들의 움직임처럼 존재했다는 것이다. 흥미로운 것은 세 신사의 설명적 대사가 어느 순간부터 반복과 증식을 통해 움직임의 언어로, 음악적 요소가 힘껏 강조된 공간적 언어로 전이된다는 점이다. 이 극작품은 형식에서도 음악성이 추구한다. 첫째, 그 구성이 심포니처럼 이루어져 있다. 제1장 라르고, 제2장 안단테, 제3장 피날레, 이런 식이다. 둘째, 의미론과 더불어 공간을 확장시키기 위해 인쇄의 편집을 이용한다. 단어를 하나씩

덧붙이면서 의미를 확산시키는 동시에 그에 따라 청각적 울림과 시각적 공간 확산을 이루는 것이다. 예를 들어 이 극작품의 핵심어 가운데 하나인 "넓이(étendue)"는 의미상뿐 아니라 공간의 확장을 거쳐 극작품 전체로 확산된다.[5] 말하자면 한 개의 단어에서 공간의 팽창으로 이어져 시각적·의미적 영역에서 다층의 메시지를 생성하는 것이다. 단어 공간의 확산은 반복, 시간의 템포로 연결되어 음악적 리듬이 극대화된다. 간단한 예로 반복은 저녁(soir)과 아침(matin)이 있다.

B

Soir.

A

Soir, soir.

C

Soir soir soir soir.

(122)

아침의 경우는,

B, à A.
Ma…?   Un silence.

C
…tin!

B, à A.
Ma…?   Un silence.

A
…tin

(127)

---

5 une grande é tendue d'eau dans le soir는 une grande étendue와 une grande étendue d'eau를 거쳐 제1 악장 마지막에 완성되는 구(句)로, 텍스트에서 직접 공간의 확장을 보여주면서 의미적으로 구체화된다.

그런데 저녁과 아침은 우리 일상에서 늘 반복하는 시간이다. 말하자면 시간의 반복은 시각적 측면인 지면에서 공간 확산으로 이어질 뿐 아니라, 아침을 뜻하는 '마(Ma)', '텡(tin)'을 '침묵(Un silence)'과 효과적으로 연결시키고, 음성적 차원에서 등장인물들이 릴레이처럼 연결시킴으로써 남성 3중창의 효과와 아침을 깨우는 새벽 종소리가 되는 것이다.

또 다른 예로 의미와 템포가 결합되어 리듬감을 부각시킨 경우는 짧은 음절로 이루어져 그 자체로 빠른 속도를 지니고 있는 vite(빠르게)와 très(매우)가 있다.

A

Vite, vite, vite, vite?

C

Très vite.

B

Très vite.

C

Très vite.

B

Très, très vite.

(117)

세 신사가 위의 대사를 마치 한 사람의 대사처럼 틈새 없이 '매우 빠르게' 발성할 것은 자명하다. 단어가 지니는 의미가 템포와 결합되고 반복을 통해 음악적 영역으로 진일보한 것이다.

음악을 말로 정확하게 표현하는 것은 불가능하다. 따라서 세 인물은 오케스트라의 악기들이 정해진 순서와 빠르기에 따라 자신을 표현하듯 연주자 혹은 악기를 형상화시키고 있다.[6] 크레셴도와 데크레셴도의 리듬, 침묵,

인물들을 악기처럼 사용하기 등의 방법을 통해 무대에서 음악을 해석하고
자 시도하는 것이다.

(2) 〈담화-심포이에타〉

제목에서 언어(담화)와 음악(심포니에타)이 나란히 병렬되어 있는 이 극
작품 역시 언어의 음악성 탐구를 위한 장이다. 무대 지시는 다음과 같다.
"무대는 라디오 스튜디오이거나 콘서트홀이다. 이곳에서 공연되는 합창이
방송된다고 보면 된다. 막이 열리면 무대는 비어 있다. 의자와 악보대가 객
석을 향해 반원의 상태로 놓여 있을 뿐이다. 무대에는 지휘자의 악보대와
단이 보인다. 그 배치는 다음과 같다.

소프라노(S) 테너(T)

제일 콘트랄토(C1)   제이 콘트랄토(C2)

제일 베이스(B1)   제이 베이스(B2)

마이크(micro)   마이크(micro)

지휘자(Ch. d'Or.)

(237)

테너, 소프라노 등 등장인물들 명칭은 음색과 관련이 있으며 합창을 위
한 인물들로 설정되어 있고, 원의 형태를 취하는 이들의 위치 또한 합창을
위한 것이다. 앞선 극작품에 비교해 볼 때 더 적극적으로 음악적 요소와 결
합된 작품으로 합창과 연극 무대가 조합된 형태인 것이다. 관객 혹은 청중
을 향한 아나운서의 코멘트는 이곳이 합창을 위한 공간인지 연극을 위한 공

---

6 "세 신사가 엮어내는 트리오의 단순하고 추상적인 대사의 뒤얽힘은 악기의 담화로 세밀하
  게 계산되어 있다."(『한낮의 어둠』, 85)

간인지 더욱 모호하게 만든다. "요한 슈파트코트의 곡 담화-심포니에타를 들으시겠습니다. 이 담화-심포니는 알레그로 마 논 트로포, 안단테 소스테누토, 스케르쪼 비바체 세 악장으로 구성되어 있습니다. 도입부에서 전체 목소리가 차례로 소개될 것입니다. 알레그로는 테너와 소프라노 커플이 상징하는 꿈과 원칙적으로 저음 소리로 분명히 제시하는 현실 사이의 대립 주제를 전개하고 있습니다. 이 저음은 가장 중요한 것이 건강이라는 인간적 균형을 위한 승리의 노래로 결론을 맺을 것입니다."(238) 아나운서의 말처럼 극작품은 사전에 제시된 빠르기를 바탕으로 음색과 단어의 의미를 통해 주제를 전개시켜 나간다. 리듬에 맞춰 빠르게 또는 느리게 또는 침묵으로 앞선 대사를 받아 넘기기도 하며, 두 인물이 중창으로 대사를 전개시키기도 한다. 그들 대사의 내용은 회색 도시의 지루한 삶에서 삶을 위해 필요한 것이란 건강과 사랑이라는 점, 정령과 만찬 등에 관한 것이다. 그리하여 사랑과 음식을 주제로 한 합창이 극의 마지막을 장식한다.

> B1 et B2
> J'aim' J'aim' J'aim' J'aim',
> J'aim' J'aim' J'aim' J'aim',
> J'aim' J'aim' J'aim' J'aim',
> T
> Le chaud(뜨거움)
> S
>   Le froid(차가움)
> B2
>   Le suer'(설탕)
> B1
>   Le sel(소금)
> 합창대 전체 (각자 마음대로 소리를 낸다. 점점 커지다가 작아지기도 하면서

클래식 음악의 마지막 부분을 흉내 낸다.)

  Et tout

    Et tout

et tout et tout et tout et tout et tout et tout

et tout et tout et tout et tout et tout et tout

사이. 지휘자와 합창대는 관객에게 인사를 한 뒤 발끝으로 퇴장한다. 막이 내린다. (258)

위 대사에서 알 수 있듯, 여기에서 중요한 것은 〈소나타와 세 신사〉처럼 의미보다는 감각적이며 형식적인 측면이다. 청각과 시각에 포인트를 맞추어 등장인물들의 음색, 단어 반복, 음성적 배치, 단어의 공간성 확보를 통해 음악성 탐구에 주력하는 것이다. 두 명의 베이스가 "사랑해(J'aim)"를 의성어나 의태어처럼 반복하고 이어 음식에 해당하는 단어들을 테너, 소프라노, 두 베이스의 구별된 음색을 통해 계단을 내려오는 것 같은 상형문자 식의 배치로 음색의 하향성을 분명하게 표현하고 있어, 의미와 소리와 형식의 조합이 돋보인다.[7] 피날레 역시 "Et tout"라는 특정한 의미와 소리를 리듬감 있게 표현함으로 음악과 무대언어의 조합을 꾀하고 있다.

이들 언어를 음악성과 결부시킨 두 극작품을 종합해 볼 때 타르디유의 음악적 무대언어는 다음의 세 가지 정도로 요약할 수 있다. 첫째, 단어의 소리에 귀 기울인다는 점, 둘째, 단어의 의미를 소리와 연관시킨다는 점, 셋째, 단어의 상형문자적 기법을 통해 소리의 축소와 확산이라는 리듬을 추구한

---

7 이처럼 음악성이 강조된 극작품을 프랑스어가 아닌 외국어로 번역하는 것은 사실상 불가능하다. 두 극작품 외에 〈건반 바꾸기〉 역시 주제와 형식에서 무대언어의 음악성을 탐구하는 실험극이다.

다는 점이다. 동양연극에서 이러한 점을 주목한 아르토의 연극적 이념[8]과 매우 유사하지 않은가! 주의해야 할 것은 언어의 음악성을 탐구하는 타르디유의 극작품은 뮤지컬이나 음악극 일반과는 거리가 있다는 것이다. 그의 음악극은 음악과 연극을 접목시키거나 노래를 무대에 삽입한 것이 아니다. 그의 음악극은 단어의 소리 탐구 일환으로 시작되어, 동음어의 반복, 공간 배치, 음성적 배려, 의미와 리듬과의 연결 등 단어의 고유한 음악성을 통해 무대 공간의 확산과 주제의 깊이를 견고하게 하고자 하는 의도인 것이다. 이 점은 회화극에서도 마찬가지이다.

3) 회화성 탐구

"오직 꿈의 영상만이 되찾은 자유를 흠씬 느끼게 할 수 있기 때문에 많은 예술가들은 그들의 영감을 단어보다는 색으로 표현한다. 사실 그림은 '외부세계의 형상을 불문곡직하고 그대로 모사하지 못할까 하는 가정에서 벗어나기만 한다면, 시에 가장 큰 영향력을 행사할 수 있다. 시각에 기쁨을 주는 일이 그림의 목적일 수는 없다. 그림의 목적은 바로 우리의 막연한 인식을 일보 전진시키는 일이다.'"(『한낮의 어둠』, 85) 작가의 이 말은 그가 얼마나 회화를 가치 있게 여기는지 웅변하고 있다. 특히 회화가 언어(시)에 커다란 영향을 끼치며 우리의 지각 영역을 넓힌다는 사실을 분명하게 인식하고 있음을 보여준다. 연극과 미술은 무대미술을 통해 만나는 것이 일반적이

---

8 아르토는 서양연극을 동양연극과 비교하면서 다음과 같이 말한다. "심리학적 경향을 지닌 서양연극에 반하여 형이상학적인 경향을 지닌 동양연극은 제스처, 기호, 태도, 음색 등이 함축된 더미가 무대언어 그리고 상연의 언어행위를 이룬다. 이 언어행위는 모든 의식의 차원에서 그리고 모든 감각 속에서 전개되는 물리적이며 시적인 중요성을 전개시키면서, 필연적으로 심오한 태도를 취해 생각하게 함으로 우리는 이를 '활동적인 형이상학'이라고 부를 것이다."(『연극과 그 이중』, 54)

다. 그러나 타르디유 연극에서 회화성 탐구는 음악성과 동일한 컨텍스트를 지닌다. 즉 언어의 회화적 쓰임새를 강조하여 그 의미 영역을 넓힘으로써 무대를 풍요롭고 깊이 있게 하려는 것이다.

글쓰기는 그 자체로 제스처와 흔적이라는 연극적 · 시각적 요소를 소유하고 있다. 작가가 보기에 적당한 간격으로 연속적으로 배열되어 있는 단어들의 군락은 의미를 위한 것이기 보다 차라리 "공간의 지표점(des points de repère dans l'étendue)"(57)이다. 그러므로 이를 잘 활용한다면 본래적 의미를 상실한 언어, 그 지시대상물과 동떨어진 불구의 언어를 새롭게 개조할 수 있다. 작가가 보기에 "손으로 수없이 써대는 글자들은 개개인에게 고유한 것으로 기호를 그리는 방법이지만, 순수 선과 곡선으로 이루어진 유희, 절대적 형상, 그 특징들은 오래전부터 원초적 상징이었던 오브제와 동떨어져 왔다."(『화폭의 문』, 62) 이러한 이념 하에 그는 시와 극작품에서 단어와 오브제의 잃었던 과거의 합일을 발굴하고자 시도한다.

(1) 〈아폴론 모임〉

언어의 회화성에 대한 작가의 선행 연구는 음악의 경우와 마찬가지로 언어로 미술을 표현하는 것이 가능한가 하는 것이며, 이를 희극적으로 잘 보여주는 것이 〈아폴론 모임 혹은 회화를 말하는 방법〉이다.

회화적 작품답게 세 개의 장(tableau)으로 구분되어 있는 이 극작품에 등장하는 아폴론이라는 이름의 단체는 미술 애호가들의 모임이다. 이들은 안내자의 거창한 설명을 들으며 한 거장의 작업실을 방문하게 되는데 그곳에서 다음의 희극적 상황이 펼쳐진다. 거장이 돌아오기를 기다리면서 그들은 작업실의 받침대에 놓여있는 이상야릇한 철골 구조물을 발견한다. 미술 애호가들은 이에 대한 의견이 분분하지만 안내자의 극찬에 가까운 설명을 들으며 모두는 극작품의 예술성에 동의할 수밖에 없다. 그 사이 거장이 등장한다. 거장은 미술 애호가들 앞에서 자신의 극작품에 대해 설명하게 되는데 그의 몸짓과 언어는 점점 시장 바닥에서 물건을 파는 상인의 모습을 닮아간다. 어느 순간부터 "그의 어조는 정확히 시장 상인의 어조가 된다."(146) 그리하여 뜻 모를 말들을 쏟아내는 거장의 소리를 배경으로 절망스러워 하는 안내자의 모습이 부각되고 애호가들은 당황해 하면서 막이 내린다. 안내자가 "순수한 형상(la forme pure)", "광채가 빛나는 형상(la forme, dans toute sa splendeur)"(139)으로 예찬한 거장의 예술품이 한낱 생활용품으로 전락하고 마는 순간인 것이다. 이 코믹한 상황은 미술을 말로 표현한다는 것이 얼마나 우스꽝스러운가라는 전언을 담고 있다.

(2) 〈제비(*Hirondelle*)〉

타르디유 작품에서 말로써 설명이 불가능한 회화가 언어와 결합하는 방법은 크게 두 가지이다. 하나는 음악극에서 보았듯이 인쇄술을 바탕으로 공간적으로 집중과 확산의 리듬을 강조하는 것이다. 이를 통해 언어의 잃어버린 원초적 표현을 되찾고자 하는 것인데, 아폴리네르(Apollinaire)의 칼리그람(*Calligrammes*)이나 말라르메(Mallarmé)의 『주사위 던지기(*Coup de dés*)』 또는 상형문자처럼 글쓰기와 회화성이 직접 만나는 것이다. 요컨대 단어와 오브제의 절대적 일치로 단어 자체를 물체화 시키려는 욕망이다. 시 〈제비〉에서 표현하고자 한 것이 이것으로, 여기에는 "주요 단어를 그 고유의 의미와 그것이 지시하는 사물과 일치"(『한낮의 어둠』, 51~52)시키려는 수법이 잘 나타난다. 이 시에서 제비를 뜻하는 단어 'hirondelle'은 여러 단계를 거친 후 실제로 하늘을 나는 제비가 된다. 'hirondelle'라는 단어가 살아있는 진짜 검은 제비가 되어 창공을 나는 것이다. 〈제비〉의 마지막 부분은 다음과 같다.

Un matin, cette grande chose coutumière
Que l'on nomme le ciel,
(⋯)
Et les deux oiseaux noirs
Semblaient toute la raison d'être de ce ciel.

      Deux oiseaux noirs
      Très distincts
      Très espacés

Ici   là

(118)

이 시는 죽은 것 같았던, 마치 존재하지 않는 것 같았던 평범한 하늘에 갑자기 아주 뚜렷한 두 마리의 검은 제비가 나타남으로 하늘이 존재 이유를 갖게 되었다는 내용을 담고 있다. 여기에서 두 검은 생명체는 공간을 지칭하는 "여기(Ici)"와 "저기(là)"로 구현되고 있는데, 두 단어가 하늘을 나는 두 마리의 제비로 형성화된 것이다. 두 단어를 넓게 펼쳐 균형감 있게 배열한 것에 주목하고 넓은 하늘을 흰 종이로, 검은 두 마리의 제비를 두 단어로 대비시킨다면 단어의 물체화라는 작가의 의도가 선명하게 파악된다.

(3) 〈그림 속에 들어온 세 사람〉

회화와 언어를 결합시키는 두 번째 방법은 무대와 회화의 직접적인 조합으로, 이 경우는 〈그림 속에 들어온 세 사람〉에서 잘 드러난다. 이를 구체적으로 살펴보자.

이 작품에는 세 사람의 등장인물, 남자, 여자, 여행객이 존재한다. 개별적 인물이 아니라 포괄적 이름으로 명명된 세 인물은 각 개체의 특징을 대표하며 그들에게 투영되는 화가의 그림을 수단으로 고유한 의미를 부각시킨다. "막이 열리면 여자가 관객을 향한 채 무대 앞쪽에 앉아 있다. (갈색, 밤색, 베이지 색, 검은 색이 가능한) 의상은 검소하고 두 손을 무릎에 가지런히 놓았다. (…) 사이 브라크(Braque)의 그림이 여자의 공간 전체에 투영된다."(279) 여자 의상은 특히 브라크 정물화에 자주 사용되는 색으로 여자는 브라크의 정물화와 중첩되어 여성성을 나타낸다. 여자와 남자와의 대화에 등장하는 "감자(pomme de terre)", "병(pichet)", "갈색 과일들(fruits bruns)", "접시의 검은 생선들(poissons noirs sur une assiette)"은 그녀의 여성성을 대변한다. 그녀 스스로도 숯불에 잘 익은 감자임을 느낀다. 대지의 사과(pomme de terre)인 감자는 여성과 대지의 상징적 동질성을 나타냄으로 브라크의 투영된 그림을 통해 무대 위의 여자는 자신의 속성을 상징적으로 드러내고 있는 것이다. 브라크의 정물화에 투영되어 그에 전적으로 동화된 여자는 말한다. "나를 유지하고 나를 지탱하고 / 나를 메우고 나를 감싸고 나를 채우는 그 속으로 / 사라지면서 / 조금씩 행복을 느껴요."(280)

후안 미로(Joan Miró)의 푸른색으로 온통 투영되어 있는 남자는 미로의 대변인인 동시에 남성성을 상징한다. "남자는 여자의 왼쪽, 무대 뒤편에 부동의 자세로 서 있다. 단순한 의상이다. 칼라가 블루 톤인 남방과 검은 비로드 바지를 입었다."(279) 이 무대지시는 여자와 브라크에 이어 남자와 미로와의 상관관계를 분명하게 밝히고 있다. 뿐만 아니라 부동성과 대지라는 여성성을 보여주었던 브라크의 정물화와 마찬가지로 초현실적인 미로의 그림 세계는 남성성 자체를 의미한다. "모험(aventure)", "거대한 공간(un grand espace)", "떠나다(partir)", "날다(voler)"는 남성성과 연결되며 "합쳐진 공간(espace uni)", "색(couleur)", "궤도(trajectoire)", "넉넉한 푸르름(large bleu)"

(282~283) 등은 미로 그림에 나타나는 회화적 요소이다. 따라서 남성성과 회화성이 혼재하는 그림 속 등장인물 남자는 미로의 그림을 대변하며, 역으로 아무런 언어적 설명 없이도 미로의 그림에 투영된 그는 바로 남성 자체임을 알 수 있는 것이다.

세 번째 등장인물 여행자에게 샤갈(Chagall)의 그림이 투영된다. 그는 말한다. "나는 마을 위를 날아 왔어요 / 많은 풍경들을 봤지요, / 양떼, 노새들, 하늘을 나는 남자들 여자들, 아이들, 집, 나무, 교회, 자주 빛 백설, 모자 쓴 시골풍의 천사들 / 전설에 나오는 거대한 이동."(285) 여행자는 또한 "마을의 종소리(une cloche de village)", "바이올린 소리(un violon naïf, un crincrin)"(284)를 동반하는데 이들 전체는 신비적이고 이국적인 샤갈 그림에 자주 등장하는 풍경과 소리들이다. 여행은 모험과 전설을 만들어 낸다. 그러므로 이를 소재로 삼은 화가의 꿈은 바로 여행이며 여행자는 샤갈 그림이 추구하는 꿈적 세계의 대변인이 된다. 이처럼 세 명의 등장인물은 투영된 그림을 통해 각각의 속성을 드러내고, 그림 역시 등장인물과 연계되어 있는 무대언어를 통해 설명된다.

그렇다면 세 명의 인물이 한 지점에서 만났을 때, 다시 말해서 세 화가의 그림이 한 곳에 투영되었을 때 어떤 형상이 나타날까? 극작품 마지막에 세 등장인물이 한데 모였을 때, 세 공간을 바탕으로 하나의 우주가 형성됨을 본다. 하늘을 나는 여행자와 공중에 떠도는 남자, 땅을 기반으로 하는 여자는 각기 역삼각형의 세 꼭짓점을 이룬다. 그리고 공통된 우주에서 각자는 자기 개체에 따른 특별한 견해를 제시한다. 즉 여행자 혹은 샤갈은 "모든 것이 신으로 향하고(tout va vers le Dieu)", 남자 혹은 미로는 "모든 것이 무로 향하며(tout va vers le rien)" 여자 혹은 브라크는 "모든 것이 머문다(tout demeure)"(289)로 표현 되는 것이다. 이를 형상화 시켜 보면 다음과 같다.

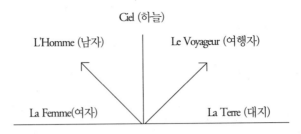

이렇듯 〈그림 속에 들어온 세 사람〉의 등장인물은 그림 속의 대상물에 해당하며, 이 대상물로 쓴 극작품은 언어로 이루어진 그림인 셈이다. 그려진 언어 혹은 무대언어로 사용된 그림은 무대에서 완벽하고 조화로운 언어로 자리매김을 하고 있어, 작가의 회화적 연극언어는 일정한 단계를 거쳐 그림과 무대의 직접적인 교류의 장으로 나아감을 확인할 수 있다.

4) 나오며

언어의 새로운 쓰임새에서 출발한 청각적 · 시각적 연극언어가 과연 각기 홀로 존재할 수 있을까? 지금까지 논지를 본다면 단어의 음악성과 회화성의 두 물줄기가 한 곳에서 합류함을 짐작할 수 있다. 두 예술 언어가 통합된 영역으로 나아가는 것이다. 작가는 이렇게 말한다. "나를 언제나 매혹시키는 것은 소리와 형태의 혼합이다. 왜냐하면 두 예술의 퓨전은 예기치 못한 결과를 만들어 내기 때문이다."(『한낮의 어둠』, 44) "음악의 개념이 생겨나는 동안, 나는 귀를 지닌 눈으로 읽는 특별한 글쓰기를 제시한다. 들리는 것은 화가가 바라 본 것이다."(77) 이렇듯 음악성과 화화성의 통합에 관심을 기울이면서 작가는 무대 위에 음악과 미술의 직접적인 퓨전 방법을 탐구한다.

그 출발점은 그림을 통해 소리를 듣는 것이다. 그리하여 타르디유는 소포니스바 앙귀솔라(Sofonisba Anguissola)의 〈자화상(*Portrait*)〉, 17세기 네덜란드

그리스의 〈만돌린을 든 여인〉 　베르메르의 〈기타를 연주하는 여인〉 　앙귀솔라의 〈자화상〉

화가 얀 베르메르(Jan Vermeer)의 그림, 스페인의 입체파 화가 후안 그리스 (Juan Gris)의 〈만돌린을 든 여인(*Femme à la Mandoline*)〉 및 르느아르(Renoir)의 그림 속에 구현된 인물에 관심을 갖는다.

위 그림 속 "인물들은 노래를 하기 위해 입을 열거나, 손가락이 칠현금의 현이나 피아노 건반에 놓여 있다. 이들 손가락은 금지된 세계의 문턱에서 영원히 멈추어 있다고 말할 수 있을 것이다."(77) 작가는 그림 속 음악에 대해 부연 설명한다. "우리가 더 잘 보기 위해 기꺼이 귀머거리가 되듯, 그림 으로 형상화 되어 부피와 높이를 갖게 된 음악은 형태도 의미도 없는 일종 의 꿈이 된다. 그림 속 악기의 감동적인 침묵으로 바다의 소리가 잠들어 있 는 소라껍질과 같은 것이다."(78) 말하자면 그림을 통해 듣는 침묵의 소리 는 초현실적인 꿈처럼, 바다 소리가 숨어 있는 소라껍질처럼 청각과 시각의 종합적인 하모니로 나타난다는 뜻이다. 이를 종이 안에서 소리 없이 묵묵히 존재하는 "시적 글쓰기(écriture de la poésie)"에 적용시킨다면, 느낌으로 존재 하는 그 움직임과 소리가 "침묵하는 악사의 초상화처럼 진동하고, 망설이 고, 회상한다는"(78) 것을 알 수 있다. 침묵과 부동성 속에서 화산 폭발 일보

직전의 준동하는 형국인 것이다. "소리와 리듬이 간직되어 있는 단어들의 기호 체계 속에는 잠재적인 떨림이 저장되어 있고, 그 속에서 생동적인 소리는 언제든지 시간으로 복구가 가능하다. 특히 라디오나 녹음된 형태 또는 연극적 형태로의 복구는 더욱 그러하다."(80)

이미 우리는 타르디유 극작품에서 단어의 음성적 측면과 인쇄술에 따른 시각적 배치가 연계되어 공간적·음성적으로 크레셴도와 데크레셴도의 리듬을 풍부하게 살리고 있음을 확인한 바 있다. 작가는 이를 진일보 발전시켜 연극 대사의 상형문자와 악보가 조합된 그림, 즉 보고 듣는 연극언어를 다음과 같이 창출한다.(82~83)

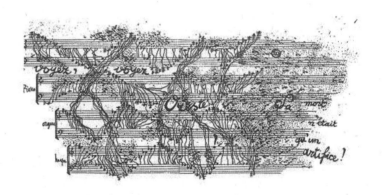

이 그림에는 오르간, 피아노, 하프를 위한 악보와 "voyez, voyez Oreste / La mort n'était qu'un artifice!(오레스트여, 오레스트여, 죽음은 한낱 책략이었을 뿐!)"라는 절규(대사)가 폭풍 치는 숲처럼 휘갈겨 있다. 흩날리는 점들과 흘림체의 악보, 각기 다른 크기로 볼륨을 강조하는 대사는 그 내용보다 훨씬 격렬한 감정을 드러낸다. 그림은 침묵하는 것 같지만 소리와의 절묘한 조합 및 시선으로 다가오는 외침으로 인해 독자 혹은 관객은 영혼을 일깨우는 엄청난 소리를 듣게 될 것이다. 그렇다면 이 그림이야말로 음악성과 회화성이 한꺼번에 존재하는 타르디유의 진정한 연극언어인 것이다.

참고문헌

Arcand, Denys, *Le déclin de l'empire américain*, Boréal, Montréal, 1986.

Artaud, Antonin, *Le théâtre et son double in Oeuvres complètes IV*, Paris, Gallimard, 1987.

_____, *Oeuvres complètes II*, Paris, Gallimard, 1961.

_____, *Oeuvres complètes VII*, Paris, Gallimard, 1982.

Baudrillard, Jean, 하태환 옮김, 『시뮬라시옹』, 민음사, 2001.

Béhar, Henri, *Le théâtre dada et surréaliste*, Paris, Gallimard, coll., "L'idées/Gallimard, n° 406, 1979.

Breton, André, *Manifestes du Surréalisme*, Paris, Gallimard, coll., "L'idées/Gallimard, n° 23.

_____, 송재영 역, 『쉬르레알리슴 선언』, 성문각, 1978.

BunzliI James R., *Looking into the mirror: décalage and identity in the solo performances of Robert Lepage*, Bowling Green State University, 1996.

C.W.E. Bigsby, 『다다와 초현실주의』, 서울대학교 출판사, 1982.

Charbonnier, Marie-Anne, 홍지화 옮김, 『현대 연극미학』, 동문선, 2001.

Charest Rémy, *Robert Lepage: quelques zones de liberté*, Québec, L'Instant même, 1995.

Derrida, Jacques, *L'écriture et la différence*, Paris, Seuil, coll., "Points", 1979.

Donohoe Joseph I., Koustas Jane, *Theater sans frontières: essays on the dramatic universe of Robert Lepage*, East Lansing, Mich., Michigan State University Press, 2000.

Dundjerovic Aleksandar, *The Cinema of Robert Lepage: The Poetics of Memory*, Wallflower Press, 2003.

Duplessis, Yvonne, 조한경 역, 『초현실주의』, 탐구당, 1983.

Elnecave, Claudine, *La mise en scène des pièces de Jean Tardieu* (Situation et Proposition), Thèse de troisième cycle, Université de Strasbourg, 1984.

Europe, *"Jean Tardieu"*, n° 688~689, août-septembre 1986.

Hamelin Jean et Provencher Jean, *Brève histoire du Québec*, Boréal, Montréal, 1981

Hubert, Marie-Claude, *Le Théâtre*, Paris, Armand Collin, 1988.

Ionesco, Eugène, *La Cantatrice chauve*.

_____, *Les Chaises*.

_____, *Théâtre I~VII*, Paris, Gallimard, 1954~1981.

_____, *Théâtre Complet*, édité par Emmanuel JACQUART, Paris, Gallimard, coll. 《Bibliothèque de la Pléiade》, 1991.

_____, *Notes et contre-notes*, Paris, Gallimard, coll. 《Idéies》, 1966.

_____, *Journal en miettes*, Paris, Gaillmard, 1967.

_____, *Présent passé, Passé présent*, Paris, Mercure de France, 1968.

_____, *Découvertes*, Genèves, Albert Skira, 1969.

_____, *Le Solitaire*, Paris, Mercure de France, 1973.

_____, *Antidotes*, Paris, Gallimard, 1977.

_____, *Un homme en question*, Paris, Gallimard, 1979.

Jacquart, Emmanuel, *Le théâtre de Dérision. Beckett*, Paris, Gallimard, 1998.

Jacquart, Henri, *Le Théâtre de dérision*, Paris, Gallimard, coll., "L'idéies/Gallimard, n° 311, 1974.

Joly, Martin, 이선형 옮김, 『이미지와 기호』, 동문선, 2004.

Kind, Edmond, *Tardieu ou l'énigme d'exiter*, Edition de l'Université de Bruxelles, Bruxelles, 1973.

La Rochelle Réial, *Denys Arcand l'ange exterminateur*, Leméiac, Montréial, 2004.

Larthomas, Pierre, *Le Langage dramatique*, Paris, puf, 1980.

Lepage Robert, 〈Circulations〉, 1984.

_____, 〈La Trilogie des Dragons〉, 1985~2003.

_____, 〈Vinci〉, 1986.

_____, 〈Polygraphe〉, 1988.

_____, 〈Plaques Tectoniques〉, 1988.

_____, 〈Les Aiguilles et l'opium〉, 1992.

_____, 〈Coriolan〉, 〈Macbeth〉, 〈La Tempête〉, 1992.

_____, 〈Elseneur〉, 1995.

_____, 〈La Géioméitrie des Miracles〉, 1998.

_____, 〈Kindertotenlieder〉, 1998.

_____, 〈La Damnation de Faust〉, 1999.

_____, 〈Zulu time〉, 1999.

_____, ⟨la face cachée de la lune⟩, 2000.

_____, ⟨La Casa Azul⟩, 2001.

_____, ⟨Busker's Opera⟩, 2004.

_____, ⟨Le Projet d'Andersen⟩, 2006.

_____, ⟨The Seven Streams of the River Ota⟩, Methuen Modern Plays, London, 1996.

Le Sidaner, Jean-Marie, *Jean Tardieu, un poète*, Paris, Gallimard, 1986.

Les sept paroles de Robert Lepage, Télé-Québec, 1997.

L'Herne, "Jean Tardieu", n° 59, Paris, L'Herne, 1991.

Lire Tardieu, Lyon, Presses Uni. de Lyon, Coll., "Lire", 1988.

Jean, Marcel, 이지순 역, 『퀘벡영화』, 수수꽃다리, 2005.

Michel, Tremblay, *L'État des Lieux*, Leméac, Montréal, 2002.

Mignon, Paul-Louis, *Le Théâtre au XXe siècle*, Paris, Gallimard, coll., "Folio/essais", Gallimard, n° 36, 1986.

Noulet, Emilie, *Tardieu*, Paris, Seghers, coll. 'poètes d'aujourd'hui', 1964.

N.R.F., "*Présence de Jean Tardieu*", (Ensemble de textes recueillis par Jacques Brenner), n° 291, mars 1977.

Onimus, Jean, *Jean Tardieu : un rire inquiet*, Seyssel, Ed. de Champ Vallon, coll. 'Champ po?tique', 1985.

Pavis, Patrice, *Dictionnaire du Théâtre*, Paris, Messidor/Edition sociales, 1987.

Pavis, Patrice, 신현숙 · 윤학로 옮김, 『연극학 사전』, 현대미학사, 1999.

Pierre, José, 박순철 역, 『초현실주의』, 탐구당, 1983.

Plazy, Gilles, *Eugène Ionesco. le rire et l'espérance*, Paris, Julliard, 1994.

Rémy, Charest, *Robert Lepage: quelques zones de liberté*, Québec, L'Instant même, 1995.

Ryngaert, Jean-Pierre, 박형석 옮김, 『연극분석입문』, 동문선, 2003.

Séjournée, Claude, *La Facture sonore et musicale de l'oeuvre dramatique de Jean Tardieu*, Thèse de troisième cycle, Université de Strasbourg, 1988.

Sud, "*Frénaud-Tardieu*", n° 50~51, 1984, Actes du colloque, 1981.

Tardieu, Jean, Le théâtre de chambre, Paris, Gallimard, 1985.

_____, *Poèmes à jouer*, Paris, Gallimard, 1986.

_____, *Une soirée en Provence ou Le mot et le cri*, Paris, Gallimard, 1987.

_____, *La Cité sans sommeil*, Paris, Gallimard, 1984.

_____, *Obscurité du jour*, Paris, Skira, coll. 'Les Sentiers de la création', 1974.

_____, *Les portes de toile*, Paris, Gallimard, 1978.

_____, *La part de l'ombre*, Paris, Gallimard, coll. 〈Poésie/Gallimard〉, 1966.

_____, *Le fleuve caché*, Paris, Gallimard, coll., "Poésie/Gallimard", 1988.

_____, *L'accent grave et l'accent aïgu*, Paris, Gallimard, coll., "Poésie/Gallimard", 1986.

_____, *Margeries*, Paris, Gallimard, 1986, poèmes inédits 1910~1983.

_____, *On vient chercher Monsieur Jean*, Paris, Gallimard, coll., "Le chemin", 1990.

_____, 이선형 역, 『지하철의 연인들』, 연극과 인간, 2003.

Tarrab, Gilbert, *Ionesco à cœur ouvert*, Montréal, Le Cercle du Livre de France Ltée, 1970.

Vernois, Paul, *La dramaturgie poétique de J. Tardieu*, Paris, Klincksieck, 1981.

_____, *Aux sources du théâtre insolite in L'onirisme et l'insolite dans le théâtre français contemporain*, 1981.

_____, *La Dynamique théâtrale d' Eugène Ionesco*, Paris, Klincksieck, 1991.

Yvonne Duplessis, 조한경 역, 『초현실주의』, 탐구당, 1983.

Zanotti, Jasmine, *Aspect de l'insolite théâtral chez Roger Vitrac et Jean Tardieu*, Thèse de troisième cycle,
　　　　Paris XII, 1981.

김윤철, 「신연극성과 비평의 대응: 유럽의 경우」, 『오늘의 세계연극 읽기』.

김은효, 「M. Foucault(푸코) 사유로 본 담론과 제도」, 〈인터넷 법률신문〉.

김형기, 「다매체 시대 연극의 탈영토화: 연출가연극-춤연극-매체연극」, 《한국연극학》
　　　　34호, 2008.

_____, 「"연극성" 개념의 변형과 확장」, 《한국연극학》 23호, 2004.

미셸 푸코, 김현 옮김, 『이것은 파이프가 아니다』, 민음사, 1995.

서덕렬, 「퀘벡 사회와 프랑스어」, 《프랑스학연구》 제32호, 2005.

유평근·진형준, 『이미지』, 살림, 2005.

이선형, 「퀘벡의 공연예술 정책」, 《드라마연구》 28호, 2008.

이정우, 『신족과 거인족의 투쟁』, 서울; 한길사, 2008.

이지순, 「'조용한 혁명' 기 퀘벡영화에 나타난 정체성 연구」, 《프랑스문화예술연구》 8권.

체스너 in Jennings, Sue 외, 이효원 옮김, 『연극치료 핸드북』, 울력, 2010.

한국연극평론가협회 편, 『동시대 세계연극의 연출 미학』, 2010서울연극올림픽 심포지움 자료집, 2010.

한대균, 「조용한 혁명이란 무엇인가」, 한국퀘벡학 연구회 2006년 2월 연구발표회.

홍명희, 「프랑스 상상력 연구의 제 경향」, 《불어불문학연구》 50집, 2002.

Ostermeier, Thomas, 〈햄릿〉, 남산예술극장, 2010.

Wilson, Robert, 〈크라프의 마지막 테이프〉, 국립극장, 2010.

〈안데르센 프로젝트(Andersen's Projet)〉 팸플릿, 2007년 LG아트센터 9월 공연.

〈창세기〉 2003년 LG아트센터 공연 및 팸플릿.

〈동아일보〉, 2009. 10. 1.

《한국연극》, 2003. 4.

www.montheatre.qc.ca/Genevieve Germain, 2005. 2. 10

http://www.exmachina.qc.ca

http://www.lgart.com

http://www.exmachina.qc.ca

http://www.lgart.com

http://www.raffaellosanzio.org

http://www.fluctuat.net

http://www.sprechgesang.net

http://www.cdn-orleans.com

http://www.ledevoir.com

http://www.lawtimes.co.kr

찾아보기

ㄱ

〈가능한 세상들〉• 239

가면극 • 224–226, 246

가부키 • 193, 216, 242

〈가슴달린 남자〉• 94

『가시고기』• 55

〈가족〉• 58

강신준 • 69

거리두기 • 103, 110–113, 165

〈걸리버 여행기〉• 225

〈검둥이와 개들의 싸움〉• 33

〈검은 수사〉• 167

게슈탈트 • 65

〈경숙이, 경숙이 아버지〉• 58, 61, 85

계몽주의 • 51

〈고도를 기다리며〉• 300

고란 브레고비치 • 167

고르기아스 • 121

고리키 • 198

〈고해실〉• 239

공자 • 68

공포연극 • 130

〈광대들의 학교〉• 159–165

광대예술 • 151–153

〈괴물〉• 42

괴테 • 168, 316

『국가』• 222

국립극장 • 168, 195–201, 210, 237

그로토프스키 • 132, 229, 295

〈그림 속에 들어온 세 사람〉• 347

그림 형제 • 36

그림자 연극 • 224

〈그림자〉• 259, 267, 272

극장주의 • 196, 208

근친상간 • 128

〈기적의 기하학〉• 297, 299

깁슨 • 131

〈꿈의 열쇠〉• 324, 325, 328

ㄴ

나르시스 • 94

〈나생문〉• 128

〈난타〉• 156

〈날 보러 와요〉• 78, 117, 118, 121

〈남자는 남자다〉• 198

넌버벌 퍼포먼스 • 147

〈네 멋대로 해라〉• 111

〈노〉• 239

〈노만–노만 맥라렌을 위한 헌 정〉• 255

노자 • 133, 208, 217

『노트와 반–노트』• 303

누벨바그 • 86

〈눈먼 자들의 도시〉• 32–35, 42

눌레 • 330

〈늑대와 함께 춤을〉• 50

니체 • 220

니체주의 • 230

니콜라 바타이유 • 304, 307

니콜라스 하이트너 • 124

닐 블롬캠프 • 43

ㄷ

다니엘 메이외르 • 254
〈다락방〉 • 29, 31
다르덴 형제 • 36
다매체 연극 • 84, 234, 237, 238, 256
〈다방면의 작가〉 • 239
〈다우트〉 • 64
〈단어 바꾸기〉 • 312, 316, 325, 326, 329
〈단어와 사물〉 • 310
단테 • 166-169, 215, 338, 342
〈달의 저편〉 • 138-140, 234, 237, 239, 246, 256
〈담화─심포이에타〉 • 338
〈대머리 여가수〉 • 301-304, 310-313
대처리즘 • 57
〈더 리더〉 • 21-23
〈더 차일드〉 • 36
데스데모나 • 64, 191, 200-202, 204
데스몬드 모리스 • 48, 172-174, 287
데이비드 린치 • 184
데카르트 • 233
도가 • 19
〈도그빌〉 • 24-26
도스토예프스키 • 187
〈도쿄〉 • 29
〈동사시제〉 • 301, 331

동양연극 • 235, 240, 344
뒤랑 • 221
뒤렌마트 • 238
드니 아르캉 • 239, 277
〈드라이아드〉 • 259-264, 266
〈드래곤 3부작〉 • 237, 240, 244, 249, 277
〈디스 이즈 잉글랜드〉 • 57, 58
디스트릭트 6 • 45
〈디스트릭트 9〉 • 43-45
〈뜨거운 양철 지붕 위의 고양이〉 • 92, 198
〈뜻대로 하세요〉 • 198

ㄹ

〈라 까뇨프〉 • 209-215
라도 극단 • 214
라디오 드라마 • 87, 248, 275, 276, 316, 331
라스 폰 트리에 • 24
〈라이방〉 • 128
라이트 형제 • 36
〈라이트모티프〉 • 254
라파엘라 마티올리 • 147
레오 까락스 • 29
레오 쿨라스 • 167
레오나르도 다빈치 • 258
〈레옹세와 레나〉 • 198
레퀴엠 • 119
렘브란트 • 243
〈로나의 침묵〉 • 36, 39

로맹 롤랑 • 216
로메오 카스텔루치 • 115, 178, 180, 188, 228
〈로미오와 줄리엣〉 • 80, 88-90, 92, 94-97, 100, 154, 199
로버트 윌슨 • 83, 115, 167, 228, 230, 256
로베르 르빠주 • 83, 84, 115, 138, 224, 228, 234-250, 254-260, 263, 270-279, 281, 282, 285, 289, 291- 293, 299
로빈슨 크루소 • 26
〈로제타〉 • 36
로트레아몽 • 321
로페 데 베가 • 199
롤랑 바르트 • 73
루시퍼 • 182-184, 187
루이스 마리아노 • 184, 185
루크 퍼시발 • 191
〈르 시드〉 • 123
르네 마그리트 • 313, 324
르네 지라르 • 266
르느아르 • 351
르페르 극단 • 244
리미니 프로토콜 • 69
리비도 • 22, 118, 267
리비아 판두르 • 167-169
〈리어왕〉 • 198, 296
리얼리즘 • 115, 132, 133, 251
〈리차드 3세〉 • 198
〈리체르카레〉 • 213-215

리쾨르 • 233

ㅁ

마당극 • 77
마르셀 마르소 • 141–145
마르셀 파뇰 • 75
마리 슈이나르 컴퍼니 • 255
마리나 헬만 • 167
마릴린 먼로 • 124
마이크 리 • 47
마일즈 데이비스 • 245, 258
마임 • 139, 141–145, 147, 150
마테를링크 • 144
〈막스 브러더스〉 • 311
만델라 • 42
〈만돌린을 든 여인〉 • 351
말라르메 • 317, 346
매체연극 • 103
〈매트릭스〉 • 50, 171, 291
〈맥베스〉 • 198
멀티미디어 • 175, 244, 254,
    256, 281
메이어 홀드 • 113, 151
〈명성왕후〉 • 125
〈모니카의 여름〉 • 111
모차르트 • 119
몬트리올 • 171, 236, 244, 245,
    253, 254, 262, 266
〈몬트리올 예수〉 • 239, 277
몰리에르 • 102, 304, 322
무대언어 • 84, 103, 104, 152,
    171, 175, 191, 193, 228,
    232, 235, 246–248, 275,
    291, 317, 329, 331, 343,
    344, 349, 350
무멘산츠 • 146–149
〈무용〉 • 17
무위자연 • 19
물체 연극 • 274
미셸 공드리 • 29
미셸 르미유 • 171, 172, 174,
    228
미셸 트랑블레 • 253
미셸 푸코 • 42, 271, 310, 313
미실 • 84
〈미운 오리 새끼〉 • 267
미장센 • 114
미카엘 탈하이머 • 167
〈밑바닥〉 • 198

ㅂ

바그너 • 334
〈바늘과 아편〉 • 245
바슐라르 • 221, 223
바우쉬 • 151
박근형 • 57, 58, 61, 85
반언어 • 178, 307, 313, 314
반연극 • 179, 307, 314
반희곡 • 314
발레시어터 • 337
『백 개의 머리를 가진 여인』 •
    321
버나드 쇼 • 195, 198
베르길리우스 • 166
베르나르–마리 콜테스 • 33
베르니 슐츠 • 147
베른하르트 • 295
베리만 • 111, 132, 248, 299
베아르 • 329
베케트 • 83, 151
벤야민 • 220
벨 에포크 • 264
변방인 • 39, 42, 45, 252–254,
    260–262, 266–271
보드빌 • 209
봉준호 • 29, 117
부조리 연극 • 300, 304
분라쿠 • 193
불바르극 • 326
〈불의 가면〉 • 154
뷔히너 • 198
브라크 • 321, 348, 349
브래드 피트 • 28
브레히트 • 112, 113, 195, 198,
    238, 295, 298
브르통 • 300, 318, 320, 335
〈비밀과 거짓말〉 • 47–49
비잔틴 • 222
빅신하즈 • 195–200
빅토르 필롱 • 171, 175–177
〈빈치〉 • 245, 258
〈빌리 엘리어트〉 • 21
빔 벤더스 • 298
빵과 인형극단 • 225

ㅅ

〈사람을 찾습니다〉 • 84

〈사람의 아들〉 • 125

〈사랑과 죽음의 유희〉 • 216

사르트르 • 124, 298

〈사물〉 • 310

사샤 기트리 • 75

사샤 소콜로프 • 160

사실주의 연극 • 84, 228, 228

사카테 요지 • 31

〈살인의 추억〉 • 78, 92, 117, 119

〈삶의 에이비시〉 • 323

〈삼총사〉 • 58

상징주의 • 228, 317, 322, 334, 335

상형문자 • 343, 346, 352

샤갈 • 349

샤를르 아즈나브르 • 113

샤미센 • 193

서사극 • 113, 165, 192

〈성난 얼굴로 돌아보라〉 • 198

〈성녀 조앤〉 • 198

성상파괴주의 • 222

〈세일즈맨의 죽음〉 • 92, 191

세자르 샬론 • 56

세헤라자데 • 73

섹슈얼리티 • 270, 292

〈셀레스틴〉 • 299

셰익스피어 • 64, 88-92, 95, 97-100, 154, 168, 176, 190, 191, 197-199, 202, 204,

234, 238, 241, 249, 259, 276, 298

〈셰익스피어 인 러브〉 • 88, 92, 94, 98, 99

셰인 메도우스 • 57

〈소나타와 세 신사 혹은 음악을 말하는 방법〉 • 338

소쉬르 • 317, 322

소외 효과 • 113

소포니스바 앙귀솔라 • 350

소포클레스 • 127, 205

〈쇼팽의 24 전주곡〉 • 255

수행성 • 82, 103, 109

〈스노우쇼〉 • 150, 151, 153

스즈키 타다시 • 190, 216

스콧 • 36

스타니슬라브스키 • 151, 179, 295

스티븐 달드리 • 22

〈스틸라이프〉 • 16, 17

슬라바 폴루닌 • 150

시니피앙 • 231, 302, 317

시니피에 • 226, 302, 311, 317

〈시라노 드 벨쥬락〉 • 216

〈시련〉 • 124, 125, 126

『시뮬라시옹』 • 290

시뮬라크르 • 223

『시선』 • 331

신고전주의 연극 • 228

『신곡』 • 166, 167

〈신의 아그네스〉 • 92

『실내극』 • 329, 331

실험극 • 77, 231, 331, 343

〈십이야〉 • 90, 92, 95, 98-100, 198

쏘시에타스 라파엘로 산지오 • 178-180

ㅇ

아니마 • 94

〈아니마〉 • 170-175, 255

아니무스 • 94

아르토 • 83, 151, 161, 180, 185, 188, 229, 275, 302, 311, 312, 317, 335, 337, 344

아를르캥 망토 • 77

〈아마데우스〉 • 92

〈아바타〉 • 50-54

아벨 • 181, 186-189

〈아빠의 화장실〉 • 56, 58

아서 밀러 • 123-126

아우슈비츠 • 184-186, 188, 246

아이콘 • 221

〈아일랜드〉 • 125

〈아키라와 히로코〉 • 29

아파르트헤이트 • 42

아폴리네르 • 346

안데르센 • 258-264, 267-270, 272

〈안데르센 프로젝트〉 • 235, 237, 246, 252, 254, 256-260, 267, 270, 272, 281, 292

안드레아 보사르 • 147

안드레이 모구치이 • 159, 160

〈안토니우스와 클레오파트라〉 • 198

안톤 체홉 • 22, 167, 195

알랭 크납 • 237

〈알레그리아〉 • 255

애드미럴 극단 • 89

얀 베르메르 • 351

양세계 • 254

〈어린 왕자〉 • 145

〈언더그라운드〉 • 167

에니퀴 에세니 • 196-201, 203-206

에드몽 로스탕 • 216

에른스트 • 321, 325, 328

에릭슨 • 68

에이돌론 • 221

에이젠슈타인 • 75

〈에쿠우스〉 • 92

엑스 마키나 • 138, 237, 242-246, 274, 275, 291, 297

엔리케 페르난데스 • 56

〈엘렉트라〉 • 191-194

엘리아 카잔 • 124

〈엘시노어〉 • 237, 245, 249

〈여왕 마고〉 • 167

〈여자는 여자다〉 • 101-104, 108, 109, 112, 115, 116

옌스 토마스 • 191

〈옐로우〉 • 151

〈오구〉 • 92

오니뮈스 • 332

오닐 • 195

〈오디세이아〉 • 259

〈오랜 스승들〉 • 295

〈오르페오〉 • 170, 175, 177, 255

오리엔탈리즘 • 271

〈오셀로〉 • 64, 190-195, 199-206

오손 웰스 • 75

오스카 와일드 • 195

오스카라스 코르슈노바스 • 154, 155

〈오이디푸스 왕〉 • 127

오즈본 • 198

〈오타강의 일곱 지류〉 • 240, 242, 243, 246, 250, 273-279, 281, 282-292

〈올드 보이〉 • 92, 127, 128, 130

〈왕의 남자〉 • 92, 81, 92, 127

외젠느 라비쉬 • 209

〈외침〉 • 255

〈욕망이라는 이름의 전차〉 • 92, 198

욕망이론 • 266

〈워낭소리〉 • 67-70

워쇼스키 • 36

〈웨스트사이드 스토리〉 • 198

〈웰컴 투 동막골〉 • 92

〈위대한 유산〉 • 143

위르겐 플림 • 167

유머 • 155, 157, 318, 335

윤호진 • 125

융 • 68, 94

음악극 • 318, 323-336, 344, 346

음악성 • 249, 334-338, 341-345, 350, 352

〈의자들〉 • 26, 314

〈이〉 • 81, 127

이마고 • 221

이미저리 • 190

이미지 연극 • 82-85, 213, 217, 226-228, 231-235, 256, 274, 292

이미지언어 • 160, 235

『이상한 나라의 엘리스』 • 184

이오네스코 • 26, 302-304, 310, 312, 313

〈이중교배〉 • 238

이충렬 • 67

〈E.T.〉 • 43

〈인디펜던스데이〉 • 43

인형극 • 224, 237, 244, 275, 282

〈임대주택 점검〉 • 253

임필성 • 60

입센 • 195, 198

잉마르 베리만 • 132

ㅈ

자동기술법 • 318, 319, 335

〈자본론〉 • 69

〈자유 기고가〉 • 250

자유연상법 • 300

『자장』 • 320

〈자전거 도둑〉 • 56

자크 라쌀 • 291

잔혹극 • 77, 229

장 보드리야르 • 290, 291

장 셍-일레르 • 293

장 콕토 • 245, 258

장-뤽 고다르 • 101, 103, 109–115

〈장화, 홍련〉 • 61

『장화홍련전』 • 61

〈정원사의 개〉 • 199

제임스 카메론 • 50

조안 마도르 • 174

조정래 • 39

존 매든 • 88

존 웹스터 • 90

존 찰스 머피 • 147

존 패트릭 셰인리 • 64

『주사위 던지기』 • 346

주제 드 소자 사라마구 • 32

중심인 • 42–45, 104, 262–265, 267, 269–272

〈쥐〉 • 58

쥘리 브로샹 • 209

즉흥성 • 110, 142, 165

〈지상으로의 귀환〉 • 297

지아 장커 • 16–19

〈집시의 시간〉 • 167

짜라 • 320

〈찜〉 • 94

〈창세기〉 • 178–181, 187, 188

챔벌린 극단 • 89

〈천공의 성 라퓨타〉 • 50

『천일야화』 • 73

〈청춘예찬〉 • 58, 61

체스너 • 78

초현실주의 연극 • 228

초현실주의자 • 300, 317–320, 328, 335

최용훈 • 64

〈Ka〉 • 224

카르멜로 베네 • 179

카마 긴카스 • 167

카오스 • 139, 250, 323

카인 • 181, 186, 187

〈칼 마르크스: 자본론 제1권〉 • 69

칼리그람 • 323, 346, 346

캄머슈필레 극단 • 190

『캔버스의 문』 • 317

컨벤션 • 77

코르네이유 • 102, 123

코엔 • 36

콜라주 • 83, 301, 308, 320–329

〈퀴담〉 • 255

큐브릭 • 294

〈크라프의 마지막 테이프〉 • 83, 228, 230, 232

크레이그 • 225

클라이스트 • 198

〈클로저〉 • 92

키아라 귀디 • 178, 179

타나토스 • 22

타르디유 • 301, 302, 311, 312, 315–318, 322–324, 326, 330–338, 343–346, 350, 352

〈타잔〉 • 50

타카다 미도리 • 193

탄츠테아터 • 337

탈리아 극장 • 167

탕기 • 209, 213, 214, 217

『태백산맥』 • 39

태양 서커스 • 238, 255

〈태풍〉 • 176, 237, 242, 248, 276

〈털 없는 원숭이〉 • 172, 174

테네시 윌리엄스 • 198

테아이테토스 • 222

테크놀로지 • 296, 299

토마스 오스트마이어 • 228

토마스 판두르 • 167

토월극장 • 213

〈투시〉 • 94

튜더 왕조 • 90

〈파랑새〉 • 144

파르스 • 195

『파리대왕』 • 59

〈파우스트〉 • 296

파피에 콜레 • 321

판타스마 • 221

패널 • 279, 281-284, 288

팬터마임 • 141, 142, 145

퍼포먼스 • 196, 239, 297

페르난도 메이렐레스 • 32

페르소나 • 225, 229

페이크 다큐멘터리 • 44

4D Art • 170, 171, 174, 175, 177, 227, 255

포르말리니이 극단 • 159, 161, 165

포스트드라마 연극 • 82

포스트모던(=포스트모더니즘) • 72, 76, 82, 103, 132, 230, 242, 337

〈포카혼타스〉 • 50

폰 호프만스탈 • 191

폴 펠레티어 • 295

프로메테우스 • 183

〈프로방스 지방에서의 하룻밤〉 • 316

프로이트 • 59, 68, 267, 295, 300, 318, 334

플라톤 • 33, 179, 222, 274

플로리아나 프라세토 • 147

피란델로 • 195, 215

피카소 • 321

피터 가브리엘 • 238

피터 셀라스 • 167

피터 슈만 • 225

필름 느와르 • 129

ㅎ

하우푸트만 • 195

〈하일브론의 처녀 케트헨〉 • 198

〈한 여름 밤의 꿈〉 • 198

『한국 속의 세계』 • 46

『한낮의 어둠』 • 322, 326, 327, 335, 341, 344, 346, 350

해석학 • 233

해오름극장 • 210

핸드헬드 • 24, 44

〈햄릿〉 • 81, 179, 228, 229, 245

행동주의 • 69

〈헛소동〉 • 198

〈헤라클레스와 뱀〉 • 322

『헨젤과 그레텔』 • 60

회의주의 • 121

회화극 • 318, 323, 334, 344

후안 그리스 • 351

후안 미로 • 348

〈흔들리는 도쿄〉 • 30

히키코모리 • 28, 29, 30, 31, 41

히틀러 • 185

푸른사상 연극이론 총서 ③

연극, 영화를 만나다

인쇄 2011년 5월 15일 | 발행 2011년 5월 20일

지은이 · 이선형
펴낸이 · 한봉숙
펴낸곳 · 푸른사상사
주 간 · 맹문재
편 집 · 지순이

등록 제2-2876호
주소 서울시 중구 을지로3가296-10 장양B/D 7층
대표전화 02) 2268-8706(7) 팩시밀리 02) 2268-8708
이메일 prun21c@yahoo.co.kr / prun21c@hanmail.net
홈페이지 www.prun21c.com

ⓒ 2011, 이선형

ISBN 978-89-5640-820-0 93680
값 23,000원